法制现代化研究

Law and Modernization | 2016 年卷

公丕祥 主编
南京师范大学法制现代化研究中心 编

法律出版社
LAW PRESS · CHINA

《法制现代化研究》
编辑委员会

目录

Contents

主题研讨：法律·政治·哲学——法治中国的历史与现实

1. 度量衡的制度塑造力
——以历史中国的经验为例　苏　力 / 3
2. 全球秩序重构进程中的法治中国建设　公丕祥 / 24
3. 作为"至道"的法
——《管子》一书的法观念及其"法"与"道"范畴初探　严存生 / 41
4. 法律主体论纲　胡玉鸿 / 56
5. 聚焦中国传统的除夕讨债习俗　何柏生 / 86
6. 法治中国战略实施的"战术"问题　陈金钊 / 92
7. 法作为一种民主文化及其本土性
——以中国社会主义法治理念为视角并在群众路线的语境中讨论
李道刚 / 117
8. 法律继受中的"制度器物化"批判
——以近代中国司法制度设计思路为中心　李启成 / 123
9. 历史转进、人性生成与知识类型　魏敦友 / 143
10. 论面向善治的我国法治反腐着力点　蔡宝刚 / 148
11. 国家治理现代化：以社会组织的良法善治为起点　张　清　武　艳 / 160
12. 区域善治视域下的良法与良俗共治　张　镭 / 171
13. 宪法宣誓的机制原理及其完善
——法人类学与宪法史学的视角　吴　欢 / 180
14. 区域法治发展的动力研究
——以地方政府竞争为视角　骆天纬 / 193
15. 法治的传承之道、生成之路与转进之途
"法律·政治·哲学——法治中国的历史与现实对话"学术研讨会综述
吴　欢 / 205

域外法学

1. 从社会学法学到法律现实主义：20 世纪早期美国的法学与社会变化
［美］怀特　著　杨晓畅　译 / 217
2. 理想与怀疑　［美］霍姆斯　著　姚　远　译 / 238
3 自然法　［美］霍姆斯　著　姚　远　译 / 241

主题研讨

法律·政治·哲学
——法治中国的历史与现实

【编者按】 2016年3月6日，由中国法治现代化研究院、江苏高校区域法治发展协同创新中心、南京师范大学江苏法治发展研究院、南京师范大学法制现代化研究中心和南京师范大学法学院联合举办的"法律·政治·哲学——法治中国的历史与现实"学术研讨会，在南京师范大学仙林校区成功举办。来自北京大学、中国政法大学、华东政法大学、西北政法大学、中南大学、南京师范大学、苏州大学、东南大学、扬州大学、沈阳师范大学、广西大学、甘肃省社会科学院的数十位专家学者，聚首讨论法治中国这一重大问题。《法制现代化研究》编辑部从此次学术研讨会的参会论文中遴选部分论文加以集中刊载，以期推动法治中国建设的跨学科对话，进而为推进中国法治现代化、建设法治中国奉献绵薄之力。

度量衡的制度塑造力

——以历史中国的经验为例

苏　力*

内容摘要：就保证农耕中国实物税收的适度和公平而言，度量衡，尤其是量和衡，先后扮演了极为重要的角色；在经济制度上，先后形成了以“度”为税收手段的井田制，以及秦之后以量、衡为核心手段的赋税制。为保证全国统一合理税收以及政治治理而建立的中央集权官僚制，必须有俸禄、监察、考课等制度的保证或辅助，同样需要度量衡的技术支持。度量衡还是统一金属钱币的前提和标准。度量衡的制度塑造力影响深远和广泛，这进一步体现在“百代皆行秦政法”，以及对游牧民族入主中原后所建制度的文明融合性重塑。

关键词：度量衡　农耕大国　税赋制　政治治理

一、问题的界定

统一度量衡和统一货币是公认的秦统一后采取的重大经济措施，对后世中国的构成（constitution）特别是“从头收拾旧山河”（reconstitution）意义深远。但现代人总是更多关心货币，对度量衡则往往一笔带过。[1]

历史的行动者与现代人对这两者的关切反差极为鲜明。无论秦统一之前还是之后，度量衡都看成秦的核心政治举措。统一量衡度是商鞅二次变法的核心措施之一。商鞅不仅改西周的百步为亩为240步为亩，[2]他更是督造了一批制作精良准确的量衡器作为标准，包括传世至今的商鞅铜方升。[3] 秦“初行钱”却是在商鞅车裂后两

---

* 苏力，北京大学法学院天元讲席教授，长江学者，博士。

〔1〕 李剑农（《中国古代经济史稿》（上），武汉大学出版社2011年版，第6、14章）以两章篇幅讨论了货币和货币经济，未提及度量衡；傅筑夫（《中国封建社会经济史》册1、2，人民出版社1981年版）以三章讨论了秦汉时期货币和相关问题，也没谈论度量衡；侯家驹（《中国经济史》，新星出版社2007年版）有专节讨论了秦汉的货币金融，却只有寥寥数字提及统一度量衡节省了交易成本和制度成本；钱穆（《中国经济史》，叶龙记录整理，北京联合出版公司2014年版，第36～37页）仅用8行字就跨越了从李悝经商鞅到秦始皇的度量衡制度变革。民国时期的法律史家陈顾远（《中国法制史》，上海商务印书馆1935年版，第369～376页）关注了货币以及田赋和商业，但未提及与之关系密切的度量衡；30年后陈的新著（《中国法制史概要》，三民书局1964年版，第6章）继续了这一格局；林剑鸣的专著《秦史稿》（上海人民出版社1981年版，第372，374页）中把秦统一后并未落实的货币统一放在得到落实的度量衡统一之前讨论，篇幅也更多；涂世虹主编的《中国法制通史》（战国秦汉卷）（法律出版社1999年版）以一节文字讨论了秦货币，而度量衡只占了一条。张晋藩和曾宪义分别主编的《中国法制史》教材（高等教育出版社2007年版；北京大学出版社2000年版）对秦统一度量衡都只有寥寥数字，对统一货币则介绍略多。

〔2〕 孙楷：《秦会要订补》，徐复订补，中华书局1959年版，第272页。

〔3〕 丘光明、邱隆、杨平：《中国科学技术史》（度量衡卷），科学出版社2001年版，第165～166页。

年。[1] 秦始皇统一六国的当年即颁令“一法度、衡石、丈尺”,与建郡县、书同文等一道成为他的首批决策;[2] 铸造发行钱币(“复行钱”)则在秦始皇突然去世那年。[3] 这是依时序记载的秦国当年最后一件大事,因此其应发生在秦始皇身后,即便相关的谋划决策可能始于其身前。

为什么对这两件事的相对重要性判断会如此不同?难道商鞅或秦始皇,没学过经济学或金融学或财政学,不理解货币在国家经济政治社会生活中的意义?而且,同样身处秦国,面对相近的战国天下大势,相距也仅 100 年上下,两位伟大政治家在同一问题上判断失误?我认为更可能的是,英雄所见略同。

重视货币统一很可能是当今市场经济社会中塑造的现代人的立场和视角的产物。现代人也说“钱不是万能的”,但落足点却是“没有钱万万不能”。美元作为世界货币的现实,以及欧元区的实践甚至喧闹,都趋于强化了今人对货币的重视。度量衡则潜入今人的日常生活,成为不显山不露水的背景,进一步弱化人们对它的关注和理解。在现代社会的特定时空下,度量衡与货币的相对意义因此不但被固化为无语境的本质意义,甚至被遮蔽甚或压制了本可能理解的两者的相对意义以及它们的其他重要社会功能。

不全是猜测。社会日常生活经验趋于印证两者的相对重要性。因为,哪怕是盖间像样的房子,缝件像样的衣服或在食物紧缺条件下分配食物,都离不开度量衡。春秋战国时期各国军备断然离不开度量衡,无论战车刀枪羽箭,若无度量衡,无法想象。[4] 货币也重要,甚至可能日益重要,但从发生学上看,也一定是度量衡在先。“投桃报李”“抱布贸丝”从来都有。[5] 但易货贸易也少不了度量,无论世事“百里奚,五羊皮”,还是“自行束脩以上,吾未尝无诲焉”。[6]

这只是推论。本文则努力,以历史中国的相关经验材料为根据,主要从理论层面,分析和论证度量衡,相对于货币,对于历史中国更为重大的宪制构成意义,而且更多经由政治,而非市场。以下四节:(1)以从井田制到赋税制的变革为例,展示度量衡对于历史中国经济制度的塑造;(2)以度量衡保证的俸禄制和监察问责制如何塑造历史中国的政治治理,从封建制到中央集权制的变革;(3)度量衡是金属货币统一的前提;以及(4)概括论述度量衡对历史中国政治治理模式的塑造,展示其深远的宪制意义。

在转向正文之前,我先简单界定一下度量衡,指出并澄清其特点和寓意。度量衡指的是人们日常生活中用来测度长度、容积和重量的物体(如尺、斗、秤)。这源自人

---

〔1〕 司马迁:《史记》,中华书局 1959 年版,第 289 页。有证据表明,此前秦国也已使用货币,但使用的很可能是其他诸侯国的货币。参见彭信威:《中国货币史》,上海人民出版社 1958 年版,第 55 页。

〔2〕《史记》和后世出土权器(石枢砚:《河北省围场县又发现两件秦代铁权》,载《文物》1979 年 12 期)均证明秦始皇二十六年“一法度、衡石、丈尺”。

〔3〕 司马迁:《史记》,中华书局 1959 年版,第 758 页。

〔4〕 闻人军:《考工记译注》,上海古籍出版社 1993 年版,第 122 ~ 124、127、129、132 ~ 134 页。

〔5〕 程俊英:《诗经译注》,上海古籍出版社 1985 年版,第 107、567 页。

〔6〕 司马迁:《史记》,中华书局 1959 年版,第 186 页;杨伯峻:《论语译注》(第 2 版),中华书局 1980 年版,第 67 页。

们日常生活测度各种量的需求,早期的度量标准取自人体部位或是日常的具体物;[1]粗略,但只要够用就行。出于便利,度量衡三者,在日常生活中常常转借使用,至今如此。[2] 和语言一样,度量衡从定义上就一定是群体的,是公器,不可能私有;[3]统一其实是度量衡的应有之意。人类早期都是在小群体中使用的自己的度量衡,当不同群体相遇,度量衡冲突,引发了度量衡"统一"问题。但这个世界上并不存在必须符合的或人们最终会自动聚合的作为"真理"的度量衡,任何度量衡标准的确定都是专断的,是为便利人类社会活动的常规。因此度量衡统一其实是强权即真或人多势众的决断和过程。但也因此,度量衡在分类上是一种技术科学,[4]与社会经济生活紧密相关,但作为公器,它是任何政治体构成的基础性制度之一。其实践重要性随着人类群体扩大和组织程度提高而增加,即便人们往往察觉不到其重要甚至存在。

二、从井田制到赋税制

农业是历史中国文明的起点和基础。齐家治国平天下,历代王朝也一直以小农经济为基础。要以此为基础建立有效的政治统治,至关重要的条件之一就是统治者从其治理区域内民众那里获得足够的财政资源。[5] 但与工商业社会不同,在农业社会统治者基本无法征收商品税,即一种最终实际由商品消费者支付的间接税,而只能从农民那里征收各种直接税。

不仅如此,对农民征收的各种形式的直接税,无论是西周诸侯对天子(或卿对诸侯)缴纳的"贡",还是秦汉之后普遍实行的"田赋",实际征收的都是农民生产的各种实物,主要是粮食、丝麻,也有兽皮、茶叶等各地特产。[6] 明朝"一条鞭法"之后,各种赋税劳役理论上一律以银两计,但实际征收的,尤其是在山东、河南、江苏、浙江、安徽、江西、湖北、湖南等省还是实物,即漕粮。[7] 甚至早期的工商税收,实际收取的有相当部分仍是各类实物。[8]

---

〔1〕 如《史记》(司马迁:《史记》,中华书局1959年版,第51页)记载了大禹"身为度,称以出";《大戴礼记》(王聘珍:《大戴礼记解诂》,中华书局1983年版,第5页)中有"布指知寸,布手知尺,舒肘知寻",《小尔雅》(胡承珙:《小尔雅义证》,黄山书社2011年版,第149页)则有"一手之盛谓之掬,两手谓之溢"的说法。国外亦如是,如英国的长度单位英尺则源自脚长(foot)。

〔2〕 容积与重量单位转借的现象历史久远,也是世界现象,由此也可知其定义之专断。《汉书》(班固:《汉书》,中华书局1962年版,第969页)记载,"一龠容千二百黍,重十二铢,两之为两,二十四铢为两,十六两为斤"。国际上的例证,如销售石油的通用单位是容积单位"桶"而不是重量单位"吨";英语国家计算粮食也常用容积单位(蒲式耳)而不用重量单位(公斤、吨)。

〔3〕 关于私人语言之不可能,参见[英]维特根斯坦:《哲学研究》,李步楼译,商务印书馆1996年版,第1部分特别是第298节。

〔4〕 参见丘光明、邱隆、杨平:《中国科学技术史》(度量衡卷),科学出版社2001年版,第6页。

〔5〕 "有天下者,必有赋税之用。计口而入谓之赋,公田什一及工商衡虞之入谓之税……三代因之。"郑樵:《通志二十略》,王树民点校,中华书局1995年版,第1379页。

〔6〕 参见孙翊刚:《中国赋税史》,中国税务出版社2007年版,第43~44页(田赋),第49页(贡)。

〔7〕 孙翊刚:《中国赋税史》,中国税务出版社2007年版,第323、324页。

〔8〕 同上书,第46页。

也正因为农业中国以及由此决定的农业实物税收的特点,令度量衡在税收中扮演了至为关键的角色,成为塑造国家农业土地和经济制度的核心变量。

所谓关键,并不是说,统治者因此才能获得赋税,而在于有度量衡,税收才可能公平和有效,并因此更可能从接受统治的区域内每个潜在税赋者那里获取赋税。这仍然要以国家垄断性拥有的强制力为后盾;但所谓后盾,说的就是,统治者不能总是光膀子上阵,而必须尽可能争取被统治者的某种程度的认可和接受,这才算统治,才可持续,偶尔行使暴力,也更有威慑力。

国家税收起码要注意两点。一是税收必须适度。不能竭泽而渔,杀鸡取卵。不但要让农民能活下去,而且一定要能激发他们的生产积极性。比例制或分成制都是可行的。二是税收要公道。公道是各社会标准,源自人生来就有的攀比心或嫉妒心,高大上的说法是"人生来平等"。但西周疆域已相当辽阔,各地地理气候水利等自然条件差别很大,加之各地无法预测的自然灾害,全国税收统一并不合理。而且也没有必要,因为民众各自属于各自血缘群体或本地村庄,以及各自社会阶层,无法盲目攀比。因此,作为一个政治实践问题,正如孔子所言,只有"有国有家者",才有"不患寡而患不均"的问题;这里的"国"是诸侯"国","家"则是大夫的"家"。若就税收而言,这个问题就是,如何让相互知情的邻居之间,以及有时部分相邻的村庄之间,都相信并接受税收公平合理:既无歧视,也不专横。这就必须要有相对精确的度量衡来保证税收适度和公道。

其实还不只是税收;与度量衡关系更大的首先是可耕地在潜在纳税人中的分配。如果土地占有严重不均,会引发一系列问题:(1)无论人多地少或地少人多,生产要素的配置都不效率;(2)贫富严重不均,甚至无地或少地者对地主形成更多人身依赖;以及(3)大量失地农民流动引发重大社会问题。因此,在历史中国,无论在人寡地广的西周,还是在人口大量死亡和流失的改朝换代中,一项宪制工作就是公道统一地分配土地。这需要用度来确认土地产权,定分止争,并激励生产。

换言之,虽没有分配正义这个词,但在古代中国,这个有关政治统治的合法性和正当性的麻烦并不因此不存在。要能真正有效回应这个问题,重要的不是道德意愿或理想愿景,而是便利可行的度量衡。从这一视角切入,则可能重新理解西周初年的井田制,以及后来各诸侯国的土地制度变迁。

让我展开这其中的理论逻辑。假定古人的井田描述大致为真,即当时在王畿或在诸侯国内,每 900 亩地分为一"囲",八户人家各耕种 100 亩,再合作耕种位于中央的 100 亩公田用作纳税。[1] 之所以这样分配和利用土地,就因为在当时度量衡条件下,从各方面看,这都接近最佳选项,要害是用当时普遍且最容易获得的最简单直观的计量技术——"度"——避免和解决了一系列经济、政治、社会和税收上的麻烦。

---

〔1〕 后人对井田制的想象性描述,可参见杨伯峻:《孟子译注》,中华书局 1960 年版,第 119 页;《礼记正义》,北京大学出版社 1999 年版,第 335、393 ~ 394 页;《春秋谷粱传注疏》,北京大学出版社 2000 年版,第 236 页;以及班固:《汉书》,中华书局 1962 年版,第 1119 页。

首先“六尺为步，步百为亩”，[1]以此来分配土地，任何人也都能验证，这足以保证各血缘群体中的每户人家占有土地基本相同。土地毗邻还保证了各家耕作的土地肥沃程度和灌溉条件不会有重大差别。即便没有——我很怀疑的——八户人家土地轮耕制，[2]这也可以确保每户“起点平等”了。

其次，鉴于每“囲”中有1/9的公田留给各家共同耕作，即便没有或没有标准的量衡器（从理论上看，只有在手工制造业和冶炼发展起来后，才可能制造并在广大区域内推广使用统一标准的量衡器），这也大大便利了完成传说中的无论是“九一”或“什一”税，可以“公田籍而不税”。[3] 从计量学上看，这就是巧妙地用“度”（长短）这种人类最容易也最早获得的并最容易统一的计量，替代了在人类早期几乎无法获得的统一计量——“量”（容积）或“衡”（重量）。从政治上看，井田制就是用“度”成功回答了西周政治治理中（从土地到税收）的公平和效率问题。

公平的土地分配和纳税，不但消除了各户人家的潜在猜忌，也令如此分配土地的诸侯或卿大夫，除了作为“大宗”的血缘身份等级权威外，额外获得一份基于公正的政治权威。这种分配制度也还有激励生产的效果。因为每户都只有100亩地，谁家投入劳动力更多，收成更好，收益就更多。

最后，每户也就100亩地，不许买卖，[4]因此无论各户努力如何，也不可能导致贫富悬殊。所有这些，至少从理论上看，都会趋于增强农耕血缘群体的共同体感。由此才能理解，尽管显然不合时宜，孟子仍坚持“建步立亩，正其经界”的井田制是政治治理的根本，是“仁政”（他的理想社会）的起点。孟子的理由也很清楚：井田制既可以防止各家各户在税收上的“谷禄不平”，同时也可以防止“暴君汙吏”横征暴敛。[5]

但从宏观和长期来看，井田制又注定无法成为广泛和持久推行的制度。

首先，平均分配土地并非一个促成相关生产要素最有效配置的制度。由于每户劳动力的数量、劳动技能以及勤劳程度都一定有差别，因此，从理论上看，许多人家会出现劳动力相对过剩或土地相对过剩的情形。[6] 这是后代一定会进行土地买卖，许多朝代无法限制土地兼并的社会现实根据。这也可以解说为什么到铁犁牛耕日益普遍的战国时，魏国李悝会以“尽地力之教”为其变法的核心主张之一。[7]

其次，井田制无法应对人类繁衍带来的人口和家庭增加。若持续坚持平等授田

---

[1] 班固：《汉书》，中华书局1962年版，第1119页。

[2] 同上书，第1120页；《春秋公羊注疏》，北京大学出版社1999年版，第360页（何休注）。

[3] 杨伯峻：《孟子译注》，中华书局1960年版，第118、119页；《礼记正义》，北京大学出版社1999年版，第333页。

[4] “田里不粥”，参见《礼记正义》，北京大学出版社1999年版，第397页。

[5] “夫仁政，必自经界始。经界不正，井地不钧，谷禄不平。是故暴君污吏必慢其经界。”杨伯峻：《孟子译注》，中华书局1960年版，第118页；“理民之道，地著为本；故必建步立亩，正其经界”。班固：《汉书》，中华书局1962年版，第1119页。

[6] 作为一个经验问题，在普遍使用牛耕铁犁的战国之前，五口之家即便耕种百亩土地，也更可能是土地相对过剩。文献中透露有这类证据。可参见程俊英：《诗经译注》，上海古籍出版社1985年版，第175～176页；又请看，徐元诰：《国语集解》，王树民、沈长云点校，中华书局2002年版，第66页。

[7] 班固：《汉书》，中华书局1962年版，第1124页。

的井田制,就一定要有充分的井田储备;或是统治者得折腾,把新增的家庭迁居原先保留的或新开发的井田。若还实行土地轮换耕作,这就太不务实了。它既不可能带来井田制允诺的社区感——“死徙无出乡,乡田同井,出入相友,守望相助,疾病相扶持,则百姓亲睦”;[1]也无法激励耕作者自觉加大投入,无论是增加设施服务、平整土地或兴修水利等,因此全然有悖“有恒产者有恒心”的初衷。[2]

最大的问题是,这种井田制只适用黄河中下游或关中等平原地区。后世朱熹就曾尖锐指出:从地理条件上看,天下能实施井田制的地方太少了;如果西安位于山谷之间,洛阳一代多河流,怎么实行井田制?[3] 当年西周分封诸侯时,甚或平王东迁时,可以想见,周的“天下”还不广阔,还主要集中在中原和关中,人口也不多,井田制的麻烦还不显著。周天子可以综合考虑各地自然地理情况以及井田制的要求来分封诸侯。[4] 但严格实行井田也一定很难。先前商代甲骨文中的“田”在不同地方就分别写作“囲”“[illegible]”“[illegible]”“[illegible]”,甚至写成非常不规则的“區”或“[illegible]”,[5]这表明,法条主义行不通,人们一定会根据各地地形地貌有所调整。另一证据是,战国时期,魏国各地每户耕地是 100 亩,唯有鄴地“田恶”(灌溉不利),每户耕作的土地就定为 200 亩。[6] 由此可以合乎逻辑地推断,井田制追求的并非一定是八户一囲,土地划分在视觉上齐整方正,而是一种大家都能看见的土地分配公正以及公平税收的便利。

但这也意味着,只要相关条件改变,井田制就不可持续。随着人口增长,即便在中原地区,可井田化的大片平整土地也会日益稀少,直至完全枯竭。[7] 首先会是传说中三年一轮换的井田制不可行了,公元前 645 年位于中原核心地带的晋国实行“爰田”,就放弃了土地的定期调整。[8] 在远离中原的如秦、楚、燕等国,可以猜想,从一开始就无法全面实行井田制。例如,秦虽然疆域广阔,有一块不错的关中平原,但据称能种庄稼的田还不到秦疆域的 1/5,井田因此不足百万亩,理论上只能供 1 万户人家耕作;因此必然人地很不相称。[9] 活人不应也不会让制度憋死;没有井田,普

---

[1] 杨伯峻:《孟子译注》,中华书局 1960 年版,第 119 页。

[2] 同上书,第 117 页。

[3] 朱杰人等编:《朱子全书》(册 17),上海古籍出版社 2002 年版,第 2928 ~ 2929 页。

[4] “量地以制邑,度地以居民。地邑民居,必参相得也。”《礼记正义》,北京大学出版社 1999 年版,第 401 页;《商君书》中描述的诸侯封国的原则是,方圆百里,域内良田约占 4/10,薄田 2/10,山地 1/10,湖泽 1/10,山谷河流 1/10,城镇道路 1/10,约能养活五万农民。参见高亨:《商君书注译》,中华书局 1974 年版,第 116 页。

[5] 陈梦家:《殷墟卜辞综述》,中华书局 1988 年版,第 537 页;参见史建群:《井田与井田制度》,载《农业考古》1989 年第 2 期。

[6] 许维遹撰:《吕氏春秋集释》,梁运华整理,中华书局 2009 年版,第 416 页;又参见郑樵:《通志二十略》,王树民点校,中华书局 1995 年版,第 1366 页(“民受田,上田夫百亩,中田夫二百亩,下田夫三百亩”)。

[7] 战国时商鞅笔下局促于中原腹地的韩、魏两国就是这种状况:人多地少,为节省土地,民众改井田制下的散居为聚居,有一半人住在山坡上和湖泽低洼处。参见高亨注释:《商君书注译》,中华书局 1974 年版,第 117 页。

[8] 杨伯峻编著:《春秋左传注》,中华书局 2009 年第 3 版,第 361 页。商鞅变法后,秦也不再易田,“自在其田,不复易居”,参见班固:《汉书》,中华书局 1962 年版,第 1642 页。

[9] 高亨注释:《商君书注译》,中华书局 1974 年版,第 117 页。

通人会找也能找到其他路活下去。除经商、从事手工业外,发展农耕技术,用牛耕铁器取代人力耒耜的“耦耕”,[1]兴修水利增加灌溉等都是办法。[2] 但各诸侯国更希望激励农民在既有土地上加大投入增加产出(“尽地力之教”)或去开垦那些无法井田化的土地。这就注定了井田制,以及与之相随的八户人家共同缴纳九一税或与之近似的什一税全面退出历史舞台。

学界一般认为公元前594年鲁国的“初税亩”是最早的替代。但鲁国位于黄河下游平原地带,“初税亩”有可能意味的只是鲁国已无荒地开垦了,只能实践第一种改革,尽地力之教。在其他一些诸侯国,本来就少有大片平整土地,只能向荒山荒地进军;由于铁器牛耕的使用,还使先前开垦成本收益不划算的丘陵、山岗、沼泽、盐碱地甚至河流湖泊,对于农民,并因此对各诸侯国,都有利可图了。公元前548年,楚国的蒍掩,除在肥沃土地划定井田外(“井衍沃”),就正式登记了这类无法井田化却有经济收益的地段。[3] 只是在这些地界显然不能用“度”来征税,需要新的税收计量。

新的税收尝试也早已启动。在境内更多丘陵的齐国,管仲当政时(约公元前680年)开始“相地而衰征”;[4]在有不少荒山可供开垦的楚、秦,也先后采取了按农业产量征税的“量入修赋”(公元前548年)[5]和“初租禾”(公元前408年)。[6] 这个方向正确,但若无客观统一且简便的标准量器或衡器,无论“相地”还是“衰征”,无论“量入”还是“修赋”,就一定会有更多的主观裁量,即便无私且力求公正,征税者也很难令纳税人信服,更何况难免会有官吏于其中上下其手。必须有全新的税收计量手段和标准器物,提供看得见的公平。无论是精确测度新垦的不规则土地,然后按土地面积征税(“税亩”),还是转向用统一且精确的标准量器和衡器按各户收成来征收(“租禾”),或是像后代那样用量衡器按标准的赋税单位“户”或“丁”来征收。税收的合理和公正不仅关系到农民开荒生产的积极性,也关系到能否赢得农民的政治支持。[7]

若上述分析在逻辑上成立,就可以推断,在商鞅变法中,学人强调很多的“开阡陌封疆”或许不是那么重要,因为突破井田的阡陌封疆,这早已是各国的实然,真正重要的或许是“而赋税平”[8](引者的着重号)。因为上面的分析都表明,自井田制开始,几乎每次土地或赋税改革,涉及的都不只是统治者增加税入,更重要的还有令

---

[1] 参见梁永勉主编:《中国农业科学技术史稿》,农业出版社1989年版,第97、103页。

[2] 梁永勉主编:《中国农业科学技术史稿》,农业出版社1989年版,第104~116页。

[3] 杨伯峻编著:《春秋左传注》,中华书局2009年版,第1107页。

[4] 徐元诰:《国语集解》,王树民、沈长云点校,中华书局2002年版,第227页;梁启雄:《荀子简释》,中华书局1983年版,第107页。

[5] 杨伯峻编著:《春秋左传注》,中华书局2009年第3版,第1107页。

[6] 司马迁:《史记》,中华书局1959年版,第708页。

[7] “相地而衰征,则民不移”(徐元诰:《国语集解》,王树民、沈长云点校,中华书局2002年版,第227页);“相地而衰政,理道之远近而致贡,通流财物粟米,无有滞留,使相归移也。四海之内若一家”(梁启雄:《荀子简释》,中华书局1983年版)。支持这一论断的反面典型事件是,春秋时齐国卿大夫田氏用小斗收税,大斗借粮,令“齐之民归之如流水”,最后成功篡夺齐国政权。参见杨伯峻编著:《春秋左传注》,中华书局2009年第3版,第1235页;司马迁:《史记》,中华书局1959年版,第1881页。

[8] 司马迁:《史记》,中华书局1959年版,第2232页。

百姓获益并认为公平。史家记录的商鞅二次变法的措施中,常常为后人的一个固定词组搭配遮蔽的是,与开阡陌封疆并列的并非度量衡的统一,而是量衡度的统一;[1] 这同样支持这一推断。因为若无量衡的统一,新垦土地则无法公平且有效纳入秦国新的税收系统。后世出土的战国度量衡器中,只有一件东周尺,其余均为量衡(权)器。[2] 秦统一后,秦始皇的诏书上确实写的是"度量则(衡)""皆明壹之",但司马迁的描述始终是量衡度。从长城内外(包括今辽宁和吉林)等地出土的三种量器的相对数量也断然支持了司马迁的描述。[3]

量衡度器统一的意义当然不止于税收,它们确实为各地间的货物贸易提供了统一便利的测度标准,促进了经济贸易;推动了手工业、制造业等许多行当的标准化制作,因此促进了相关行业发展;对兵器制造以及军队建设也同样影响重大。[4] 上面的分析也表明,社会需求与度量衡之间的关系是互动的,并非单向因果关系。尽管如此,至少从理论逻辑上看:在从西周到春秋战国时期的土地税收制度乃至整个经济制度的历史变革中,度量衡扮演了核心角色,无可替代。这一观点也得到相关出土文物佐证。

三、官僚制:俸禄与问责

前面已提到,商鞅变法时,与"量衡度统一"相伴的有"开阡陌封疆而赋税平",但也还有"集小乡邑聚为县,置令、丞,凡三十一县"。[5] 似乎历史也怕留下孤证,于是,在统一度量衡之际,秦皇又"分天下以为三十六郡,郡置守、尉、监"。[6] 或许这意味着度量衡的制度构成并不止步于土地税收财政制度,它一定会渗入国家体制、政府组织、人员构成直至政治决策方式。

这一节为删去上文提到的"或许",我主要从理论层面分析,并以历史中国的经验印证和支持。我集中关注:伴随税收的增加,(1)中央集权的增强与国家财政的发生;(2)俸禄制与官僚制的发生;(3)"有一利必有一弊",度量衡在促成政治制度"积极"变化的同时,也引发了之前很少或至少不成系统的官员贪渎问题,至少有一部分制度回应仍离不开度量衡的支持。

就因上一节提及度量衡难题,西周从各方面看都不可能有,也确实没有全国性税

---

[1] "平斗桶、权衡、丈尺"。司马迁:《史记》,中华书局 1959 年版,第 2232 页。又参见"夫商君为孝公平权衡、正度量、调轻重"。何建章:《战国策注释》,中华书局 1990 年版,第 205 页。

[2] 请看,丘光明、邱隆、杨平:《中国科学技术史》(度量衡卷),科学出版社 2001 年版,第 156 页,以及第 9 章。

[3] 秦始皇诏书刻在出土量衡器上,参见丘光明、邱隆、杨平:《中国科学技术史》(度量衡卷),科学出版社 2001 年版,第 174 页及其注 2。司马迁的描述是,"一[……]衡石丈尺"(引者的着重号;司马迁:《史记》,中华书局,1959 年,页 239)。至今出土的仅有一件战国晚期秦木质可疑"度器";已确定的出土秦量器 18 件,权 59 件。参见丘光明、邱隆、杨平:《中国科学技术史》(度量衡卷),科学出版社 2001 年版,第 178、179、189 页。

[4] "为器同物者,其大小、短长、广袤亦必等。"《睡虎地秦墓竹简》,文物出版社 1990 年版,第 69 页。战国时齐人在《考工记》中说规定相关武器的长度,尤其是说所有兵器长度均不宜超过身高三倍,否则不但无法使用,还会危及持武器的人。参见闻人军:《考工记译注》,上海古籍出版社 1993 年版,第 129 页。

[5] 司马迁:《史记》,中华书局 1959 年版,第 2232 页。

[6] 同上书,第 239 页。

收，因此也就不可能有像模像样的国家财政，自然也就无法为满足公共需求进行取得、使用、管理必要社会产品的活动。这就从财政上决定了西周的政治体制，即“溥天之下，莫非王土；率土之滨，莫非王臣”只是个有关主权的政治宣言，实际政治治理只能“封建”。周天子在王畿，诸侯则在各自“国”内，享有可视同“税”的田赋或劳役，或还收获诸侯和卿大夫定期缴纳的某些“贡”。只是周天子以及各“国”的“财政”各自独立。至少在西周早期，家国没有什么分别，没有严格公共财政与私人财政的区分，[1]被后人视为最早的官员都是从王室服务人员演变而来的，典型如“宰”“膳夫”等，尽管有了任命，但还是世官制。[2] 许倬云甚至认为春秋时期的诸侯国也不是纯粹的政治机构，而像一个放大的家庭。[3]

度量衡的发展完善使统治者有可能在广阔区域内客观公平稳定有效的统一征税；这符合统治者的利益，税入越多，意味着统治者可调配的财政资源越多，政治治理能力也随之增强，包括统一的向社会底层的渗透力的加强及其控制和影响的疆域范围的扩大。但仅有欲望，有新的制度想象力，甚至有实现想象力的衡量工具，仍不够，还必须有人，才真正可能让一个统一的税收财政体制运转起来，才可能有一个自上而下令行禁止的科层化治理体系，并最终以成功有效的长期实践确定新制度的合法性和正当性。

这其实是宪制性质的变革。一方面要废除已实践数百年的世卿世禄制和分封制，另一方面则要能汇集更多数量的政治精英，按照新的中央集权的制度愿景和确定的制度原则组织起来，在中央建立一个各司其职责权明确分工协作的政府机构——朝廷。向下，还要长出“腿”，有地方政府和官吏，才能保证国家税收，才能依据朝廷的统一法令行政和治理，整合各地离散的政治经济文化。不但要在核心区形成中央集权的政治治理，而且对遥远的周边地区也要有政治文明的强大影响力。历史表明，战国之后的历代王朝，官吏数量比西周显著增加，[4]而从雇请的助手来看，清代州县官最重要的工作只是司法和税收。[5]

但要创造这支队伍，构成从上到下的各级政府体系，按统一标准选拔并予以政治

---

〔1〕 这是学界的通说，如周春英主编：《中国财税史》，高等教育出版社 2014 年版，第 23 页。也有学人认为西周中期已开始有“王产”与国家财产的分别（李峰：《西周的政体：中国早期的官僚制度和国家》，吴敏娜等译，三联书店 2010 年版，第 72～74 页），但相关证据和论证都很弱甚至牵强。

〔2〕 可参看，许倬云：《西周史》（增订本），三联书店 1994 年版，第 7 章；杨宽：《西周中央政权机构剖析》，载《先秦史十讲》，复旦大学出版社 2006 年版；以及，李峰：《西周的政体：中国早期的官僚制度和国家》，吴敏娜等译，三联书店 2010 年版，第 73～74 页。

〔3〕 许倬云：《中国古代社会史论——春秋战国时代的社会流动》，广西师范大学出版社 2006 年版，第 94 页。

〔4〕 除本节开始提及商鞅二次变法以及秦统一后，对地方政府设置的变革和任命地方行政官吏外。到西汉末年，伴随着统治治理的疆域扩大和人口增多等因素，《汉书》（班固：《汉书》，中华书局 1962 年版，第 743 页）记载全国官吏有 13 万余人；有人甚至估计在 35 万到 50 万上下（芬纳：《统治史》，华东师范大学出版社 2014 年版，第 530 页）。

〔5〕 “州县幕友其名有五……其事各有所司，而刑名、钱谷实总其要。”汪荣祖：《佐治药言》，载贺长龄辑：《皇朝经世文编》，文海出版社 1972 年版，第 934～935 页。参见瞿同祖：《清代地方政府》，范忠信、晏峰译，中国政法大学出版社 2004 年版，第 7～8 章。

任命当然重要,[1]但“兵马未动粮草先行”,另一前提性问题是这个体制能否养活他们,或者说如何购买他们的忠诚、敬业且称职的服务。度量衡在此又一次任劳任怨地促成并稳定支持了在分封制下不存在的两项制度。

一是俸禄制,这是对行政官吏的报酬制度。

如果将井田制视为封建制下周天子对诸侯和臣属(以及诸侯对卿)履行义务给予的报酬的话,[2]回头来看,这种报酬制度缺点非常显著。这种支付是一次性的,并且几乎是预支的,因此缺乏持续且可调度的激励效果。额外赏赐也太不可行。因为只有赏赐数额相对巨大或受赏人相对贫穷,赏赐才构成激励,但无论天子或诸侯都不可能有巨量或源源不断的财富。赏赐是个人性的,难免恣意和专断,甚至会被嫉妒者误解,引发更多人的不满。若为避免恣意专断,赏赐制度化,就会变成信赖利益,加之人心不足,也缺乏激励效果。

相比之下俸禄制是更好的报酬支付方式。首先度量衡从各方面都会激励税入,有了可持续财源,君主可以养活更多官吏从事包括税收在内的各种专业工作。战国时秦、赵和魏等国开始分设“治粟内史”和“少府”两个财政机构,秦汉也沿续了这一制度。前者的名称就表明其职责为征收土地租税,用于政府开支,支付官吏俸禄、军粮和军费;后者主要征收人头税、手工业和商业税,收入供王室和宗室使用。后代制度变迁,名称和职能都变化巨大,但公共财政部门在整个政府体制中的地位变得日益重要。专门服务皇帝的机构,则不再是朝廷机构,其职能转由内府宦官掌管。[3]

更重要的是新体制完全改变了支付官吏报酬的方式:从一次性支付(分封)转向持续分期支付,无论以年俸还是月俸或两者并用的形式,也无论支付的是实物还是金钱或两者并用。每一次支付不仅是对官吏的服务和忠诚的报酬,从功能上看,也是个提醒或告诫。特别是,在中央集权制的农耕中国,官吏的许多技能都是一种别无他用的专用人力资本,很难甚至就是无法转作他用,[4]若因任何过错被罚俸、降职、免职或撤职时,失去或减少的俸禄对官吏都构成惩罚激励。[5] 官吏很难不为五斗米折腰。每一次俸禄支付都是重申和提醒,因此强化了国家与官吏间的法定政治“合约”。

但要令俸禄制从愿景走向制度实践,还必须有统一的度量衡,才能将税收获得的

---

[1] 可参见苏力:《精英政治与政治参与》,载《中国法学》2013 年第 5 期。

[2] 郭沫若:《奴隶制时代》,载《郭沫若全集》(历史卷 3),人民出版社 1984 年版,第 28 ~ 30 页。

[3] 秦汉时,少府还是同大司农并列的九卿之一;汉武帝时的重大调整之一是将少府掌管的某些税收及相应机构转移给大司农(班固:《汉书》,中华书局 1962 年版,第 1165 ~ 1166 页)。随着三省六部制的出现,大司农的财政权转向尚书台,后代少府类机构,无论有无,都不再是行政机构,其职能由内府宦官掌管。

[4] 相关的分析,参见苏力:《作为制度的皇帝》,载《法律和社会科学》2013 年第 2 期;以及《文化制度与国家构成——以“书同文”和“官话”为视角》,载《中国社会科学》2013 年第 12 期。

[5] 俸禄制的收益其实不止俸禄本身。与俸禄体系相伴的还有国家赋予并获得社会认可的每个官吏的社会地位和品级。这个系统理论上对任何人开放。但对于进入该系统中的官吏,包括最底层的甚至退休的官吏,相对于当时社会的普通人,仍然有符号的却仍很实在的优越感,因为中国社会规范是“富不及贵”——贵是一种无法用财富购买的无形收益。所有这些收益都趋于变成购买各层级官吏服务和忠诚的价格。

实物财富（主要是粮食）以从政治治理角度看效用最大化的系统方式分配给每个官吏。始于战国，一直持续到秦汉隋唐等朝，官吏的法定俸禄，尽管有时也发钱，但定制是统一以预先确定的一定量（石）的粮食计。即便后来，随着社会钱币银两流通的增加，俸禄部分甚或主要支付钱或银，却常常不得不支付实物或以实物折抵。[1] 量衡则保证了对每位官吏的每一次支付的恒定准确。只有以粮食支付的费用过高或显然无效率之际，才采取了如封爵或授田之类部分替代和补充性的支付方式。[2]

不仅如此，量衡还保证任何官职的法定俸禄与其在朝廷中的等级、制度角色和贡献大致对应，这就会构成一个透明的总体公平合理的体系，一个限制了皇权以及皇帝用公共财政恣意任性的制度。[3] 除此之外，这个系统一旦运作起来，借助人性中的自我优越感，本身就会产生额外的激励。只要置身这个俸禄体制，除非临近退休或位极人臣会有所弱化外，从理论上看，任何官吏都可能因自身等级高于他人，同侪的持续竞争或有更高等级的目标召唤，而继续努力。

需要度量衡介入并支持的另一重要制度是监察制，特别是其中的问责制。这可以应对，如定期考察数量激增的官吏的工作绩效，特别是那些可量化的工作业绩，如税收等；但更为应对大国的中央集权官僚制下必然会更大量出现的贪渎。

在分封制下，由于税收有限，无论天子还是诸侯都没有财力购买大量官吏管理公共性事务，只有些管家类人物对自家地域内承担管理责任。从理论上看，这些管家之类的人也可能侵占天子或诸侯的财富，但这种现象不可能多，不仅因为关系距离、世官制等，更因为要在天子或诸侯的眼皮子底下贪污实物税收实在很难；由于没有公共

---

[1] 中唐后，俸禄中的年俸发给粮食，月俸开始以钱计，但由于财政紧张仍常常以实物折抵。明初的俸禄定制是实物——米，随后因商业发达，俸禄支付开始大量以钱、钞折抵；清代的俸禄制度理论上是"钱米兼支"，实际支付的则主要是银两。请看，黄惠贤、陈锋：《中国俸禄制度史》（修订版），武汉大学出版社2012年版，第201～209、369、482页。

[2] 一种形式是封爵制，如汉武帝时期，卫青、霍去病仍受封万户侯。之所以采取这种形式，一是朝廷支付困难，但即便朝廷有能力支付巨量粮食，对双方也是不效率的。相比之下，食封户是更理性的选择：它不但缓和韩朝廷因连年征战而紧张的财政，而且大大降低转移支付实物（粮食）的交易费用，以及大量粮食积存，容易变质导致巨大浪费。但后世随着政府治理能力强化了或货币支付能力增强了，封爵制就名存实亡了。唐初食实封者还可以从封地直接获得收入；但到唐玄宗时就不允许实封者继承了，而是由朝廷代向封户收取封爵者应得的封物，然后封爵者从朝廷那里领取（李林甫等：《唐六典》，陈仲夫点校，中华书局1992年版，第37页；又参见韩国磐：《唐代的实封制度》，载《中国史研究》，1982年第4期）。这就防止了封爵者自行征封时可能对百姓的盘剥，也完全改变了政府、封爵者、封户三者之间的政治关系，虽说领取的是封物，但这与官吏领取俸给已差不多了。宋代也是只有实封才有意义，但每户每月折合钱25文，随官俸一同发给（阎步克：《中国古代官阶制度引论》，北京大学出版社2010年版，第386～387页）。明清两朝，明初封爵有赐田，但很快就"还田给禄米"基本都是朝廷按爵位等级给封爵者发给俸银禄米，只是更优厚些（黄惠贤、陈锋：《中国俸禄制度史》（修订版），武汉大学出版社2012年版，第418～419、515页）。另一个例子东汉末年首先在京官中出现，此后晋、南北朝、唐、宋、元各朝也都不同程度采取的职田（或禄田、公田）制度，即对在任官员，除给予粮食或银钱俸禄外，还按官职高低给以一定数量的土地，任官员雇人耕作，收获的利益构成官吏的额外收入。只是离任时，职田必须移交下任官员。职田制度的最大收益同样是减少了从各地征收然后向全国各地官员转运粮食支付报酬的"折腾"。（黄惠贤、陈锋：《中国俸禄制度史》（修订版），武汉大学出版社2012年版，第90～94、125、208、244～247页）。

[3] 丘光明、邱隆、杨平：《中国科学技术史》（度量衡卷），科学出版社2001年版，第192页。黄惠贤、陈锋：《中国俸禄制度史》（修订版），武汉大学出版社2012年版，第23、27～28页。

财政,这只是对天子或诸侯个人的"不忠"。

科层化的中央集权官僚制则一定会出现一个与之相伴的"中饱私囊"问题。[1] 无论是税收、转运、分配、支付或使用,从中央到地方的许多官吏依照其工作职责和程序会在各地经手数量空前的公共财富,不仅对其诱惑极大,而且官吏也有更多机会上下其手。不仅政府定期支付的俸禄以及其他附带收益不足以抗拒这种诱惑,官吏选拔也不可能通过筛选彻底防止这类人进入官吏队伍。中央集权的官僚政治因此面对了一个全新的挑战。即便无法杜绝,也必须有制度限制官吏肆无忌惮地掠夺民众的财富,要减少官吏利用职务之便贪污、侵占或挪用的国家财富。只有将官吏贪渎控制在从整个社会的成本收益上看可接受的(justified)程度内,中央集权官僚制才可能因为其更好的制度绩效而取代分封制。"忠君""爱民""贫贱不能移"这类意识形态规训很重要,但中国古代法治应对贪渎的重要组成部分之一就是治吏,无论监察还是考课,都需要度量衡的支持。

有了法定的税收比例或额度,有了统一标准的量衡器,无论征收的是粮食还是钱币,官员想从中贪腐的难度都会大大增加,核查则更容易些。即便多征的税,如明清的"火耗",也得有法定依据,也较难化公为私。[2] 否则,百姓就会抱怨,地方政治精英会直接诉诸上级官吏,甚至中央政府。这对官吏滥权欺压百姓构成一个制约。因此可以理解,特别在秦朝,"一法度权衡丈尺",度量衡为什么与法并列。更典型的例证是,即便与据说是秦律拷贝的李悝《法经》相比,[3] 秦的司法实践就多了项挪用公物公款的犯罪,要求比照强盗论罪的惩罚;所谓比照就表明秦国此前无这类制定法。[4] 汉代,"监守自盗"则被确定为独立的犯罪。[5] 更重要的是,由于官吏增多,职责重大,自秦开始出现,一直持续到明清,中央政府一直有一批专事监察弹劾官吏的官员,构成了一个相对独立的监察系统,[6] 其部分职责就是反贪。

度量衡也被用来考核官吏的工作业绩。在中国这样的农耕大国,要保证中央集权官僚制有效运转,一个重要问题是获知并能有效比较官员的工作业绩,给予恰当奖惩,从而激励他们即便远离皇权也努力工作,至少不敢懈怠。出土秦简表明,秦代有很多法律细致全面规定官吏管理国家各类财产的职责、职权划分甚至工作程序,并常常依据度量衡予以量化考核,包括责罚。如称量经手物资不足数,官吏须将不足数记录在案;粮仓官员调任或卸任都需对粮食数量意义核实后交接;若仓储粮食发霉不可食用,会依据损失粮食的量给官吏相应的惩罚。[7] 这些法律与《法经》的篇目(及可

---

[1] 王先慎撰:《韩非子集解》,中华书局2003年版,第329页。

[2] 典型的例子是明代"一条鞭法"后,税收除了法定数量的银两外,还另征火耗银约20%。清雍正年间,火耗列入正税,只是留在地方上备用。参见萧国亮:《雍正帝与耗羡归公的财政改革》,载《社会科学辑刊》1985年第3期。

[3] 西周法律,参见蒲坚主编:《中国法制通史》(卷1),法律出版社1999年版,第217~219页;关于李悝《法经》的内容梗概,可参见董说:《七国考》,中华书局1966年版,第366~367页。

[4] "府中公金钱私贷用之,与盗同法。"《睡虎地秦墓竹简》,文物出版社1990年版,第101页。

[5] "守县官财物而即盗之。已论命复有笞罪者,皆弃市。"班固:《汉书》,中华书局1962年版,第1099页。

[6] 贾玉英等:《中国古代监察制度发展史》,人民出版社2004年版。

[7] 参见《睡虎地秦墓竹简》,文物出版社1990年版,第26~27,34,35,57~58,69~72页。

疑的佚文）无关；却令人猜想，萧何《九章律》增加的户、兴、厩三篇，只是“抄袭”了相关的秦律。

在中央集权制下，秦汉特别注重对各地行政主官的考察，从商鞅变法时就开始推行下级行政长官向上级乃至朝廷国君定期报告工作的“上计”制度。[1] 史书记录及各地出土的简牍都证明，汉代沿袭了这一制度；即每年年末，县令要将辖区内诸如户口、垦田、粮食、税收等量化指标上报郡国，郡国汇总后上报中央政府。[2] 若发现可疑之处，则要求御史审查各地上报的材料，不能任其以假乱真。[3] 也有记录表明，绩效出色的官吏因此获得了晋升。[4]

在官吏的法定责任中，也特别重视量衡器的监管校正。睡虎地秦简中至少有8条与之直接相关，涉及各县和政府相关部门每年定期对衡量器校定一次，即便不使用时也必须校准，衡量误差超出了规定、遗失了秤砣会予以处罚，各仓库都必须备好衡量器，不得外借，衡量器有损失要定时向上级报告注销并获得补充等。[5] 到了汉代，在儒家学人编造的夏商周甚至更早的历史中，度量衡甚至成为王朝头等重要的制度和实践。[6] 这表明儒家学人或这个时代的政治精英对度量衡的制度意义的理解。他们编造的是历史，表达的却是政治愿景，直接影响的则是当时的社会实践。

四、货币统一的技术和制度前提

度量衡不仅对于农耕中国的经济和政治，相对于货币，更为重要，而且即便从纯技术层面看，在历史中国，货币统一也必须甚至不得不以度量衡为前提。

首先这与古代中国货币的特点有关。与现代国家在一张纸上印一个数字，以国家信用保证（主要在国内）流通的纸币（甚至很可能很快就只是一个电子信号）不同，也与据说曾作为货币在商代社会广泛流行的“贝”不同，至少到战国时期，各诸侯国

---

〔1〕“强国知十三数：境内仓库之数，壮男壮女之数，老弱之数，官士之数，以言说取食者之数，利民之数，马、牛、刍、藁之数。不知国十三数，地虽利，民虽众，国愈弱至削。”高亨注释：《商君书注译》，中华书局1974年版，第50页。《睡虎地秦墓秦简》印证了这一点，并表明每年都要上计。

〔2〕“秋冬集课，上计于所属郡国”，“秋冬岁尽，各计县户口垦田、钱谷入出、盗贼多少，上其集簿。丞尉以下，岁诣其郡，课校其功。”范晔：《后汉书》，中华书局1965年版，第3623页（胡广注）。1993年江苏连云港出土的汉代木牍则证明了“上计”制度，木牍记载了当地的户口、田亩以及其他相关信息。参见葛剑雄：《中国人口史》（卷1），复旦大学出版社2002年版，第234~237页。又参见于振波：《简牍所见——汉代考绩制度探讨》，北京大学历史学1993年硕士论文。

〔3〕班固：《汉书》，中华书局1962年版，第273页。

〔4〕同上书，第3631、3845页。

〔5〕《睡虎地秦墓竹简》，文物出版社1990年版，第43、59、62、63、69~70、71、127页。今人对现有的18件秦代量器的实测发现，只有两件超出了秦律法定误差允许范围，但这18件量器的平均误差仍在法定范围内。请看，丘光明、邱隆、杨平：《中国科学技术史》（度量衡卷），科学出版社2001年版，第185页。

〔6〕黄帝“设五量”（王聘珍：《大戴礼记解诂》，中华书局1983年版，第118页）；舜“同律度量衡”（《尚书正义》，北京大学出版社1999年版，第60页），大禹“审铨衡，平斗斛”（袁康、吴平：《越绝书》，乐祖谟点校，上海古籍出版社1985年版，第57页）；以及“周公六年……颁度量，而天下大服”（《礼记正义》，北京大学出版社1999年版，第934页）。甚至称西周就有专人负责并监督度量衡的行政执法（《周礼正义》，北京大学出版社1999年版，第183、375、882~883、1005~1006页）。

之间流通的都是种类和形式多样的实物货币,特别是金属货币。[1] 一个重要的因素很可能是,当时的各诸侯国之间,更像今天的国际社会,没有一个强有力的公权力保证,无法强制执行,商人为了交易安全,会趋于寻求可作为一般等价物的物品自身有价值,并由该物品来扮演货币的角色。

要能充当一般等价物,这种商品必须具有广泛的接受性,便于携带和流通,体积小而价值大,不易变质或腐蚀,质地要均匀,便于分割,需要时就可以按照一定的量来支付。这些苛刻的条件令许多在特定时空或针对特定支付曾充当货币的商品,如牲畜、兽皮、粮食、玉石、龟贝必定逐渐退出竞争。最终胜出的,在世界各国都是贵金属,主要是金与银。中国历史上的大趋势也如此。只是黄金产量很少,价值很高,不大可能用作日常流通。白银也有类似问题,是直到明朝中期后,随着中国的银产量增加,加上外贸顺差,美洲白银大量流入,[2] 白银才开始大量用作货币,即便如此,明清人撰写的小说如《水浒》《金瓶梅》中,除大生意外,日常生活也只是用碎银子付账。然而更具有决定意义的是,在重农抑商的农耕中国,就总体而言,对钱币的需求一定不像工商社会那么大。因此,自战国时期开始,日常流通的主要还是一些相对贱的金属,也曾出现过铁钱,[3] 但真正长期广泛流通的是铜钱。只是战国时,各国各自铸钱,甚至私人铸钱,各地铜币差别巨大。仅从形状上,秦用圆钱,其他诸侯国则使用布币、刀币、铜贝、鬼脸钱或蚁鼻钱。即便同为刀币和布币,各国或各地铸造的轻重大小差别也很大。[4] 结果是,某地区或国的货币越统一,全国货币却越不统一,越难统一。

因此,秦汉统一货币的意义重大深远。据《史记》和《汉书》记载,秦统一货币的具体措施主要有:废除原六国使用的布币、刀币、铜贝,不准已退出流通的龟贝、珠玉、银锡等作为货币重新进入市场;把原秦国的货币形式推广到全国,并改先前的圆形圆孔的铜币为圆形方孔;法定货币两种,上币为黄金,下币为铜币;规定铜币重量为半两。[5] 秦始皇去世后当年,秦开始发行钱币,算是开始实际推进货币统一。但由于全国很快陷入战乱,从《史记》《汉书》的记载以及后世的出土铜钱和其他文献来看,秦并未完成《史记》中记录的货币统一。[6] "汉承秦制",汉代最终实现了货币统一,特别是在汉武帝时期统一铸造的五铢钱影响非常深远。

---

[1] 汉字和考古都有证据令一些学者认定"贝"曾在商代或西周初年用作货币。彭信威未直接否认,却对此流露出怀疑(彭信威:《中国货币史》,上海人民出版社1958年版,第9~13页);他认为,到春秋战国时期,贝"应当已不再流通"了(彭信威:《中国货币史》,上海人民出版社1958年版,第20页)。黄锡全(黄锡全:《先秦货币通论》,紫禁城出版社2001年版,第24页)则认为贝在战国时退出了流通。

[2] 明代中后期的1550年代至1800年代,中国因丝绸、瓷器和茶叶等保持巨额贸易顺差达两个半世纪之久,据弗兰克《白银时代》(Andre Gunder Frank, *ReOrient: Global Economy in the Asian Age*, University of California Press, 1998, pp. 149),这期间世界白银产量为137,000吨,其中至少有一半流向中国。

[3] 彭信威:《中国货币史》,上海人民出版社1958年版,第192~193页。

[4] 同上书,第22~45页。

[5] 司马迁:《史记》,中华书局,1959年版,第1442页。

[6] "各随时而轻重无常"。司马迁:《史记》,中华书局1959年版,第1442页;班固:《汉书》,中华书局1962年版,第1152页。彭信威:《中国货币史》,上海人民出版社1958年版,第57~58页。《睡虎地秦墓竹简》(文物出版社1990年版,第35页)还证明秦代符合标准的织布也用作货币。

统一的金属货币铸造发行则一定离不开度量衡。这既有关钱的重量(衡),如“秦半两”,“汉五铢”;也有关钱的尺寸(度)。要令铸钱都能满足这两个基本要求,其他一系列技术问题也绝对离不开度量衡。如铸钱的模子时,就有容积(量)问题。更重大的技术问题是,纯铜(红铜)质地太软,不适宜铸钱,只有加了锡或铅的青铜,既能降低铜的熔点,质地也更坚硬、坚韧耐磨。因此在以黄铜铸铜币(明嘉靖年间)之前,各朝都用青铜制钱。制作青铜的铜锡比例配比则涉及更精细的量、衡问题。〔1〕

不仅是金属钱币的铸造,出土秦简表明,秦代的货币实践还涉及其他度量衡问题。因为除了金和铜,秦代用作货币流通的一直有织布;与金属一样,用作货币,布也有法定的计量标准,即布的长宽(度);〔2〕以及还规定了布与钱的比价。〔3〕

但秦汉统一货币的麻烦远不只是规定有关货币的统一的技术标准。历史中国是个疆域大国,铜矿分布在全国,而且各地铜矿石的品质注定不同,各地相距遥远,交通不便,很难实现冶炼技术标准的统一,更不可能将所有矿石或冶炼出来的铜都运到京城或某地统一制作冶炼或铸币。铜矿的开采、冶炼以及钱币铸造必定分散在全国各地。

从现代货币理论甚至不少国家和地区的历史来看,货币铸造发行未必需要政府统一推进。〔4〕 在后代中国历史上,对货币是否统一由政府铸造,也曾有过多次论争,〔5〕明代也曾有过市场看不见的手的神奇,违反朝廷的规定,银两成了明朝实际流通的货币。〔6〕 即便如此,仍不能简单相信斯密用作比喻的那个“看不见的手”,因为这只手的前提是一个统一且活跃的市场。而在农耕中国,至少在秦汉刚刚统一中国之际,是没有这个统一且活跃的市场的。当没有统一活跃市场时,商业贸易未必自发趋向统一货币,想想自古以来商贸都比中国更发达的地中海地区,近现代甚至今天的欧洲或欧元区。

---

〔1〕《考工记》中记录了不同比例的铜锡混合物可用作不同用途。在谈及制作量器时,作者还强调了一定要称出所需数量的铜和锡,然后按工艺制作。请看,闻人军:《考工记译注》,上海古籍出版社 1993 年版,第 122、123 页。

〔2〕“布袤八尺,幅广二尺五寸。布恶,其广袤不如式者,不行”。《睡虎地秦墓竹简》,文物出版社 1990 年版,第 35 页。

〔3〕“钱十一当一布”。《睡虎地秦墓竹简》,文物出版社 1990 年版,第 35 页。

〔4〕[英]哈耶克:《货币的非国家化》,姚中秋译,新星出版社 2007 年版。在实践上,战国时期各国货币也不是各诸侯国统一铸造或监制的;港币很长时间也一直由私人银行发行,今天也只是在香港金融管理局监管下由三家发钞银行发行。

〔5〕有关货币铸造发行是否由中央政府集中统一问题,在中国历史上的大争论,可参看,郭彦刚:《再论货币发行的集中统一——从中国古代货币铸造发行权大论战中探索可借鉴的经验》,载《中国钱币》1987 年第 1 期。

〔6〕明初朝廷曾严令禁用金银交易,典章中只有“钞法”(纸币)和“钱法”(铜币),没有“银法”。但铜材短缺,铜钱不敷使用,纸币又因发行过量回笼不足不断贬值最终退出流通。由此引发国内大量开采银矿,更引发了美洲白银通过世界贸易大量流入中国。隆庆元年朝廷诏令允许买卖货物“银钱兼使”,到万历年间,张居正推行“一条鞭法”,以白银收税,标志着白银货币化的最终完成。可参见万明:《明代白银货币化的初步考察》,载《中国经济史研究》2003 年第 2 期;《明代白银货币化与明朝兴衰》,载《明史研究论丛》,2004 年,第 395 ~ 413 页。但这时与秦汉的历史条件已有重大变化,不仅度量衡制度已经确立,而且作为统一的政治文化共同体的历史中国的核心区域已大致稳定,甚至明王朝也已经建立二百多年了。

秦汉时期的经验也支持这一点,若仅仅发布货币铸造的统一的度量衡标准,而不是以国家强制力确保按统一的度量衡标准铸造,统一钱币就一定不可能。[1] 出于巨大的利益,私铸者一定不会少,而且私铸者一定会偷工减料制作"恶币",不可能实现钱币的重量、尺寸和成色的统一。劣币淘汰优币,就一定会"奸钱日繁,正钱日亡"。[2] 甚至无须开采和冶炼铜矿——汉初许多私铸者只是将秦半两钱简单剪下一圈,将剪下的铜,积攒起来另铸所谓半两钱,乃至原法定 12 铢重的秦半两到最后只有 3 铢重! 这直接影响政府财政、商业贸易已经至少部分民众的生活。即便颁令由产铜地政府依据法定度量衡标准制作货币,至少在汉初,也还有今天无法设想的政治风险。因为这可能让富产铜矿的某诸侯国(或地方政府)控制了货币,这等于地方自行发行货币,是实际控制中央银行,轻则尾大不掉,重则天下大乱。汉初吴楚七国之乱的一个最重要的经济因素就是吴地产铜,吴国铸造的钱遍布天下,令其有足够的经济实力同中央政府抗衡。[3]

因此,秦汉时统一货币,与后世中国统一货币,特别是与欧元区建立这种统一货币,即便经济政治意义相似,但实践难度要大得多。对于秦汉,最重要的并不是规定钱币的一系列技术标准,而是中央政府(朝廷)必须运用国家的行政能力、政治强力和技术能力按照法定度量衡标准,来保证法定货币的重量;货币的金属成色相近,即便无法完全等同;甚至禁止不合标准的货币在各地方流通。即便如此,还应当想到,由于技术原因,由于矿或原料的原因,各地铸造的货币仍不能完全统一。因此,出土秦简表明,中央政府还必须以国家行政力量来确保达标法定货币流通,[4] 甚至必须精心设计出法定钱币的标准造型和尺寸,非常有效地防止伪造和破坏法定货币。一个典型例证是,为防止有人剪铜钱边另铸,汲取了战国时燕赵齐等国的刀币的轮廓设计,汉武帝时铸造的五铢钱统一增加了轮廓;这也从此成为至今为止历代中国硬币的标准设计。[5]

所有这些措施,除明确表明货币统一在技术层面上与度量衡有关外,也表明统一货币——间接地——还离不开因度量衡引发的中央集权的官僚制的支持和保证。因此,秦始皇首先关注度量衡,再关注货币,既非率性,也非兴之所至,更非决策失误,相反恰恰表明这是统筹考量秦统一后农耕中国的政治经济社会现实做出的理性决策,遵循了制度演化发生的循序渐进,虽不是——其实不可能存在——"水到渠成",但力求事半功倍。从国家高层的政法决策来看,这是一个既务实进取又有远大理想的经典决策范例,尽管由于秦始皇突然去世,这一决策在秦朝未能落实,而是后代完成

---

[1] 参见司马迁:《史记》,中华书局 1959 年版;班固:《汉书》,中华书局 1962 年版;彭信威:《中国货币史》,上海人民出版社 1958 年版;《睡虎地秦墓竹简》,文物出版社 1990 年版。

[2] 阎振益、钟夏:《新书校注》,中华书局 2000 年版,第 167 页;又参见班固:《汉书》,中华书局 1962 年版,第 1155 页。

[3] "吴、邓钱布天下"。王利器:《盐铁论校注》,中华书局 1992 年版,第 57 页。

[4] "钱善不善,杂实之……百姓市用钱,美恶杂之,勿敢异";"贾市居列者及官府之吏毋敢择行钱布。择行钱布者,列伍长弗告,吏循之不谨,皆有罪。"《睡虎地秦墓竹简》,文物出版社 1990 年版,第 35、36 页。

[5] 彭信威:《中国货币史》,上海人民出版社 1958 年版,第 57 页。

的。其实这更证明了，对于历史中国的构成，这是个必须如此的决策，也还因为这并不只是一个决策，而是一个必须前赴后继的历时性实践。

五、宪制意义

度量衡促成或引发的历史中国政治社会组织和体制的根本性变革都注定了这一变革的宪制意义。

这首先表现为秦汉之后历代王朝的政治组织大同小异。秦之后，尽管中央和地方政府的组织、官制和名称也变化巨大，只是若从一种大历史的视野看，由于稳定税收的支持，秦汉后的历朝历代都坚持了皇帝（有时甚至是象征性地）总统下的政、军、监察的制衡治理，在不断演进的全国性政治精英选拔的基础上，形成了以俸禄制为支持的政治精英组成了各级政府，形成科层化、组织化、职业化和官僚化的"文治"。这种治理形式首先在组织内部各层级和各方面的合作或并最后经皇权的整合提供了基础，一方面分解了政治治理的权力，不在其位不谋其政，各守其职，这就最大程度排除了组织管理中的不稳定因素，大大提高了组织活动的效率。[1]

度量衡以及此后的货币统一，还进一步推动这种政治治理在当时的政治、经济和科技语境条件下的理性化。一个典型例证就是国家的预算的编制。《礼记》就曾假借殷周两朝强调：国家年度预算，应在年终岁末五谷都入库后方能编制；但并非是简单的量入为出，不能仅仅关注当年的收成，而要求统治者有长远眼光，用30年收入的平均数为依据编制预算。[2] 这一预算原则当然不适用于需求会刺激经济的现代工商社会，但在一个更多"靠天吃饭"而"天不变道亦不变"的农耕时代，这可能是最靠谱的预算编制原则，是高度理性的，强调的是稳定且可掌控的预期。

理性治理也表现为尽可能运用度量衡以及在度量衡基础上衍生的其他计量，尽可能在做事和做成事的基础上减少和遏制因精确信息难以获得而发生的专断、横暴乃至腐败。鉴于当时还没有也不可能有系统可靠的年龄记录，[3] 在出土秦简就有记载，身高曾多次被用作替代性测度指标，判断被告是否成年，是否应承担相关法律责任的标准[4] 或计算口粮。秦简对会计提出了相当严格的法律要求，甚至法律责任。[5] 度量衡的广泛使用也大大促进了后代政治治理中的数目字管理的传统，尽管这一定会受制于当时的技术条件。典型的证据是，为了行政的便利和准确，钱被用作计量单位，广泛用于测度各种实在和抽象的东西，如测度货物和劳役，[6] 甚至用来测度违法犯罪的严重性，用来计算惩罚。[7] 这表明金属钱币已成为与度量衡并行的另

---

[1] 关于组织化和制度化的法治，可参看，Max Weber, *Economy and Society*, ed. By Guenther Roth and Claus Wittich, University of California Press, 1978, ch. XI.

[2] 《礼记正义》，北京大学出版社1999年版，第376页。

[3] 秦国在公元前231年开始登记男子的年龄。司马迁：《史记》，中华书局1959年版，第232页。

[4] 《睡虎地秦墓竹简》，文物出版社1990年版，第95、109、130页。

[5] 同上书，第75～76页。

[6] 同上书，第36、41～42页。

[7] 同上书，第47、52、71页。

一种日常测度单位,因此这预示了后世中国又一次与度量衡相关的税收重大变革,即1800 年后张居正的“一条鞭”法。

这种量化管理也就注定了后世包括土地丈量和地籍登记在内的土地清丈和与之相关的户口统计。要在地形如此复杂的农耕大国,将一块块零碎、贫瘠程度不同的土地,乃至山林薮泽盐碱地,都予以某种不是完全不靠谱的丈量、记录并系统保存,并用作长期征税的根据,度量衡于其中扮演的角色可以想象。秦统一后(公元前 216 年)“使黔首自实田”,[1]即命令所有地主和自耕农,按照其实际占有土地数目以及人丁数目,向中央政府如实呈报,并以此为征收田租的根据。此后,这类土地调查和人口统计在后世一些主要王朝曾多次重复,主要依据农民自行据实申报,各地官府会核实、汇总上报。

这类数据的可靠性是非常令人质疑的。[2] 不可能指望农民都一一如实申报土地。皇帝和朝廷下令严格核查,甚至严惩某些“度田不实”官员,[3]但制度从来不建立在决心上。在历史中国辽阔疆域内和复杂地形上,每个县就那么几位官吏,也没有可靠便利的测量手段,更缺乏技术人才,即便再勤勉努力,但仅因交通就令州县官无法全面核查“千里之洲”或“百里之县”。甚至皇帝也知道,有些统计数字就是用来应对考核问责的具文。[4]

但这也绝不意味着这类统计或量化只是自欺欺人,以道德替代技术和法律。[5]从上面的分析就可以看出(并且这也是本文的一条副线):可用作管理的数目字并非“就在那里”,唾手可得,历史中国的政治精英或是缺乏眼力或智力,或是缺乏知识意志和努力去获得。从百步为亩的井田制,到借助量衡器的“相田衰征”,再到按“户”或“口”或“丁”的赋税征收,直到明代后期统一以货币计的“一条鞭法”,种种可以数字计的税收单位(如地亩)或测度单位(如斗、石)等都得在这个农耕大国内无中生有地创造出来并推广开来。不仅要借助当时可能获得的科学和技术,更必须借助此前那更不数字化的政治治理,甚至必须“专制”的推动!才可能有之后初步的或更进一步的数目字管理。

而且,即便那些不靠谱的数字,是具文,却也不只是具文。放在历史中国的政治治理的长河中,仍有其理性甚至公正的一面。上一朝代基于农民自行申报的土地数

---

[1] 司马迁:《史记》,中华书局 1959 年版,第 251 页。

[2] 如明代“鱼鳞册”就只是用作纳税单位的土地数量,而并非各地真实的土地面积。何炳棣:《南宋至今土地数字的考释和评价(上)》,载《中国社会科学》1985 年第 2 期。

[3] 如东汉初年,因“天下垦田多不以实自占”,汉光武帝曾下诏命令各地核查土地数量,甚至以度田不实,杀了些高官,但也只能不了了之。参见司马光:《资治通鉴》,中华书局 1956 年版,第 1386 ~ 1387 页;范晔:《后汉书》,中华书局 1965 年版,第 66 页。宋代也多次清丈土地,典型如宋神宗时王安石的方田均税法,用了十三年时间,据说在京东、河北、陕西、河东等五路之地清丈了近 250 万顷田地,占当时全国征税田亩的 54%,但都无法完成全国性土地清丈(邓广铭:《邓广铭全集》(卷 1),河北教育出版社 2005 年版,第 187 ~ 188 页)。

[4] “上计簿,具文而已,务为欺谩,以避其课。”班固:《汉书》,中华书局 1962 年版,第 273 页。

[5] 最典型的是黄仁宇在其一系列著作中语焉不详地批评历史中国不重视数目字管理。如黄仁宇:《万历十五年》,三联书店 1997 年版,第 268、274、277 页。

字，无论如何，还是为下一个甚或几个朝代，特别是在王朝更迭的战乱后，尽快全面或局部重建理性的政治治理提供了基础。没有哪个王朝可以等到把所有土地或户口或产量都核实清楚了才开始政治治理，而且，所有相关数字在漫长的调查核实过程中也会一直变化。因此，这些不可靠的数字在历史中国政治治理中最重要的功能之一，其实是坚定拒绝和抵制专断任性之税收，是对国家财政的一种制度约束。不理想是肯定的，但它就是当时社会科技条件下可能有的最理性的税收和财政根据。接受这种治理的收益还不仅是节省了大规模全面清丈田土户婚耗费的大量人力财力，因此减轻了百姓负担，而更是避免了制度的倒退，即政治治理的野蛮、暴虐、专断和恣意。

这不是瞎掰，更不是吓唬人！历史曾多次提供了令人痛心疾首的证据。在历史中，一些北方游牧民族曾多次或长或短地入主中原。由于经济生产方式不同，在进入中原甚至王朝建立的初期，这些民族无法按田亩或收成或户口征收农业税赋，无法以此为基础实行文治，因此只能对农耕地区长期沿袭游牧文明的政治治理。南北朝时，在拓跋氏统一北方后建立了北魏将近一个世纪里，由于北魏朝廷没有建立依据土地或户口的合理税收，"官无禄力"，其只能任由军队掳掠，任由官吏自行搜刮百姓，掳掠和贪污因此成为文武百官收入的正当来源。甚至北魏中央政府也用掳掠的人口和财物按等级赏赐官员。直到北魏孝文帝，受中原农耕文明和文治的影响，顶住内部的种种反对，在建立"课有常准，赋有恒分"的税收基础上，他开始切实推行俸禄制，同时严惩贪赃，才开始并最终完成了影响深远的政治转型。[1] 这一变革促成了民族和文明融合，为后来的隋唐中国大一统奠定了基础。元朝也经历过类似的制度变迁。在进入中原农耕地区后，由于没有农耕，没有赋税制的财政支持，没有后勤保障，蒙古帝国(1206 年建立)的统治者只能任由军人掠夺、文官搜刮。1271 年定都北京后，元朝也只是开始对朝廷和北方不参加征战的官员发放俸禄，对于许多州县官和军人仍然放任其搜刮抢掠，直到 1320 年才基于赋税制确立和完善了俸禄制，而这时据元朝被推翻已不到半个世纪了。[2]

长期的制度沿袭，以及对游牧民族政权的制度同化，这种时空跨度不主张"普世"，却足以证明度量衡对于农耕中国的意义一定是宪制的(constitutional)。这难免令一些当代中国法律人抓狂，度量衡以及货币统一不但是统治者强加，还是他们无中生有，就专制这个词的本义来说，谁还能想象出比这更典型的专制？怎能把度量衡甚或"孔方兄"同宪制、宪政或宪法这么神圣的概念联系在一起呢？因此，本文有必要阐发度量衡和货币统一在其他维度上的制度寓意，以及为什么只能以"专制"方式推进。

度量衡和货币的统一首先大大便利了全国性的交易，这对于农耕中国的政治经

---

〔1〕 黄惠贤、陈锋：《中国俸禄制度史》(修订版)，武汉大学出版社 2012 年版，第 107～120 页；又参见丘光明、邱隆、杨平：《中国科学技术史》(度量衡卷)，科学出版社 2001 年版，第 8、293～296 页。

〔2〕 韩儒林主编：《元朝史》(上)，人民出版社 1986 年版，第 213～218 页；黄惠贤、陈锋：《中国俸禄制度史》(修订版)，武汉大学出版社 2012 年版，第 325～326 页。

济文化整合非常重要。当然,收获的不可能全是好处。也会有土地交易以及大规模土地兼并,直至"富者田连阡陌,贫者无立锥之地"。度量衡和货币统一的另一效果是,大大便利了陌生人之间的交易,减少了若无两个统一便可能大量出现的交易纠纷。度量衡也必然带来前面已提及的对朝廷和官吏税收权力的约束、限制,特别是规范。这都意味着大大减少了交易纠纷对司法的需求(事后救济)。

但这也还意味着两者也全面压缩了政府对贸易或换汇的监管必要和相应的开支。但更重要的是,这其实更是大大减少了政府官吏滥用监管权寻租的数量和概率。由此降低了历代王朝本来不得不支付的高昂治吏成本,尽管在一个农耕大国,政府即便支付了这一成本,也未必能有效遏制官员的贪腐。在这个意义上,度量衡与货币统一直观上是高度的中央集权甚至就是专制,但其副产品却是自由主义经济学人会赞美的小政府,小到即便到明清时期,州县官的最主要职责也只是刑名和税收,但即便这么小的政府,有过基于政治的分裂和割据,却从未出现基于度量衡或货币的地方保护主义。

从另一角度看,统一度量衡以及在此基础上的统一货币,其实是政府强制推行实施的标准化措施,是全国统一的市场自由交易不可或缺的基础性建设。而且,度量衡和货币与学界认为的所谓"纯公共品",如治安和国防,也不同(严格说来,治安和国防仍是一种俱乐部公共品),度量衡和货币统一才是真正的公共品,即无论多少人使用也不会减少或弱化他人的可能使用。相反,使用者越多,范围越广,市场越大,每个使用者都会获益更大,这个制度的潜力就越大,有利于更广阔的甚或不同文化的地域和区域的整合,可能创造了更大区域的和平。

在一个历史中国这样的农耕大国,这两者的意义更大。对于广大农民来说,任何王朝提供的和平都只是一个生活背景,很难时时自觉或察知。如果还有其他什么能勾连一个家庭、一个村庄与国和天下,几乎就只有以度量衡支持的税收。他们常常只能从皇粮中感受皇权和理解这个国家。这最早始于 2200 年前,当时秦的疆域约 350 万平方公里,人口约 4000 万。[1] 这个面积是今天欧元区 17 国面积总和(约 220 万平方公里)的 1.5 倍,人口只有欧元区人口的 1/8。但恰恰因此,考虑到前面提及的度量衡和货币的公共品特点(使用者越多,越有利于传播和统一),以及考虑到中国疆域内的黄河、长江和秦岭、南岭,地形远比欧洲艰险复杂,交通、通讯和信息传播难度更大,就可以想象秦汉时统一度量衡和货币的难度以及已经有多少中国人从中稳定获益。

本文还必须为秦汉的专制强加多说几句。本文一开头就挑明了,所有度量衡的起点都是,也只能是,专断的。在度量衡问题上,并不存在一个必须与之对应的客观事实(或"真理"),也不可能通过思想市场的竞争令人们聚汇出某个"重叠共识"。

---

[1] 关于秦的人口总数,参见葛剑雄主编:《中国人口史》(卷 1),复旦大学出版社 2002 年版,第 300 ~ 301、304 页。

自由竞争数百年的欧洲至今仍为欧元烦恼，甚至忐忑；[1]即便欧元活下来，也不意味着英镑真的错了！正是鉴于度量衡和货币的这一特点，在秦汉时期，由中央政府以某一地区通行的度量衡和货币为标准统一这个农耕大国，一定比任何个人或机构，甚至比中央政府以任何其他方式，可能提供的度量衡和货币标准更可行，更现实，也更有效，并因此直接或间接地令更多的人，包括被专制强加的人们，更早也更多获益，并因此深远持久地整合和构成了(constituted)这个历史中国，这就是宪制意义！

但这不意味，对于任何国家，度量衡和货币统一都有宪制意义。度量衡和货币统一对于一国有无宪制意义，本文分析隐含的是，在很大程度上取决于一国的疆域大小、人口多少以及这个国(nation)或文明存在的时间长短，且三者不可缺一。对于小国，无论是古代的雅典或斯巴达，或今日的瑙鲁或汤加或斐济，还是新加坡，无论度量衡或货币统一或不统一，意义都不太大。这是在一定程度上是"歧视"，也并非歧视。只因为，小国不易出现度量衡或货币不统一；即便出现了，也不大可能引发国家分裂或地方割据或军阀混战；即便分裂了，混战了，受其影响的民众也少多了。这一点至今适用。这意味着，对于今天的欧元区或欧洲，度量衡和货币统一，更具宪制意义。制度的意义，特别是宪制意义，不像法学人通常趋于感知或主张的那样，是文本的或雄辩的阐释的或规范的或信念的；本文的寓意是：宪制意义是实用主义的、后果主义的，因此是经验的，与本文的关切一致，是可计量的。

依据历史中国的经验，本文努力设身处地地理解，然后展示和论证了，历史中国，如何创造了度量衡以及——在次要程度上——货币这些以数字治理国家和社会的技术，深刻久远地塑造了历史中国的国家体制和政治治理。这种理解包含了宽容。但这不意味着可以放弃努力。只是，若与本文还有什么相关的话，这仍不取决于任何人的善良意愿或美好愿景，也不一定都能通过市场竞争予以消解，而取决于社会能否开发出发达、精细且便利的技术和工具，有无数量足够的务实的技术精英，以及有没有足够强有力的政治决断和持续稳定的实践。

[1] 欧洲的一些国家1875年签订了旨在"确保国际度量衡标准在全球各地的统一"的《米制公约》，成立了国际度量衡局，但至今在欧洲英国和爱尔兰仍自行其是。1999年1月1日欧盟决定统一货币；2002年7月，部分欧盟国家确定欧元为唯一合法货币。但2008年美国金融风暴引发欧元危机后，甚至有不少专家质疑欧元能不能活下去？（http://www.yicai.com/news/2012/03/1572679.html；http://finance.21cn.com/news/comments/2012/11/26/13785758.shtml）。又参见皮凯蒂：《欧洲新政：我们不能再浪费欧洲的机会了！》，载http://www.guancha.cn/PiKaiDi/2016_02_29_352374.shtml。

全球秩序重构进程中的法治中国建设

公丕祥*

内容摘要：全球化并没有成为过去，而是以新的形态在演进拓展。当代全球化进程中的一个突出现象，乃是全球权力中心转移所引发的全球秩序的剧烈变动，以及全球治理变革的方兴未艾。这是一个全球秩序重构的历史性进程。当代中国的和平崛起已经或正在深刻地改变着当今全球秩序结构，推动着全球治理体系大变革时代的到来。处在这一历史进程之中的法治中国建设，不可避免地要顺应迅速变动的全球经济、政治、社会与法律环境，反映全球权力中心转移与中国重新崛起的法权要求，努力把握战略性机遇，不失时机地推进法治改革，持续不断地推动中国法治现代化进程，坚定地走出一条自主型的法治中国建设之路。

关键词：全球秩序　全球治理　法治中国　自主发展

中国与世界已经不可分割地结成了一个命运共同体。

全面推进依法治国、加快建设法治中国的时代主题，与全球秩序重构及其全球治理大变革趋势交织在一起，遂而使当代中国法治现代化进程呈现出一幅错综复杂、多元互动的运动格局。因此，深刻认识全球秩序重构进程对法治中国建设的深刻影响，对于我们清醒地把握中国法治现代化的运动规律，确证自主型的法治中国建设的时代方位，从而坚定中国特色社会主义法治道路自信，无疑是大有裨益的。

一、全球化时代成为过去？

全球化（the Globalization）一词是当今国际社会科学领域出现频率最高的词汇之一，这一现象在很大程度上反映了全球经济、政治、社会、法律、文化等诸多方面相互依存、相互协调、相互协作乃至相互妥协的客观现实。如果说15世纪前后的新大陆与新航路的发现，“给新兴的资产阶级开辟了新天地”，促进了世界市场的逐步形成，“使一切国家的生产和消费都成为世界性的了”，[1]历史成为世界历史，从而揭开了第一次全球化浪潮的序幕；那么，在其后的世界历史进程中，在近现代以来三次工业革命的强劲推动下，整个世界被纳入一个整体化的相互联系的网络之中，相继出现的19世纪中叶到20世纪初叶的第二次全球化浪潮和20世纪80年代以来的第三次全球化浪潮，逐步造就了一个“无疆界的市场”，全球和区域经济与社会活动的一体化进程，似乎正在塑造出一个人类社会不曾有过的“地球村”。

---

* 公丕祥，法学博士，南京师范大学法学院教授，中国法治现代化研究院研究员，博士研究生导师；本文系国家社会科学基金重点项目“当代中国区域法治发展的理论与实践研究”（项目号：14AFX001）的阶段性成果和江苏高校区域法治发展协同创新中心成果。

〔1〕 参见《马克思恩格斯选集》（第1卷），人民出版社2012年版，第401～404页。

然而，扑面而来的当代全球化浪潮，却无法改变这样一个显明的客观现实：当代全球性分裂的趋向正在出现。放眼当今全球社会，在国际政治领域，主权国家利益博弈加剧，民族主义运动广泛兴起，地缘政治斗争愈演愈烈，一系列战争、冲突和政治动乱仍频发生，乌克兰危机和叙利亚战争的背后，充斥着大国较量的复杂因素，由此俄罗斯与美国和北约的关系降至“二战”以来的冰点，以至于俄罗斯总理在 2016 年 2 月 13 日的慕尼黑安全会议上警告世界正滑向“新冷战”时代；世界正在进入恐怖主义的高发期，由中东地区战乱与恐怖主义所引发的欧洲难民危机，正在持续不断地冲击着申根制度和欧洲一体化进程，而欧洲一些国家抵抗难民潮的斗争，正在导致欧洲社会的分裂；尽管欧盟成员国一致通过协议，给予英国在欧盟中的“特殊地位”，以便能够在英国“脱欧公投”中，把英国留在欧盟，但这依然不能改变英国“脱欧”的历史定局，这表明欧盟的“离心力”在不断增长；保守派民族主义者在欧美一些国家大选中的不凡表现，似乎预示着以民粹主义和孤立主义为表征西方社会思潮的大变革时代正在到来，如此等等。在国际经济生活领域，情形亦不容乐观，全球市场正经历着 2008 年国际金融危机以来最严重的动荡，世界经济发展环境面临严峻的挑战，商品、劳务和生产要素的跨国界流动与交换的不确定变数增多；全球金融业领域险象环生，新兴工业国家在全球经济增长动力体系中的地位正在经受考验，金融炒家“绍罗什们”放言要做空亚洲货币；名目繁多的经济制裁充当着国家间政治斗争的工具，美国主导的《跨太平洋伙伴关系协定》（TPP）已然成为经济霸权的代名词，欧美国家正滋长着日益强烈的贸易保护主义情绪，等等。此外，全球范围内的南北发展差距日益扩大，国际社会反贫困的任务极为艰巨。

面对着当代全球化进程中的这些诸多问题，国际学术界的一些人士不禁发出了“全球化时代成为过去”的无尽感叹。

二、当代全球化运动的新趋向

当代全球化真的已经成为过去了吗？如何认识当今世界已经或正在发生的种种现象与事件？抑或全球化进程是否在以某种新的形式在曲折中艰难前行？这是一个需要认真对待的问题。

我的基本看法是：当代全球化并没有成为过去，但是确实遭遇到新的情况，并且在相当程度上正在改变着自己的存在形态与方式。应当看到，当今世界，全球范围的区域经济一体化进程势头强劲，正在成为经济全球化运动的新的表现型态，甚或是一种主导性的载体形式；国际恐怖主义猖獗、国家内部以及国家间的冲突不断、地区动乱、难民问题以及气候灾难、能源问题等全球性危机，以及消除贫困问题、粮食问题、落实 2030 年全球可持续发展议程等全球性议程，都要求世界各国采取协调一致的行动，共同应对全球性挑战。至于当下世界经济领域中的种种问题，表明全球经济正在进入一个深度调整期，现有全球经济治理机制和架构的缺陷日益显现，这一状况更加需要加强各国宏观经济政策的全球性沟通与协调，更加凸显了形成协调合作的全球性政策与行动合力的紧迫性。再者，数字经济和共享经济的兴起，呼唤着第四次工业革命的到来，拓展了数字化、一体化的全球经济空间，有可能使人类社会进入一个深度合作联系紧密的经济新时代。因之,当代全球化进程仍然在继续延展。

同样应予注意的是,当代全球化运动中的种种挑战,深刻反映了当今世界秩序结构的剧烈变动,全球权力中心格局正在发生转移。尤其是中国的和平崛起,无疑对当今世界政治与经济版图产生不可遏止的巨大影响。这显然意味着重构世界新秩序的时代正在来临,“二战”之后形成的全球治理体系正在经历一场深刻的变革,当代全球化运动日益呈现出新的样式。此一问题构成了本文关注的重点。在《世界秩序》一书中,当代著名的国际战略思想家亨利·基辛格强调,“世界秩序观的危机是我们当下面临的最根本的国际问题”,提出“在当今世界,需要有一个全球性的世界秩序”。尽管他声称在探寻世界新秩序的过程中,“美国的领导作用始终不可或缺”,但也睿智地意识到“任何一国都不可能单枪匹马地建立世界秩序。要建立真正的世界秩序,它的各个组成部分在保持自身价值的同时,还需要有一种全球性、结构性和法理性的文化,这就是超越任何一个地区或国家视角和理想的秩序观”。[1] 基辛格所描述的新型世界秩序观,试图超越普遍性与特殊性的两极对立,致力于确立一种蕴涵着“多样性统一”取向的包容性的世界秩序理念。正是这一点,也许恰恰表征着重塑当代全球化进程的新的运动趋向。在这里,全球权力中心的深刻变动与迁移现象无疑是需要我们给予足够关注的。

在文明社会国际格局的历史演进过程中,全球性力量中心的确立与转移是屡见不鲜的,在某种意义上亦是一条历史定则。在辩证法大师黑格尔看来,一部世界历史乃是“理性”以曲折的方式呈现出来的过程,是一个“合乎理性的进程”。在这个进程中,交织着变化与重生。“一个民族在世界历史的发展阶段中究竟占具着什么样的位置,不在于这个民族外在成就的高低,而在于这个民族所体现出来的精神,要看该民族体现了何种阶段的世界精神”。而历史发展只能在时间进程中得以落实。从时间维度上看,世界历史是一个由东方到西方的发展过程,“因为欧洲是世界历史的绝对终点,就像亚洲是世界历史的起点一样”。而从地理或空间维度上看,“地中海是世界文明的中心,和世界历史有关的三大洲就围绕在它的周围”。[2] 在这个弥漫着浓厚的“欧洲中心主义”氛围的笔调中,世界精神的“线性”般流淌的背后,恰恰汇聚着生产、贸易、人口与国家法律制度的现实性力量。精神与实力的结合,决定了一个民族在世界历史进程中的位置。

在《论列强》一文中,19 世纪普鲁士历史学巨匠列奥波德·冯·兰克简略地考察了路易十四时代以来欧洲诸列强之间参与欧洲霸主地位的互动关系格局,深入分析了几乎要成为“世界君主国”的法兰西第一帝国重新雄居欧洲霸主地位的原因,指出正是法国大革命彻底终结了“中世纪遗留下来的统一的、具有约束力的制度”,表明“民主观念及民主制度是势不可挡的”,从而唤醒了沉睡的民族精神,使之有意识地行动起来,遂而使国民性得以重建、复兴和全新发展。“这是一场牵涉面广的普遍运

---

[1] 参见[美]亨利·基辛格:《世界秩序》,胡利平、林华、曹爱菊译,中信出版社 2015 年版,第 493 页,序言第ⅪⅩ页、第 485、489 页。

[2] [德]黑格尔:《黑格尔历史哲学》,潘高峰译,九州出版社 2011 年版,第 36、58、177、211 页。

动,而法国在这一运动中带领引导着其他欧洲国家”。因此,“只有法国才能获得最高权力,成为欧洲的霸主”。[1] 兰克的这一见解确乎独到深刻,把拿破仑之所以能够建立起庞大帝国的内在奥秘准确地表达了出来。

据说是受到兰克这一短篇著作的启示,美国历史学家保罗·肯尼迪写下了《大国的兴衰》这部力作。不管人们对这部著作的观点及其结论性意见有何不同的看法,但是保罗·肯尼迪试图描述大国实力的变化以及所带来的国际格局的改变,则是应予肯定的理论努力。按照这位学者的看法,“一流国家在世界事务中的相对地位总是在不断变化”。产生这一现象的原因是多方面的,涉及经济实力、地理位置、军事组织、民族士气、联盟体系等诸多条件,这些因素都可以对各国的国力起到制约作用。不过,总起来看,“主要原因有二:一是各国国力的增长速度不同;二是技术突破和组织形式的变革,可使一国比另一国得到更大的优势”。“自16世纪西欧进步以来,西班牙、荷兰、法国、英国和目前的美国等一流强国的兴衰史表明,从长期看,在国家的生产力和取得收入的能力,与军事力量之间有一种非常重要的相互依存关系”。由此,保罗·肯尼迪得出结论,“在综合经济力量和生产能力对比的变化与国际系统中各大国的地位之间,有一种因果关系”。“经济力量的转移预示着大国的崛起。这些新大国总有一天会对世界军事力量格局和各国领土状况施加决定性影响,过去几十年发生的全球生产的重要力量向‘环太平洋地区’转移,不只引起经济学家的关注,原因就在这里”。[2] 在这里,作者似乎在预示着一个全球权力中心转移的新的时代的到来。

时下,国际学术界探讨全球权力转移的著述见解纷呈,见仁见智,其间的主流性的观点强调,当代全球化运动与全球权力中心转移进程交织在一起,现行的国际体系正在面临着一个剧烈变革与转换的历史性时刻,在这一进程的背后跃动着全球权力中心转移的脉搏,反映了诸民族国家的综合国力的相对消长与变化;不仅如此,这个全球权力中心转移进程的方向,从总体上看乃是一个从西方到东方的迁移,是一个世界权力中心东移的历史性过程。新加坡国立大学李光耀、公共政策学院马凯硕教授以充满深情且乐观的笔调说道,西方称霸世界史的年代已近尾声,亚洲社会正以势不可当的力量东山再起。如果说在21世纪之前3个世纪的大部分时间里,亚洲、非洲和拉丁美洲的人民是世界历史的客体,驾驭历史的决定往往是在伦敦、巴黎、柏林和华盛顿特区等几个主要的西方国家的首都做出的,那么,“今天,西方世界之外的56亿人民不再接受由代表西方利益的西方国家单方面作出的决定”。如果说在过去的几个世纪,西方世界拥有到目前为止最开放和最具活力的文明,那么,在21世纪,对全球而言,亚洲的现代化正在向亚洲大陆的每一个角落蔓延,亚洲将是未来全球的主角。因此,马凯硕断言,“西方世界的崛起改变了整个世界,亚洲的崛起同样也会给

---

[1] 参见[法]列奥波德·冯·兰克著、[美]罗格·文斯编:《世界历史的秘密——关于历史艺术与历史科学的著作选》,易兰译,复旦大学出版社2012年版,第196、197、198页。

[2] 参见[英]保罗·肯尼迪:《大国的兴衰:1500~2000年的经济变革与军事冲突》(上),王保存、王章辉、余昌楷译,朱贵生审校,中信出版社2013年版,第Ⅻ、XX、XⅧ页。

世界带来翻天覆地的变化”。[1]

进一步来看,如何认识当代全球权力中心转移的时代方向?人们普遍性的意见是:中国的崛起已经或正在不可阻挡地改变着当今世界秩序格局,在很大程度上决定着重构国际体系的未来走向。有的学者不大赞同笼统地表达“世界权力中心由西方向东方转移”或者“世界权力中心从欧洲向亚太转移”的模糊提法,认为欧洲与东亚实力对比的消长将成为影响世界权力中心转移的决定性因素,东亚将取代欧洲成为世界权力中心的组成部分;尽管美国仍将保持世界级战略竞争者的地位,但是位于东亚的中国具有崛起为世界级影响力的超级大国的潜力,中国的崛起将使东亚拥有能够影响世界的“超级大国”,并且将使东亚成为世界主要的战略竞争地区。[2] 许多资深的国际政治家和战略家对于中国崛起在当代全球权力中心转移进程中的重大影响持有肯定性的看法。比如,基辛格认为,“21 世纪中国的‘崛起’并非新生事物,而是历史的重现。与过去不同的是,中国重回世界舞台中心,既是作为一个古老文明的传承者,也是作为依照威斯特伐利亚模式行事的现代大国”。[3] 当然,作为一位睿智的国际战略谋士,基辛格意识到作为重新崛起的全球大国,中国对于以美国为主导的当代世界秩序结构所构成的巨大冲击,但是他也期待着构建一个中美双方都具有举足轻重地位的国际秩序,强调“美中关系不应被理解为一场零和博弈,一个繁荣富强的中国之崛起也并不意味着美国的战略性失败”,因而试图提出一个所谓“太平洋共同体”的概念,推动中美两国走上一条“真诚合作”的轨道,而不是“进入又一轮历史性国际斗争”,以期“建立一个真正全球性的经济和政治秩序”。[4] 又如,德国前总理格哈德·施罗德清醒地看到,全球经济重心与全球权力中心之间的内在关联,高度评价当代中国的崛起对于当代世界的重大意义,指出:“在全球化时代,我们还经历着一次历史性转折,因为世界经济重心发生了位移,由此也引起了世界政治重心的位移。亚洲尤其是中国正强劲崛起。”而中国重新崛起的深刻意义在于:这是“以和平方式迈出了这一现代化步伐,同时又得以保持稳定,此乃 20 世纪最伟大的文明成果之一”。所以,施罗德从 300 年前习惯于全球思维的德国伟大哲学家莱布尼茨那里获得启示,热忱地期望构架起欧洲—俄罗斯—中国之间的三角关系,主张俄罗斯应当作为中欧之间的一座桥梁发挥关键的作用,强调欧俄中为了全人类的利益展开密切合作,——这亦“极佳地诠释了各种文化之间进行的对话和人道主义的全球化”。[5] 还如,法国前总统雅克·希拉克面对当前的全球性危机更是发出了“世界需要中国”的申言,认为中国已经成为一个全球大国,正在恢复其在国际舞台上的历史地位,因

[1] 参见[新加坡]马凯硕:《新亚洲半球:势不可当的全球权力东移》,刘春波、丁兆国译,当代中国出版社 2010 年版,第 1 ~ 9 页。

[2] 参见阎学通:《世界权力的转移:政治领导与战略竞争》,北京大学出版社 2015 年版,第 67 ~ 71 页。

[3] 参见[美]亨利·基辛格:《世界秩序》,胡利平、林华、曹爱菊译,中信出版社 2015 年版,第 286 页。

[4] 参见[美]亨利·基辛格:《美中关系的未来:冲突并非必选项》,载郑必坚、基辛格等:《世界热议中国:寻找共同繁荣之路》,中信出版社 2013 年版,第 28、32、34 页。

[5] 参见[德]格哈德·施罗德:《欧中合作塑造全球变革》,载郑必坚、基辛格等:《世界热议中国:寻找共同繁荣之路》,中信出版社 2013 年版,第 41 ~ 42、48 ~ 49 页。

此要适应多极世界的出现及其世界所发生的历史性的变化，“需要考虑建立适应全球化的新的国际机构”，“世界正处在一个关键时刻，这种地位赋予了中国新的责任”。[1]

很显然，全球权力中心的变动与位移，特别是中国的重新崛起，正在极其深刻地重塑着全球秩序体系，成为当代全球化进程中的崭新趋向。这是不以人们的主观意志为转移的客观的自然历史进程。

三、全球场域中的中国方位及其法制状态

如前所述，近代以来的人类社会经历了三次全球化浪潮，一次又一次地改变着全球秩序格局。在这迥然相异的全球场域中，中国的全球方位伴随着全球变革进程而交替转换。纵览全球进程中的中国方位的历史变动轨迹，我们可以清晰地发现，这是一幅全球权力中心迁移的历史场景之映现，是世界秩序图谱数度重绘的历史写照。不同全球场域中的中国方位生成着各具特质的中国法制状态，影响着中国法制的未来走向。

在全球史的视野下，公元 1500 年是一个标志性的时间节点，它通常被看作“现代与前现代之间的分界线”。[2] 克里斯托弗·哥伦布（1492 年）、瓦斯科·达·伽马（1498 年）和费迪南·麦哲伦（1519 ~ 1522 年）横跨地球的远洋航行，揭开了地理大发现时代的序幕，极大地影响了人类社会发展进程。“发现美洲的后果就是把欧洲、亚洲和非洲连成一片”，[3] 第一次全球化运动遂而逐渐形成。诚然，航海大发现及其后的第一次全球化浪潮，推动了欧洲文明兴起的历史进程，为西方世界取得支配性地位创造了条件，但是，这并不意味着此时的欧洲已经成为全球权力的中心地区。实际上，许多研究成果表明，“‘地理大发现’并不是必然走向欧洲的全球优势”，它对西方“突破”漫长的 16 世纪仅仅是有限的影响。与地理大发现同时发生的“是明朝专制主义的巩固，是奥斯曼帝国新世界大国的出现，是萨非王朝（safavid）统治下的伊朗重新统一，是伊斯兰教迅速扩张到西南亚，以及 1515 年后在北印度一个新伊斯兰大帝国的创立。地理大发现的重要性必须对照这个欧亚大陆扩张主义的巨大图景来看”。[4] 不仅如此，在那个时代的全球格局中，东亚尤其是中国的位置无疑至为关键和重要。应当说，19 世纪之前的中国，在全球体系中居于中心地位。安德烈·贡德·弗兰克在《白银资本》一书中以深刻的历史逻辑和大量的证据论述了从地理大发现到 18 世纪末工业革命之前的亚洲时代的全球中心地位及其意义，对 1500 年之后全球经贸格局的变动进行了独到的阐释，历史性地确证中国在 1500 年之后全球经经济体系中的

---

[1] 参见［法］雅克·希拉克：《世界需要中国》，载于郑必坚、基辛格等：《世界热议中国：寻找共同繁荣之路》，中信出版社 2013 年版，第 62 ~ 63 页。

[2] 参见［美］威廉·麦克尼尔：《世界史：从史前到 21 世纪全球文明的互动》，施诚、赵婧译，中信出版社 2013 年版，第 269 页。

[3] 参见［法］孟德斯鸠：《论法的精神》（上卷），许明龙译，商务出版社 2012 年版，第 450 页。

[4] 参见［英］约翰·达尔文：《全球帝国史：帖木儿之后帝国的兴与衰（1400 ~ 2000）》，陆伟芳、高芳英译，大象出版社 2015 年版，第 38 ~ 39 页。

中心地位,从而对长期以来流行的"欧洲中心主义"观点发起了挑战。按照这位学者的看法,从1400年到1800年间世界经济的结构与发展中可以看出,"作为中央之国的中国,不仅是东亚朝贡贸易体系的中心,而且在整个世界经济中即使不是中心,也占据支配地位"。"表明中国在世界经济中的这种位置和角色的现象之一是,它吸引和吞噬了大约世界生产的白银货币的一半"。这些白银"促成了16世纪至18世纪明清两代的经济和人口的迅速扩张与增长",充分展示了"中国经济和中国人民在世界市场上所具有的异乎寻常的巨大的和不断增长的生产能力、技术、生产效率、竞争力和出口能力",这是其他地区都望尘莫及的。[1] 弗兰克的观点,为我们重新认识地理大发现时代到近代工业革命之前的全球权力体系及其变化,打开了一扇学术之窗,在国际思想界产生了重要影响。

与这种中国的中心地位相适应,晚清变法改革之前的中国法律系统,是一套自成一体、独具特性的制度安排与价值准则体系,具有法律伦理主义的鲜明特质,被马克斯·韦伯称为基于信念伦理意义上的法律伦理主义类型。在韦伯看来,与关注严格的形式法与司法程序的西方形式主义法律类型不同,古代中国缺乏自然法和形式的法逻辑,追求旨在于有效调节与维护秩序的"实质的公道"。"特别值得一提的是,中国的法官——典型的家长制法官——以彻底家长制的方式来判案,也就是说,只要是在神圣传统所允许的活动范围内,他绝对不会根据形式的律令和'一视同仁'来进行审判。情况恰恰根本相反,他会根据被审者的实际身份以及实际的情况,或者根据实际结果的公正与适当来判决"。这种实质主义取向的法律类型,浸润着儒教理性的现世秩序观,因为"儒教所要求的是对俗世及其秩序与习俗的适应,归根结底,它只不过是为受过教育的世人确立政治准则与社会礼仪的一部大法典"。[2] 尽管一些学者对韦伯关于传统中国法律性质的论述持有不同的看法,[3] 但注重道德上的正当性,确证道德律的神圣至上性,建构于"天人合一"的深厚道德基础之上并且以王道精神相标榜,这无疑是传统中国法律类型的意义之所在,构成了中国固有法律区别于域外法制(尤其是西方)的基本界限。作为儒家信念伦理的集中体现,传统中国的法律伦理主义植根于中国社会的深厚土壤之中,成为文明社会法律之林中的一种独特的法律发展类型,与西方世界的法律形式主义彼此分别、平行演进,表达了中国社会的内生性的法理逻辑,奠定了古代中华法系的价值基础。十六七世纪的欧洲传教士写下了数量惊人的有关中国的报告,其中不乏对中国伦理性法律及其政制构造形态的叙述。"就当时的中国社会而言,没有什么比政府和行政部门更始终如一地吸引17世纪的欧洲人了。早在16世纪,门多萨就指出,中国是世界上治理得最好的国家。从那以后,几乎所有人的著作都包含了对中国政府和行政部门的论述"。"因

---

〔1〕 参见[德]贡德·弗兰克:《白银资本——重现经济全球化中的东方》,刘北成译,中央编译出版社2013年版,中文版前言第1~2页。

〔2〕 参见[德]马克斯·韦伯:《儒教与道教》,洪天富译,江苏人民出版社2010年版,第151~159、161页。

〔3〕 参见[美]黄宗智:《清代以来民事法律的表达与实践:历史、理论与现实》(第1卷)《清代的法律、社会与文化:民法的表达与实践》,法律出版社2014年版,第179~184页;林端:《韦伯论中国传统法律:韦伯比较社会学的批判》,中国政法大学出版社2014年版,第103~117页。

此,17 世纪的欧洲人聚集了大量的、同时也理所当然较为准确的有关中国政府的记载”。[1] 这种情形也同样出现在启蒙时期的欧洲。比如,被称为“欧洲的孔夫子”的伏尔泰,倡导建立一种“开明君主制”的理想政制模式,这与儒家所宣扬的以“仁政德治”为特征的中国政制形式内在契合。他认为,“中国人最深刻了解、最精心培育、最致力完善的东西是道德和法律”。古代中国政府之所以大兴公共工程建设,这与其家长制统治和施政理念密切相关。“正因为全国一家是根本大法,所以在中国比在其他地方更把维护公共利益视为首要责任”。[2] 人类肯定想象不出比中国这样的政治形式更好的政府,在这里,一切都由一级从属一级的衙门来裁决,官员来裁决,官员必须经过好几次严格的考试才被录用。“在中国,这些衙门就是治理一切的机构”。在中国行政制度下,“一般法令出自皇帝,但是,由于有那样的政府机构,皇帝不向精通法律的、选举出来的有识之士咨询是什么也做不成的”。[3] 伏尔泰关于古代中国法律文明基本特性的阐述,在很大程度上影响了那个时期欧洲思想界的中国观。

然而,在 18 世纪欧洲工业革命以及海外殖民扩张的强有力推动下,欧洲经济社会取得了长足进展,经济实力超过亚洲。于是,整个全球场域发生了剧变。从 19 世纪开始,中国逐渐丧失在全球舞台上的中心地位。“所有这些同时影响着中国的财政、社会风尚、工业和政治结构的破坏性因素,到 1840 年在英国大炮的轰击下得到了充分的发展;英国的大炮破坏了皇帝的权威,迫使天朝帝国与地上的世界接触”。“天朝帝国万世长存的迷信破了产,野蛮的闭关自守的、与文明世界隔绝的状态被打破,开始同外界发生联系”。[4] 在这一新的全球场域中,中国先前那种君临天下的世界形象发生下移而日益处于边缘化状态。自 19 世纪 20 年代,中国开始出现经济衰退,而迅速发展的鸦片贸易,促使白银大量外流,加剧了国库危机和社会动荡。1840～1842 年的鸦片战争以及其后的一场又一场的战争,均以清政府失败而告结束,外国列强迫使晚清政府订立一系列不平等条约,由此形成了从“朝贡制度”向“条约体系”的转变。列强们凭据条约制度,掠取了协定关税和海关行政权、沿海贸易权、内河航行权和内地通商权、开放商埠和领事裁判权以及最惠国待遇等许多特权,中国社会日益沦为半殖民地国家。诚如美国著名中国问题专家费正清所指出的,“1842～1860 年期间由不平等条约所建立的法律结构,是英国人对清政府打了两次战争之后强加给中国的东西”。“虽然新的条约好象是在平等主权国家之间签订的,但实际上它们是很不平等的,因为这违反中国的意愿被迫处于较弱的地位,只能听任西方的商业和随之而来的文化入侵”。[5]

新的全球场域中的中国方位的转换,不可避免地促使中国法制状态的变动。随

---

〔1〕 参见[美]唐纳德·F. 拉赫、[美]埃德温·J. 范·克雷:《欧洲形成中的亚洲》(第 3 卷)(第 4 册),朱新屋、孙杰译,周宁总译校,人民出版社 2013 年版,第 19 页。

〔2〕 参见[法]伏尔泰:《风俗论》(上册),梁守锵译,商务印书馆 1994 年版,第 249 页。

〔3〕 参见[法]伏尔泰:《风俗论》(下册),谢戊南、邱公南、郑福熙、汪家荣译,郑福熙、梁守锵校,商务印书馆 1997 年版,第 509 页。

〔4〕 参见《马克思恩格斯选集》(第 1 卷),人民出版社 2012 年版,第 780、779 页。

〔5〕 参见[美]费正清:《美国与中国》(第 4 版),张里京译,世界知识出版社 1999 年版,第 151、153 页。

着近代西方法律文化对中国社会生活的广泛冲击,原本自主演进的中国法律文明体系,被强制性地纳入所谓国际体系之中,催生了艰难的法制转型进程。20世纪初期的晚清法制改革,乃是一次推动中国法制转型发展的有限的现代化努力。这场法制变革运动的一个基本要求,就是通过"采用西法"来"整顿中法",以期收回领事裁判权。光绪二十六年(1900年)十二月,清政府发布了改革诏书,号召朝野就变法事宜限期献计献策,各抒己见。刘坤一、张之洞在著名的"江楚会奏"中鲜明地提出了"整顿中法"与"采用西法"并重的变法主张,确乎切中了变法更强的关键,且与收回领事裁判权的压力密切相关。无论是"整顿中法",还是"采用西法",清政府推行新政的基本目标,就是将"一切现行律例,按照交涉情形,参酌各国法律悉心参订,妥为拟议。务期中外通行,有裨治理"。[1] 进而,期望通过法制改革的行动,收回治外法权,维护司法主权。而受清廷之命具体负责修律和法制改革事务的沈家本、伍廷芳,则更是强调废止领事裁判权对于推进法制改革的极端重要性。沈家本不仅深谙中国法律,而且也熟读西律。他认为,"方今中国,屡经变故,百事艰难。有志之士,当讨究治道之原,旁考各国制度,观其会通,庶几采撷精华,稍有补于当世"。[2] 唯其如此,才能逐步消弭中法与西法之间的鸿沟,进而确立中西法律之间对话或交流的共同语言系统,以便"与各国无大悬绝",[3]从而促进治外法权的收回。正是在这样的思想指导下,晚清法制实际上成为向西方学习的一次大规模试验。[4] 在沈家本、伍廷芳的主持下,一场以兼采西法为特征的晚清修律变法活动大规模展开。晚清修律变法大抵上按照大陆法系的模式,对中国传统法律体系进行结构性改造,推动以行政与司法合一向有限度的司法独立的转变,建立近代型的司法诉讼制度体系,从而导致古老中国法律系统的历史性重大变化,一个具有西法特点的中国法律体系渐而形成。这场大规模的法制改革的历史性后果之一,就是使中国法律文明发展融入全球法律体系的重构过程之中,进而也加剧了中国法律发展的边缘化趋势。处于世界体系边缘化地区的近代中国法律生活世界,开始了由自主发展向依附发展的转变,法律发展日益丧失了独立演进的品格,中国法律文明的自然历史进程发生断裂。20世纪的中国社会以1911年的辛亥革命为标志,开启了民国时代的序幕。旧的社会统治类型被废除,而代之以新的具有西方特色的政治架构。政治革命推动了法制的转型与发展。辛亥革命时期制订的《中华民国临时约法》(1912年3月),按照近代西方的"三权分立"原则来安排国家法制与法律制度。其后的北洋政府和南京国民政府也在法律制度的改造方面做了一些工作。因之,第二次全球化进程中的中国法制转型具有显明的"西方化"色彩和依附发展特征。

---

[1] 参见上海商务印书馆编译所编纂:《大清新法令》(1901~1911)(点校本)(第1卷),李秀清、孟祥沛、汪世荣点校,商务印书馆2010年版,第16页。

[2] 参见沈家本:《寄簃文存卷六·政法类典序》,参见李光灿:《评〈寄簃文存〉》,群众出版社1985年版,第383页。

[3] 参见沈家本:《寄簃文存卷一·虚拟死罪改为流徒折》,参见李光灿:《评〈寄簃文存〉》,群众出版社1985年版。

[4] 参见李贵连:《近代中国法制与法学》,北京大学出版社2002年版,第254~257页。

20世纪80年代以来兴起的第三次全球化浪潮的时代产物之一，乃是全球权力中心东移现象的迅速增长及其中国的历史性重新崛起。[1] 全球权力中心的转移，不仅加快了全球经济一体化的进程，也在很大程度上引发全球法治发展的重构。处在这一过程中的中国国家制度现代化与法治发展，势必要反映全球市场经济体制的法治需求，体现全球法治文明发展的共通性因素，对固有的法律系统进行现代化的革新与改造，以期适应迅速变动之中的全球经济、社会与法律环境，反应全球权力中心转移与中国重新崛起的法权要求，为中国的重新崛起构造出坚实的法治制度根基。因此，善于抓住这一机遇，不失时机地推进法治改革，就显得尤为重要。在当代全球化的大潮中，中国在1949年新中国的成立所带来的现代民族国家重建以及国家政制与法治革命的基础上，又开始经历着一个重构法律系统的历史性过程。[2] 1978年12月召开的中共十一届三中全会，是当代中国社会政治与法律生活中具有里程碑意义的一件大事。从此，中国法治发展进入了一个历史变革的新时代，构成了当代中国一场深刻的法治革命。经过三十多年的广泛而深刻的社会与法治变革，伴随着中国重新崛起的进程，当代中国法治革命显示出旺盛的活力与强大的生命力，有力地推动了当代中国国家治理现代化的进程。

第一，这场法治革命确证了法治在国家与社会生活中的权威。在传统中国，人治主义传统源远流长。尽管先秦法家以强调"以法治国"而著称，把法律视为治国安邦的重要工具，任法不任德，反对儒家的人治主义，但是，法家的"法治"学说绝非现代意义上的法治概念，因为它是与专制政治相联系的。[3] 强大的传统影响之历史惯性，使中国总体上缺乏合理化的法治资源。新中国成立之初，试图创设新的法律架构和制度基础，借以改变往昔的社会治理方式，把国家生活逐步纳入法治化的轨道之中。但是，由于多种原因，这一变革的努力是有限的。进入改革开放的历史新时期以后，作为执政党的中国共产党清醒地意识到，要保持党和国家长治久安，就必须从制度上解决问题，确立法治在国家和社会生活中的权威性地位。"还是要靠法制，搞法制靠得住些"。[4] 应当把人治的式微、法治的兴起作为中国社会与法治发展的基本评价尺度。牢固树立法治权威，不仅体现了社会主体从事法治变革的价值理想，而且反映了当代中国法治发展的基本取向。推进全球化时代的大国治理，就必须实现从人治到法治的历史性转变，在法治的轨道上治国理政，任何组织和个人都不得拥有超越宪法和法律的特权。这是中国法治现代化面临的一项历史使命。正是在中国特色社会主义法治方针的指引下，当代中国法治化进程日益加快，法治权威在国家和社会

〔1〕 郑永年认为，中国的和平崛起，主要得益于经济的全球化和区域化这一客观条件的出现。改革开放以来，中国通过加入各种国际和区域经济组织，积极推动经济的区域化和全球化，影响力开始超越亚洲地区而达到世界的各个角落，甚至是美国和欧洲，这是军事方法所不能做到的。这一见解是很有道理的。参见郑永年：《为中国辩护》，浙江人民出版社2012年版，第40页。

〔2〕 按照费正清的看法，这是一个从"依照伦理的统治"转向"依照法律统治"的改革。参见[美]费正清：《伟大的中国革命(1800～1985)》，刘尊棋译，世界知识出版社2000年版，第425页。

〔3〕 参见何勤华：《中国法学史》(第1卷)(修订本)，法律出版社2006年版，第109～117页。

〔4〕 参见《邓小平文选》(第3卷)，人民出版社1993年版，第379页。

生活中逐步确立,全面推进依法治国,加快建设法治中国的伟大理想正在成为生动的现实。

第二,这场法治革命把依法治国确立为中国共产党领导人民治理国家的基本方略。现代意义上的法治是与民主政治密切联系的,它要求法律的权威高于任何个人的权威,法律是国家治理的基本手段。1978 年 12 月召开的中共十一届三中全会明确提出社会主义民主制度化、法律化的重大法治方针。[1] 1979 年 9 月中共中央向全党发出的《关于坚决保证刑法、刑事诉讼法切实实施的指示》(以下简称《九月指示》),第一次鲜明提出"实行社会主义法治"。[2] 正是经过中共十一届三中全会以来的持续不断的探索实践,1997 年 9 月召开的中共十五大在中国共产党的历史上第一次提出依法治国、建设社会主义法治国家的基本方略。[3] 这无疑是一个历史性的重大战略决策。以中共十五大为标志,依法治国基本方略的提出与贯彻,建设社会主义法治国家宏伟目标的确立与实施,给当代中国法治发展道路注入了崭新的内涵,有力推动了当代中国法治革命进程。

第三,这场法治革命把依法执政确定为中国共产党治国理政的基本方式。随着 1949 年新中国的成立,中国共产党从革命党向执政党转变,党的领导方式和执政方式面临着新的时代课题。《九月指示》第一次全面科学地确立了中国共产党对司法工作领导的基本原则和工作体制。进入 21 世纪以来,中国共产党深刻揭示共产党的执政规律,提出坚持依法执政的重大命题。这是新的社会历史条件下中国共产党领导人民有效治理国家和社会的根本保证。2014 年 10 月召开的中共十八届四中全会在我们党的历史上第一次对全面推进依法治国提出了完整系统的顶层设计方案,把坚持中国共产党的领导作为全面依法治国必须首先坚持的原则,提出坚持依法执政、加强和改进党对全面依法治国领导的"三统一""四善于"的基本要求。这对于推进当代中国法治发展,明确社会主义法治国家的性质、方向和道路具有重大的指导意义。

第四,这场法治革命统揽全面依法治国总体布局与推进方略。中共十八大以来,以习近平同志为总书记的党中央从"四个全面"的战略布局出发,着眼于确保党和国家长治久安和"两个一百年"奋斗目标的战略考量,精心谋划全面推进依法治国的战略蓝图。一是明确全面依法治国的总目标。在当代中国,作为国家治理体系与治理能力现代化的基础与保障,法治发展有其确定的内在目标。中共十八届四中全会提出全面推进依法治国的总目标是建设中国特色社会主义法治体系,建设社会主义法治国家。习近平将建设中国特色社会主义法治体系称为"全面推进依法治国的总抓手",[4] 强调法治体系是国家治理体系的骨干工程,"必须加快形成完备的法律规范体系、高效的法治实施体系、严密的法治监督体系、有力的法治保障体系,形成完善的

---

[1] 参见《改革开放以来历届三中全会文件汇编》,人民出版社 2013 年版,第 12 页。

[2] 参见《三中全会以来重要文献汇编》(上),人民出版社 1982 年版,第 257 页。

[3] 参见《十五大以来重要文献选编》(上),中央文献出版社 2011 年版,第 26 页。

[4] 参见习近平:《关于〈中共中央关于全面推进依法治国若干重大问题的决定〉的说明》,载《中国共产党第十八届中央委员会第四次全体会议文件汇编》,人民出版社 2014 年版,第 81 页。

党内法规体系”。[1] 这就为全面推进依法治国、加快建设法治中国指明了前进方向。二是坚持依法治国、依法执政、依法行政共同推进。当代中国法治革命是一项前无古人的开创性的事业，涉及党的建设、国家发展和社会生活的各个方面，需要统筹协调，整体谋划，合力推进。坚持依法治国、依法执政、依法行政共同推进，这充分表达了当代中国法治发展的整体观。三是坚持法治国家、法治政府、法治社会一体建设。当代中国法治发展是一个从传统的人治型治理模式向现代的法治型治理模式转型的革命性进程，进而实现国家法治的现代化。在这一法治革命的进程中，法治国家、法治政府、法治社会这三者之间相互联系，构成为一个有机的整体。四是实现科学立法、严格执法、公正司法、全民守法。中共十一届三中全会总结中华人民共和国成立以来我国法制建设的经验教训，提出了十六个字的社会主义法制建设的基本方针，即“有法可依，有法必依，执法必严，违法必究”。[2] 中共十八大总结当代中国法治发展的基本实践经验，把新时期全面推进依法治国的重点任务做出了新的概括，即“科学立法、严格执法、公正司法、全民守法”。[3] 中共十八届四中全会决定把这一新的十六字的重点任务纳入全面依法治国的总目标之中，[4] 这就为加快建设社会主义法治国家提供了重要遵循。五是坚持国家法治发展与区域法治发展的有机统一。中国是一个幅员辽阔的东方大国，不同区域之间的经济社会发展状况差异明显，进而对各个区域的法治发展进程产生重要影响。在当代中国，在全面推进依法治国、加快国家法治发展的基础上，高度重视和积极推进区域法治发展，对于顺利实现法治中国建设的战略目标意义重大，因此，必须在遵循国家法治发展总体方向、维护国家法制统一的前提下，适应不同区域发展的法治需求，加快区域法治发展进程，努力构建治国理政的区域性依法治理模式。中共十八届四中全会决定从建设中国特色社会主义法治体系、推进国家治理现代化的战略高度，高度重视区域法治发展与区域社会治理现代化问题，提出要完善立法体制，依法赋予设区的市地方立法权；完善不同层级政府特别是中央和地方政府事权法律制度，根据不同层级政府的事权和职能，合理调配执法力量；探索建立跨行政区划人民法院和人民检察院，办理跨地区案件；推进多层次多领域依法治理，深入开展多层次多形式法治创建活动，进而提高社会治理的法治化水平；并且提出把法治建设成效作为衡量各级领导班子和领导干部工作实绩的重要内容，纳入政绩考核体系，等等。这必将对当代中国区域法治发展产生重大的推动作用。

第五，这场法治革命致力于建构一种现代型的法治秩序。在中国法治变革及其现代化的进程中，传统法律结构与价值基础发生了重大变化，而逐步代之以宪法为主导的公法与私法相分离、实体法与程序法相区别的法律体系，确证社会主体的自由、权利与尊严。在当代中国，法治革命的直接表现乃是适应经济社会变革进程的客观要求，推动立法活动的大规模展开，立法发展与社会变革之间相互促进、相辅相成，立

---

[1] 参见习近平：《加快建设社会主义法治国家》，载《求是》2015 年第 1 期。

[2] 参见《改革开放以来历届三中全会文件汇编》，人民出版社 2013 年版，第 12 页。

[3] 参见《中国共产党第十八次全国代表大会文件汇编》，人民出版社 2012 年版，第 25 页。

[4] 参见《中共中央关于全面推进依法治国若干重大问题的决定》，人民出版社 2014 年版，第 4 页。

法活动以其特有的方式为这场划时代的经济社会革命设定合法性基础。正是在这一历史性的社会变革进程中,当代中国的法律系统发生了极其深刻的变化,中国特色社会主义法律体系如期形成。对此,习近平指出,“这是一个了不起的重大成就”。[1]不仅如此,当前,一个以促进司法公正、增强司法公信、维护司法权威为基本要求的司法体制改革正在积极稳妥有序地展开,而这一改革所带来的必将是中国司法领域的现代化。更为重要的是,中国法治现代化是一个从法治理念、法治载体到法治实践、法治行为的转型变革的过程,其核心是人的现代化,是社会主体法治价值观念的现代化。只有社会主体的信念、心理、态度和行为与法治现代化进程相互协调,并且成为法治变革及其现代化的有效支撑,法治中国与法治现代化才能成为客观的现实。当代中国法治发展的一项基础性工程,就是要加快推进法治社会建设,加强法治宣传教育,培养公民信任法律、尊重法律的现代法治意识,进而为法治中国建设奠定法治观念基础。因之,经过三十多年坚持不懈的努力,一个具有中国特色的现代法治型秩序正在逐步形成。

四、坚定地走出一条自主型的法治中国之路

面对着错综复杂的当代全球化趋势,在推进法治中国建设的时代进程中,我们既要看到全球权力中心转移所导致的全球秩序重构及其全球治理变革对当代中国法治发展的历史性吁求,也要看到当代全球化背景下中国法治发展进程中出现的新情况新问题,还要看到已经或正在出现的有利于法治改革和发展的各种因素或条件,把握创造中国特色的现代化法治的历史性机遇,特别是在眼前的矛盾和困难中看到中国法治改革与发展的未来愿景,在严峻的挑战中明确奋斗的方向,保持与时俱进、奋发有为的精神状态,坚定地推进中国法治现代化进程,矢志不渝地为建设法治中国而不懈奋斗。

在这里,问题的关键在于我们要牢固确立自主型的中国法治发展理念,坚定不移地走中国特色社会主义法治道路。所谓自主型的法治发展,是指基于对本国国情条件的深刻把握,自主选择适合本国社会生活状况的法治发展模式,进而稳步推进法治改革。在重构全球秩序的新的时代条件下,中国的法律生活日益同全球范围内的法律生活交融互动。当代中国的法治改革与发展怎样才能保持独立自主的品格,避免出现依附型法治改革与发展的边缘化的情形?这是我们必须面对的一个重大时代挑战。习近平指出,“独立自主是我们党从中国实际出发、依靠党和人民力量进行革命、建设、改革的必然结论。不论过去、现在和将来,我们都要把国家和民族发展放在自己力量的基点上,坚持民族自尊心和自信心,坚定不移走自己的道路”。“坚持独立自主,就要坚持中国的事情必须由中国人民自己作主张、自己来处理。世界上没有放之四海而皆准的具体发展模式,也没有一成不变的发展道路。历史条件的多样性,决定了各国选择发展道路的多样性。人类历史上,没有一个民族、没有一个国家可以

---

〔1〕 参见习近平:《关于〈中共中央关于全面推进依法治国若干重大问题的决定〉的说明》,载《中国共产党第十八届中央委员会第四次全体会议文件汇编》,人民出版社 2014 年版,第 83 页。

通过依赖外部力量、跟在他人后面亦步亦趋实现强大和振兴。那样做的结果,不是必然遭遇失败,就是必然成为他人的附庸"。[1] 因此,在新中国六十多年的历史行程中,中国共产党人坚持从中国的具体国情和历史条件出发,独立自主,开拓奋进,锐意改革,选择自己的法治发展道路,不断深化对共产党执政规律、社会主义法治建设规律和社会主义法治改革规律的认识,努力创制具有鲜明中国风格的社会主义国家体制与法律制度,从而赋予中国特色社会主义法治事业蓬勃生机和活力,开辟了自主型的中国特色社会主义法治发展的新境界。在当代全球性法律重构的进程中,在全面推进依法治国、加快建设法治中国的现时代,中国的法律生活领域逐渐融入国际法治体系之中,国内法治与国际法治之间的互动性明显增强,继续保持法治发展的独立自主的品格,避免出现依附发展或边缘化的情形,愈发显得更为重要。这无疑是一个重大的议题,涉及法治发展的各个领域,其中最为紧要的乃是以下若干方面。

首先,坚持自主型法治发展道路,必须努力探索具有中国特色的法治发展模式。进入改革开放的历史新时期以来,邓小平反复强调,"过去搞民主革命,要适合中国情况,走毛泽东同志开辟的农村包围城市的道路。现在搞建设,也要适合中国的情况,走出一条中国式的现代化道路"。[2] 他还指出,"每个国家都有自己的情况,各自的经历也不同,所以要独立思考。不但经济问题如此,政治问题也如此"。"要紧紧抓住合乎自己的实际情况这一条。所有别人的东西都可以参考,但也只是参考。世界上的问题不可能都用一个模式解决。中国有中国自己的模式"。[3] 中国的法治发展是在特定的时间和空间条件下所展开的法治体系、法治制度和法治机制的改革与创新实践,具有独特的历史传统和社会条件。新中国成立六十多年来,特别是改革开放三十多年来探索中国法治发展模式的艰辛实践,历史性地生成了这一模式的总体性特征,这主要是:作为强有力的执政党,中国共产党有效地实施对国家、社会与法律生活的领导,依法治国是中国共产党领导人民治国安邦的基本方略,依法执政是中国共产党治国理政的基本方式;强大的国家政权与权威型政府主导着法治发展的走向,保证了中国社会与法治变革的平稳有序推进;不仅重视形式正义,而且更加关注实质正义,社会公平正义构成了社会与法治价值系统的终极依托;强化能动主义的法治要求,法治成为社会变革与发展的有力工具;努力创造一个正常的社会生活条件,使个人的合法愿望和尊严能够在这些条件下实现;在务实主义的法治改革路线指引下,可控地循序渐进地推进法治的变革与创新,等等。很显然,在当代中国社会与法治变革进程中所逐步形成的法治发展模式,有自身独特的历史个性和鲜明的中国特色。在当今的全球化进程中,只有立足于中国的实际情况,对域外的法治发展经验和模式进行具体的辨析,才能建构一个具有中国风格的社会主义法治发展模式,进而走出一条自主型的中国法治发展之路。[4]

---

[1] 《习近平谈治国理政》,外文出版社 2014 年版,第 29 页。
[2] 《邓小平文选》(第 2 卷),人民出版社 1994 年版,第 163 页。
[3] 《邓小平文选》(第 3 卷),人民出版社 1993 年版,第 260、261 页。
[4] 参见顾培东:《中国法治的自主型进路》,载《法学研究》2010 年第 1 期。

其次,坚持自主型法治发展道路,必须立足于中国特色社会主义法律制度的自我完善与发展。在人类法治文明发展的历史进程中,往往交织着诸多矛盾运动。这种矛盾运动既会引起法律生活领域的根本性变化,也会促进法律生活关系的某些部分改变。从社会学的一般意义上来说,每一次社会革命都标志着整个社会体制的一次基本变化,力图寻求某种合法性根据;而从法律意义上讲,每次社会革命最终产生了一种新的法律体系。因之,伴随着社会革命的法律革命,带来了法律领域的全新的变化。新中国六十多年的法治革命,不仅从根本上改变了传统的法律制度的本质与结构,创设了人民共和国的法治架构,而且成为当代中国经济社会革命的法治基础,从而为新的社会经济生活系统确立了有效的规范与制度保障。与 1978 年改革开放相伴而生的当代中国法治革命,则是要在新中国成立以来逐渐形成的社会主义法律制度基本框架的基础上,适应新的社会经济生活条件,革故鼎新,创新探索,以期推动中国特色社会主义法律制度的自我完善与发展。坚持自主型法治发展道路,必须正确把握当代中国法治发展的基本方向,始终把社会主义法律制度的自我完善与发展作为法治改革与发展的主旋律;必须尊重法治工作的客观规律,建立健全有利于促进法治建设与发展的体制、制度与机制。当然,如同任何事物的发展都是一个否定之否定的过程一样,坚持自主型法治发展道路,推动中国特色社会主义法律制度的自我完善与发展,也是一个辩证的扬弃过程。当代中国的法治发展是一场深刻的法治革命。它要在坚持法治改革与发展的中国特色社会主义方向的前提下,依靠自身的力量,着力解决影响法治建设与发展的体制性、机制性、保障性障碍,为建设中国特色社会主义法治体系、建设社会主义法治国家提供坚强的体制、制度和机制保障。这一深刻的法治革命要在坚持社会主义法律制度本质性规定的基础上,适应变革时代的法治需求,创设新的法治制度结构,建立新的法治运行机制,确立新的法治正义标准,从而形成一种新的法治生活秩序,为贯彻"四个全面"的重大战略布局、建设中国特色社会主义事业提供稳定可靠的法治支持。因之,坚持中国特色社会主义法律制度的自我革新、自我完善、自我发展,是自主型法治发展道路的基本立足点。

再次,坚持自主型法治发展道路,必须更加关注国际社会以及国家内部的社会公正问题。全球性经济发展趋势不仅扩大了发达国家与发展中国家之间的贫富差距,导致了南部贫困国家的分裂,而且加剧了国家内部社会福利体系的危机;即使在富裕的北部国家内部,贫困与落后现象也与日俱增。[1] 因此,开展全球范围内的反贫困斗争,已经成为摆在每一个国家面前的一项艰巨任务。在这一时代背景下,重构全球法律机制,必须贯彻社会公正的基本要求。而这个问题对于当代中国的法治发展来说,亦有特殊的意义。在全球化的背景下,坚持自主型法治发展道路,建构中国市场经济体制与法治体系,必须充分考虑社会正义的理性要求。为了有效地实现社会正义,当代中国法治改革与发展的迫切任务,就在于贯彻共享发展理念,运用法治思维和法治方式实施脱贫攻坚工程,促进区域协调发展;强化法治的利益调控功能,促进

〔1〕 参见里斯本小组:《竞争的极限——经济全球化与人类的未来》,张世鹏译,中央编译出版社 2000 年版,第 60~65、74~77 页。

社会利益需求的平衡发展；通过一定的法治机制，解决或缓解社会收入分配不公现象，保证社会变革进程的健康发展。诚如习近平所强调的，“不论处在什么发展水平上，制度都是社会公平正义的重要保证。我们要通过创新制度安排，努力克服人为因素造成的有违公平正义的现象，保证人民平等参与、平等发展权利”。“对由于制度安排不健全造成的有违公平正义的问题要抓紧解决，使我们的制度安排更好体现社会公平正义原则，更加有利于实现好、维护好、发展好最广大人民根本利益”。〔1〕

又次，坚持自主型法治发展道路，必须更加关注国际规则的本土化问题。全球法治机制和国际准则，在社会历史发展进程中往往表现着自己不同的重点，在不同的国家与民族生活中有不同的表现形式，并且在各自的文化体系中起着各自不同的作用。因此，在这里就存在一个国际规则本土化的问题。在当代中国法治发展进程中，移植国际规则和外域法律制度时必须充分考虑到本国的国情条件。“我们要学习借鉴世界上优秀的法治文明成果。但是，学习借鉴不等于是简单的拿来主义，必须坚持以我为主、为我所用，认真鉴别、合理吸收，不能搞‘全盘西化’，不能搞‘全面移植’，不能照抄照搬”。〔2〕 当代中国法治发展是中国人在本国的历史条件下所展开的一场法治变革运动。它总包含着体现本民族本国度生活条件的法律精神以及作为这一精神载体的法律制度。在国际规则本土化的过程中，必须从中国国情的具体实际出发，根据对本国社会生活条件及其需要的认识，能动地将国际规则转化为本国的具体制度规范设计，使之成为本国法律的有机组成部分，而绝不能原封不动地套用国际规则来调整现实的社会生活关系，也绝不能搞全盘移植，照抄照搬别国的规则和制度。此外，作为一个历史的连续过程来说，古老的中华法律文明必将在全球秩序重构及其全球治理大变革时代中，以新的形式获得延续，进而在一个新的法治系统中发挥新的功用。在当代中国，全面依法治国、建设法治中国的崭新理念和丰富实践，不仅构成了对于中华法律文明传统的有机传承，而且是对人类法治文明的丰富和发展。正是在这一过程中，本土化的法治资源的价值意义得到充分彰显，〔3〕自主型的中国法治发展道路展示出深刻的历史逻辑力量，进而构成全球秩序重构进程中的中国重新崛起的文化“软实力”基础。

最后，坚持自主型法治发展道路，必须坚定地捍卫国家的法律主权。应当看到，中国的和平崛起，为全球性法律重构进程提出了新的课题与议程，也给当代中国法治发展赋予了新的使命。在当今世界舞台上，当代中国确实拥有了发挥更大作用的机会。谋求这种更大更重要的作用的发挥，决不意味着显示某种强权而争夺势力范围，更不意味着去寻求霸权而成为霸权国家，而是要在这个千载难逢的重要战略机遇期，有所作为，善于担当。当代的全球秩序重构以及全球治理体系的深刻变革，确实给中国带来了诸多机遇，中国也正在成功地利用了这些机遇。因此，中国积极参与国际改革进程，有助于维护国家的核心利益。所以，在加快建设法治中国的进程中，要着眼

〔1〕《习近平谈治国理论》，外文出版社 2014 年版，第 97 页。

〔2〕 参见习近平：《加快建设社会主义法治国家》，载《求是》2015 年第 1 期。

〔3〕 参见苏力：《法治及其本土资源》（修订版），中国政法大学出版社 2004 年版，第 6 页。

国家现代化全局,努力掌握法治发展的自主权,争取制定国际规则、改革国际体系的话语权,"积极参与国际规则制定,推动依法处理涉外经济、社会事务,增强我国在国际法律事务中的话语权和影响力",[1]推动全球性法律重构进程,以便更好地为国家现代化的战略目标服务。所以,在全球权力中心转移与中国重新崛起的背景下,推动当代中国的法治发展及其现代化的进程,显然面临着更为艰巨的任务。一是在全球性的行为规则和法律机制的成型过程中,作为一个负责任的和正在重新崛起的世界大国,中国必须进一步确立全球发展意识,关注全球性的共同利益,更加自主地参与全球性行动,塑造国际规范,创设国际制度,实施国际规则,着力促进新的国际秩序的重构与发展。二是在当代全球秩序重构进程中,既要自觉地关切中国法治改革与发展与全球通行规则的要求相协调的问题,充分借鉴人类法治文明发展的共同性丰富成果,又要正视全球秩序重构进程对中国法治改革与发展所带来的深刻影响,更加关注这一影响的实现方式、作用范围及其历史限度,研究这一影响是怎样内化为本民族创新法律制度的生机与活力问题,悉心把握这些共同性的全球法治文明准则、制度与机制同本民族本国度的具体条件、因素及社会需要之间的耦合程度,进而揭示实现这种有机转化的内在机理。三是作为新兴的发展中大国,当代中国在参与全球性法律重构的过程中,要对国际规则和域外的法治经验与模式进行深入细致的辨析,谨防全球化或全球共同治理名义下的法律帝国主义或新法律殖民主义,谨防法治发展的边缘化趋势,[2]坚决排拒那些损害国家主权与国家核心利益的体制、制度和规则,坚持抵制全球化进程中的法律霸权或法律帝国主义,"运用法律手段维护我国主权、安全、发展利益",[3]更加坚定地捍卫国家的法律主权,更加积极地维护国家利益,更加审慎地运用好在国际组织中的权力来实现国家的长期战略目标,从而更加有力地回应全球秩序重构及其全球治理体系变革进程对当代中国法治发展的挑战。正如习近平强调的,"我们要根据事情本身的是非曲折决定自己的立场和政策,秉持公道,伸张正义,尊重各国人民自主选择发展道路的权利,绝不把自己的意志强加于人,也绝不允许任何人把他们的意志强加于中国人民"。"我们要虚心学习借鉴人类社会创造的一切文明成果,但我们不能数典忘祖,不能照抄照搬别国的发展模式,也绝不会接受任何外国颐指气使的说教"。[4]

总之,在当代全球秩序重构以及全球治理大变革时代,我们要从中国的实际条件出发,坚持自主型法治发展道路,积极稳妥地推进法治改革与法治发展,深入总结法治发展的中国经验,悉心把握法治发展的中国取向,努力建构法治现代化的中国模式,牢固确立中国法治现代化在全球法治现代化进程中的自主地位,进而坚韧推进全面依法治国的时代进程,努力实现建设法治中国的宏伟愿景。

---

[1] 参见《中共中央关于全面推进依法治国若干重大问题的决定》,人民出版社2014年版,第39页。

[2] 参见[美]乌戈·马太、[美]劳拉·纳德:《西方的掠夺——当法治非法时》,苟海莹译,纪锋校,社会科学文献出版社2012年版,第234~242页。

[3] 参见《中共中央关于全面推进依法治国若干重大问题的决定》,人民出版社2014年版,第39页。

[4] 参见《习近平谈治国理政》,外文出版社2014年版,第30页。

作为"至道"的法

——《管子》一书的法观念及其"法"与"道"范畴初探

严存生*

内容摘要:"道"和"法"都是我国古代文化中的重要的范畴,《管子》一书对它们在进行系统论述的基础上,揭示了它们之间的内在关系,并得出"法者,天下之至道也"的重要结论。本文介绍了这一论述,并就这一结论谈了一些初步感想,认为"道"有广、狭二义:广义上的"道",指世界上所有事物赖以存在的根据和发展变化的规律;狭义的"道",仅指人生之道,特别是社会生活之道。如为君之道,为臣之道,治国之道等。这种道被人所认识,并用语言文字表达出来,就叫"理"或"道理""道德"("德者得也",即获得道,表现为其心正形正,与道相符)。其主要的内容就是"义"。"义者宜也",即合宜处理各种人际关系之"道"或"理"。如君仁臣忠,父慈子孝。而"义"的实现离不开"礼",即用礼仪程式规范人的外部活动的行为准则,它是制度化了的"道"。"法"是它的特殊形态,即权威性的社会制度,它能把社会中多元的"道义"观念和行为统一起来,以比较明确的形式表达其内容和以社会权力为后盾保证它的被遵守。所以,法是社会中能在最大程度上体现和实现"道"的社会制度。而法治就是与之相适应的治理观念和社会体制。故"治之以法"是最高的社会治理之道。

关键词:道法　至道

当今在我国学界,特别是法学界,对我国古代文化中的"法"观念的基本认识是,法就是刑,即用暴力来维持社会秩序的一种手段,而它渊源于一种兵器——戈或戟。而法是由君主立的("法由君出"),是专门用来对付或镇压"庶人"的。虽然,也有许多思想家指出"法"是一种行为的准绳,但也只是把法视为一种工具而已。这样一来,法在人们的心目中,是残暴的东西,是专门用来对付下层群众的。这一认识,显然是不全面的,是难以概括我国古代的法观念的。实际上,在我国古代的思想家中有许多人对"法"的认识和论述是很深刻的。最近看了《管子》[1]一书,感受比较大,最突出的一点是把法与道联系起来,并提出了"法者,天下之至道也"这一命题,本文就这一命题谈一些思考,顺便论述一下其中的"道"的观念及其与"德""理""义""礼""法"的关系。

* 严存生,西北政法大学中华法系和法治文化研究院教授。

〔1〕《管子》一书在我国史界评价颇有争议,争议主要集中它是否为管仲的真作和成书于何时?实际上,这类争议几乎是所有的古代文献都存在的。不过我不想参与这一争论,只把它视为以管仲的思想为主的历史文集,从中挖掘出深刻的思想观念和精彩的言论,并试图把它们联结起来成为一个完整的理论体系,以便作为思考现代社会问题的借鉴。作为一个文集,其概念的使用和观点的阐述,由于论者所处的前后语境不同,必然会有差异和矛盾之处,自不应过分关注。而把它理解为思想家的认识变化和语言的丰富多彩的现象。

一、作为“道”的“法”——《管子》一书关于“道”及其与“德”“理”“义”“礼”“法”相关概念的论述

（一）“道”的概念

要理解“法者,天下之至道也”这一名题,首先得研究一下该书中对“道”的论述。《管子》一书中关于“道”的定义非常多,归纳起来有两类:

1. 一类是广义上的“道”或天地之道。如《心术上》曰,“虚无无形谓之道”;《形势解》曰:“道者,扶持众物,使得生育,而各终其性命者也”;《内业》曰:“不见其形;不闻其声,而序其成,谓之道。”“万物以生,万物以成,命之曰道”。《心术上》曰,“天道虚”,“虚者万物之始也,故曰‘可以为天下始’”。这就是说,“道”或“天之道”是万物之始因,它扶持众物,使得生育,而各终其性命,它虚无无形或虚静。

2. 另一类是狭意义上的“道”。这种“道”在《管子》一书中主要指人类社会的“道”,如人生之道,为君之道,为臣之道,治国之道等。该书着重论述的是为君之道和治国之道。

如《君臣下》曰:“道也者,上之所以导民也。”《君臣上》曰:“天有常象,地有常形,人有常礼。一设而不更,此谓三常。兼而一之,人君之道也。”《明法解》曰:“人主者,擅生杀,处威势,操令行禁止之柄以御其群臣,此主道也。人臣者,处卑贱,奉主令,守本任,治分职,此臣道也。”这说的都是为君或为臣之“道”。而《任法》中的“故上令而下应,主行而臣从,此治之道也”,“法者,天下之至道也,圣君之实用也”。说的则是治国之“道”。

可以看出,狭义上的“道”是从属于广义上的“道”的,是表现于社会领域的“道”,由于这种“道”能在某种程度上被人所认识和诉说,而且由于主要涉及人际关系,其内容是“义”,所以它们也可以被称为“道理”或“理义”。

3. “道“与“常”和“则”的概念。“常”即常规,事物的正常秩序、状态;“则”即事物的规律、法则。[1] 它们的含义与“道”相近,故经常混用。在《管子》中多处把它们与“道”混同或混用。如上引的《君臣上》之言:“天有常象,地有常形,人有常礼。一设而不更,此谓三常。兼而一之,人君之道也。”再如《形势解》有言:“天,覆万物,制寒暑,行日月,次星辰,天之常也。治之以理,终而复始。主,牧万民,治天下,莅百官,主之常也。治之以法,终而复始。和子孙,属亲戚,父母之常也。治之以义,终而复治。敦敬忠信,臣下之常也。以事其主,终而复始。爱亲善养,思敬奉教,子妇之常也。以事其亲,终而复始。故天不失其常,则寒暑得其时,日月星辰得其序。主不失其常,则群臣得其义,百官守其事。父母不失其常,则子孙和顺,亲戚相欢。臣下不失其常,则事无过失,而官职政治。子妇不失其常,则长幼理而亲疏和。故用常者治,失常者乱。天未尝变,其所以治也。故曰:‘天不变其常。’”在谈到“则”时说:“地生养万物,地之则也。治安百姓,主之则也。教护家事,父母之则也。正谏死节,臣下之则

---

[1] 《管子·七法》:“根天地之气,寒暑之和,水土之性,人民鸟兽草木之生物,虽不甚多,皆均有焉,而未尝变也,谓之则。”

也。尽力共养,子妇之则也。地不易其则,故万物生焉。主不易其则,故百姓安焉。父母不易其则,故家事辨焉。臣下不易其则,故主无过失。子妇不易其则,故亲养备具。故用则者安,不用则者危。地未尝易,其所以安也。故曰:'地不易其则。'"在《心术上》中也说"毋先物动,以观其则"等。可以看出,"道"与"常"和"则"意义相近,都有规律之意,差别只在于"常"是表现出来的"道","则"是内在的"道",并含有"责任"之意。

(二)"道"的特点

这里所讲的主要是广义上的"道"。(1)"道"无时不在,无事不有。《心术上》有言,"道在天地之间也,其大无外,其小无内"。(2)"道"无形无声,它非常深奥,无以言表。《心术上》有言:"道也者、动不见其形,施不见其德,万物皆以得,然莫知其极。故曰'大道可安(体会)而不可说。'"《内业》有言,"道也者,口之所不能言也,目之所不能视也,耳之所不能听也"。又曰:"夫道者,所以充形也,而人不能固。其往不复,其来不舍。谋乎莫闻其音,卒乎乃在于心;冥冥乎不见其形,淫淫乎与我俱生。不见其形;不闻其声,而序其成,谓之道。"

(三)对"道"的认识

管子认为,道是虚无飘缈的东西,眼看不到、耳听不到,只能靠心[1]来思考,而且必须是静思。《内业》有言:"凡道无所,善心安爱,心静气理,道乃可止。""彼道之情,恶音与声,修心静音,道乃可得。"这就是说,人们要认识"道",必须要丢掉一切私心杂念,处于无欲、虚静状态。"虚其欲,神将入舍"。[2] 不过他也认为,"大道可安而不可说",即道只可意会,不可言说。而且,"道不远而难极也"。[3] 由于道无处不在,无物不有,故离我们很近,但又由于它是无限的,所以真正认识它又是很难的,能被认识到的道是相对的。

(四)"道"与"德""理""义""礼"的关系

《管子》认为,"德""理""义""礼""法"都渊源于"道",都是"道"的演化物。《心术上》中有一段话集中揭示了"道"与"德""理""义""礼""法"之间的逻辑关系:"虚无无形谓之道,化育万物谓之德,君臣父子人间之事谓之义,登降揖让、贵贱有等、亲疏之体谓之礼,简物、小未一道,杀僇禁诛谓之法。"管子进一步解释说:"天之道,虚其无形。虚则不屈,无形则无所位迕,无所位迕,故偏流万物而不变,德者,道之舍,物得以生生,知得以职道之精。故德者得也。得也者,其谓所得以然也。以无为之谓道,舍之之谓德。故道之与德无间,故言之者不别也。间之理者,谓其所以舍也。义者,谓各处其宜也。礼者,因人之情,缘义之理,而为之节文者也,故礼者谓有理也。理也者,明分以谕义之意也。故礼出乎义,义出乎理,理因乎宜者也。法者所以同出,不得不然者也,故杀僇禁诛以一之也。故事督乎法,法出乎权,权出于道。""道"与"德""理""义""礼"的关系,下文将分别论述。

---

[1] 《管子·枢言》:"道者,在天为日,在人为心。"

[2] 《管子·心术上》。

[3] 同上。

1."道"与"德""理"的关系

从词义上说,"德"者"得"也。"德"就是"道"化育或落实于事物之中。《心术上》有言,"化育万物谓之德","德者,道之舍,物得以生生,知得以职道之精。故德者得也。得也者,其谓所得以然也。以无为之谓道,舍之之谓德。故道之与德无间,故言之者不别也。间之理者,谓其所以舍也"。事物得到"道",其形正心正,合于道,就叫有"德"。或者说获得的标志是心正形正,即内心接受道,行为符合道。而要如此,就必须"修心而正形","正形饰德"。"专于意,一于心","思之,思之",他就会得到鬼神之助,明白事物变化的道理,成为有德有智之人,被称为"圣人"。[1] 这里涉及"精气""神"和"智"几个概念。"精气",即事物之精神,也即道。[2] "神"即精气所显示出来的神秘力量,它支配着事物的变化。"智"即智慧,它能认识和控制事物的变化。《内业》有言,"一物能化为之神,一事能变为之智"。也就是说,专一于物而能掌握其变化的谓之"神",专一于事而能掌握其变化谓之"智"。《管子》认为"道"作为一种精气充斥于事物之中,万物因它而生。它作为一种神秘的力量存在于世界之中,也充斥于人体之内,会在一些人的内心沉淀下来,使这些人成为有德之人,成为"圣人",并因而具有智慧,能使物而不被物用。《内业》曰:"凡物之精,此则为生。下生五谷,上为列星。流于天地之间,谓之鬼神;藏于胸中,谓之圣人。是故此气,杲乎如登于天,杳乎如入于渊,淖乎如在于海,卒乎如在于己。是故此气也,不可呼以声,而可迎以意。不可止以力,而可安以德;敬守勿失,是谓成德,德成而智出,万物果得。""道"与"理"相通,《形势解》有言:"道者,所以变化身而之正理者也,故道在身则言自顺,行自正,事君自忠,事父自孝,遇人自理。故曰:道之所设,身之化也。"《君臣上》曰,"是故别交正分之谓理,顺理而不失之谓道"。"道"与"理"的差别只在于,一个是客观的,另一个是主观的,"理"是被认识和言说的"道"。

2."道"与"义"的关系

从词义上讲,"义者,谓各处其宜也"。也就是说,"义"之义为"宜",即适当。"义"是社会交往中"道",合理地处理各种关系,双方应认清角色和掌握好分寸。所以,"君臣父子人间之事谓之义"。具体地说这些"义"就是"君德臣忠,父慈子孝,兄爱弟敬,礼义章明"等。[3] 这就是说,"义"是处理社会关系中的道,它要求"各得其宜",使关系巩固发展,使行为取得最大的效果。社会关系是双边的,"义"向双方提出要求,如君德臣忠,父慈子孝等。"义"就是社会生活之道。社会是人的集合体,"义"是处理这个集合体内各种关系的原则或"理"。

---

〔1〕《管子·心术上》曰:"物固有形,形固有名,名当为之圣人。"又有言,"凡物载名而来,圣人因而财(裁)之"。《管子·心术下》有言,"圣人若天然,无私覆也;若地然,无私载也"。这就是说,事物本有其形状和名称,能把二者统一起来,正确地叫出事物的名称的人叫"圣人"。也就是说,能根据事物的性状准确地说出其本质或原理者为智者。圣人是无私的,无欲无望的,故心静能认识道。《管子·心术下篇》:"专于意,一于心,耳目端,知远之近。能专乎,能一乎,能毋卜筮而知凶吉乎?能止乎,能已乎,能毋问于人而自得之于己乎?故曰:思之。思之不得,鬼神教之。非鬼神之力也,其精气之极也。"

〔2〕《管子·心术下》有言,"道者,形之充也";"气者身之充也;行者,正之义也"。

〔3〕《管子·七法》。

3.“道”与“礼”的关系

“礼”就是行为的仪表和礼节。《心书上》曰：“登降揖让、贵贱有等、亲疏之体(体现)谓之礼。”《形势解》曰：“礼义者，尊卑之仪表也。”《小问》曰，“礼”之义为“礼节仪式”，“质信以让，礼也”。“礼者，因人之情，缘义之理，而为之节文者也”。“礼”的功能在于约束行为，使之讲文明，懂礼貌，不踰于道。《牧民》有言：“礼不踰节，义不自进。廉不蔽恶，耻不从枉。故不踰节，则上位安；不自进，则民无巧轴；不蔽恶，则行自全；不从枉，则邪事不生。”“礼”与“义”“道”是相通的，是根据义理而规定的在各种场合下的交往中的礼节程式。

4.“道”与“法”的关系

《管子》中关于法的论述很多，主要有五个方面：(1)法的本质是事物运动的程式、模式或准则。如在《明法解》说：“法者，天下之程式也，万事之仪表也。”又说：“尺寸也，绳墨也，规矩也，衡石也，斗斛也，角量也，谓之法。”在这一点上法与礼是相同的。《枢言》曰：“法出于礼，礼出于治，治礼道也，万物待治礼而后定。”(2)法的特点：一是内容相对稳定和具有普遍的约束力。《正篇》曰：“如四时之不忒，如星辰之不变，如宵如昼，如阴如阳，如月日之明，曰法。”“当故不改曰法”。《任法》曰：“法者不可不恒也，存亡治乱之所以出，圣君所以为天下大仪也。君臣上下贵贱皆发焉，故曰‘法’。”二是其实施借助于权力和暴力。《心术上》曰：“简物，小未一道，杀僇禁诛，谓之法。”也就是说，法能用赏罚(杀僇禁诛)等强制性措施来统一人们的行动。(3)正因如此，“法”对人的行为有指导作用，人必须依照“法”来行动才能取得成功。“法”作为行为的准绳，能成为人们判断是非的标准，能协调人们的关系，能定分止争，除暴安良，因而也成为君主治理国家的主要手段。在《七臣七主》中说：“法者，所以兴功惧暴也；律者，所以定分止争也；令者，所以令人知事也。法律政令，吏民规矩绳墨也。”“夫矩不正，不可以求方。绳不信，不可以求直。法令者，君臣之所共立也。权势者，人主之所独守也。故人主失守则危，臣吏失守则乱，罪决于吏则治。权断于主则威。民信其法则亲。是故明王审法慎权，上下有分。”在《任法》中又说，“法者所以一民使天下也。”(4)正因如此，国家必须“治之以法”。在《任法》中说：“夫生法者君也；守法者臣也；法于法者民也。君臣、上下、贵贱皆从法，此之谓大治。”(5)法与道、德、义、礼相通，法是社会治理中最高的道。《枢言》曰，“法出于礼，礼出于治，治礼道也”。《任法》曰：“法者，天下之至道也，圣君之实用也。”因为法是一种程式、仪式，同于“礼”，而“礼”是服务于“义”的，用于规制人的行为使之符合于“义理”，即社会生活之道的。《心术上》曰：“礼出乎义，义出乎理，理因乎宜者也。法者所以同出，不得不然者也，故杀僇禁诛以一之也。故事督乎法，法出乎权，权出于道。”这就是说，法与道在本质上是同一的，法是现实生活中实现道的最有力的方式。所以，在《任法》中说：“所谓仁义礼乐者，皆出于法。此先圣之所以一民者也。”

归纳以上《管子》对“道”与“德”“理”“义”“礼”“法”关系的论述，可表述如下：

“道”是事物存在和发展的内在精神和运动的正确轨道，或者说是事物的本质和规律。事物的运动合于道则生、则兴，背于道则衰、则灭。事物有整体与部分的差别，因而道也有天之道和人之道的区分。道还有客、主观之分，客观的“道”指藏于事物中的“道”,主观的“道”指被人认识,并被言说出来“道”,也就是“理”或“道理”。“道”这个概念与西方哲学上的“理念”(Idea)一词相似。“理念”在柏拉图那儿指存在于彼岸世界的我们看到的现象界事物的本体;在黑格尔那儿指决定事物的本质(概念)和现象(定在)的东西。

“德”是能认识和遵循道而行者,或者说是被实践中的“道”,它表现为其形正心正。心正为内德,形正为外德。由于只有人有这种能力,因而只有人才可能有“德”的问题。他们或者有良好的品德,或者有不好的(坏的、恶劣的)品德。得道者有德,有德者也有智。有智者即圣人。

“义”是社会生活中的,特别是人际关系中的“道”或“理”。“义”的词义是“宜”,他要求适当处理好各种关系,如君臣关系中,君要仁,臣要忠;父子关系中,父要慈,子要孝等。因此,社会中的各种人,在不同场合下,负有与其身份相应的“义”。遵守本分者被称为有“义”者。维护这一关系者,在民间被称为“侠客义士”。在政府则为明主、清官。

“义”往往只是被认识的道,或者说是“理”。由于各人对“理”的认识上是有差别的,所以表现在行为上也有差异。显然,这是不利于建立统一的社会秩序的。要建立统一的社会秩序就得统一人们的行为,“礼”就是适应这一需要而产生出来的指导和约束人们外部活动的行为模式或行为准则。它首先表现为行为中的礼节仪式。它通过服饰和言谈举止来显示自己的社会身份,安排自己的活动,以保持与他人的和谐。我认为,与“道”相符合的礼节仪式是一种低水平的社会制度,它是由许多规则构成的,所以可以说,“礼”是形式化或被规则化、制度化了的“道”,虽则大都还是一种民间的规则和制度。如果说“德”是落实的“道”,它表现为心正形正,“义”所讲的侧重于心正,而“礼”所讲的侧重于形正。而我们知道,人对“义”的理解是有差异的,加上随着时空的变化要求“义”有所变化,所以“义”是多元的,很难达到统一,而“礼”正是针对此而产生的,它并不要求“义”的绝对统一,更不要求人在行为上的完全统一,只是通过规定统一的行为模式的办法使他们在形式上统一,不要背离“道”。所以,“礼”并不否定“义”的多元和行为的多样。

而“法”是一种特殊性质的制度,即被公共权力认可的规则制度,因而它有更大的权威性,能在比较大的范围内建立有秩序的社会。也就是说,法渊源于“道”,是现实社会中能在最大程度上使“道”得以实现的社会制度。正因如此,《管子》有言,“法者,天下之至道也”。

二、作为治之“至道”的法

上文介绍了管子关于“法”与“道”关系的论述,指出他认为“法”与“礼”同,都是人类社会中的一种“仪表”,都源于“义”和“理”,最终根源于“道”,而且是“天下之至道”。现在本文进一步详细论述这一结论,回答法是一种什么“道”,为什么是“天下之至道”? 论述的角度想从“法”与“道”的关系转换为国家治理之“道”。回答国家治理为什么要以法为主。

首先,要解释的“天下”一词。从管子的定义和多处的用法看,“天下”所指非世界或宇宙，而仅仅指“江山”“社稷”，即国家主权。如《中匡》曰：“法行而不苛，刑廉而不赦，有司宽而不凌；菀浊困滞皆，法度不亡，往行不来，而民游世矣，此为天下也。”[1]这意味着“法者，天下之至道”指国家之至道。也就是说“法”是治国之至道。

“法”为何是治国之至道？管子的基本思路是：国家是由权力联结起来的人的集合体，其目的在于过一种更好的、有秩序的社会生活，其最主要的部分是民众，在国家里“民为本”，“民为天”，因而国家的治理说到底就是“治民”，“牧民”，[2]其目的就是安民、惠民，而要如此，就要顺民心、遂民意，按照民众的社会生活之道来治理，而法作为国家的灵魂和现实社会中最能体现和实施这种道的制度，所以君主对国家只能“治之以法”了！下文从法与国家、法与君和法与民等几方面来介绍这一思想。

（一）国家的起源、构成及其治理

《管子》认为国家起源于社会的无政府状态，这一状态下人们的生命和财产毫无保障。为了摆脱这一痛苦状态，“智者”提出了建立国家权力的建议。因而产生了国家。他在《君臣下》中说：“古者未有君臣上下之别，未有夫妇妃匹（配偶）之合，兽处群居，以力相征。于是智者诈愚，强者凌弱，老幼孤弱，不得其所。故智者假众力以禁强虐，而暴人止，为民兴利除害，正民之德，而民师之。是故道术德行，出于贤任其发展从义理兆形于民心，则民反道（反归正道）矣。名物处，违是非之分，则赏罚行矣。上下设，民生体，而国都立矣！是故国之所以为国者，民体以为国；君之所以为君者，赏罚以为君。”由此产生了国家，国家是由土地、人口和权力组织的。权力是关键，只有土地、人口的社会成不了国家，国家的强大也在于权力运行的良好。管子认为，在国家中人口有君、臣、民的区分，这三部分的关系就像人的心、器、体的关系，其中君是心，[3]是领导者，是法令的发布者。《明法解》有言：“人主者，擅生杀，处威势，操令行禁止之柄以御其群臣，此主道也。”臣是其管理国家事务的器官，是法令的执行者，分工负责处理国家的各种具体事务。民是体，是被管理的对象。国家的活动就是君主领导其官吏治理民众的过程。他在《任法》中说：“夫君臣者，天地之位也；民者，众物之象也。各立其所职以待君令，群臣百姓安得各用其心而立私乎？故遵主令而行之，虽有伤败，无罚；非主令而行之，虽有功利，罪死。然故下之事上也，如响之应声也；臣之事主也，如影之从形也。故上令而下应，主行而臣从，此治之道也。”在《明法解》中他又说：“明主在上位，有必治之势，则群臣不敢为非。是故群臣之不敢欺主者，非爱主也，以畏主之威势也；百姓之争用，非以爱主也，以畏主之法令也。故明主

[1] 又如《管子·权修》有言：“欲为天下者，必重用其国，欲为其国者，必重用其民，欲为其民者，必重尽其民力。”又说：“天下者，国之本也；国者，乡之本也；乡者，家之本也；家者，人之本也；人者，身之本也；身者，治之本也。”

[2] “牧民”是古代社会君主们普遍使用的治理老百姓的一个概念，他们把老百姓比喻为牛羊，把自己叫牧人，即牛羊的主人。

[3] 《管子·心术上》有言，“心也者，智之舍也”；“心之在体，君之位也；九窍之有职，官之分也”。《管子·君臣下》中曰：“君之在国都也，若心之在身体也。道德定于上，则百姓化于下矣。戒心形于内，则容貌动于外矣，正也者，所以明其德。知得诸己，知得诸民，从其理也。知失诸民，退而修诸己，反其本也。所求于己者多，故德行立。所求于人者少，故民轻给之。故君人者上注，臣人者下注。上注者，纪天时，务民力。下注者，发地利，足财用也。故能饰大义，审时节，上以礼神明，下以义辅佐者，明君之道。”

操必胜之数,以治必用之民;处必尊之势,以制必服之臣。故令行禁止,主尊而臣卑。”

《管子》认为,国家的精神是礼义廉耻,它们是国之四维,即四根精神支柱。“四维不张,国乃灭亡”,“四维张,则君令行”,六亲固。故“守国之度,在饰四维”。[1] 因而,君主在国家中的真正作用是“德”的化身,是“道”的守护者和推行者。《君臣上》曰:“夫为人君者,荫德于人者也;为人臣者,仰生于上者也。为人上者,量功而食之以足;为人臣者,受任而处之以教。布政有均,民足于产,则国家丰矣。以劳受禄,则民不幸生;刑罚不颇,则下无怨心;名正分明,则民不惑于道。”“是以上之人务德,而下之人守节。义礼成形于上,而善下通于民,则百姓上归亲于主,而下尽力于农矣。故曰:君明、相信、五官肃、士廉、农愚、商工愿、则上下体而外内别也,民性因而三族制也。”《形势解》又曰,“主身者,正德之本也;官治者,耳目之制也。身立而民化,德正而官治。治官化民,其要在上。是故君子不求于民。是以上及下之事谓之矫,下及上之事谓之胜。为上而矫,悖也;为下而胜,逆也。国家有悖逆反迕之行,有土主民者失其纪也。是故别交正分之谓理,顺理而不失之谓道,道德定而民有轨矣。有道之君者,善明设法,而不以私防者也。而无道之君,既已设法,则舍法而行私者也。”“是故道德出于君”。这就是说,君主要持道而治的观念来治理国家,善明设法,以道德教化人民,并服之以先,以身作则,成为有德有道之君。[2] “道行则君臣亲,父子安,诸生育。故明主之务,务在行道,不顾小物。”

正因如此,君主不仅自身要有高尚的道德,而且必须抓社会的道德建设。管仲特别重视社会风气,主张要从小抓起。《权修》曰:“凡牧民者,欲民之正也;欲民之正,则微邪不可不禁也;微邪者,大邪之所生也;微邪不禁,而求大邪之无伤国,不可得也。凡牧民者,欲民之有礼也;欲民之有礼,则小礼不可不谨也;小礼不谨于国,而求百姓之行大礼,不可得也。凡牧民者,欲民之有义也;欲民之有义,则小义不可不行;小义不行于国,而求百姓之行大义,不可得也。凡牧民者,欲民之有廉也;欲民之有廉,则小廉不可不修也;小廉不修于国,而求百姓之行大廉,不可得也。凡牧民者,欲民之有耻也,欲民之有耻,则小耻不可不饰也。小耻不饰于国,而求百姓之行大耻,不可得也。凡牧民者,欲民之修小礼、行小义、饰小廉、谨小耻、禁微邪、此厉民之道也。民之修小礼、行小义、饰小廉、谨小耻、禁微邪、治之本也。”

《管子》认为,在君、臣、民三者中民为本、民为天。《权修》有言,“君人者,以民为天,民与之则安,辅之则强,非之则亡”。“欲为天下者,必重用其国,欲为其国者,必重用其民,欲为其民者,必重尽其民力。”“天下者,国之本也;国者,乡之本也;乡者,家之本也;家者,人之本也;人者,身之本也;身者,治之本也。”在《霸言》中说:“夫霸王之所始也,以人为本。本理则国固,本乱则国危。”因此,国家治理的活动归根到底

---

[1] 《管子·牧民》。

[2] 在《管子·四乘》中齐桓公问管子什么是“有道之君”?管子对曰:“夷吾闻之于徐伯曰,昔者有道之君,敬其山川、宗庙、社稷,及至先故之大臣,收聚以忠而大富之。固其武臣,宣用其力。圣人在前,贞廉在侧,竟称于义,上下皆饰。形正明察,四时不贷,民亦不忧,五谷蕃殖。外内均和,诸侯臣伏,国家安宁,不用兵革。受币帛,以怀其德;昭受其令,以为法式。此亦可谓昔者有道之君也。”

就是得民、安民、惠民的过程。《形势解》曰:"治安百姓,主之则也。"《治国》有言:"凡治国之道,必先富民。民富则易治也,民贫则难治也。奚以知其然也?民富则安乡重家,安乡重家则敬上畏罪,敬上畏罪则易治也。民贫则危乡轻家,危乡轻家则敢凌上犯禁,凌上犯禁则难治也。故治国常富,而乱国常贫。是以善为国者,必先富民,然后治之。"

所以,君主要治国必须"与民一体",其治理国家虽然是以"富国强兵称霸"为目标,但实际上是治民或"牧民",是一个得民、安民、富民的过程。国家的强大与否说到底就是看人才的状态,只有聚天下之英才,借助于圣贤之智、万民之力,才能使一个国家强大起来。[1] 而要如此,他必须得民心、顺民意,施仁政,他在《牧民》中说:"政之所兴,在顺民心。政之所废,在逆民心。民恶忧劳,我佚乐之。民恶贫贱,我富贵之,民恶危坠,我存安之。民恶灭绝,我生育之。能佚乐之,则民为之忧劳。能富贵之,则民为之贫贱。能存安之,则民为之危坠。能生育之,则民为之灭绝。故刑罚不足以畏其意,杀戮不足以服其心。故刑罚繁而意不恐,则令不行矣。杀戮众而心不服,则上位危矣。故从其四欲,则远者自亲;行其四恶,则近者叛之,故知'予之为取者,政之宝也'。"《形势解》又曰:"人主之所以使天下尽力而亲上者,必为天下致利除害也。故德泽加于天下,惠施厚于万物,父子得以安,群生得以育,故万民欢尽其力而乐为上用。"《枢言》曰:"是以明君顺人心,安性情,而发于众人之所聚。是以令出而不稽,刑设而不用。先王善与民为一体。与民为一体,则是以国守国,以民守民也。"《君臣上》曰:"人主之所以令则行,禁则止者,必令于民之所好而禁于民之所恶也。民之情莫不欲生而恶死,莫不欲利而恶害。故上令于生利于人则令行,禁于杀害之人则禁止。令之所以行者必民乐其政也。"《权修》曰:"欲为天下者,必重用其国,欲为其国者,必重用其民,欲为其民者,必重尽其民力。无以畜之,则往而不可止也;无以牧之,则处而不可使也;远人至而不去,则有以畜之也。民众而可一,则有以牧之也。见其可也,喜之有征。见其不可也,恶之有刑。赏罚信于其所见,虽其所不见,其敢为之乎?见其可也,喜之无征;见其不可也,恶之无刑;赏罚不信于其所见,而求其所不见之为之化,不可得也。厚爱利,足以亲之。明智礼,足以教之。上身服以先之。审度量以闲之。乡置师以说道之,然后申之以宪令,劝之以庆赏,振之以刑罚,故百姓皆说为善,则暴乱之行无由至矣。"这意味着君主在治国中不能有私心,必须出于公心,"爱之,利之,益之,安之。四者道之出。帝王者用之而天下治矣"。[2] 也就是说,只有得民心者才能得天下。

(二)国家的治理与法

《管子》认为,君主治理国家不是亲自处理社会事物,而是借助于法律和官吏。《明法》曰:"是故先王之治国也,使法择人,不自举也;使法量功,不自度也。"《君臣

---

[1] 《管子·形势解》曰:"明主与圣人谋,故其谋得;与之举事,故其事成。""明主不用其智,而任圣人之智;不用其力,而任众人之力。故以圣人之智思虑者,无不知也;以众人之力起事者,无不成也。能自去而因天下之智力起,则身逸而福多。乱主独用其智,而不任圣人之智;独用其力,而不任众人之力,故其身劳而祸多。"《管子·小问》曰:"选天下之豪杰,致天下之精材,来天下之良工,则有战胜之器矣。"

[2] 《管子·枢言》。

上》曰:“道也者,上之所以导民也。是故道德出于君,制令传于相,事业程于官,百姓之力也,胥令而动者也。”又曰:“论材量能,谋德而举之,上之道也;专意一心,守职而不劳,下之事也。为人君者,下及官中之事,则有司不任;为人臣者,上共专于上,则人主失威。是故有道之君,正其德以莅民,而不言智能聪明。智能聪明者,下之职也;所以用智能聪明者,上之道也。上之人明其道,下之人守其职,上下之分不同任,而复合为一体。是故知善,人君也;身善,人役也。君身善,则不公矣。人君不公,常惠于赏,而不忍于刑,是国无法也。治国无法,则民朋党而下比,饰巧以成其私。法制有常,则民不散而上合,竭情以纳其忠。是以不言智能,而顺事治、国患解,大臣之任也。不言于聪明,而善人举,奸伪诛、视听者众也。是以为人君者,坐万物之原,而官诸生之职者也。选贤论材,而待之以法。举而得其人,坐而收其福,不可胜收也。官不胜任,奔走而奉其败事,不可胜救也。而国未尝乏于胜任之士,上之明适不足以知之。是以明君审知胜任之臣者也。故曰:主道得,贤材遂,百姓治。治乱在主而已矣。”

这意味着法律在治国中起着关键的作用。从一定意义上说,君主治国就是一个制定和实施法律的过程。因为只有作为行为规范的法律才能把君、臣、民复合为一体,也才能对他们的行为有所约束,使君和臣不敢以权谋私,使民众的利益受到某种程度的保护。正基于此,管子认为,法是治国之本,“治之以法”是治国的基本原则。《七臣七主》曰:“夫矩不正,不可以求方。绳不信,不可以求直。法令者,君臣之所共立也。权势者,人主之所独守也。故人主失守则危,臣吏失守则乱,罪决于吏则治。权断于主则威。民信其法则亲。是故明王审法慎权,上下有分。”《势》曰:“置仪法,如天地之坚,如列星之固,如日月之明,如四时之信,然故令往而民从之。”《任法》曰:“治世则不然,不知亲疏、远近、贵贱、美恶,以度量断之。其杀戮人者不怨也,其赏赐人者不德也。以法制行之,如天地之无私也,是以官无私论,士无私议,民无私说,皆虚其匈以听于上。上以公正论,以法制断,故任天下而不重也。”又说,“法者所以一民使天下也。”“夫生法者君也;守法者臣也;法于法者民也。君臣、上下、贵贱皆从法,此之谓大治。”《七法篇》曰:“不明于法而欲治民一众,犹左书而右息之。”

(三)“法者,天下之至道也”

那么,为什么说法是治国之至道呢?《管子》从法与国或法与君、法与民几个方面做了论述。

前面说了,《管子》认为君主治理国家的方式就是设道立法和任人,根据社会之道和国之精神——四维,即礼义廉耻,根据天时、地利、人和的原则来制定法律命令,然后选任作为国家之器的官吏来贯彻执行,以求得民的安定和国家的富强。法之所以有如此作用,是因为“法者,天下之程式也,万事之仪表也”。[1] 它能“决疑而明是非也”,能为人们的行为提供“规矩绳墨也”,还因为法立意为公,对事物的规定公平合理,能顺民心,遂民意,又有二柄,即赏和罚两种权力为后盾,因而法能定分止争,除暴安良,建立一种比较好的社会秩序。正因如此,由于法律的规定是符合事物的本性和民情社意的,因而老百姓乐于接受,从而使君主在社会治理中取得比较好的效果。

---

〔1〕《管子·明法解》。

《禁藏篇》曰：“夫法之制民也，犹陶之于埴，冶之于金也。故审利害之所在，民之去就，如火之于燥湿，水之于高下。”《任法篇》曰：“昔者尧之治天下也，犹埴之在埏也，唯陶之所以为；犹金之在垆，恣冶之所以铸。其民引之而来，推之而往；使而成，禁之而止。故尧之治也，善明法禁之令而已矣！”这意味着以法治国最符合民之本性，因而能给民带来最大的利益，即安全和公平。因此他在《法法篇》中说：“法者，民之父母也。”在《明法解》中说：“百姓之所悬命也。”也正因如此，法是国家之灵魂，是治国之根本。《明法篇》曰：“以法治国，则举错而已。是故有法度之制者，不可巧以诈伪；有权衡之称者，不可欺以轻重；有寻丈之数者，不可差以长短。”这样一来，法就可以约束和协调君、臣、民的行为，建立一种秩序，使“君臣上下贵贱皆从法”（《任法篇》）。《管子》认为国家要真正地“治之以法”，作为执政者的君主也应受法的约束，并应以身作则，带头守法。《形势解》曰：“人主身行方正，使人有礼，遇人有理，行发于身而为天下法式者，人唯恐其不复行也。”[1]

这就是说，法与国家是不可分离的，是其精神和灵魂，也是治理国家的最主要的方式，由于真正的法律立意于公，体现民众的利益，能给民众以保护，从而也得到民众的欢迎。《管子》还以历史上的圣君之治的经验来论证这一点。他在《任法》中说：“圣君任法而不任智，任数而不任说，任公而不任私，任大道而不任小物，然后身佚而天下治。”又说：“所谓仁义礼乐者，皆出于法。此先圣之所以一民者也。《周书》曰：‘国法，法不一，则有国者不祥；民不道法，则不祥；国更立法以典民，则不祥；群臣不用礼义教训，则不祥；百官服事者离法而治，则不祥。’故曰：法者不可恒也，存亡治乱之所从出，圣君所以为天下大仪也。君臣上下贵贱皆发焉，故曰法。”接着说：“古之法也，世无请谒任举之人，无间识博学辩说之士，无伟服，无奇行，皆囊于法以事其主。故明王之所恒者二：一曰明法而固守之，二曰禁民私而收使之，此二者主之所恒也，夫法者，上之所以一民使下也；私者，下之所以侵法乱主也。故圣君置仪设法而固守之，然故谌杵习士闻识博学之人不可乱也，众强富贵私勇者不能侵也，信近亲爱者不能离也，珍怪奇物不能惑也，万物百事非在法之中者不能动也。故法者，天下之至道也，圣君之实用也。”

归纳起来，《管子》从六个方面论述了这一命题：(1)从“法”与“道”在逻辑上的内在关系，法渊源于“道”，是由人的社会生活之“道”或“理”的“义”演化出来的“礼”的特殊表现形式，而且它能在形式上最大程度地表达和实现社会生活中的“义”。(2)从“法”的性质特点，即作为一种由君主发布的权威性的行为的程式、准绳，因而能在社会治理中起着至关重要的作用。(3)从法与国家或君主的关系来说，由于法与国家是相伴而生的，是国家的精神或灵魂，因此国家只有依法治理才能呈现最好的状态。(4)从君主的角色来说，他是国家之“心”，是国家“德”的化身，他要守好国家之

[1] 管仲在齐国的治理中，虽然对为君之道，特别是明君之道有许多精彩论述，但实际上对齐桓公并没有严格约束，而是取一种放任态度，使之沉醉于酒色之中，从而导致他死后齐桓公的悲惨结果——晚年为小人所软禁，死后长期不为人知，使齐国缺乏合适的接班人，不能继续已有的改革成果。应该说，管子在世时对齐之治理是卓有成效的，但由于对改革的措施的制度化和接班人培养上注意不够，因而使他和齐桓公死后后继乏人，改革的措施难以坚持，因而齐国的霸主地位逐渐丧失，这不能不说是一个遗憾。

道,用道来教化民众、统一人民的行为,由于法律是现实社会中被制度化了的道,所以,君主能做的也只是制定好法律,选好执行法律的官吏,监督法律被严格地遵守和执行,而不可能亲身去处理具体的社会事务,这样他才能处于最受人尊重的状态。(5)从民的角度看,只有由体现道的法律加之于身才能出现一种理想的社会状态,因为这种法令符合人的社会本性,立意于公,因而能最大限度地实现其利益和防止官吏以权谋私。(6)历史上的经验教训,特别是圣君们的成功经验也验证了这一点。总之,由于法源于道,立意为公,又有强而有力的权力为后盾,能用明确的规则来指导和约束君、臣、民的活动,因而能树立君主的权威,统一大家的行动,建立良好的社会秩序,所以,它是社会治理中最为可靠有效,也最符合社会之理的"道义"的表现形式。

三、感想与思考

(一)《管子》法律观的思考

《管子》的"法者,天下之至道"这一命题,首先向我们展示了一种法观念,这种法观念不仅揭示了法律的外部"杀僇禁诛"的强制性特征,而且揭示了法的定分止争、除暴安良、建立和谐的社会秩序的功能,还揭示了法的客观规律本性、法的人性基础,指出法实际上对人的社会生活之道,即"义"的权威性表达,它作为一种社会制度,能更好地把人们的多元追求协调起来,使复杂纷繁的社会发展更符合"道"的要求。而这种法观念比有些思想家把法仅仅理解为"刑",并把"法"与"礼"严格地区分开来,认为"法"仅仅是用来对付"庶人"的东西的观念要全面和深刻得多;更比那种把法看成治理社会中的多此一举,说"法令滋彰,盗贼多有"的法观念要全面和深刻得多。这一观念的深刻之处在于它把法提高到社会之道的高度来认识,它揭示了法与道的内在关系,并对这一关系的逻辑做了清楚的论述。而不像一些思想家只是揭示了法的某些外部特征,而没有把法与道联系起来思考,甚至把法与道对立起来。

《管子》的这一法观念与西方的"法即正义"的观念多有相似之处。我们知道,"法即正义"的观念在西方是很流行的,它最早产生于自然法学家,成为其法观念的核心,它集中表达在古罗马塞尔苏斯和乌尔比安对法和法学的定义的论述中。即"法乃公正善良之术"。"法学是关于神事和人事的知识,是关于正义与非正义的科学。"[1]自然法学家之所以这样定义法,也是因为他们是从事物的规律、人的本性来思考法律的,认为法就是与事物的本性相一致的事物运动要遵守的规律。而人的本性是道德性,正义是最高的道德原则,其核心就是要求人们平等相待,和谐相处,使在社会中人人各得其所,获得幸福。而法律就是根据这些观念对人的行为做出的具体规定。西方的哲理法学家的斯塔姆勒也接受这一观念,而且把这一观念想前推进一步,他认为人的社会本性决定了他必须与他人组成社会,而在社会里他必须与别人像好邻居一样友善相处,而正义就是这一相处的原则或应遵守的法。这种法就叫"正

---

〔1〕[古罗马]查士丁尼:《法学总论》,张企泰译,商务印书馆 1989 年版,第 5 页。社会法学家庞德也对法和法学下了同样的定义,差别只在于对正义做了不同的解释,认为正义就是社会纠纷最少的状态。参见[美]庞德:《法学肄言》,雷沛鸿译,商务印书馆 1934 年版,第 3、9 页。

义法”，而实在法只是现实中实现正义的形式。[1] 其追随者拉德布鲁赫更清楚地表达了这一点，他用“法”和“法律”两个词区分正义和实在法，而把正义或“法”说成是“法律”理想状态，因而是一种更高级的法，是衡量实在法的绝对标准。[2]

我认为，《管子》和西方的“法即正义”的观念对法的认识，与西方的法律公意说、法律规则说、法律命令说等，以及与上面所说的我国古代的那些法观念比较起来，要深刻得多、全面得多。

(二)《管子》法治观的思考

我认为，“法者，天下之至道”这一命题，实际上表达了一种法和法治的观念。这种法观念认为法从根本上说是一种“道”，因为它是“礼”的一种特殊形式，而“礼”是渊源于“义”，即社会生活之“理”、社会生活之“道”。而它作为一种特殊形式的“礼”，一种权威性的“礼”，一种比较高级的社会制度，能更好地规制人们的外在行为，使之比较好地与社会生活之道相吻合，正因如此，国家的执政者用它来治理国家能取得最好的效果，因而“法”就成为最主要的治理手段，“治之以法”也就成为最高的治国之理。

显然，这一法观念和法治观念是与西方自然法学的法观念和法治观念非常相似的，因为该流派也从人的本性、事物的本质的角度来思考法，也把法归结为由人的本性，即社会和理性，以及二者相结合所产生的理性人的社会生活之道的道德性，其认为法渊源于道德，是一种特殊的道德，即用权威性手段维护的最低限度的做人之道。而法治在他们看来，就是用良法，即符合社会生活之道、符合人性的法来治理国家的一种观念和体制，在这种体制里，法律是至上的，“法是国王”，法律处于最高权威的地位，因而一切国家人员“唯法是裁”，只能以颁布出来的法律为准则来处理国家事务。他们也认为国家与法是密不可分的，法是国家的意志，因而国家必须依据法律运行，否则就是不可思议的。如洛克认为，“统治者应该以正式公布的和被接受的法律，而不是以临时命令和未定的决议来进行统治”，“政府所有的一切权力，既然只是为社会谋幸福，因而不应该是专断的和凭一时高兴的，而是应该根据既定的公布的法律来行使”。[3] “如果法律不能被执行，那就等于没有法律；而一个没有法律的政府，我以为是一种政治上的不可思议的事情，非人类的能力所能想象，而且是与人类社会格格不入的”。[4]

《管子》的这一法治观念在人类历史上具有开创性，可以说他是世界上法治观念提出者的“第一人”。因为这一法治观念提出的时间比我国的法家和古希腊亚里士多德的法治理论都早了三四百年。正因如此，我国近现代著名的政治家和思想家梁启超对他给予了很高评价：“故法治者，治之极轨也，而通五洲万国数千年间。其最

---

[1] 参见[德]施塔姆勒：《正义法的理论》，夏彦才译，商务印书馆2012年版，第一章，正义法的理念。

[2] 参见[德]古斯塔夫·拉德布鲁赫《法律的不法与超法律的法》，载[德]古斯塔夫·拉德布鲁赫：《法律智慧警句集》，舒国滢译，中国法制出版社2001年版。

[3] [英]洛克：《政府论》(下篇)，叶启芳、瞿菊农译，商务印书馆1996年版，第86页。

[4] 同上书，第132页。

初发明此法治主义,以成一家言者谁乎?则我国之管子也!"[1]

我们注意到,《管子》所论述的"法治",正如梁启超所指出的只是一种"法治主义",它适用于所有的国家,而不管这一国家是君主制的还是民主制的。也就是说,任何治理好的国家都一定是因为贯彻了"法治"原则,把法作为治国之至道,而且是按照客观事物之道和人伦之道来制定法律的;反之,不实行"法治"的国家则一定会出现混乱。与此相适应,前一种国家的君主就是"明君"或"明主",后一种则是"昏君"或"乱主"。《形势解》曰:"主,牧万民,治天下,莅百官,主之常也。治之以法,终而复始……故用常者治,失常者乱。"

显然,《管子》对"法治"的理解与现代的"法治"观念是有区别的,因为现代的"法治"观念认为"法治"只有民主共和制国家才有可能。我认为,管子所讲的这种"法治",虽然比现代"法治"的理想程度上低一些,不如西方一些思想家所说的"法治"那么理想,但却更容易为一切国家的执政者所接受,而如果他们接受了这一"法治",如果真如管子所教导的那样把"法"作为一种"道"来认识和实施的话,那么,它将无疑会使这个国家逐渐走向真正的"法治"。这意味着它是一种更具有普遍性的法治观念。

(三)确立"法者,治之至道"观念的现实意义

我认为,认真研究《管子》的"法者,治之至道"这一命题,在我们社会中普遍确立"法者至道"观念是非常重要的,具体表现在以下三方面:

第一,它可以纠正有些人对古代法观念的片面认识,使我们去发现和挖掘这一对建立法治社会非常有价值的这一法观念,也使我们对中国古代法文化的评价上趋于合理,并按以积极的态度去挖掘和改造它。只有这样,我们才能使"法治中国"的建设真正找到其文化的基因和起点,而不至于变为没有根基的空中楼阁。而我们知道,近百年来我国的法治建设的失败原因正在于此。

第二,它有利于加深我们对法的认识,树立一种更深刻更全面的法律观。我们知道,我国当今社会里有许多人对法的认识还是很肤浅的,他们或者停留于古代的"法即刑"观念,或者盲目接受了西方分析法学的法就是规则或制定法的片面观念,这些观念对法的认识显然是非常肤浅片面的,用之指导法制建设是非常有害的,因为它们对法的认识只停留于规则层次,没有深入到"道",即本质、规律的深度,不懂得法源于道,因而他们只知道制定法,不知道还有其他法,还有更根本的法,即"道"——人性的法、自然的法。

第三,它有利于我们树立一种更科学的法治观念。这一命题的最重要之处是对"治之以法"观念的强调和如何进行法治建设的指导意义。它告诉我们,治之以法这是唯一正确的选择,但由于法与礼、义、道是相通的,所以实行法治,并不排斥德治,相反必须把它们有机地结合起来。我国当前的法治建设最缺的是对法律的信仰,应把法治建设与其他精神文明建设有机地统一起来,显然,"法者至道"观念能对这些问题的解决以正确的指导。因为在我国传统文化中"道"是最高的和最神圣的东西。

[1] 梁启超:《管子评传》,世界书局 1935 年版。

另外，管子的这一“法治”观念，及一切国家必须“治之以法”，而“法”必须符合“道”的观念，也为我国当今的法治建设找到一个古代文化的基因和逻辑起点，它对我国人民来说是熟悉的、亲近的，也是容易做到的。这就是把一切人、一切组织的活动纳入法的范围内，树立法的权威，使人们像“道”一样敬重信仰它，忠实地遵守它。

综上所述，《管子》一书对我国文化中作为逻辑起点的“道”以及它与“德”“理”“义”“礼”和“法”的辩证关系在充分论述的基础上，提出“法者，天下之至道”这一命题。其观点是非常深刻的，对于我们认识法和进行法制建设意义重大。礼乐（德、理、义、礼）出乎道，归于法。也就是说，仁义礼乐（德、理、义、礼）源于道，但仁义必须由法来规定、来实现。“法”有客观法与主观法之分，客观法即“客观法则”也就是“客观规律”，主观法即“法律规则”，也就是人造法或实在法，特别是制定法。客观法是无形的，但又是神圣的和至高无上的，它为人们内心所信仰；主观法是有形的，其强制力实实在在能为人们所感知，其权威性在现实中也是最高的，虽然在内心不如客观法。人们对其信任度也是很高的。这两种“法”是相通的，“法律规则”其来源可以最终追溯到“客观法则”，即“道”。它是由德、理、义、礼演化而来的，而理是被认识的道，德是被落实的道，义是社会交往中的道，礼是形式化了的道，法是它的一种特殊形式，所以我们说“法源于道”。法就是现实生活中的道，“故法者天下之至道也，圣君之实用也”，“王者之典器也”。

法治观念正是以对法的以上认识为基础的。它要求我们把“法”放到社会权威中的最高地位，去相信它，甚至信仰它，当然，这要求我们不仅把“法”当“道”一样对待，而且要使实在法的制定和实施活动不离开“道”，即充分尊重客观规律，使二者尽量统一起来。只有如此，实在法才具有“道”的性质和尊严。才会被人人普遍遵守，从而才会使社会出现“法治”的特点。所以，认真地研究和挖掘我国古代法文化中的“法者，天下之至道”这些观念，使之现代化并广为宣传，将对“法治中国”的建设具有重要意义。它能克服我国古代很有影响的“法即刑”和西方的“法即规则”观念的局限性，树立一种新的法和法治观念，也更容易培养人们对法律的信任和信仰，从而为我国的法治建设打下更牢固和更科学的思想基础。

法律主体论纲

胡玉鸿*

内容摘要:法律主体是指活跃在法律之中,享有权利、履行义务和承担责任的人。法律主体是法学的核心概念,也是法律运作的人学基础。在法律上,通过“抽象”的立法技术将现实中的人转化为法律上的人,以适应其作为普遍性法则、考虑外在行为以及造就“面对国家的个人”的需要。当然,这种抽象是有其必要限度的,它不能无视人的现实存在。法律主体概念的确立,彰显了人的尊严与道德品性,体现了人的共性与类似性,也为主观权利的存在奠定了基础。从性质上说,法律主体是法律的创造物、规范的人格化、能动的行为者,也是联结法律与现实生活的桥梁。在形式上,法律主体分为权利主体、义务主体、责任主体三种基本形式。

关键词:法律主体　法律人　权利主体　义务主体　责任主体

成文法制定的重要任务之一,是将现实中的人转化为法律上的人,由此使生活中现实存在、各具特性的个人,在法律上以统一的标准人、制度人的方式出现。这种经法律抽象而形成的人,也就是法学上所称的“法律主体”;构建法律主体的技术,学界以“拟制”称之。当然,这里所称的“拟制”,并不是指将一个非人的动物、实体假定为人,而是指法律主体的成立,根源于法律的抽象建构——法律对现实存在的人赋予其法律人格,使其能够参与实际的法律活动,并享有权利、履行义务和承担责任。对于这样一种将现实中的人向法律上的人的转化,凯尔森以“法律规范的人格化”称之。在凯尔森看来,“作为义务与权利主体的自然人并不是其行为是这些义务的内容或这些权利的客体的那个人,自然人只不过是这些义务或权利的人格化。更确切地表达的话是:自然人是这批法律规范的人格化,这些法律规范由于构成了包含这同一个人行为的义务与权利而调整着这个人的行为”。[1] 简单地说,法律上的人即人格化的人,法律不问现实中具体个人的特性、需求,而是以整齐划一的标准设定了法律主体的行为方式和行为内容,由此使相关的法律规范在主体的行动之下得以运作,从而使人、规范、行为在法律框架内得以统一。那么,法律上为何需要这种抽象?法律主体的内涵及其特性如何,其在法律上通过何种形式予以表现?这正是本文所要探讨的问题。

一、法律主体:人的实在到人的抽象的结果

(一)自然的人与法律的人之区别

任何国家、社会都需要法律。就存在法律制度,并且法律业已成为约束全体社会

---

* 胡玉鸿,苏州大学王健法学院教授。

〔1〕[奥]凯尔森:《法与国家的一般理论》,沈宗灵译,中国大百科全书出版社1996年版,第107页。

成员的普遍规则这一角度而言,现实中的每一个人都可以说拥有两重身份:一是生活于社会之中的自然人;二是活跃于法律之上的法律人。就前者来说,我们可以认为个人是实在的人,也就是在现实世界中和你我一样有血有肉、有自己的意愿与志趣的自然人;就后者来说,则是法律对人的一种抽象的设定。也就是说,进入法律世界的人,其行为标准、权利义务都是由法律来设定的。一般而言,人们只能以现实的法律为依据,来主张权利、履行义务,并且承担相应的法律责任。这种法律上的人,也就是我们本文所言的"法律主体",学者甚至以"法人"名之。[1] 对此,英国学者杜兹纳指出:"所有的人都是由法律认识和法律关系的总和建构起来的法律主体。婴儿的第一次生命是母亲给的,第二次生命是由法律给的。从一生下来,人在概念上或多或少是个法律主体。这个新生儿简直就是块空地,随着时间的流逝,这块空地会被赋予权利、义务、特权和职责,直到过完一生为止。"[2] 杜氏在此指明的内容不外有二:(1)人的自然生命受制于自然规律,人的法律生命则由法律来予以确定。换言之,人之所以成为法律主体,就在于无论其是否自愿,法律都将之吸纳进规范调整的范围,从而用法律来约束其行为。在法律作为一种普遍的公共规则的情况之下,任何人实际上都难以逃脱被法律所调整的命运,也就是说,像人的自然生命是主体所无法选择的一样,人的法律生命也是当事人也无从选择的;(2)法律主体的权利、义务、责任并非一成不变,随着时间的延续,法律会在综合人的身体状态、心理成熟程度的基础上,赋予不同生理阶段、健康状况的个人以不同的法律权能。

总之,在法律普遍地调整社会关系的背景之下,人的"出生"即意味着法律关系的开始,人的"存在"也必然受制于法律的规定。当然,这并不意味着人只是法律的奴隶,法律也担当起维护人的尊严、生存、自由的重要功能。人要活着就必然需要安全和秩序,否则即可能在他人的侵害之下死于非命,这显然就要仰赖于法律所提供以及所维持的秩序,以及法律所馈赠给他的自我保存与正当防卫的权利;人要生存就必然要和别人进行交往,与别人发生政治的、经济的、社会的各种联系,这些也都要依靠法律所提供的制度来予以支持。

可见,自然的人与法律的人在某种意义上就是一个人生存状态的两种不同表述,也就是说,任何个人都既是生活中的自然人,又是法律中的法律人。那么,在这两种不同的"人"之间是否就无所差异呢?看来并不如此简单。

首先,两者存在的基础不同。"自然人"是与"动物"相对应而言的,表明人作为万物之灵,具有高于动物的品性与尊严。而"法律人"则对应的是法律上的"非人",也就是,不被法律承认(或不完全承认)为具有人的资格的人。综观人类源远流长的法律史,这种"非人"主要有以下几种形式:一是奴隶,他们被认为虽然具有人的形

---

〔1〕 例如韦伯就指出,"法律技术上的一个解决办法,便是法人概念的构想。从法学观点而言,这个名称其实是同义反复,因为所谓人,通常就是个法学概念。胎儿和市民完全一样,都被当作主观权利与义务的担纲者,而奴隶则不是,这两者都是为了达成特定效果的法律技术上的手段。就此而言,法人格也和法律定义里何谓'物'的问题一样,全都是依(因应目的而选择出来的)法律判准而人为地加以规定"。见[德]韦伯:《法律社会学》,康乐、简惠美译,广西师范大学出版社2005年版,第102页。

〔2〕 [英]科斯塔斯·杜兹纳:《人权的终结》,郭春发译,江苏人民出版社2002年版,第249页。

貌,但却无人的资格,只是作为物主的财产;二是法律所意欲限制的对象,“例如儿童、精神病患者、囚犯或已婚妇女在特殊的社会和时代可以部分或全部地在法律中抹去;他们在订立契约、占有财产、进行诉讼方面仅有被限制的法律能力,他们根本不被当作人来考虑,就像是‘无行为能力的人’”。[1] 换句话说,这些人虽然没有在法律上完全剥夺人的资格,但却被视为是不完全的法律人,只享有部分的权利,行使部分的权能;三是法律所意欲剥夺的对象。例如“敌人”,正如摩根索所指出的那样,“大多数社会都谴责杀人作为在一个社会内夺取权力的手段;但一切社会都鼓励在战争这种权力斗争中歼灭敌人”。[2] “敌人”也是“人”的观念,只是在晚近才逐步形成的。学者的考证结论是,将那些不属于自己人民的外人甚至是敌人也当作“人”,只是因为他是自然人类中的一员,从而杀死他也是犯罪等这些观念,在16~18 世纪随着理性法的兴起才大大地扩展开来。[3] 因此,哪些自然人可以成为法律人,以及可以成为怎样的法律人,是一个由国家根据其意识形态所进行的高度政治化的选择与考虑,就如苏联著名法学家帕苏卡尼斯所指出的那样,自然人能否成为法律人,“在某种意义上它是所有法律意识形态的基石”。[4] 国家的文明程度、政策导向、价值理念等,都对把何种人作为法律主体来对待会产生重大而深刻的影响。自然,这种法律上意识形态的正当性、合理性,也可以通过其对法律人的界定而体现出来。

其次,两者活动的场景不同。“自然人”也可定义为依自然本性而生活的人,这意味着就自然人而言,我们更多地指向其日常生活。毕竟法律生活不是人的生活的全部,因而自然人的种种特性并不需要全部在法律中加以展露。尤其是在传统上属于私人自治的领域,一般不允许法律的轻易介入。例如,人们的饮食习惯、穿着打扮、兴趣爱好等,都不能够由法律来加以安排和规制,否则即会损害人的自主性和价值多元性。相比较而言,“法律生活”是由法律来安排、规制的生活,更多地属于公共生活的领域。诸如发动游行、参加选举、签订合同、购买物品等。由此可见,“法律人”只是在特定的法律场景下出现的“自然人”,是法律对意欲进行法律行为的自然人设定一种标准、模范的人的形象。不仅如此,不同的法律还对自然人的行为有不同的要求。例如在公法之中,我们更多考虑的是“恶性”的自然人,法律要尽可能拟制周全的对策,以防止“政治无赖”和“反社会者”所可能造成的危害;在私法上,我们则以“理性人”的形象,来突出人的意志自由与独立决断的能力;在社会法上,我们更多地把人设想为具有社会情感、富有同情心与怜悯心的“社会人”。总之,“法律人”截取的是“自然人”生活的某一片断,而不试图将人的所有行为均纳入法律调整

---

[1] [英]罗杰·科特威尔:《法律社会学导论》,潘大松等译,华夏出版社 1989 年版,第 144 页。
[2] [美]汉斯·J. 摩根索:《国家间的政治》,杨歧鸣等译,商务印书馆 1993 年版,第 55 页。
[3] [德]汉斯·哈腾鲍尔:《民法上的人》,孙宪忠译,载《环球法律评论》2001 年冬季号。
[4] 转引自[英]罗杰·科特威尔:《法律社会学导论》,潘大松等译,华夏出版社 1989 年版,第 144 页。

的轨道。[1]

再次,两者展示的本性不同。“自然人”就是生活中的人,也即生活中的每一个人。从人的独特性或人的多样性而言,世上不可能会有两个完全相同的人。并且,即使是同一个人,也往往在生活中会体现出截然相反的品性:理智的人可能会变得轻率,善良的人可能会从事恶行,谨慎的人可能会突然大意,温柔的人可能会表现粗暴,如此种种都说明,人是一个高度不确定的行为主体,自我的情绪调节与外在的环境影响,都可能会使人与其惯常表现大异其趣。然而相对而言,法律上的人是一种“标准人”“抽象人”,它不涉及人的特定秉性,也不顾及人的特定生存环境,而是以整齐划一的人的样态来规制各不相同的人的行为。借用杜纳兹的话来说,自然的人是“丰满的”,而法律的人是“瘦小的”:“人们生活的世界所面对的是现实与偶然、情感与激情、有意识的欲望与无意识的要求、自愿的行为、未知的动机和不可预见的结果”,一句话,生活中的人因其境遇的变化、情感的波动而呈现出一个“酸甜苦辣”齐备的“丰满”的人的形象。但是,在法律上,因为人的“个性特征是由法律建构起来并受其规范的。规则符合逻辑与先例,法律推理方法以及合法性的要求。因此,规则单纯严格的程度刻画了法律主体的性格”。一句话,法律有意疏忽了人的多样性与不确定性。正因如此,通过法律抽象而形成的法律主体“是一张人物漫画、一张卡通画,与所有的漫画一样,它夸大他的某些特征而忽略了其他部分”。[2] 这种“夸大”(例如将人视为是高度理性的主体)或“忽略”(例如不考虑人在兴趣、偏好上的多样性)是有意的,当然也是必要的,但却由此使法律上的人与现实中的人并不真正一致。

最后,两者行为的标准不同。“自然人”活动于社会,当然也自闭于私域。就当今时代而言,我们实际上很难提供一套完整的人的行为的标准规范。在公共场合,人们理应遵守社会的价值标准与善良风俗,但是,现代社会本身就是一个道德多元的社会,人的行为的自主性在一定程度上抵消了普遍的道德规范存在的意义。在私人场合,我们当然也可以要求人们像中国古代哲学家所言的“慎独”那样,以自律的标准来规制自己的行为,然而,私人场域的一切活动本身就需要远离公共舆论的评价,否则,人在私人生活中的自治根本就无法实现。从这个意义上说,对于自然人而言,我们实际上无法确定统一的行为标准来约束他们的行为。但法律不同!就法律对人的预设而言,我们是假定人必须服从法律、依法行事的,“制定法是一种规范的回答,藉由普遍的规范来决定人的行动界限,以廓清人与社会的关系,制定法规范本身就是一种社会的结构。这样,人遂从一个生物体成为一种社会文化意义上的‘关联和联系

[1] 对此日本学者星野英一有个形象的比喻。他指出:“‘法律上的人’,并非是指有具体经验的人,与其说是一个蕴涵着无限内容、具有某种细微差别的个性的具体经验的人,不如说是从社会法律生活的秩序这张布裁下的一小块布而已”。参见[日]星野英一:《私法上的人》,王闯译,中国法制出版社 2004 年版,第 3 页注①。

[2] [英]科斯塔斯·杜兹纳:《人权的终结》,郭春发译,江苏人民出版社 2002 年版,第 252 页。

的结构统一体'，进而成为一种'规范人'"。[1] 这种"规范人"的诞生，表明了人受制于法律并依法律规定来评价其行为的事实，无论人们是否愿意遵守法律，只要有违反的情形就必须担当不利的后果。所以，人们一旦进入法律生活之中，就不能以其特殊的偏好来作为抵触法律的借口。

对此凯尔森也曾明确指出，法律作为一种规范，是以"应当"方式来表达对人们行为的要求："认为一个人'应当'在一定方式下行为这种说法，既不意味着某一其他人表示'意志'要求他或'命令'他这样，也不意味着应当以一定方式行为的那个人实际上就这样行为。规范表示这样的观念：某件事应当发生，特别是一个人应当在一定方式下行为。规范丝毫没有讲到有关个人的实际行为。认为一个人'应当'在一定方式下行为这种说法意味着，这一行为是由一个规范（它可能是道德的或法律的规范，或某种其他规范）所规定的。'应当'只不过表示了人的行为是由一个规范所决定的这一特定意义。"[2] 这就说明，法律规范是一种应然规范，它提出人们该如何在法律上行事的标准，但并不考虑现实中的人对这种规范的接受或拒斥。举例来说，法律上规定"禁止重婚"，这是一个"应然"性的要求，它告诉人们的是，如果不顾法律规定而重婚，则必然会受到现行法律的制裁。至于生活中的人们是否会根据这条规定重婚与否，法律则无法做出强行要求。甚至"一个人可能在内心里对服从某一法律很反感，然而，从法律的角度看，他则一定要服从那个法律"。[3] 这就说明，生活中的个人可以对自己的行为进行权衡，以决定是否如何行为，甚至在一定程度上说，人们有违反法律的自由，只要其愿意担当违法的后果即可。

从以上的论述可以看出，自然的人与法律的人即使是同一个人，然而其存在基础、活动场景、预设本性及行为标准存在较大的差异，不可混淆。当然也必须指出的是，强调两者的差别并不是将一个人人为地加以肢解，以设定其截然相反的生活上的行为标准与法律上的行为标准。实际上，"自然人"仍然是"法律人"得以存在的基础。法律人虽然是以高度抽象化、技术化的形式而对个人的行为样态进行择取而成，但法律人的根底却仍然是存活于世间的普通人。例如，在法律中预定人是理性的，这并非空穴来风，因为理性本身即是人之为人的我，否则法律上的规定就无任何现实的基础。同样，在法律中必须设想有挑战社会秩序、伤害人类情感的反社会者，而这些"恶性"同样在现实中的人里也可以见到。不仅如此，有时候法律也采用一种直接计量而不是抽象概括的方式来设定人的权利义务，从而将法律人与自然人直接等同。例如在《选举法》中规定，每个选民在每次选举中只拥有一个投票权，每一选票的效力相等。诸如此类的规定都说明，法律中不仅考虑抽象的人，也考虑现实的人。实际上，无论法律抽象到何种程度，它总要以现实中的人为参照来拟定相关的行为规则。当法律远离民众的生活实际，与现实的人的形象大相径庭的时候，法律就难以发挥其

---

〔1〕 郑永流：《人格、人格的权利化和人格权的制定法设置》，载郑永流主编：《法哲学与法社会学论丛》（2005年卷·总第8期），北京大学出版社2005年版，第144页。

〔2〕 [奥]凯尔森：《法与国家的一般理论》，沈宗灵译，中国大百科全书出版社1996年版，第39页。

〔3〕 [英]G. D. 詹姆斯：《法律原理》，关贵森等译，中国金融出版社1990年版，第17页。

应有的效用。[1]

(二)法律上人的抽象之必需

那么,为什么必须在法律上进行这样一种人的抽象呢?我们能不能设想,法律无需将自然人转化为法律人,而是直接将行为与罚则结合起来,就如中国古代那样一种“杀人者死,伤人者刑”式的规定呢?从法律的沿革可以看出,当人类排除了“客观归责”的法律责任形式——纯粹以客观危害结果来作为判定责任有无或责任大小的依据——时,似乎行为与结果之间就不能如此轻易地画上等号。我们不但要考虑行为的直接或间接的后果,我们还要考虑在其背后是“谁”实施了这一行为,做出这一行为的人是不是具有责任能力?是否有故意或过失的心理状态?而这种故意与过失的确定又是否符合社会上一般人的判断?诸如此类的问题纷至沓来,而其症结则直指行为者,也即法律所意欲规制的人。所以,没有人的抽象,法律将难以建立普适的、适用于全体社会成员的规则。

具体而言,法律上之所以需要人的抽象,主要源于以下原因:

1. 法律作为普遍性法则的需要。法律应当具有普遍性,这是法学的基本原理之一。法律的普遍性一般表现为三个方面:一是空间上的普遍性,即法律在主权国家领土所及的范围内普遍有效,不允许“国中有国”“法中有法”这样一类对抗法制统一现象的存在,法律内部之间的规范相互配合,互为支撑,形成一个整齐、和谐的有机整体;二是时间上的普遍性,即法律应当前后一致,其基本内容不因法律的修订而发生大规模的中断或断裂。法律不能溯及既往,在法律的执行上也不能反复无常,出尔反尔;三是在对象上,所有的社会成员都有普遍守法的义务。“自从人民建立负责管理人民的政权的时候起,这个政权就有权使一切社会成员毫无例外地服从自己的意志。法律应该对所有的人都一视同仁,有同样的约束力。它是社会意志的表示,旨在保障公共福利,控制人的私欲,并且用来协助消除人们可能因体力、才能和财富不平等而引起的困难。法律如果不能对每个人有效,那末,上述那些目的就一个也无法达到。”[2]可见,现代法律的平等、有效、权威,都必须寄寓于法律的普遍性之上。没有普遍性的存在,法律即丧失了作为公共规则的品格。

然而问题在于,世界上的人本来就是不同的,性别、民族、种族、宗教信仰、教育程度等,都无一例外地表明此人与彼人的差异。要将大千世界中林林总总的人统一在法律的规范之下,就必须通过抽象这一手段来加以实现。简言之,法律不考虑个人外在的差别,而是将所有的人一概视为无差别的存在,换句话说,以“法律主体”的称谓,统率着千千万万经历、习性、背景各不相同的个人。正因如此,“法律主体是一个非实体的、没有性别的、高度不完全的人……在法律世界中,我与他人都是法律主体,是享有权利和承担义务的理性主体。我们期望与他人平等相处、互惠互利,权利和义

---

〔1〕 对此可参见英国学者杜兹纳一段绝妙的比喻,“道德哲学的虚构代理人和法律的虚构代理人之间的差别就在于法律主体是戴在真实的人身上的面具,与道德哲学的抽象不同,法律主体受到伤害时,会感到痛苦”。参见[英]科斯塔斯·杜兹纳:《人权的终结》,郭春发译,江苏人民出版社2002年版,第254页。

〔2〕 [法]霍尔巴赫:《自然政治论》,陈太先、眭茂译,商务印书馆1994年版,第129页。

务的关系应该是法律思想的核心内容。但这种平等仅仅是形式上的平等:为了控制法律的算计和运用,平等必然忽略了当事人诉诸法律时的特殊情况、动机及需要。抽象的法律主体是‘一个’形而上学的、算计的自私自利的人,以小人之心度量着世界,认为社会不过是按社会契约聚集在一起的个体群……法律不了解真实的个体,只了解他神秘的抽象者”。[1] 一个抽象的人是自然人表现于法律之中的一种符号,它表明“凡人都应该如此”,没有特殊,没有例外,当然也没有遗漏。

还必须特别指出的是,人的抽象也为人的平等提供了法律基础。既然在法律上舍弃了现实里人的一切外在的差别与主观的条件,那么剩下的自然就只能是由法律塑造成主体地位相同,具有同等人格和同等尊严的平等的人。正如拉德布鲁赫所说:“法律的平等……是由法律规则赋予人类的。没有谁是自然或者生来就是(平等的)人——奴隶的法律地位已经证明了这一点。人是法律规则的人格化行为的结果。”[2] 法律正是依靠这种“强不齐以为齐”的技术方式,将事实上并不雷同、差异极大的人赋予他们同等的法律地位。没有法律的这一抽象,法律就既无法建构起全社会一体遵行的规则,也无法体现人与人之间的“法律面前”(或“法律上”)的平等。

2. 法律仅考虑外在行为的需要。个人的存在,无非是通过“思想”和“行为”表现出来。前者是一种当事人主观活动的过程,表明了人作为精神主体的特质;而后者则是通过外在的、可见的、客观的外部动作来昭示当事人的意愿和行动目标。那么,“思想”和“行为”是否都是法律所要调整的对象呢?

我们常说“人是一个小宇宙”,这更多的是从思想的角度来说的,它表明了人类思维的多样性与复杂性。每一个人都有自己独特的心理和思想世界,在那个不为外人所知的领域,人们构建自己的理想,编织个人的梦幻,反省历史的经验,规划今后的人生。思想的权利是无法剥夺的,思想的控制也是根本不可能的。再专制的政府,能够控制的也只能是思想的外在表现形式,例如言论、著作等,却无法深入人们的内心世界,要求人们该想什么而不该想什么。一句话,即使是极权国家也无法规定人们不准奇思怪想,不能白日做梦。正是因为思想的这种流动性、多变性、主观性,作为公共规则的法律就必须远离思想活动的领域。在某种程度上,思想甚至是不可言说的,不仅别人难以窥见我们驰骋于内心的思想动态,即使是我们自己也往往说不清本人的思想意识。显然,要对这样一种纯主观的内心世界加以控制,就法律而言是一种永远不可能完成的任务。

法律能够控制的对象只有一个,那就是行为!马克思就曾指出:“只是由于我表现自己,只是由于我踏入现实的领域,我才进入受立法者支配的范围。对于法律来说,除了我的行为以外,我是根本不存在的,我根本不是法律的对象。我的行为就是法律在处置我时所应依据的唯一的东西。”[3] “行为”之所以成为法律调整对象的

---

〔1〕［英］科斯塔斯·杜兹纳:《人权的终结》,郭春发译,江苏人民出版社 2002 年版,第 253 页。原文中“当事人诉讼法律时”的“诉讼”当为“诉诸”之误,因而笔者径行改正。

〔2〕［德］G. 拉德布鲁赫:《法哲学》,王朴译,法律出版社 2005 年版,第 133 页。

〔3〕《马克思恩格斯全集》(第 1 卷),人民出版社 1995 年第 2 版,第 121 页。

“唯一”，一方面当然是只有行为才会影响到他人和社会，而对这种行为可能造成对他人的伤害或不便的控制，恰好是法律进入公共生活的唯一理由；另一方面是行为才是外显的、客观的、可以度量的。也就是说，与思想的内隐、内在不同，行为表现于社会，能够为人所感知、识别；行为又是行为人在社会场合的客观表现，可以计算、度量、分析、比较。因而，在法律上，我们把自然人抽象为进行法律行为的人，并设计出评价、规范法律行为的一系列标准，用来衡量其合法性与合理性。这样，法律不再考虑行为人内心深处的思想动态，而是以抽象的“行为”来统一法律规范的标准。在这种意义上，我们可以说法律把人抽象为“没有思想的人”，因为其内心意识似乎与法律没有关系；法律所考虑的只是人们表现于外部的行为，也就是把人设想为“行动中的人”。

有人会说，法律上要求人们承担责任时，往往会考虑人的主观心理状态，例如故意、过失就是典型的主观过错，这不是证明法律也要考虑人的思想吗？表面上看，故意或者过失都是人的一种内在意识，法律似乎难以做到将人抽象为“没有思想的人”的程度，但是，仔细分析起来，这种说法却大谬不然。第一，故意也好，过失也罢，都必须在与“行为”相关联的意义上才是一个法律范畴，如果离开了“行为”，故意或者过失就无法单独存在。所以，“犯罪绝对不会仅仅存在于纯粹的意志之中。不可实现的意志不具备可罚性。思想无罪。思想不受禁锢”；[1]第二，故意或过失的意义仅在于确定“行为”危害性的程度，也就是说，它们只是用来证明行为人主观恶性的大小，这就如同老百姓将杀人如麻者评价为“太坏”，而将因为母亲患病无钱抓药而盗窃者评价为“值得同情”一样，只是针对行为危害性的一种价值性评述。就此而言，刑法中的故意犯罪或过失犯罪，代表着的只是行为人对相关犯罪结果的一种态度；第三，对故意或过失的判断，并不是通过挖掘人的内在想法来实现的，而同样是根据社会上一般人的标准来予以认定的。霍姆斯在《普通法》中，结合“犯罪”所必需的“对后果之预见”问题，就此做出清晰的说明：“何谓对后果之预见？它是由对事务之目前状态的知识而唤起的对事务之未来状态的一幅图景，未来与现在的关系可以被视为后果与原因的关系。在这里，我们再次寻求将其化约为更低一层次的说法。如果已知的目前事态是，该做出之动作将十分确定地会导致死亡，而这种可能性乃是人所共知的，则一个了解目前事态而做出了这种动作的人，就构成谋杀罪，法律并不会去探究他是否真的预见到了该后果。检验预见的标准不是该犯罪者本人是否已预见到，而是一个具有合理之审慎的人是否应当预见到。”[2]这就是说，对“故意”这样一种过错而言，它并不是以当事人内心的真实想法为依据（例如有的人可能真傻到不知道刀子会把人刺死的程度），而同样是以社会上普通人的理解和认识能力为标准。

可能同样有人会问，如果说故意或过失不是从人的思想中寻找犯罪的痕迹，那么我们又为什么把犯罪视为是在自由意志支配下实施的行为呢？难道自由意志还不是

---

[1] [德]恩斯特·贝林：《构成要件理论》，王安异译，中国人民公安大学出版社2006年版，第67页。

[2] [美]小奥利弗·温德尔·霍姆斯：《普通法》，冉昊、姚中秋译，中国政法大学出版社2006年版，第47～48页。

一种思想吗？的确，无意志即无行为，无行为即无犯罪。但必须注意的是，法律上所言的“意志”，简单地说就是自愿，“是人们对其身体的支配，是一种自我决定，这种意志引起了肌肉的紧张，或者使肌肉无所作为。……申论之，确定了行为人是有意地作为或者不作为，就足以认定‘行为’已经出现。至于他希望什么，也无关紧要”。〔1〕因此，“意志”仅仅表明人是处于自我作主的状态还是处于被奴役状态(例如被胁迫)或生理、心理的病态(例如无意识的行为，不能自主的行为)之中。实际上，真正反映人的内心思想观念的，不是意志(当然更不是故意或者过失)，而是动机，但法律对之同样有意地遗忘。正如杜兹纳所指出的那样，“动机指需要、欲望、意图，个人和社会的历史，有意无意地敦促行动，换句话说，动机使人们真实”。我们之所以选择进行某种行为，是由相关动机所决定的，它只是“我”的动机而不是“别人”的动机，动机解释了具体的、特定的、真实的人行为的驱动力问题。然而，动机虽然表明了罪犯的真实状况，“然而在定罪时是完全不考虑动机因素，只有监禁这样特别的刑罚才会考虑动机的因素”。一句话，“法律忽略了人的行为的一般精神因素——动机”。〔2〕这种“忽略”恰恰证明法律是一种抽象的规则，它不考虑具体的、个别的人的真实状态，而是通过抽象的行为概念来设置法律的内容。在法律上，我们只是假定这样一种行为的存在即构成了法律所意欲规制的对象，至于“行为人是出于仇恨、出于贪财、出于贪欲，或者是由于‘爱的激情’或政治激情、是出于狂热、怜悯，或者是由于受苦受难的影响，或者是因为无奈所迫而实施其行为，均在所不问”。〔3〕总之，法律为了调整社会，必须将人抽象成“没有思想的人”，“无差别的人”，只有对行为的评价，没有对人的评价。

3. 法律造就“面对国家的个人”的需要。这可以说是法律将自然的人抽象为法律的人之政治上的原因。从现代民族国家成长的历史可以看出，国家是对原有社会关系的一种革命性反叛。在以往，人们仅仅是社会的成员而不是国家的一分子，社会关系像一张无所不在的蛛网，束缚着人们的权利与自由。家庭、家族的影响，行业、公会的惯例，都要求人们必须以社会习惯和传统标准来规制自己的行为。正如埃尔曼所指出的那样，封建时代的法律所造就的法律关系，“仍然是一张由某些人的特权和对其他人的保护规定组成的网；法律规定是具体的而不是一般的；要成为法律社会的成员，便须付出接受不平等待遇的代价”。但是，进入近代以后，国家在“主权”的名义之下获得了对国内、国外事务的最高统治权力，“全国的管辖权取代了等级社会的自治管辖”，导致了“一个主权国家的标志以及现代国家的含义，是国家拥有颁布法律以及对其含义进行权威解释的不受限制的权力”。〔4〕换句话说，原来在社会关系中存在的个人，现在摇身一变而成为“面对国家的个人”。人们可以脱离家庭、社会的各种关系，直接向国家主张权利。因此，“与特定社会的关联相脱离、作为每个个

---

〔1〕［德］恩斯特·贝林：《构成要件理论》，王安异译，中国人民公安大学出版社 2006 年版，第 65～66 页。

〔2〕［英］科斯塔斯·杜兹纳：《人权的终结》，郭春发译，江苏人民出版社 2002 年版，第 254 页。

〔3〕［法］卡斯东·斯特法尼等：《法国刑法总论精义》，罗结珍译，中国政法大学出版社 1998 年版，第 252 页。

〔4〕［美］埃尔曼：《比较法律文化》，贺卫方、高鸿钧译，三联书店 1990 年版，第 10 页。

人所具有的抽象的和一般性的权利，是通过在主权国家的形成过程中中间权力的瓦解，人作为个人被析离出来之后才开始成立”。[1] 主权国家的形成，促成了个人的自由与独立。从此之后，个人不再是受身份、家族束缚的“关系中的人”，而是与他人一样，直接成为国家生活中独立自主的公民。

“面对国家的个人”的形成，实际上也是一种国家对其成员无差别对待的过程。国家自然明白，其社会成员实际上还是生活于各种关系网络之中，家庭、社区、行业等单位的存在，或多或少都会对人的习性、行为产生影响。然而，国家有意地忽略了这种关系的存在，而是以一种抽象的方式来普遍地设定人的权利与义务。在这一过程中，作为属民的社会成员被转变为“公民”，“这一事实意味着，出生，即纯粹的自然生命本身，在这里第一次成为……主权的直接载体。出生的原则和主权的原则……无可挽回地统一在‘拥有主权的主体’的身体上，以便可以建立起新的民族国家的基础”。[2] “个人”向“公民”的转变，即为人与人之间的平等确立了政治上的基础。每个人之所以是平等的，是因为每个人都在国家的形成中放弃了自己的自然权利，其“所失”与别人一样多，因而拥有和其他人同样的资格享受国家普遍赋予的权利。正因如此，公民身份以及其所承载的法律上的权利、义务都实际上是以一种“虚构”的方式赋予事实上并不平等的个人。波考克对此指出：“我们去除把家族从城邦中分割开来的家长式狭隘性，使所有的社会存在方式都得以要求权利与法定公民身份，无论其性别、阶级、种族、甚至可能人性。然而如果这样做了，我们必然会使公民身份成为一个法律上的虚构，源自人的发明以及赋予他们权利和人性的决策。”自然，这种“虚构”因为抹杀了人们事实上的差异，似乎有悖常理，但是，“为了使我们可能获得自由，我们必须同意成为虚构”。[3] 只有不在乎每个人实际上与他人的不同，才会有具有普遍性的权利的设定；只有忽视个人生存于其中的不同环境，以及自身所拥有的不同条件，人的平等、自由才可能成为现实。[4]

自然我们也可以合理地设想，如果法律能够考虑社会之中人与人之间的差异，为每一个特定的人设置一种特定的权利，这对于社会或者对于个人而言，可能更为适合。例如有艺术天赋者，国家给予特别的教育，促成其成为艺术大师；有旅游的特别爱好者，国家为保证其个性发展的需要，可以对其发放通行全国的免费旅游证件……诸如此类权利上“量身打造”的安排，当然可以使权利的赋予更有针对性，也更有效

---

[1] [日]大沼保昭：《人权、国家与文明——从普遍主义的人权观到文明相容的人权观》，王志安译，三联书店2003年版，第158页。另请参见同书第228页。

[2] [意]吉奥乔·阿甘本：《生命的政治化》，严泽胜译，载汪民安主编：《生产》(第2辑)，广西师范大学出版社2005年版，第225页。

[3] [英]J. G. A. 波考克：《古典时期以降的公民理想》，吴冠军译，载许纪霖主编：《共和、社群与公民》，江苏人民出版社2004年版，第49页。

[4] 这可以国外学者伯纳德·威廉斯的话作为注脚。威氏指出：“平等尊重的观念使我们不大考虑给人们地位或特权的结构，而是撇开他们的那些利益，把我们和他们的注意力都集中在机会的平等分配上。”转引自[英]史蒂文·卢克斯：《个人主义》，阎克文译，江苏人民出版社2001年版，第116页。威氏所言实际上就是一种“抽象”：我们假定每个人都需要这样一种机会；我们也假定每个人在同样的机会面前会获得大致相同的结果。

率。然而问题在于,这种“具体的”而不是“抽象的”权利安排,对于国家来说,实际上根本就不可能。国家无法对社会中的个人进行考察与审视,以确定其究竟需要何种权利;国家的“因人设权”本身,也会使国家的中立性、公平性受到质疑。所以,“面对国家的个人”是被国家抽象地设定为无差别、无个性的个人,在这样一种设定之下,法律上的平等以及国家的一视同仁,才成为可以被接受、被理解的法律原则。因此,“当在成文法上已经在本质上消除了等级界限与等级差别的时候,法律主体与意志、理性天赋的人格人与人无条件的等同在法学理论中得以贯彻”。[1] 这样的法律不再注重特定的、具体的个人,而是以抽象的方式统一拟制出平等的国家成员同等享有的权利和应尽的义务。这样的一种做法,恰是法律的公正性、正义性所必需的,毕竟,“公正意味着将所有个人的、不同于他人的嗜好、价值观念和理念都排除在外,正义则意味着那种遵循公正性的最严格的要求”。[2]

(三)法律上人的抽象之限度

以上我们从法律的普遍性、法律的客观性以及法律的政治性等方面,考察了在法律上人的抽象的必要性及其意义。“正有如几何学中的点和线、力学中的质点和质量,都不是事实的存在,只是抽象的存在,但没有这个抽象的存在,理论的大厦无由建立,而事实也就无从得到阐明”。[3] 然而,法律上对人的抽象并不是任意的、无限的,它也有其必要的理论与实践限度。

限度之一,是这种人的抽象不能脱离现实中个人的实际情况。如上所述,人的抽象是法律作为普遍性规则的必需,然而,法律上的人也并不是与现实的人迥然相异的人,法律上人的设定,同样也要以生活中的人为基准,如此才能保证法律规定的有效性。例如,“自利”是人的本性,生活中的人们更多地关注于自身的利益,这样,如果法律一律以大公无私的行为标准来要求人们应当如此行为,那不仅与现实的人性相差甚远,法律也终将因为这样一种不切实际的设想而自掘坟墓。正因如此,在法律中既要考虑用整齐划一的标准的“行为”来作为法律调整社会的基础,但也要注重这种预设是否与现实的人相吻合。就如法律设定“合同自由”原则那样,它是假定每个人都是理性的主体,他们能够权衡利弊,正确决断,是自身利益的最好判断者。这种预设在一般情况下当然是如此。但是,我们不能将这种理性无限夸大,应当考虑到人的理性能力本身存在差异以及理性本身所需要的条件(例如信息是否完全、信息是否对称),因而在法律规定上,对于那些违反诚实信用、公序良俗原则的合同,可以将其判定为无效。庞德就专门提醒我们,“必须注意强调具体人的具体要求,而不是强调

---

〔1〕［德］罗尔夫·克尼佩尔:《法律与历史——论〈德国民法典〉的形成与变迁》,朱岩译,法律出版社2003年版,第65页。

〔2〕［德］奥特弗利德·赫费:《政治的正义性——法和国家的批判哲学之基础》,庞学铨、李张林译,上海译文出版社1998年版,第65页。

〔3〕何兆武:《自然权利的观念与文化传统》,载何兆武:《何兆武学术文化随笔》,中国青年出版社1998年版,第81~82页。

抽象个人的抽象意志”。[1] 毕竟现实的需求才是法律存在与发展的动力。

限度之二，是法律上人的抽象应当以社会上的一般人为其基础。法律上的平等只是一种拟制的、抽象的平等，但正如学者所一再指出的那样，人与人之间根本就是不同的，每个人都会因主观、客观的条件而与他人在能力、机会等方面极不一致。正因如此，在智力上，人有高低之分；在能力上，人有大小之别；在境遇上，人有幸运和倒霉的不同。因而，法律只能在两极之间保持中庸，以多数人、一般人的实际情况作为法律规定的基础。这正如王伯琦先生所言道的那样：“法的规范，必须是一般人所认为必须遵守的规范。从人性上讲，尧舜桀纣，千世不一出，绝大多数的人，都是上不及尧舜，下不为桀纣的中人。法的规范，必须能适合于这些中人的需求，必须能为这些中人遵守，方能真正成为法的规范……所以法律规范，必须是中庸的，必须以一般中人之心为基础，否则即成为苛虐。民情之所难堪，决难发挥其法的效力。”[2] 实际上，任何“抽象”的东西能够成立的基础，都不外乎是因为有现实的材料作为支撑。对于法律上的人的抽象而言，其基础就是社会上的“中人”或曰“常人”“一般人”。[3] 脱离了大众的理解能力与认知能力，法律决难发挥其应有的功效。同样，背离一般人的法律意识与法律理念，而以过高的标准要求人们必须如何行为，例如将“拾金不昧”确定为一项法律义务，必然会导致法律规定在大众的道德现实面前无法执行的情况。

限度之三，是法律在对人进行抽象的同时，也必须对特定的人予以适当考虑。为了确定全社会一体遵守的法律，法律自然不能考虑每个人具体的差异，而是通过抽象的方式，设定普遍的规则与行为标准。但是，现实生活中被人们公认为低于“一般人”标准的特定人群，法律却也不能忽视。例如在刑法中，原则上当然是以行为人的行为来作为定罪量刑的基础，“法律的观念”只考虑行为，而不考虑实施这种行为的人，但是，这并不是说，具体适用法律时就可以完全不考虑犯罪现象中的“人的方面”。“对于在完全不能辨别或控制自己行为的精神紊乱状态下而实行了犯罪的人，或者对于因受到强制而实施了犯罪行为的人，‘法律的观念’不是也宣告他们不负刑事责任并且随之免除一切刑罚吗？”[4] 当代法律强调给予弱者以特别保护，也可以说是因应特定人在能力、机会、条件等方面的困境所做出的特定要求。例如，对于又聋又哑的人犯罪，法律上必须给予适当的优待，毕竟这部分人因为生理缺陷而导致其心理素质、认识能力方面与常人存在太多的差别。实际上，我们可以将“抽象”视为是一种原则上的规定，而将考虑特定的人的特定情况作为一种有益的“例外”来加以对待。只有将“原则”与“例外”有机地结合起来，法律才能真正发挥出其应有的作用。当然，在此必须说明的是，这种“例外”不是对某个个人的特别优待，例如行为人特殊的爱好使其对伤害他人乐此不疲，否则即少了做人的乐趣，而是就特定群体施行的一种法律优待（例如对囚犯的特别人权保护）；也不是对某些人苛刻的例外，而是对某

[1] ［美］罗·庞德：《通过法律的社会控制·法律的任务》，沈宗灵、董世忠译，商务印书馆1984年版，第66页。

[2] 王伯琦：《德治与法治》，载王伯琦：《王伯琦法学论著集》，台北，三民书局1999年版，第106页。

[3] 有关“中人”的论述，参见胡玉鸿：《“人的模式”构造与法理学研究》，载《中外法学》2000年第5期。

[4] ［法］卡斯东·斯特法尼等：《法国刑法总论精义》，罗结珍译，中国政法大学出版社1998年版，第15页。

些群体宽容或优待的例外。

限度之四,是法律在对人予以抽象时,必须是以社会人为基础,而不是以孤立的、个别的人为基础。人首先是自然的人,这是从其生物属性上而言的;但人也是社会的人,这是社会得以存在和维系的基础。拉德布鲁赫指出:"根本不存在什么个别化的人,个人从其所有关系和特征上看都是社会化的人。"[1] 当然,拉氏的这种说法有些绝对,因为它没有为人的自然生存留下任何余地。但是,法律作为一种普遍的、公共的行为规则,本身就是以社会之人作为调整的对象。一个私人生活中的人,法律难以对其做出权利与义务的规制;一个充满着与众不同的个性的人,法律也不会过多地注重其特殊的秉性。法律所考虑的是在公共生活之中,一个具有基本社会意识和社会情感的人应当如何进行自己的行为。庞德在回顾近代法律史上人的定位时专门指出:"在近代心理学的攻击下,十九世纪形而上学法学意义上的'个人'以及十九世纪学说汇纂派及其在分析法学中的英国门徒们所主张的意义上的'个人意志',如同'自然人'和'自然状态'在上一世纪批判性哲学的攻击下所表明的情况一样,都成了靠不住的基础。"[2] 因为那个时代所设想的个人,纯粹是自利的、孤立的、原子式的个人,而这些与现代社会所要求的社会互助、社会合作的理念是格格不入的。经济学家张雄也指出,"现实的人是社会的人,而不是孤立的人,因此,他们总要结成一定的社会关系才能进行与自然之间的物质交换,从而创造出相应的生产力、生产关系以及一整套的社会制度、习俗和观念形态",[3] 这一结论对于现代法律上的人的抽象而言,同样具有重要的意义。

二、法律主体的内涵及特性

(一)法律主体概念理解上的歧异

法律上人的抽象的结果,就是形成了今天被称为"法律主体"的人。它是一种在法律的语境及法律的规定当中,对享有权利、履行义务及承担责任的人的法理上的概括。

什么是法律主体呢?让我们先引述几位学者的看法。

法国著名学者狄骥是在其著作中辟专章研究"法律主体"的学者,他认为,法律主体就是"在事实上作为客观法律规则实施对象的实体"。换句话说,实在法将对"谁"的行为予以调整,"谁"就是法律上的主体。按照狄骥的说法,"在世界上只是具有自觉意志的个人"才是法律主体,"因为只有个人才执掌着一种了解自己目的的自觉意志。因此只有自觉和能支配自己行为的个人才是法律的主体"。从而狄骥法律主体的概念排除了两类人:一是自然人以外的法人或组织;二是失去自觉意识的人、儿童和疯子。[4] 然而这样的理解存在很大的缺陷,这不仅仅是将法人或儿童等排除

---

[1] [德]古斯塔夫·拉德布鲁赫:《社会主义文化论》,米健译,法律出版社 2006 年版,第 55 页。
[2] [美]罗·庞德:《通过法律的社会控制·法律的任务》,沈宗灵、董世忠译,商务印书馆 1984 年版,第 66 页。
[3] 张雄:《对经济个人主义的哲学分析》,载《中国社会科学》1999 年第 2 期。
[4] 参见[法]莱翁·狄骥:《宪法论》(第 1 卷:法律规则和国家问题),钱克新译,商务印书馆 1959 年版,第 324～325 页。

于法律主体之外,这类人在法律上将无合适的归属;更为主要的是,狄骥的法律主体概念是以"规则实施对象的实体"来定位的,这混淆了主体与客体之间的界限。

凯尔森将法律主体径直称为"法律上的人",认为从定义上说,"法律上的人"也就是"法律义务与法律权利的主体",即"权利与义务的持有者"。一句话,法律主体即法律上期待将如何行为的权利与义务的所有人。为什么需要有这样一个主体的存在?凯尔森对此所做的解释是,"法学思想不满足于只看到某种人的行为或不行为组成义务或权利的内容,必须还存在着某个'具有'义务或权利的人物"。[1] 简单说来,权利、义务等经验上可感知的法律上的现象,必须追溯至其背后所隐含的主体,也就是人身上。因而人通过权利与义务的享有或行使,就成为法律上实际的行为者。

富勒对法律主体则做了一个极为简明的叙述,他以私法为例,指出"私法中的主角是样一位法律主体:他承担义务、享有权利,并被赋予了通过协议来解决自己同他人之间的纠纷的法定权利"。[2] 虽然富勒仅从私法的角度对法律主体进行阐述,但是,私法与公法(或还存在的社会法)在规范内容及结构上并无本质的区别,[3] 所以,这一定义同样可以适用于一切法律上的主体。也就是说,按照富勒的理解,法律主体即权利和义务的拥有者。

美国学者格雷认为,"person"一词在法律书籍就像在其他书籍中一样,通常用于指称生物意义上的人(a human being),但其在专有法律含义上,系指法律权利及法律义务的主体。格氏认为,法律体系不同,所承认的法律主体也有所差异。大致说来,有六类被不同法律体系所承认的法律主体:(1)正常生物人;(2)非正常生物人;(3)超自然人;(4)动物;(5)无生命物;(6)法人。[4]

综观上述学者的意见,他们相同的地方在于:均将权利、义务的承载作为法律主体的本质所在,都以"人"为核心构筑法律主体的内涵,简言之,法律主体就是法律上的人。

然而,法律主体是一个涉及法学理论与法律制度的重要范畴,要对之做出正确的定位,还必须先行解决以下常常引起争论的问题:

第一,法律主体是否只存在于法律关系之中?言及法律主体,尤其是国内法理学教材关于此一问题的论述,大多以"法律关系的主体"来加以概括。固然,法律上的人大多都是在法律关系网络中活动的人,然而,不参与法律关系的人,就不是法律关系的主体吗?显然不是如此。首先,法律主体存在的依据是国家的立法政策,例如确认一切公民在法律面前平等,因而每个人都与他人一样,可以成为法律上具有独立人

---

[1] [奥]凯尔森:《法与国家的一般理论》,沈宗灵译,中国大百科全书出版社 1996 年版,第 105 页。

[2] [美]富勒:《法律的道德性》,郑戈译,商务印书馆 2005 年版,第 31 页。

[3] 日本学者美浓部达吉对此就明确言道:"得为权利义务之主体的一切团体或人,没有理由因公私法之不同而有异,故法主体为双方所共通。私法上是人(自然人)或法人的,在公法上仍是人或法人;无论在公法或私法,都同样做权利义务能力的主体。"见[日]美浓部达吉:《公法与私法》,黄冯明译,周旋勘校,中国政法大学出版社 2003 年版,第 219 页。

[4] [美]约翰·齐普曼·格雷:《法律主体》,龙卫球译,载许章润主编:《清华法学》(第 1 卷·2002·第 1 期),清华大学出版社 2003 年版,第 232、232 ~233 页。

格的行为者。但法律关系主体成立的依据则是国家的现行法律，对于每一类法律关系的主体，都取决于该法律上的相关规定；其次，法律主体是对人在法律上的地位的一种表述，意味着人是享有权利、承担义务的主体，但这种主体地位并不意味着其就要参与具体的法律关系。换言之，法律主体至多只是个“潜在的行动者”。但法律关系主体不同，当我们称某人为某一法律关系的主体时，即表明该人业已进入具体的法律关系之中，是相对于他方而言享有权利、承担义务的一方；最后，法律关系主体参与的法律关系不同，其所享有的权利、承担的义务也会随之而发生变化，但是，作为法律主体而言，其性质及行为标准都是相对固定的，并不因法律关系的不同而主体的地位就会发生变化。所以，法律关系主体只是法律主体的一种类型。

第二，法律主体是否需要以“意志”作为其必备要件？如我们前面所提到的狄骥的理论，即明确排除无意志者（如儿童、疯子等）作为法律主体的可能性。狄骥的论据无非是这样几个方面：首先，法律规则是一项具有目的性的、包含积极或消极性质的命令，这种命令只能对一个“自觉的意志”适用，然而儿童或疯子并不具有自觉意志，因而法律规则实际上对他们不起作用。也正因如此，现代法律不承认儿童或疯子的责任能力，这就说明他们不是法律主体；其次，虽然在法律上规定了对儿童等无意志者的保护，然而这种保护并不是他们所享有的权利，而只是对其他社会成员所传达的一种禁止他人加害的消极命令，因而从这种保护本身并不能推论出他们享有权利；最后，法律规定了代理、监护等制度，替代儿童等进行法律行为，并产生相应的法律效果。例如代理未成年人进行诉讼，其判决结果实际上也是由未成年人来予以承受。但狄骥认为，这种效果实际上只是第三者为这些“无自觉意识的个人的道德或物质利益”所做出的，其效果也是源于代理人、监督人的行为，而与儿童等无意识者无关。[1] 然而狄骥这样的理解却是大有问题的。一方面，他将法律主体与健全的理性和意志结合起来，认为无理性、无意志者即非法律主体，从而将法律主体当作一个排斥性的概念，这与法律主体的基本原理是相违背的；另一方面，狄骥过于强调法律主体参与实际法律行为的能力，但如前所述，即使不参与任何法律关系，法律主体的地位也不会因之而发生动摇。实际上，人并不因其实际行为而成为法律主体，人最主要的是由于他们具有“人格”而成为法律主体，而所谓“人格”，“是一个宪法上的概念，表现了自然人依宪法规定生而有之的一种基本法律地位”。[2] 有关这一问题，拟另文叙述。

第三，法律主体是否除了自然人外，还包括法人等“人的组织体”？对这一问题学说上可谓众说纷纭。狄骥是典型的“法人非法律主体”论的代表，他认为，“只有也只可能有客观的法律主体；只有自知其行为的个人才能是法律主体”。因为“法是禁止或命令某件事情的规则的总体，禁止和命令只可能对自觉的意志适用，因此只对自

---

[1] 参见[法]莱翁·狄骥：《宪法论》（第 1 卷：法律规则和国家问题），钱克新译，商务印书馆 1959 年版，第 336～339 页。

[2] 尹田：《民事主体理论与立法研究》，法律出版社 2003 年版，第 4 页。

知其行为的个人适用”。[1] 换句话说,法人不具有意志,也无法选择行为及预见后果,因而它们不是真正意义上的法律主体。必须承认,法人等“人的组织体”确实不同于真实的自然人,但正如拉伦茨所说的那样,“法律上的人”本身就是“形式上的人的概念”,它不如伦理学上的“人”那样丰满,具有“权利能力”即可行为。因此,“人的组织体”可以取得法律上的主体地位。当然,法人并不是自然的机体,没有自己的意识,也没有生理意义上的意思,而只是一种法律加以拟制的社会产物。正因如此,拉伦茨也认为,与自然人相比,法人的权利能力是不充分的,法人不享有许多只为自然人所拥有的权利。[2] 总之,“法人”这些人的组合体可以承认为是法律主体,但它是一种特殊的、受制于法律及其章程的主体,不像自然人那样,其主体地位可以先于法律而存在。另外,即使承认法人可以作为权利主体、义务主体,但法人是否也能成为犯罪主体这类问题,在法学上也存在较多的争议。

第四,法律主体仅为权利主体、义务主体?还是包括责任主体这一层面?就目前学术著述来看,对法律主体的诠释,人们主要是从权利、义务这两个方面来归纳的。也就是说,法律主体的角色在法律上就是表现为权利主体与义务主体。但我们认为,除了权利主体与义务主体之外,法律主体还应当包括责任主体这一内容。实际上,“责任”本身就是“主体”的应有之意。主体的人的形象,本身就是一个负责的人的形象,缺少了责任这一环节,主体的庄严地位就会大打折扣,毕竟“人与其他生物之间的一个重大区别在于,只有人才能对他们所做的事负起道德上的责任”。[3] 当我们把人视为法律上的主体时,就是因为他不仅享有权利、履行义务,同时还能就自己的选择和行为承担相应的法律后果。所以,离开了责任,主体就成为一个不丰满、有欠缺的人的形象。在谈到人为什么要对自己的违法行为承担责任时,学者们解释道:“基于过错的责任有着与道德责任相同的依据,那就是承认人类自由、承认人类行为的相对自主性”。自由本身就是为人们的选择提供机会,就此而言,“我们承认人类行为总是有一定目的的,不是偶然力量驱使的机械运作;我们认为人的感情和经验会影响他对目的和达到这些目的的手段所作的选择。因此,行为人应承认其行为结果,并承担后果,因为他不是一个被铁一般的决定论绑着的玩具,而是一个能以不同方式行事的人”。[4] 任何借口他因无法自主而不得不如此行为的人,实际上也是放弃了作为法律主体而言的那种对自己行为负责的意识与能力。

(二)法律主体的概念及其在法律中的意义

经过以上的辨析,我们可以试着对法律主体进行如下定义:法律主体是指活跃在

〔1〕 参见[法]莱翁·狄骥:《宪法论》(第1卷:法律规则和国家问题),钱克新译,商务印书馆1959年版,第374页。

〔2〕 参见[德]卡尔·拉伦茨:《德国民法通论》(上册),王晓晔等译,法律出版社2003年版,第57、181~182页。

〔3〕 [美]约翰·马丁·费舍、马克·拉维扎:《责任与控制——一种道德责任理论》,杨绍刚译,华夏出版社2002年版,第1页。

〔4〕 [葡]Carlos Alberto da Mota Pinto:《民法总论》(第3版),林炳辉等译,澳门,法律翻译办公室、澳门大学法学院1999年版,第59页。

法律之中,享有权利、负有义务和承担责任的人。此处所说的“人”主要是指自然人。在特定情况下,可以将法人等“人合组织”类推为法律主体。[1] 至于法律主体是否在享有权利的同时就应当承担义务或者责任,学术界有不同的看法。普遍的认识是,权利与义务具有一致性,没有无义务的权利,也没有无权利的义务。但也有学者认为,享有权利而不承担义务,或者仅承担义务而不享有权利的人,也应当是法律上的主体。[2] 当然,从人生存于法律之中而言,的确找不到一个仅享有权利而不承担义务的人;但是,从特定的权利角度而言,享有权利是否就一定伴随着某种特定的义务和责任,这倒也未必。例如个人享有隐私权,这种“自我封闭式”的权利就不一定非得对应某种特定的义务。

必须承认的是,法律主体是个学理上的概念,是法学对活动于法律上的人的一种理论概括,那么,为什么需要有这样一个概念?其在法律上的意义是什么呢?

首先,法律主体一词表明了人在法律上的庄严地位。法律主体作为法学上的一个重要范畴,并不仅仅代表着生活于现实世界中的你、我、他,更为主要的,这是一个源于人的尊严、人格而形成的重要理论范畴,是对人的本质的一种法律抽象。正如杜兹纳所说:“道德哲学与法理学都假设了一个自主自律的主体。”[3]“自主”意味着人的理性与人的目的性,在法律上必须假定人们能够为自己安排合理的生活计划,理性地进行法律上的行为,没有这重预设,自由、权利等范畴就失去了基本的主体依托。“自律”则意味着人是一个能够自我负责的生命主体,他有权利做出选择,当然也有必要为自己的选择承担责任。正是在这一意义上,人的尊严借助于法律主体这一概念,真正使人在法律中展现了一种自我决断、自我负责的庄严形象。有关这一问题,拉德布鲁赫以“自我目的”加以表述,以此来突出人的法律主体地位。拉氏指出,人之所以为人,并不是因为他仅是一种肉体和精神的生物,“而是因为根据法律规则的观点,人展现了一种自我目的”。正是源于自我目的体现了人的本质,所以,法律主体这一概念并不是建立和限定在法律经验之上的,“而是具有逻辑必然性的、普遍适用的法学观察之范畴”。[4] 借助于这一范畴,一个法律行为的背后必然隐含着一个有自我目的的人,他的行为不是任意的、冲动的、率性的,而是在自由意志支配下的一种合理决断与合理选择。诚然,人可能会做出违法甚至犯罪的行为,但是,从主体性上来说,该类行为仍然要视为是当事人深思熟虑的行为,也就是说,行为人是在权衡利弊之后,认为该行为是值得他去做的;在做出这种选择之前,他就已经对自己可能承担的责任有了认识,因而对他加诸法律责任的制裁,并没有真正拂逆他的本意。一

---

[1] 对此参考了考夫曼先生的说法。考氏认为,“对于法人的正确观点应该是,其既非与自然人相同,具有人的实际结构,也非只是拟制,缺乏真实性,而是一个真正的实体物……其与人类比较,具有类推意义的人格特质。吾人应认为,法人乃法律秩序上,一个被承认的有组织的独立权利主体”。参见[德]考夫曼:《法律哲学》,刘幸义等译,法律出版社 2004 年版,第 161 页。

[2] [美]约翰·齐普曼·格雷:《法律主体》,龙卫球译,载许章润主编:《清华法学》(第 1 卷·2002·第 1 期),清华大学出版社 2003 年版,第 232 页。

[3] [英]科斯塔斯·杜兹纳:《人权的终结》,郭春发译,江苏人民出版社 2002 年版,第 3 页。

[4] 参见[德]G. 拉德布鲁赫:《法哲学》,王朴译,法律出版社 2005 年版,第 134、132 页。

个承载人的尊严的法律主体，不能推诿自身所应承担的责任。[1]

其次，法律主体是串联法律上各式人等的一个必要概念。法律是对人的行为的规范，然而，实际做出法律行为的人在生活中又是各具独特性的个人，他们的需求不同、能力不一，在个性、偏好上更是存在种种的差异。如何将这些实质不同的人用统一的行为标准来加以规制，就有赖于抽象的"法律主体"概念的存在。"法律主体是一种组织、调解和统一的概念和技术，以此法律设定了范畴，确定了同一性并尽量稳定社会意义的繁衍。一个个体是诸如一个人、一个公民、一个妇女、一个工人等等的概念。在这个意义上说，她被看作是具有各种权利的法律主体；她的法律同一性是她一系列权利的总和。如果要处于法律外，你必须忠实；在法律中你必须是有人性的。"[2]可见，法律主体概念回避了人与人之间事实上存在的不平等以及身份上的不一致，以整齐划一的行为标准来确定了人们在法律中的行事方式。在法律主体这一概念之下，"强者与弱者、占有者与非占有者、弱小的个人与异常强大的群体都被等同视之"。[3] 也就是说，我们假定人的本质是具有同一性的，虽然不同的人以其参差不齐的行为样式展现在世人的面前，但在法律上，这都是主体行使权利、履行义务的不同样态，在法律上可以对之做出同样的法律评价。所以，有了法律主体这个概念，林林总总的人可以聚集于这一范畴的名下，被法律承认为有选择和判断的自由，有参与法律实践的独立行动的权利。也正是在统一的法律主体之下，从事低贱的职业、患有残疾的人士都在法律上与他人平等，他们的自主被法律同等地尊重，他们的行为在法律上有同样的效力。

最后，法律主体为主观权利的概念奠定了本体基础。在法学上，"权利"有客观权利与主观权利之分。客观权利，简单地说即是在制定法中所规定的权利。这种权利是明确的、法定的，当事人据此可主张权利、排除妨碍或者申请国家的保护与救济；但主观权利的概念则比较复杂，大致说来有三种不同的用法：

一是将主观权利等同于"自然权利"，强调主观权利中的"主观"意蕴，认为"所有构成主体属性的、属于其本质的、为其固有的，都是主观的"，由此主观权利"就是根据自我判断从事一切自认为有益于其生存的活动"。[4] 在启蒙时代，霍布斯、洛克、孟德斯鸠等思想家所强调的"自然权利"即属于这种类型的表述，这一理论强调的是生而为人者都必然拥有与其生命、自由、自我发展、追求幸福等密切相关的权利，这些权利不依赖于国家和社会的存在，反之，自然权利的让渡，构成了国家和社会成立的基础。

---

[1] 对此可参照拉伦茨一段形象的说明。拉伦茨认为，法律上的人的概念也是一个伦理上的人的概念，这种概念要求人对于非法行为应当负责："他一旦认识到自己对他人从事了非法行为，认识到相对于他人违反了义务，他就会感受到一种道德上的迫切要求，去把他人所遭受的不利后果承担过来，去'赔偿'非法行为所产生的损害"。参见[德]卡尔·拉伦茨：《德国民法通论》(上册)，王晓晔等译，法律出版社2003年版，第50～51页。

[2] [英]科斯塔斯·杜兹纳：《人权的终结》，郭春发译，江苏人民出版社2002年版，第274页。

[3] [德]G.拉德布鲁赫：《法哲学》，王朴译，法律出版社2005年版，第134、133页。

[4] Villey：《霍布斯理论中的个人权利》，转引自[法]雅克·盖斯旦、[法]吉勒·古博：《法国民法总论》，陈鹏等译，法律出版社2004年版，第129页。

二是将主观权利理解为“特权”,是一个“保留给权利主体的领域”,“它为了主体的利益而限制着其他人的自由;它在人们之间构成一种有利于某一特定个体的法律上的不平等”。换言之,“特权”意味着这种权利为特定的当事人所拥有而其他人不得染指。例如所有权意味着一种排他性的占有,肖像权限制着他人对主体肖像的使用。因而,主观权利最突出的特征“是权利人在特定范围内享有的独占性(即对他人的排斥)”。这与“自由”不同,自由可以与他人“竞争地行使”,如多个人平等地竞争一个就业机会,而主观权利则是权利拥有者的独占区域。[1] 有的学者也将这种意义上的主观权利称为“主体权利”,认为所谓主体权利“是为了满足权利人的利益、由其他人的法律义务所保证的、属于权利人的被允许的行为的尺度”。[2] 这实际上也是一种“特权”的表述,具有主体权利的人即拥有一种“法律上的优势”,可以要求义务方为或不为某种行为。

三是将主观权利理解为“主体的实际权利”,是“一般法律规范的具体的动态的表现”。[3] 我国出版的《法学大辞典》就持这种看法,认为“主观权利”是“客观权利”的对称。客观权利只是民事主体取得主观权利的资格,而只有通过参加到具体的民事法律关系中去才有可能真正取得主观权利。[4] 可见,这种意义上的主观权利是指在具体的法律实践中,行为人通过权利去创设法律关系、约定双方权利义务的活动。根据这种界分,法律上规定的权利只是一种静止的权利,而当事人通过实际的行为去进行法律行为、创设法律关系的活动,才是激活“客观法”的动力与基础。从这个意义上说,没有主观权利,客观权利只能是一种在法条上存在而永远无法体现为社会生活的权利。

我们所言的主观权利正是从第三种意义上来说的。权利如果仅仅是一种字面上的规定,那就至多可被人观赏但却无法实践。相反,权利的可贵之处正在于它能够为主体进行实践的社会活动提供一种支撑与保障。正是为了突出权利的主观性与现实性,耶林将主观权利与利益联系起来,指出,“主观权利是受法律保护的利益”,也就是说,权利的现实目的就是让主体享有物质或精神方面的现实利益,因而“只有受法律保护的利益享有或对利益享有的期待,才是主观权利的灵魂”。[5] 可以断言的是,相对于客观权利而言,主观权利的意义更为明显。法律上规定了人们的集会、游行、示威的自由,但如果从没有人想要行使这一权利,显然这样的法律条文再合理、再丰富也没有意义。正是凭借主观权利的概念,静止的权利才可望转换为人们现实生活中所享有的利益。然而问题在于,主观权利背后就蕴含着一个自主的、追求利益实现的权利人的形象,也就是说,如果没有法律主体的存在,人们为什么会有追求权利实

---

〔1〕 Villey:《霍布斯理论中的个人权利》,转引自[法]雅克·盖斯旦、[法]吉勒·古博:《法国民法总论》,陈鹏等译,法律出版社2004年版,第145页。

〔2〕 [苏联]C. C. 阿列克谢耶夫:《法的一般理论》(下册),黄良平、丁文琪译,法律出版社1991年版,第484页。

〔3〕 [苏联]雅维茨:《法的一般理论——哲学和社会问题》,朱景文译,辽宁人民出版社1986年版,第138、140页。

〔4〕 邹瑜、顾明总主编:《法学大辞典》,中国政法大学出版社1991年版,第388页。

〔5〕 Villey:《霍布斯理论中的个人权利》,转引自[法]雅克·盖斯旦、[法]吉勒·古博:《法国民法总论》,陈鹏等译,法律出版社2004年版,第134页。

现的欲望与动力就无从得以解释。“判断主观权利的标准，在于一个规范是否为保护其利益而存在，而且其人在法律上享有加以实现的权限”。[1] 缺乏主体的推动，权利就无法实现，也没有必要实现。正因如此，杜兹纳指出：“没有法律主体这个重要的概念，权利就不能存在，法律主体是个高度抽象的定义，法律主体的骨髓附着些许义务之肉和无色的权利之血。”[2]法律主体概念最终为主观权利奠定了本体基础，从而也使客观法上的权利规定能够转换为实际的人们行为。没有法律主体的存在，权利就失去了基本的凭借，当然也就失去了存在的意义。

（三）法律主体的特性

1. 法律的创造物。法律主体本身是法学的一种抽象，也是法律在制定时为调控社会所必需的拟制。“为了找到赋予主体法律人格的权利、义务、权力，人们必须被置于法律面前。法律的人是法律或戏剧伪饰的创造物、制度演出的产物。在人权的话语中，这种个性或面具、法律的作品，必须被转化成法律之起源或原则，出现在法律舞台的主体必须来到法律面前，支持法律的制定者。”[3] 自然，这并不意味着一个实际从事法律行为的真实的个人是法律创造出来的，而是说，从个人向法律主体的转换，是法律的一种刻意安排。这种安排一方面以现实的人为基础，是以人们在经验中的需求、欲望与行为实践为底线的，从而保证法律主体与现实个人之间并无本质的冲突；但另一方面，法律主体又不是具体的、个别的人在法律中的一种投影。也就是说，法律中不是以“你”或“我”为标本而设定权利、义务的，法律是综合了普遍的人的基本特质而做出相关安排的。[4] 所以，法律中有你、我的影子但又和现实中的你、我存在一定的距离；法律主体融合了人的共性，但舍弃了人的特性。这种重叠与乖离恰好也就是法律的特征所在。法律主体本身就是从现实的、普遍的人类中抽象出一般人所共有的特质，从而使生活中的现实人具有了为法律所设定、所规制的“法律上的人”这一形象。[5] 在这样的背景之下，法律主体成了法律所创造出的一个用来指称活跃于法律上的人的概念，法律人是法律拟制出的“实体”。套用凯尔森的说法，一片树叶可以用“绿色、光滑、弧形”等来加以形容，它们构成了树叶所展现的不同的特性，树叶就是这种特性的统一体；同样，法律主体也可以用法律上的“权利、义务、责任”等内容来加以描述，主体内在于权利、义务、责任之中，是这些法律特性的统一

---

[1] 陈清秀：《宪法上人性尊严》，载《李鸿禧教授六秩华诞祝寿论文集》，月旦出版社股份有限公司 1997 年版，第 94 页。

[2] [英]科斯塔斯·杜兹纳：《人权的终结》，郭春发译，江苏人民出版社 2002 年版，第 255 页。

[3] 同上书，第 18 页。

[4] “法律是建立在对人类的典型性行为的一般化了的心理假设基础之上的。另外，立法者在颁布法律时也抱有这样一种期望，即这些行为会被大众普遍遵从”。见[德]N. 霍恩：《法律科学与法哲学导论》，罗莉译，法律出版社 2005 年版，第 17 页。

[5] 正如杜兹纳所言：“法律人格是个体性的一个重要策略。男人和女人不再是灵魂的物质容器或是一个普遍精神的外在形式。作为性情中人，他们认识到法律的特点，对他人作出了有意义的行为，从而使他具有公共性。法律主体性自相矛盾地再现了普遍主义原则和在现代社会个体性的实现过程。在这种意义上说，权利不仅仅是人的权利；相反地，权利使人认识到权利的立法机关，行使权利的能力和自由意志，还赋予了人具体权力和能力去实现他们的自由意志。”参见[英]科斯塔斯·杜兹纳：《人权的终结》，郭春发译，江苏人民出版社 2002 年版，第 275 页。

体。正是在这个意义上,法律上的人成了一个实体,而权利、义务、责任则是作为法律主体的“质”而存在。[1]

2. 规范的人格化。对法律规范的内部解构,可以简单地分成三个层次:第一层次是“行为”,这是法律所直接调整的对象。简单地说,作为公共规则的法律,就是为人们进行行为拟定一合法与否的标准,从而表达国家对该行为的法律评价;第二层次则是“权利、义务、责任”等范畴,这是对“行为”的一种抽象或者归纳,也就是说,法律上所见的林林总总的行为,都不外乎是权利、义务、责任方面的实际体现。[2] 换句话说,行为之所以具有法律意义,是因为它们显现为法律上的权利、义务或者责任;第三个层次则是“人”。权利必须有享有者,义务必须有履行者,责任必须有承担者,缺少了主体,权利、义务、责任就成了“无主之物”:“如果背后没有人,没有他们的信念或感情,我们不可能生造出某种四海通用的法律,甚至不可能创造出个别的法律”。[3] 因此,权利、义务、责任都必须附着于“人”这一主体之上,才能使其从静止规范的层面走向现实的法律生活。所以,“法律上的人并不是在‘它的’义务和权利之外的一个分立的本体,而不过是它们的人格化了的统一体,或者由于义务与权利就是法律规范,所以不过是一批法律规范的人格化了的统一体而已”。[4] 当然,由于这种“规范的人格化”,法律主体也就拥有了法律的“品性”:一方面,法律主体只存在于法律生活之中,他们在法律规制以外的行为或者活动,一般不由法律来加以规范和调整;另一方面,法律主体被视为是在法律上“应当”如此行为的人。一个法律规范就是对人们的行为所提出的一种“应然”要求,例如“禁止杀人”就可以转换为“你不应当杀人”,否则,将有相应的法律后果在等待着违反此一要求者。

3. 能动的行为者。法律主体的另一重要特性,即“自为性”。按照哲学上的解释,“自为性”表现在主体“按照自身的内在规定性和本质行事,成为主客体相互关系的首动者;它承认客体的客观存在但不终止于此,而要通过自己的活动改变现实,用各种方式力求保持自己在这一主客体关系中的主动地位”,所以,“自为性”也即主体的独立性、能动性、目的性和创造性。[5] 这种主体性的论述,同样适用于法律主体的特性。在法律上,一切利益的获取都伴有辛勤的劳作,任何关系的创设都有赖主动的行为,缺少了人的自为性,法律的内容即难以实现,法律的目的更无法达成。当人们选择沉寂而不是“主动出击”的时候,流逝的就不仅仅是多少代人斗争而来的权利,还包括失去为人们提供安全、秩序、和平、幸福的法律生活。实际上,任何权利都是一种“潜在的”东西,没有人将之激活,权利就无法成为现实。所以,要使权利得以实现,首先必须有愿意将权利付诸实践的人。这正如耶林所指出的,“每一项权利,无

---

〔1〕 参见[奥]凯尔森:《法与国家的一般理论》,沈宗灵译,中国大百科全书出版社 1996 年版,第 105 ~ 106 页。

〔2〕 “所有法律都是对人的行为的调整。法律规范所涉及的唯一社会现实是人们之间的关系。因而,法律义务以及法律权利的内容不是别的而只是个人的行为而已”。[奥]凯尔森:《法与国家的一般理论》,沈宗灵译,中国大百科全书出版社 1996 年版,第 376 页。

〔3〕 [意]布鲁诺·莱奥尼等:《自由与法律》,秋风译,吉林人民出版社 2004 年版,第 222 页。

〔4〕 [奥]凯尔森:《法与国家的一般理论》,沈宗灵译,中国大百科全书出版社 1996 年版,第 106 页。

〔5〕 李德顺:《价值论——一种主体性的研究》,中国人民大学出版社 1987 年版,第 71 页。

论是民众的还是个人的，都是以坚持不懈地准备自己去主张它为前提”。换句话说，在权利的背后，我们假定了一个时刻关注自己的利益所在、随时为自己的权利而去奔波忙碌的人的存在。缺少了这一假定，权利就可能成为徒具形式的空文。在权利受到侵犯的场合，为自己主张权利更是当事人的责任所在：“斗争是权利的天职，它应该总是在保障着和服务于享受。‘你应当累得满头大汗才吃到你的面包。’此一格言与另一说法具有同样的真理性：你当在斗争中发现你的权利。从权利放弃作斗争的这一刻起，它就放弃了自己。”[1]正是为了督促人们维护自己的权利，法律中规定了时效制度，“时间的流逝往往会阻碍民事诉讼的提起，‘法律帮助的是那些时刻警觉的人，而不是那些躺在权利上睡大觉的人’”。[2]

4. 联结法律与现实的桥梁。法律主体还是联结法律规范与现实生活的桥梁，借助于法律场合的人的实践活动，法律的文本规定才得以在社会生活中实现。就此而言，“法律主体是法律权利的车轮，一直在抽象的人性和具体的人之间来回奔走，从而创造出法律独特的叙述性话语并对世界产生了各种影响”。[3] 法律的规定是抽象的，而现实的生活则是具体的，法律中的权利、义务、责任，都必须借助于主体的行为才能细化，落到实处。例如合同法设定了当事人对方的行为规则，并且鼓励人们通过合作来达成双赢的局面，然而，一方面，是否签订合同、和谁签订合同以及签订什么样的合同，都有赖于主体的抉择与判断，离开了主体，合同关系显然就无法存在；另一方面，合同法上的“权利”是抽象的、空泛的，只有在面对一个具体的甲方、乙方时，“我的权利”与“你的权利”的界分才具有实际的意义。在合同签订的过程中，权利转变为一种利益的衡量与计算，规则变成了当事人的要约与承诺，而在具体条款上权利、义务的约定，则实际上将当事人双方置于“自我立法者”的位置，他们可以依据契约自由的原则商定具体的义务与责任，当然他们也更应信守自己的诺言与约定。每一个具体条款的推敲都是一次法律上的权利、义务向现实中的权利、义务的转换，而双方最终在合同文本上的签名，则为合同的法律效力烙上了权威的印记：日后的义务履行以此为据，可能的法律争执以此为准。换句话，对合同关系存续期间所发生纠纷的处理，就不再是根据合同法的抽象规定为准据，而是以当事人签订的合同文本为标准。

总之，法律上通过“人→权利、义务、责任→行为”的逆推方式，体现了法律主体与现实生活的直接关联。这样，法律主体虽然是法律的创造物，是法律规范的人格化，但其本身必须是个能动的行为者。只有在法律主体积极的、主动的行为之下，法律所拟制、规范的社会生活才可望得以实现。

三、法律主体的基本形态

（一）权利主体

权利主体，简单地说就是权利的拥有者和行使者。“拥有”不等同于“行使”：“拥

〔1〕［德］鲁道夫·冯·耶林：《为权利而斗争》，郑永流译，法律出版社2007年版，第2、52、53页。

〔2〕［英］J. W. 塞西尔·特纳：《肯尼刑法原理》，王国庆、李启家等译，华夏出版社1989年版，第575页。

〔3〕［英］科斯塔斯·杜兹纳：《人权的终结》，郭春发译，江苏人民出版社2002年版，第104页。

有"在某种意义上说是一种资格,如现代法律一般都将人权普遍地赋予所有社会成员;"行使"则是将法定的权利作用于社会现实,以期获取利益或形成某种关系。对于权利主体而言,更具意义的是体现在权利的行使者这一角色之上。如前所述,当权利仅仅为一种字面上的设定时,这样的权利并不会对当事人的实际利益产生影响,而只有将权利付诸实施,权利才成为与人的利益攸关的具体的、现实的权利。正是权利的实际运作,才真正体现了法律主体的主观能动性。

拉伦茨将人们全部的权利或受法律保护的利益的总和,用"权利范围"一词来加以概括。在他看来,法律主体处于"权利范围"的核心,"权利范围"与法律主体的人身、人格等密不可分。一句话,对人们权利或利益的侵犯,实际上也就是对主体尊严的冒犯。因而,人们在法律上为维护自身利益而采取的行动(如提起诉讼),就不能仅仅理解为是对权利客体的索取,"而是为了维护自己的人格和法律意识"。[1] 当然,权利本身的存在,也巩固了法律主体的人格地位:"从最普遍的角度看来,权利之所以重要,是因为它借助法律地位或传统地位赋予人们以特殊的能力。这就是说,作为自己的地位的结果,人们可以拥有进行某种特殊行为的资格或机会(即某种权力)。个人的权力来自其对一种地位的附着,因为从某种意义深长的观点来看,一个人的地位标志着他可以做什么和他有什么能力。这样,就使地位成为一种可以达到和获得的实在。"[2] 在这个意义上,权利成为权利主体的一种装置或武器,为单个的、孱弱的人捍卫自身的权益提供了坚固的盔甲与盾牌。一个孤单的人可以因为权利而获得共同体的支持,一个弱小的人可以因为权利而变得高大伟岸。总之,权利为人的地位储备了坚实的利器,保障了人设计自我、成就自我的可能。

然而,在法律上,权利又是个多义词,由此也使权利主体呈现不同的样态。根据学者的概括,"权利"往往在四种意义上使用:一是把权利看成是属于人的"规范属性",突出人的自我意识,体现权利是人的有目的的行为这一特征;二是将权利视为是能够"使人有一种选择的资格";三是将权利解释为"有着积极地行使、拥有、参与或完成的资格",与第三种情况不同,这里更强调的是实践活动的能力,也就是前面所说的"主观权利";四是将权利与利益联系起来,认为权利主要是为人们带来好处。[3] 以上从特性上对权利所做的分类,自然会对权利主体的分类产生影响。但我们认为,一种更为便捷的分类方法,是从权利的性质上着手。如格劳秀斯所言:"权利在严格意义上说来又可以分为两大类,一类是私人的,它是为个人的利益而确立起来的;另一类是公共的,它涉及国家基于公共利益的理由而对个人及其财产提出的权利性主张。"[4] 大体而言,人们参与的社会生活的类型,不外乎私人生活与公共生活两大类,因而权利主体也可依此进行划分。

私人生活中的法律主体,当然是指在法律调控人们日常生活时权利的享有者和

---

〔1〕 参见[德]卡尔·拉伦茨:《德国民法通论》(上册),王晓晔等译,法律出版社 2003 年版,第 48 ~ 49 页。

〔2〕 [澳]巴巴利特:《公民资格》,谈谷铮译,台北,桂冠图书股份有限公司 1991 年版,第 22 页。

〔3〕 参见[英]弗利登:《权利》,孙嘉明、袁建华译,台北,桂冠图书股份有限公司 1998 年版,第 10 ~ 11 页。

〔4〕 [荷]格劳秀斯:《战争与和平法》,[美]A. C. 坎贝尔英译,何勤华等译,上海人民出版社 2005 年版,第 31 页。

行使者而言。如果加以细分,在这类私人生活中,人们扮演的权利主体的角色大致可分为:(1)私权利的保留者。在这种情形下,权利往往是为人们的自由留下自我、自主、自治的空间,它不容许外人的轻易介入,更不允许国家和社会的侵犯。[1] 典型的如隐私权、所有权,都是一种在别人不加侵犯时即可自行实现的权利;(2)私权利的实践者。这主要是指将私法中规定的权利付诸社会实践,从而获取利益或和别人建立相互关系。例如可以通过契约的签订,来增加自己的财富;也可以通过婚姻的缔结,形成婚姻和家庭关系,等等。当然,权利主体在这种情形下,必须依据国家法律所作的制度安排来规范自己的活动,否则即可能因行为的瑕疵而导致不利的后果;(3)私权利的护卫者。这主要是指权利主体在自己的权利受到侵犯时,可以根据法律规定来捍卫自己的权利。例如,在义务人不履行义务时,权利主体有自行要求对方履行义务的能力,如请求排除妨碍、要求履行合同等;也可以依法行使诉权,请求国家裁判。这也就是人们通常所言的申请法律救济权。

公共生活中的法律主体,又可以大别为两类情形:一是指权利主体作为公民,履行与公民职责相关的政治权利。例如参与选举的权利、集会游行示威的权利等;二是指权利主体作为社会成员,拥有和其他人形成社会关系、进行社会合作的权利。例如通过结社组织一个志同道合的学术团体或者获得社会保障的权利等。与私人生活中的法律主体不同,在此类情形中,权利主体更多地需要国家和社会的支持。简单地说,没有国家制度的保障或社会合作纽带的建立,权利主体的权利就难以实现。此处,在私人生活中的权利,更多的是一种源于人的生存必需所应当具备的权利,而公共生活中的权利类型,则直接与个人的自我发展与自我实现有关。因此,没有国家的协助或社会的配合,公共生活中的法律主体就难以保证其权利的实现。当然,上述所言的权利的保留者、实践者、护卫者的角色,当然也可以适用于此类法律主体的形象定位。

(二)义务主体

按照《牛津法律大辞典》的解释:"义务"这一术语起源于拉丁文的"债务"和法语的"责任","是指向他人承担的必须满足的一种法律上的不利条件"。[2] 因而,所谓义务主体,也就是按照法律规定应该从事某类行为的人。必须注意的是,权利主体是被法律赋权的主体,因而其行为有更大的自由或更多的"张狂",而义务主体则在一定程度上被法律所约束、限制甚至强制。更为具体地说,权利主体是一个自我规划的设计师,有权根据自己的利益需要,自主地确定做或不做某种行为,但义务主体则似乎像个被管束的小媳妇,必须遵守作为"婆婆"的法律对其所提出的命令式要求。表面上看,义务主体相对于权利主体来说,似乎更为单薄和可怜,但是,义务的道德色彩足以补足主体在金钱支付或行为付出上的"不利"。也就是说,义务虽然表现为

---

[1] 正如有的学者所指出的那样:"对于任何一种权利,我们都可以将其视作建在某种利益周围的一道围栏或一堵墙,上面挂着个牌子,写着'不得擅入',以禁止别人侵入,即使这种侵入能对别人有利。"见[美]G. L. 弗兰西恩:《动物权利导论:孩子与狗之间》,张守东、刘耳译,中国政法大学出版社2005年版,第14页。

[2] [英]戴维·M. 沃克:《牛津法律大辞典》,李双元等译,法律出版社2003年版,第348页。

“付出”“抑制”“应为”,但这是“为其所当为”。正如西塞罗所言道的那样:“事实上,生活的任何一个方面,无论是公共的还是私人的,无论是法庭事务还是家庭事务,无论是你对自己提出什么要求还是与他人订立什么协议,都不可能不涉及义务。生活的全部高尚寓于对义务的重视,生活的耻辱在于对义务的疏忽。”[1]想以道德上高尚的正人君子自居的人,就必须是能够按照社会生活要求尽到自己义务的人。从这个意义上说,义务相对于权利而言,具有更多的伦理色彩。

还必须注意的是,法律义务当然不是道德义务,但法律义务与道德义务也并不存在本质的差别。一方面,不少道德义务已经逐渐转化为法律义务,由法律来要求人们予以遵守,例如救助弱者的义务、不乘人之危的义务等。另一方面,义务本身就设定了主体的道德角色。正如拉伦茨所指出的那样,“法律义务”是指对人们提出的某种要求,一种“应为”之行为,而“具有自身的道德意识和法律意识的人们原则上不能不遵守这种要求”。在义务实现的过程中,主体的行为表现了对国家、社会和他人的尊重、礼貌、诚信、负责,一句话,体现了有教养、守法律的人所应有的道德意识和道德观念。正因如此,义务在很大程度上是由义务主体自觉履行而不是由国家强制实施的,“法律制度的出发点是:公民之所以能够履行日常生活中大部分法律义务,是出于他们的法律意识,而并不仅仅是因为他们害怕会承担不利的后果。要只是这样的话,那么所有的法院和执行机关加起来也是难以维护法律制度的正常运行的”。[2] 当然,人们之所以会自觉地履行义务,同时又是与义务本身具有的道德品质密切相关的。也就是说,义务的正当性就在于社会上一般人都视其为应当履行的责任。当一项法律对人们提出了“非分”的要求,相信这样的义务只能是造成群体抗拒的结果。

根据法律规定的不同,我们可以粗略地将义务主体分为法定义务的主体、约定义务的主体及道德义务的主体三类。

1. 法定义务的主体。法定义务,主要是指由制定法所确定的社会成员应当履行的义务。其他类型的法律渊源,如习惯、判例、公共政策等,也可能会对人们不应当做什么或必须做什么做出规定,但成文法外的其他渊源所设定的义务,都必须结合制定法的规定对之加以考量后才具有正当的基础。一般来说,如果制定法并不强求人们必须从事何种行为,即使其他法律渊源有此要求,也不得推定个人应当承担这些义务。作为一种对人们来说的“不利的后果”,义务往往要求明确、清晰地界定人们应当如何行为,而这些,大多通过制定法的规定来予以实现。因此,第一类义务主体,也就是履行制定法上所规定的义务的人。例如,人们根据法律规定服兵役、纳税,就是作为法定义务的主体而出现于法律的场合。

2. 约定义务的主体。有时法律并不完整地界定人们关系中权利、义务的内容,而是交由当事人在和平协商之后来确定各自的权利与义务。私法中的个人自治理念就是这一情形的写照,它意味着“个别人可以依照其自身的想法意志来参与社会生活,即设立、变更乃至解除法律关系。为此,一个相应的法律秩序应该是尽可能地给予这

---

〔1〕 [古罗马]西塞罗:《论义务》,王焕生译,中国政法大学出版社 1999 年版,第 9 页。
〔2〕 参见[德]卡尔·拉伦茨:《德国民法通论》(上册),王晓晔等译,法律出版社 2003 年版,第 49、50 页。

些个别人以最大的自由,从而使之能够最大限度积极能动地参与和把握社会生产和生活”。例如在合同中,产品出卖人可以根据自身的利益和判断,自主合理地确定产品价格、出卖对象并商定交付地点与方式。[1] 这种由双方当事人约定的义务,就成为带有道德自律性质的义务。在有关契约自由功能的叙述中,我国台湾地区学者陈自强先生也指出:“契约内容自由,让当事人能够针对个案实际需要,量身定做符合自己实际需要的契约,使契约法能够深具弹性,创造出许多法律无明文规定的、但交易生活上典型的契约类型,使法律能与经济发展,齐头并进。”[2] 通过当事人之间约定而形成的义务,在法律上与法定义务具有同等效力。可见,这类义务的实现,是以义务主体的诚实守信为前提的:人们可以自由地选择对自己的行为所施加的限制,而一旦人们做出了愿意信守的承诺,就不允许反悔,否则,不仅交易的基础会发生动摇,同时还会导致因为合理期待的落空所产生的利益损害。

义务明显地派生出对当事人不利的结果,那么,人们为什么还会选择这种“自我施压”式的控制呢?有关这一问题,国外学者威尔逊和赫恩斯坦曾以三种不同的人性观对此做出说明。在两位作者看来,有三种人的特性可以说明人们会什么愿意承担义务:一是“精打细算人”,这以霍布斯和边沁的理论为代表,相信外部的约束能限制人们的机会主义倾向;二是“天然善良人”,以卢梭的理论为代表,相信人的自私是源于社会,人的本性是善良的,合理的伦理规则能够保证人们自我控制;三是“社会动物人”,亚里士多德是这一理论的鼻祖。这种观点认为个人长期接受的社会规范会促使其接受自我控制。[3] 著名经济学家布坎南则以“个人喜好的交换”来诠释人的这样一种自我控制的倾向:“人制定法律;在此方面他不同于其他动物。他有意识地选择对自己的行为施加限制;他在合理的计划与对刺激的反应之间作出区别。……个人之所以接受对自己行为所规定的限制,不是因为这样一些限制可单独促进其个人福利,而在于个人喜好的交换,这些喜好采取了接受契约中对其他各方类似行为的限制的形式。”[4]

总结以上学者的论述,人之所以能够通过约定而为自己施加义务,不外乎是利益与道德两个维度。从利益的角度说,人们承担义务是为了获取权利或者利益,毕竟有所失才能有所得;从道德的角度说,一个具有良知的人本身就应当合理地尽到自己对社会与他人的责任。实际上,唯有从道德方面来寻找根据,才能更贴近约定义务中主体行为的道德倾向。美国学者埃里克森引用了德国著名社会学家齐美尔的一段论述,将“良知”作为践履约定义务的基础。齐氏指出,自我约束之所以可能,是因为“在这个个体的道德观念中,社会为其自身创造了一个器官,这个器官不仅比法律和习惯更基本地发挥作用,而且还为社会节省了这些制度所涉及的不同类型的费用。

[1] 米健:《法以载道——比较法与民商法文汇》,商务印书馆 2006 年版,第 571、572 页。
[2] 陈自强:《民法讲义Ⅰ·契约之成立与生效》,法律出版社 2002 年版,第 125 页。
[3] 转引自[美]罗伯特·C.埃里克森:《无需法律的秩序——邻人如何解决纠纷》,苏力译,中国政法大学出版社 2003 年版,第 300~301 页。
[4] [美]詹姆斯·布坎南:《自由的界限——无政府与利维坦之间》,顾肃译,台北,联经出版事业公司 2002 年版,第 163 页。

因此,社会有这种尽可能便宜地满足自身需要的倾向,这种倾向导致了对于'良心'的呼唤,通过良心,个人付给自己的是自己的正直,否则的话,就必须以其他方式通过法律或习惯才能保证他正直。"[1]可见,践行自己的承诺,不仅为社会带来了高效的权利、义务得以实现的机制,同时又直接与行为人的良心有关。在这样一种履行约定义务的过程中,个人体现了他正直可贵的一面,因而使义务主体的形象因此而高大、丰满。

3. 道德义务的主体。现代法律的特征之一,是在法律与道德间进行明确的区分。法律不是道德的复述,当然也不是推行道德的工具。正如拉伦茨所指出的,"道德义务只有在被法律制度接受后才能成为法律义务;而只有当道德义务调整人们在共同生活中的外在行为,因而能够具备制裁的后果时,才会被法律制度所接受"。[2] 然而难题在于,一方面道德与法律之间本身并没有什么"楚河汉界","道德的""法律的"往往处于"你中有我""我中有你"的纠缠状态,因而哪些仅为法律的义务,而哪些又专属道德的义务,有时候区别并不明显。另一方面,即使是人们观念普遍认为是属于道德的东西,有时也还可以在法律中以强制的方式作为义务对待。这说明社会价值观念实际上是一种极为强大的力量,它可以以舆论的方式迫使法律改弦易辙;当然也体现了法律本身肩负着重要的使命,即维护社会的公共秩序与善良风俗,使"张狂"的权利主体不至于太过出格,也使"嚣张"的个人能多少接受些社会的规制。在这方面,许多在法律与道德之间游移不定的行为,很可能就会纳入法律调整的轨道。例如"见死需救"的义务就是如此,[3]在这方面,法律扮演着老祖母式的角色,谆谆教诲我们要在他人遇到危难的时候伸出援助之手。同时需要注意的是,法律上的原则实际上就是伦理规范,诸如诚实信用、公序良俗、人人平等等,都因为其背后深厚的伦理基础而成为横亘法律之上的王牌原则。所以,根据法律原则认定某人负有义务,实际上也就是借法律的原则而要求义务主体承担道德责任。

还有一项人们虽然不常提及但实际上也是道德义务的内容,那就是对他人权利的尊重。"无论如何,每一种义务都与一项互易性权利相关联,每项具有权利资格的权力都伴随着一项相关的尊重义务。权利与其尊重义务两个概念之间存在着逻辑的

---

[1] 转引自[美]罗伯特·C. 埃里克森:《无需法律的秩序——邻人如何解决纠纷》,苏力译,中国政法大学出版社 2003 年版,第 302 页。

[2] 参见[德]卡尔·拉伦茨:《德国民法通论》(上册),王晓晔等译,法律出版社 2003 年版,第 50 页。

[3] 澳大利亚学者维拉曼特指出"普通法系中有个悖乎常情的地方:它允许一个身强力壮的年轻人从一个掉进水潭里的老人旁边走过而不伸出援助之手,在这种场合,这个过路人不负任何法律上的义务,尽管一切道德规则都会大声疾呼必须仗义救人。相比之下,有至少 15 个欧洲国家(只有一个欧洲大陆国家除外)到 1965 年都已承认了这种法律义务,许多国家甚至还在它们的刑法典中增补了专门条款,规定了实施救助的义务。"参见[澳]维拉曼特:《法律导引》,张智仁、周伟文译,上海人民出版社 2003 年版,第 249 页。当然,英美法系国家在这方面也有跟进的趋势,例如美国学者约翰逊指出:"规定义务的法规有时也会包括一些为事故现场的救援人提供豁免的条款。例如,在法规中可以规定,如果行为人出于善意而实施了救助的行为,就可以对其行为所造成的后果完全免责,或者可以限制行为人对其加重被救助人的损害后果的过失行为所应承担的责任。这些规定责任豁免的法律通常被称做'善人法规'。大多数州都已经制定了这样的法律,而且许多制定了善人法规的州都规定,有能力实施救助而不作为的行为构成犯罪。"见[美]文森特·R. 约翰逊:《美国侵权法》,赵秀文等译,中国人民大学出版社 2004 年版,第 142 页。

必然联系,任何一方的定义仅在与另一方相互参照时才可理解。”[1]实际上,在我们言及“对世的权利”时,它实质上指的就是人们负有尊重他人权利的义务。人身自由、隐私权、所有权等均是如此,在法律主体拥有这些权利时,世界上的任何一个人都因而负有不妨碍其人身自由和所有权行使的义务,也应当对别人的隐私权予以尊重。从法律实现的机制上而言,这类对世的权利很大程度上就是依靠不特定的人对这些权利的尊重而得以自发实现的。

(三)责任主体

如前所述,一个真正意义上的法律主体,是以其能够对自己的行为负责为前提的。仅有权利和义务的设定,并无法真正凸显人的主体性质。毕竟,权利与义务都是由人自身以外的“法律”所强加的,在这其中个人并无选择接受与否的余地;而法律责任虽然也是由法律所施加的,但人却是以其自身的行为去体验责任所赋予的酸甜苦辣。在一个具体的责任形态中,当事人才实际感知了法律的要求与威严,因而会成为其终生难以忘怀的法律记忆。一句话,责任主体是以人本身能够对自己的行为负责为基本预设的,而这些则直接与人的尊严相联系,表明了一个拥有法律上尊严的主体,敢于直面自己行为所造成的具体后果,从而以个人的自由、财产乃至生命,化解人与法之间的矛盾与紧张。正因如此,美国学者贝勒斯专门提到:“一般来说,如果不像允许其他人那样允许某人活动或者不相信他能负责任,他就未被尊重为一个理性人。”[2]可见,一种责任的归属,并不仅仅是一种不利后果的强加,在某种程度上,它更指向着一个有血有肉而又能够承担责任的主体形象。只有人才能作为责任的主体,也只有拥有自由意志的人才可能接受自己行为所必须面对的后果。一句话,责任不是命定式的,它源于行为人的选择与判断;而责任的正当性基础,同样在于承认人是一个敢做敢当的主体。

责任主体的样态,既取决于现行法律的规定,更在本质上与政治的开明与社会的进步密切相关。大致说来,法律上的责任主体有三种基本形式:

一是因违法而形成的责任主体。这是责任主体最基本的样态。在法律上,“责任”多与“违法”相连,是指行为人违反了法律的规定,造成了危害社会的结果,因而以自己的名义及行为承担法律上不利的后果。日本学者大塚仁的一段话,就很形象地说明了这种责任及责任主体的性质,他言道:“所谓责任,是就其行为对行为人进行的道义非难,必须以能够负担这种道义非难的行为人自身的主体性为前提。”[3]按照这一论述,责任主体之所以产生,是因为行为人的行为具有法律上的可责性;而能够承担责任的前提,又是以行为人的“主体性”为基础。换言之,行为人必须具有法律上的责任能力,才能够以自己的名义接受法律的归责。

二是因风险而形成的责任主体。在法律交由人们自行决定其如何行为的场合,

---

〔1〕[美]贝思·J.辛格:《可操作的权利》,邵强进、林艳译,上海人民出版社2005年版,第5页。

〔2〕[美]迈克尔·D.贝勒斯:《法律的原则——一个规范的分析》,张文显等译,中国大百科全书出版社1996年版,第11页。

〔3〕[日]大塚仁:《刑法概说》(总论)(第3版),冯军译,中国人民大学出版社2003年版,第100~101页。

行为人的抉择往往就与“风险”相伴。典型的如股票交易,当事人可能在投机中一夜暴富,也可能因选择不当而倾家荡产。就后一种结果而言,这是当事人自行选择而产生的结果,因而一个理性的主体应当坦然面对这种结果的出现。德国学者施瓦布就民法上的自由原则就专门言道:“民法不受广泛的人类团结互助原则的支配。其结果是,每个人在特定程度上要自己承担其人身风险和经济财产风险,而不能任意推卸给他人或集体。”[1]换句话说,人可以尽自己的意愿而选择进行何种行为,当然也就必须接受自己真实意志决定下的一切行为后果。在现实生活中,往往会有某些人获利时沾沾自喜、不可一世,亏空时哭天抢地、怪这怪那,这都不是应有的法律人的形象。

当然,这种“自吞苦果”式的法律责任,显然与我们今天所言及的法律责任有很大的不同。在法学教科书上,法律责任仅指由国家所施加的责任形态。但我们认为,将“自吞苦果”的责任归并于法律责任的范畴,不仅可能,也有必要。首先,法律责任的本质仅在于设定不利的后果,从而使行为人从责任的承担中感受行为的负面影响,以督促行为人在行为时的合法与谨慎。由此可见,责任的本意并不在于追求与国家强制力的关联。按照美国学者贝勒斯的说法,“责任”观念本身就有不同的意义,而“在法律中最常见的观念是‘应负责任的责任’。在这种观念上,去负责任是被判定对自己的行为方式或意外事件有责任或应负责任”。[2] 简单地说,“法律责任”是强调人们必须对某类事件有所担待的一种状态。从这个意义上说,无论是国家通过责任的确定而施加法律上的惩戒还是行为人“自作自受”,“自吞苦果”,其本质都是一致的;其次,法律责任实质上也并一定就是源于违法,合法的行为同样会产生责任。例如国家行政机关的征收行为,就必须辅之以相应的补偿责任。就此而言,将责任与违法相联系,从而与国家施行的制裁相配套,实质上是混淆了法律责任与法律制裁的界限;最后,法律责任并不一定是以国家力量的迫使为前提的,责任本身就可以由当事人自愿担当。在这方面,周永坤教授专门提出了法律责任的主动兑现的问题。[3] 虽然周先生概念中的法律责任仍然是以“违反了法定义务或契约义务或不当行使法定权利、权力”为基础,但起码可以表明,法律责任本身就包含着自担风险的情况。

三是因“关系”而形成的责任主体。这类情形比较复杂,主要包括如下类型:(1)因亲属、血缘关系而导致的株连,即一人犯罪,累及亲属。这种情况大多发生在专制统治时期,并且一般发生于“政治性犯罪”的场合。如果当事人的行为直接威胁着君主的安全与统治秩序,在古代法律中为“斩草除根”,往往将与之有血亲、姻亲关系的人一并治罪。我国封建时期的法律就是如此,例如唐律第 248 条规定,“诸谋反及大逆者,皆斩,父子年十六以上皆绞,十五以下及母女、妻妾(子妻妾亦同)、祖孙、兄弟、姊妹若部曲、资财、田宅皆没官……伯叔父、兄弟之子皆流三千里,不限籍之同

---

〔1〕 [德]迪特尔·施瓦布:《民法导论》,郑冲译,法律出版社 2006 年版,第 86 页。

〔2〕 [美]迈克尔·D. 贝勒斯:《法律的原则——一个规范的分析》,张文显等译,中国大百科全书出版社 1996 年版,第 10 页。

〔3〕 参见周永坤:《法理学》,法律出版社 2004 年第 2 版,第 299 ~ 300 页。

异”。在血淋淋的条文背后,呻吟着的是无数的冤魂厉鬼。(2)某人违法或者犯罪,但法律不承认其违法或犯罪主体的资格,而由其他关系人来替代承担法律责任。例如根据学者的考证,“直到十九世纪,妻子要是在丈夫在场时犯罪,一般法律认定为那是丈夫所做,而且由丈夫教唆,因此受罚的是丈夫而非妻子。”〔1〕表面上看,这是对妻子的优待,但其实质则隐含着对妻子理性能力的蔑视。同样的精神在唐律第42条中也有所体现。该条规定“诸共犯罪者,以造意为首,随从者减一等,若家人共犯,止坐尊长”。这里的“尊长”又仅仅是指男人,条文无视成年子女与妇女的独立人格的意图昭然若揭。(3)因某种身份或角色而形成的责任主体。例如我国《民法通则》第127条规定“饲养的动物造成他人损害的,动物饲养人或者管理人应当承担民事责任……”;第133条规定“无民事行为能力人、限制民事行为能力人造成他人损害的,由监护人承担民事责任……”与前两类情形不同,对饲养的动物及被监护人而言,当事人负有管理、管教的法定义务。若义务未能履行,则必须承担法律责任。〔2〕当然必须说明的是,随着社会的发展与法制文明程度的提高,(1)、(2)两类因关系而产生的责任在现代法律上基本上都已销声匿迹,只有(3)这种责任形式得以保留。

法律主体中还有许多特殊的主体形态,如胎儿、外国人、禁治产人等,往往作为法律主体的特殊类型而引起关注。此外,有关动物、环境是否为法律主体的问题,也随着公众对环境保护问题的日益重视,逐渐在学界受到注重。有关这些问题,限于篇幅,兹不赘述。

---

〔1〕[美]艾伦·德肖维茨:《法律的创世纪:从圣经故事寻找法律的起源》,林为正译,台北,先觉出版社股份有限公司2001年版,第35页。

〔2〕当然,这也可以理解为是由动物或被监护人的家庭在承担责任。杨效斯先生即指出:“在西方法律实践中,青少年一般只须为其行为负部分法律责任,其余部分由其家庭承担。于是,在这种情况下,是家庭,而不是作为其成员的一个个个人,成为一个完整的法律责任单位。法律实践中这种做法的根据在于,家庭对于青少年发展基本能力具有格外重要的意义。青少年主要是从家中获得早期知识、形成部分未充分发展的理性。基于这种不完全、不成熟的知识,基于未充分发展的理性,青少年只能算拥有部分的自主性。从部分理性和部分自主性的观念,我们不难得出部分主体的观念。部分主体对其行为,当然只承担部分责任。”杨效斯:“家的哲学纲要”,载牟博编:《留美哲学博士文选:中西哲学比较研究卷》,商务印书馆2002年版,第323页。

聚焦中国传统的除夕讨债习俗

何柏生*

内容摘要：作为一种社会传统，除夕讨债的习俗在各地都有不同程度的体现。这一习俗存在的原因，既与除夕作为一个家庭成员团聚的节日有关，也与节日中债主和欠债人不易发生言语或肢体冲突有关。当然，不仅在讨债与躲债中，作为一种非正式制度的节日也就寻得了平衡；而且浓厚的人性化色彩，也使除夕讨债习俗具有了生命力。但是，随着这一习俗所依赖的社会基础发生了改变，它也面临逐渐被淘汰的命运。

关键词：传统文化　除夕讨债　风俗习惯

除夕是春节的彩排，目的是为了把春节这个中华民族最隆重的节日演好。但由于彩排太庄重，除夕渐渐地竟成为了一个独立的节日。不过，它对春节的依赖性却无法去除，所以，它的仪式、内容都与春节密不可分。贴春联，祭祖，燃爆竹，吃年夜饭，守岁，等等，都是除夕不可缺少的习俗。当然，还有一个习俗，与法律密切相关，这就是除夕的讨债习俗。

一、神州大地到处都有除夕讨债习俗的影子

五十以上年纪的人都看过样板戏《白毛女》，知道恶霸地主黄世仁大年三十来到贫苦农民杨白劳家张牙舞爪讨债的事情。其实，大年三十去人家家里讨债，不只是恶人黄世仁的生活习惯，炎黄子孙中的许多人都干过。够缺德的吧，没办法，人家只是在完成一个法律行为——讨债，而且这一法律行为还是一个传之久远的习俗。

祖籍安徽绩溪的胡适在乃翁去世后，家境衰落，大哥扛着鸦片烟枪横扫，"威风凛凛"地给胡家留下一屁股债，害得胡家每到除夕，就要迎接各路债主的大驾光临。招客的不迎客，反躲得连人影也寻不见，只好让年轻的后妈，也就是胡适的母亲去与债主"智斗"。

我国台湾地区作家林清玄是个"乡下人"，父母要养活十八个孩子(战死的两个伯父留下十三个)，债务缠身，姊妹们能填饱肚子就不错了，新衣服别奢望了。除夕夜，他家常常是债主的聚会场所，要不是大人们上山避债，"高朋满座"的家里差不多就是博鳌论坛了。

莫文骅中将籍贯南宁，小时大年三十在家里也遇到过债主的惠顾，使将军早早感受到了人间的冷暖。

总之，除夕讨债习俗从南到北，从东到西，广袤的国土，几乎各地都有。甚至在一

---

* 何柏生，法学博士，西北政法大学《法律科学》编辑部编审，刑事法学院教师。

些地方形成了这样一句谚语：三十晚上提灯笼——讨债。连受中国文化影响的越南等国，也把除夕讨债习俗引入，使此习俗抹上了"国际化"的色彩。

二、除夕讨债习俗产生原因溯源

债的产生与人际交往有关。只要有人际交往，就会产生债。而人是社会的动物，不可能独来独往，要生存要发展，势必要与他人发生各种各样的关系，包括借贷关系。在商品经济出现之前，债就产生了，商品经济的出现无非使借贷关系更加司空见惯，借贷行为更加轰轰烈烈。

有了借贷关系，就会有讨债行为。按说平日也可讨债，不过实践证明，平日讨债的效果并不理想，只有除夕讨债效果最好。为何会如此呢？这是因为除夕讨债习俗的出现与除夕的功能有关。

在古代，节的起源与宗教祭祀有关，世俗娱乐的成分系以后添加。在除夕节中，宗教祭祀的成分至今仍保留着，如祭祖、接神、祭灶、贴门神等。

节日的元素是人、自然和神。节日是人与神、人与自然"和解"的产物。在世界各大宗教或各文明古国著名神话中，起初都是人与神相对抗，人挑战神，神降灾人间，人遭到了神的惩罚，最后与神和解，祈求神的保佑，承诺向神献祭。所以，各种祭祀活动是人祈求神保佑，与神和解的必不可少的仪式。在春节这个一年一度中国最隆重的节日里，向神、向祖先进行祭祀活动是求得神、祖先保佑的重要环节。在神话传说中，除夕之日，诸神都要下凡，来到人间，走访各家。因此，除夕人们都要留在家里，举行各种祭祀活动。全家老少在家长的率领下，在祖先、神位前祭拜。平日人们或忙于其他事情，或逃到别处躲避债务，但在除夕因有祭祀活动，由于神、祖先的降临，都要还家。如果人们不还家祭祀神和祖先，神和祖先就会带来灾难，人们就不会有好日子过。这就给债主上门讨债提供了极好的机会。

另外，节日除了人与神、人与自然寻求和解外，人与人之间也寻求和解。从这个意义来说，节日是社会冲突的安全阀。按照中国文化的传统，每逢春节，在除夕或除夕前，村里的乡绅、大户要给贫困人家接济一些粮食、银两等。现在各级政府、组织都把这一传统继承下来。其实，这也是一种和解，是强势群体与弱势群体的和解。在整个春节期间（包括除夕），过去有隔阂、有矛盾的人家，通过拜年（对某一部分人的拜年在除夕或除夕前）或一同参加祭祀活动，原有的隔阂、矛盾就化解了。

除夕除了要祭祀神和祖先外，还有一项重要活动，就是吃团圆饭、吃年夜饭。

"有钱没钱，回家过年。"这是流传在全国各地的一句俗语。年夜饭是中国老百姓一年中最丰盛的一顿饭。即使穷得像杨白劳，也要用卖豆腐赚下的几个钱，称回来二斤面，带回家来包饺子，欢欢喜喜过个年。

在传统中国社会里，人们有团圆的情结。吃团圆饭对于维持家族和谐与家族团结具有特殊作用。只有家族和谐与家族团结了，家族才会人丁兴旺，才容易富足。团圆饭的丰盛与热闹不在于吃，而在于象征家族的和谐、团结和人丁兴旺，这也有缅怀先人、绝不忘本的意蕴。所以，在中国，只要力所能及，总要回家吃团圆饭。中国古代的一些朝代，监狱官员甚至放囚犯回家团圆过年。在现代，每年春节，有数亿人回家团圆过年。既然中国人这么看重吃团圆饭,因此,债主也要抓住这个时机,讨回欠债。平日去讨债,连欠债人的影子都见不上,但除夕就不一样,若不是实在没钱,谁愿意待在外面不回家吃团圆饭。而且团圆的喜庆日子,人们会心平气和,债主和欠债人也不易发生言语或肢体冲突。这就是除夕讨债习俗产生的一个极其重要的原因。

三、在讨债与躲债中寻求平衡

有讨债就有躲债。这种躲猫猫游戏千百年来不断地上演,让双方不胜其烦。不过在中国古代,恶意欠债的人并不多,不像现在这么“如火如荼”,这是因为以往有许多习俗在制约着欠债人。

中国有句俗语:“债不过年。”说的是欠人家的债不要拖到年后,年前就要还清。在迷信色彩浓厚的中国古代,人们认为,如果欠债不还,新年伊始背一身债,极不吉利。谁愿意自讨苦吃,甘交厄运?!所以,在力所能及的情况下,人们都愿把债还了。另外,古代商品经济不发达,人员很少流动,债主和欠债人多属亲朋、左邻右舍,如果欠债人恶意赖账,名声倒了,以后就没法借到钱了。尽管如此,由于天灾人祸等原因,欠债人年前实在无法还清债,只好出外躲债。

其实,年前讨债从腊八就开始了。腊月二十三是祭灶的日子,又称小年,是催债催得非常紧的日子。北京有一句民间俗语,反映了讨债的三部曲:“送信儿的腊八粥,要命的关东糖,救命的煮饽饽(即煮饺子)。”债主未必全是富裕之辈,有些人还等着讨来债置办年货呢。所以,债主把欠债人盯得很紧,故而祭灶节被称为“要命的关东糖”。许多欠债人为了对付“要命的关东糖”,就出外躲债。杨白劳还不起黄世仁的债,出外躲债,一直躲了七天,大年三十才回家。

为什么躲到大年三十而不躲到大年初一回家呢?因为各家都要吃团圆饭,按习俗都要待在家里。然而,习俗也允许债主大年三十上门讨债。在这种情况下,各地往往设有避债的场所,债主不得去这些场所讨债,否则会引起众怒,遭到众人的斥责甚至暴打。在广东、福建、浙江、江苏、台湾等地,寺庙里除夕演“避债戏”,欠债人“逍遥”此地,从而躲开债主的逼债。在北京、东北等地,澡堂则是人们躲债的去处。澡堂的谐音是“早搪”,即早把债主搪至门外之意。

债主讨债虽然理直气壮,但却不能没完没了,把有理变为无理,所以,各地都有限制讨债的习俗。如江西新余地区、福建松溪县的习俗是除夕夜各家放鞭炮“关大门”后债主即停止讨债。青海贵德县习俗是每年除夕下午五时许开始贴钱马,贴过钱马后不得讨债。江西九江市庐山区一带,春联和门神贴上后,债主不得上门讨债。河南南阳旧俗,除夕贴了对联即不许讨债。穷苦人家为了躲债,除夕一大早就贴上了春联、门神,而富裕人家为了显示富有,很晚才贴春联、门神。但有些地方,春联和门神不能随便贴上,有严格的时间限制。如江西九江市庐山区一带,习俗允许贴春联和门神的时间是在除夕的午饭后。

广西北海市的习俗是:只要子时一过,进入大年初一,不管债主刚才面色多么阴沉,这会儿都得起身,脸上带笑,恭贺主人新年大吉、万事如意,再不言讨债之事。

还有的地方,债主打着灯笼讨债,灯笼里的蜡烛或油燃尽,债主就该结束讨债;灯笼不灭,就算时辰进入大年初一,也可继续讨债。但这毕竟是“一小撮”债主,因为习俗认为,大年初一讨债不仅欠债人晦气,债主也晦气,所以双方都不愿此种情况发生。多数情况都像胡适母亲那样:“到了近半夜,快要‘封门’了,……每一家债户开发一点钱。”虽然谈不上皆大欢喜,但至少债主有所收获,面子上也过得去。

有些地方除夕在大门口横放一根棍子,就可将债主挡在门外,安心过年。山东枣庄、安徽濉溪、河南焦作及新乡就有这样的习俗。

总之,由于除夕要接神、祭祖、吃团圆饭,人们必须回家,这就为债主讨债创造了条件,使债主既易找到欠债人,也易讨到债。但是,过了除夕,到了大年初一,就要停止讨债,否则就会给别人也会给自己带来晦气。躲猫猫游戏再热闹,也得有收场的时间。

四、人性化色彩浓厚的除夕讨债习俗

提起除夕讨债,有的人自然会想起《白毛女》中黄世仁除夕讨债逼死杨白劳的惨事,不由得对除夕讨债习俗产生不好的印象。其实,仔细分析会发现,黄世仁除夕讨债醉翁之意不在酒,而是以讨债为名,企图霸占奸淫杨白劳年轻漂亮的女儿喜儿;这已经与除夕讨债习俗南辕北辙了。本文通过研究流传全国各地的除夕讨债习俗,发现除夕讨债习俗是很人性化的。

从前面引述的北京民间俗语就可知道,债主在喝腊八粥时就把讨债的信儿捎给了欠债人,但欠债人一拖再拖,甚至采取了欺骗的办法。正如流行在山西省太原地区那首《避债谣》所说:“二十三,保证还;二十四,我发誓;二十五,找老姑;二十六,找老舅;二十七,不要急;二十八,再想法;二十九,明天有;三十不见面,初一碰见拱拱手。”江苏吴地也有《避债谚》:“年廿七,勿着急;年廿八,我想法;年廿九,有有有;年三十,不见面;元旦(即农历正月初一)碰见拱拱手。”债主在万般无奈的情况下才在除夕登门讨债。

从《避债谣》和《避债谚》中可以看出,债主和欠债人都是乡土社会的熟人,是不必报尊姓大名,而凭着“足声、声气、甚至气味”就可辨别来者是谁的熟人。否则,就不会日日见面讨债,天天许诺“保证还”,“我发誓”,“找老姑”,“找老舅”,“不要急”,“再想法”,“明天有”。面对这样一些熟人,债主只能采用“磨”的办法,想方设法把债讨到手。这“磨”的办法其实就是人性化的办法,跟那些武力讨债者相比文明多了。当然,跟那些打官司讨债的人相比也人性化多了。因为中国的传统认为打官司是可耻之事,表示教化不够。而且,除夕讨债习俗对欠债人有许多“保护”措施,避免债主在讨债时的“越轨”行径。这些习俗在形成的当初,尽管目的与现在迥然相异,但经过社会的发展和文化的变迁,现在看来,确属人性化的方式。

除夕讨债习俗为何如此具有人性化色彩呢?我们还得从岁时节日的起源、演变谈起。

岁时节日的起源,与古人的原始信仰崇拜有关。原始信仰崇拜是全民性的活动。随着人类的发展,人们对原始信仰崇拜越来越淡漠。作为全民性的活动,原始信仰崇拜逐渐消失,但由于原始信仰崇拜曾长时期存在,已成为一种民俗,某些仪式传承至今。后人对这些岁时节日的仪式起源已不知所以然了,对节俗重新进行解释。在后人的解释过程中,自然会把解释者生活年代的观念加进去。我们知道,中国传统文化深受儒家文化影响。儒家文化属于“大传统”和“雅文化”,自然会对作为“小传统”和“俗文化”的中华传统节庆文化产生影响。由于儒家文化讲求以人伦为本,所以,中华传统节庆文化的一大特点也是以人伦为本。尽管这些节庆在形成过程中未必涵盖以人伦为本的思想,但在后人的不断解释过程中,以人伦为本的思想便被浇灌进去,成为节庆文化的核心思想。除夕讨债习俗也难免受到儒家伦理思想的热情“惠赐”。

儒家的伦理思想是人性的一个重要层面。人性概念是人的各种属性的抽象综合。凡属人的一切,包括自然的、社会的,都属人的特性。人性包括几个层面:生物的、社会的、理性意识的、精神道德的等。精神道德就是人性的德性层面,是人之精神秩序的核心,曾居于中国哲学思想史中的核心、主干地位,是中华民族精神形成的原理、动力,是认识和理解中国传统文化的关键。所以,人性化在中国的许多文化领域都有体现,在一般的岁时节日中有体现,在除夕讨债习俗中也有充分的体现。

中国是人情社会,是血缘社会——至少在以地缘社会为特征的城市人口未占优势的地方依然如故。考虑到中国古代的社会流动性很差,债主和欠债人不是沾亲带故就是乡里乡亲,这就决定了债主对欠债人一般不可能态度蛮横。此乃除夕讨债习俗人性化的一个极其重要的因素。

五、渐去渐远的除夕讨债习俗

民俗不是个人的行为,而是社会普遍传承的风尚。民俗一旦形成,就具有相对的稳定性,会一代代地延续下去。除夕讨债习俗就是这样,至今在我国大多数地区仍存在。尽管许多公民法治观念很强,发生债务纠纷严格按照法律规定处理,但除夕讨债习俗却没有被丢弃,因为它有法律无可替代的功能,有强大的生命力;不仅老百姓,就连法官也在沿用。如南京市江宁区人民法院汤山人民法庭的两位法官几年前就曾在除夕,守候在欠债人的门外,帮助债主讨债。

对于一些债务人,平时躲猫猫游戏玩得纯熟,见不到人,只有借着除夕,才能找到其身影,所以,尽管是法院,也只好沿用这种民间习俗,除夕上门讨债。当然,对那些铁心要赖账的人,除夕债主即使寻寻觅觅,也只能以一个愁字了得。

从前面的论述可知,许多除夕讨债习俗在产生初期都与神性有关,在普遍信仰神鬼迷信的年代,这些习俗的功能很强,民众会严格遵守。但在当今,除夕讨债习俗的神性越来越淡,神鬼迷信的威吓作用不再那么强,除夕讨债习俗就不会再被严格遵守。如此,除夕讨债时就容易发生纠纷,甚至出现凶杀案。另外,在除夕讨债习俗形成的年代,人与人之间交往的空间距离不会太远,相互之间处于熟人社会。债主和欠债人相互之间除了受习俗约束外,还受伦理、乡规民约的约束。而当今,人与人之间交往的空间距离越来越远,特别是在城市,人们相互之间处于陌生人社会,习俗和伦理规范敢大胆违背。所以,无论债主还是欠债人,都可能违反除夕讨债习俗。欠债人欠债不觉得晦气,反而感觉到有便宜不占是傻瓜,债务能拖则拖,能赖则赖。债主平日找不见欠债人,好不容易在除夕抓住,岂肯罢休!哪管他有无偿还能力,哪管它门神、对联贴上,鞭炮响罢,饺子吃了,只一味逼着索债;这样就难免出现一些惨案。网上搜索,发现在除夕讨债时发生的凶杀案绝非个案。由于社会的发展,以往除夕讨债时那种良好的氛围逐渐消去,债主和欠债人都不能心平气和地坐下来解决债务纠纷,反而可能酿成血案。这与胡兰成所说的家乡“胡村人常年亦没有过为债务打架,诉警察或吃官司”的现象反差实在太大了。当然,更比不上林清玄在散文《卡其布制服》一文中所说的那些债主:大年初一,林清玄的父亲领着孩子,去给除夕还在林家讨债的债主拜年,“每一个人都和和气气的,仿佛没有欠债的那一回事……当然,类似‘跑债’的行为,也只反映了人情的可爱,因为在双方的心里,其实都是知道一笔债是不可能跑掉的。土地在那里,亲人在那里,乡情在那里,都是跑不掉的”。

除夕讨债习俗是在农业社会、乡土社会所形成的,在工业社会、城市化到来之时逐渐地会被淘汰。尽管短时期内不会在中国社会中消失,但在迈向法治社会的过程中,其影响会日趋式微。

法治中国战略实施的"战术"问题*

陈金钊**

内容摘要:"法治战略需要战术(法律方法)的配合"是一个中国语境的命题。因为该命题在西方的含义是颠倒过来的,"法治战术(法律方法)需要法治战略的配合"。西方的法治思想,经历了从一般的契约到社会契约论的思想发展,是把日常经济交往规则转变为政治行为的法治要求。这种战略思考一开始就与平等、自由联系在一起。而中国古代的法制观念是王权霸道联系在一起,始终与权力的捍卫有关。但我们需要看到,最近的西方法治战略已经发生了很大变化,法治不仅是治国理政的手段,而且成了对外交往的工具,"法治"成了对其他国家进行和平演变的谋略。在一定程度上,中国的法治战略是一种"被动"的选择。这主要表现在,我们的法治战略与现代法学的方法、技术是割裂的;政治上的法治战略布局没有法律方法的配合。可是,当我们思索法治战略与战术结合的时候,却又发现很多西方政治家提出了警惕法律方法在法治战略中走向极端的问题,认为过于细腻的法律方法很可能引领思维走向法治的反面。在中国,由于法治战略中没有法律方法而难以推进法治,因而需要提醒把法治战略与法律方法、技术结合起来。只有这样我们才能真正学习到西方法治的经验,并使法治在中国发扬光大。

关键词:法治战略　法治思维　法治方式　法治意识形态　法治战术

在当今的中国,无论是政治家还是在法学家的眼中,法治的战略地位都在提升。然而,当下更多的法治研究是对全面推进法治中国建设的《中共中央关于全面推进依法治国若干重大问题的决定》(以下简称《决定》)的注释;缺乏根据社会发展需要与法治演变规律的论证,所研究的问题范围和深度有待进一步拓展;能满足法治战略智库需求的独立、系统研究还比较缺乏。全面推进法治中国建设是基于战略的思考的结论,是执政党在完成建党、建军、建国后的必然选择。然而,对于全面推进的法治中国建设来说,仅有政治上的战略决策还不够,还必须附之以战术上的具体方法。我们发现,已经有一些学者对法治战略与战术的关系开始思考,但还没有引起学界政界较为普遍的重视,并且还有一些学者对法治的战略思维存在不少误解,认为关于法治的战略研究是政治家的事情,法学家研究法治发展的战略问题路存在专业错位的问题。这种想法,在一定程度上枉费了中国文化中蕴含的战略基因。[1] 更主要的是,如果我们缺乏对法治的战略耐心、战略毅力以及对法治的战术研究,法治中国建设的

---

* 本文系"2011 计划"国家司法文明协同创新中心研究成果和上海市哲学社会科学规划课题"正确理解全面推进依法治国与全面深化改革的关系研究"(项目编号 2015BFX001)的成果。

** 陈金钊,华东政法大学法律方法研究院教授,法律方法论专业博士生导师。

[1] 这些基因主要是传统文化中的整体思维、辩证思维和实质思维。

具体路径很可能走偏，出现在建设法治同时毁坏法治。在政治家的法治战略思考中，认为法治战略不应该被技术枝节问题所迷惑，因而强调坚定法治的政治方向以及权力对法治的掌控。而法学家则关注法治的实施方法，强调用法治思维、法治方式和法律方法来实现法治，法治的目标是用规则和程序限制权力的任意行使。关注技术的法学家不关心是谁在领导、推动、掌控法治，而是认为法治应该在主体的相互牵制中实现权力与权利、权力与权力、权利与权利之间的协调平衡；认为法治是国家治理在战略上的控制力量，需要把权力圈在笼子里面。法治是一种国家和社会治理的控制力量，要求权力依法行使，而不是被当成操控的对象。任何主体如果过于在意对法治的控制，实施“法治方式”的操控，只能是把法治问题“政治化”，难以达到用法治限制权力、权利任意行使的效果。从现代法治的精神来看，法治是控制政治行为的有效手段，是要实现政治的法治化。因而，我们需要娴熟地运用法治思维和法治方式，完全被政治操控的“法治”不是法治。

法治是国家治理的工具，无论官民都可以运用。正是法律规则和程序横亘于官与民之间的权力与权利、民与民之间的权利与权利关系、官与官之间的权力与权力关系，需要相互约束与平衡，才可能产生法治。从客观理性的角度看，无论是官控法治，还是民控法治，都难以实现法治。民控法治会导致政府权威的失落，而官控法治很容易产生专权或专制。法治的核心要义，是政治、管理、社会问题解决方式的法治化，使权力和权利都不产生绝对化倾向。然而，现代法治是对传统以权力为核心的政治的颠覆，法治可能对原有体制、文化以及思维方式产生冲击，因而在推进法治的过程中会产生政治经济、文化、环境方面的风险。对此，我们应该有充分的思想准备。现在很多人只看到了法治之利，而对法治实现后可能产生的风险和需要付出的成本认识不足。这样，在推进法治建设的过程中很可能会产生意想不到的风险。为使各种风险成本最小化，就需要研究法治战略及其战术问题。只有坚定的法治战略及其定力，才能把十八届四中全会关于法治中国建设的决定推进下去。否则的话，法治很可能因遇到各种阻力半途而废。关于实施中国法治战略及其意义，[1]以及在中国实施法治战略的基本问题，[2]笔者已经撰文，本文主要探讨法治战略实施与战术（或法律方法）的关系问题。

一、法治战略需要通过战术（方法）落实

在对比中西思想与制度以后，章太炎对中国政治体制的设计有一套独特的看法，其基本特点就是在中国传统体制与近代西方政治制度的结合，认为“治中国传统政治的弊病的根本途径是法治”。[3] 这种制度不必执着于民主、自由、宪政、人权一类的概念，而应该根据自己的实际情况，走出一条中国自己的新路来。自此以后的中西结合论，构成了政治制度法治化的基本方向。中西结合论的“法治”“民主”实

〔1〕 参见陈金钊：《法治战略研究的意义》，载《江海学科》2016 年第 2 期。

〔2〕 参见陈金钊：《“法治中国”所能解决的基本矛盾分析》，载《学术月刊》2016 年第 4 期。

〔3〕 魏光奇：《选择与重构：近代中国精英的历史文化观》，中国社会科学出版社 2015 年版，第 159 页。

践,已经超过百年的历史,至今很多政治家的实践,理论家也基本没有超越这个框架。这提醒我们反思:中国在法治建设问题上有什么进步?民国时期的"袁记宪法""曹记宪法",很少有人认为就是共和的法治。1949 年以前,民国时期已经有了五权宪法为基础的《六法全书》,甚至还可以说有了结合论基础上的"法治"体制,但我们认为民国时期实行并不是法治,而是独裁专制。1949 年以后,《六法全书》被废除,我们开始向苏联学习政治制度,后来发现这种体制难以适应中国。于是,我们在 1991 年以后,开始大面积的法律移植,1999 年年还制定了立法发展十年规划,在 2011 年的时候宣布,形成了有中国特色的社会主义法律体系。然而,大量法律的出现并没改变有法律无法治的现状。中国还需要开启法治全面推进依法治国。"法治"在中国简短历史证明,法治不仅需要法律体系,更需要法治体系。中共十八届四中全会的《决定》使我们看到,法治国家、法治社会、法治政府是法治中国的三个主要领域,而法治体系的五个方面(法律规范体系、法治实施体系、法治实施保障体系、法律监督体系和党内法规体系)是实现法治的基本方法。中国又一次启动了法治战略。当法治战略开启以后,就需要研究法治战略究竟如何在战术上实现。

有学者的研究发现,"政治家眼中的'法治'或许不同于学术家构想的法治,他们推行的是以其自身的独立法理为本位的'战略型法治'"。[1] 这种思维特点造成了政治家们的战略思考难以与具体案件结合,即使在"辩证统一"思维中勉强结合,也难以找到落实的具体方法,并且很可能使法治战略举措走向异化。政治家关于宏观的法治方略以及对法治问题的战略思考是他们的优势。然而,这种站得远、看得清的战略思考,只是关于"法治大厦"的美好蓝图。法治的真正实施还需要像法学家那样的工程师设计具体的施工方案。"法学家的法理视野必须集纳哲学家和政治家法理的双重优点,才能真正贡献出符合法理本质要求的优质学问。"[2] 法学家不能就法律论法治,政治家也不能仅仅从政治的角度谈法治。从法治思维即将成为政治意识形态的趋势看,人们的思维方式缺少对法治思维规律的接受,主流政治哲学之中缺少教义学法学的介入。这样就使政治上的法治战略与法学上实现法治的战术之间出现隔阂。在中国要想实现法治就必须把政治学上战略和法学的战术优点结合起来,在政治学与法学的基础上构建在中国能够行得通的法治之理,在政治和法学家都奉行法治之理的基础上实现法治战略。正确的法治战略需要细腻的法律方法予以实施。这就需要我们至少在法治中国战略中注入如下三点:

(一)在教义学基础上塑造法治思维和法治方式

在中国实施法治战略,首先遇到的问题是:如何塑造与中国法治建设相适应的法治思维和法治方式?这个问题之所以重要就是因为我国的法治话语系统与政治话语系统的差距比较大,在政治话语中法治元素不占据主导地位,而在法治话语中又有太多的政治因素。从现实情况看,政治话语系统相对而言处于优势地位,要求法治为政

---

〔1〕 廖奕:《法治中国的均衡螺旋——话语、思想与制度》,社会科学文献出版社 2014 年版,第 31 页。
〔2〕 同上。

治服务的观念仍然存在。在法治建设的具体方案中,没有具体落实法治战略思考的法治思维、法治方式和法律方法的地位。[1] 在法治思想基础上我们缺乏足够的真诚与定力。这主要是因为,我国的政治家一般都缺少法治思维的严格训练,对于细腻的法律思维规则普遍了解比较少。而法学家则对法律的教义属性表现出极高的兴趣,强调法治的教义规则必须遵守;认为在具体法治中细节决定成败。人们可以看到,法学家与政治家分析问题有不同的视域,以及分析解决问题的不同方式。就中国的现实来看,政治思维捍卫权力,法律思维注重权利保障。法治就是要实现把权力圈在制度的笼子里面。如果没有政治思维与法律技术的妥协与合作,现代法治断难实现。要实现法治目标,政治话语权的绝对优势地位就需要松动,权力就需要向法律低头,从而使整个社会都在法治之理的约束之下。而法治之理的要义基本是蕴含在教义学法学的原理之中。教义学法学是围绕着以规则的实施为核心的精细法学或者法律思维规则。教义学法学强调法律运用和解释的独断性,要求人们行为和纠纷的解决都要根据法律进行思考,奉行法律决断论;要求文义解释优先、体系解释附随,而目的解释的使用则需要进行较为充分的论证。在思维决策和裁判案件的时候要求把法律作为修辞讲法说理。

教义学法学是奠基于罗马法的解释原则,注重捍卫法律意义的安全性,强调用规则与程序的固有意义来保护权利和自由。近百年来教义学的解释技术虽然不断发展完善,但是一般优于个别、文义优于目的并没有因为体系解释、目的解释成为黄金解释规则而有根本的变化。今天与过去法律思维相比较,只是少了机械与死板。“当今德国教义学虽然一方面仍在固守传统,力图将个案的解决方案和典型案例类型的构建尽量归置于由抽象规则组成的精密系统中,由此以保持其实用教义学和日常法律适用的一体性,然而另一方面,却又在法律创新里增加了对合乎自然规律(Sachgesetzlichkeit)的以及对基本民法原则的思索。”[2] 在目的解释、外部证成、价值衡量等方法的支配之下,教义学法学已经逐步走出死板与机械。“近期德国方法论在此问题范围内做出了令人瞩目的成绩。但是,如果清醒地以传统德国教义的尺度衡量这些考虑结论的话,则应当能清楚地知道,整个欧洲的发展并未将德国精细与应用教义学(Fein-und Gebrauchsdogmatik)置于核心地位,而是束之高阁。人们一直尝试凭借基本规则与基本原则进行体系化的类型构造。”[3] 从整体上我们可以看到,西

---

[1] 这一方面是因为,就目前来说,还属于粗线条的法律,解释的空间很大。另一方面我们相信,这一情况会很快改变。因为,中共中央办公厅与国务院联合下发的《关于完善统一法律职业资格制度的意见》中,明确规定了:“考试内容增加中国特色社会主义法治理论,着重考查宪法法律知识、法治思维和法治能力,以案例分析、法律方法检验考生在法律适用和事实认定等方面的法治实践水平。”这对法治建设来说,这是一种战略举措,也是对我们长期以来忽视法治“战术”问题的矫正。

[2] [德]施蒂尔纳:《德国民法学及方法论——对中国法学的一剂良药?》,载 http://zhuzufei. fyfz. cn/b/855725,2015 年 8 月 21 日访问。

[3] 同上。

方的教义学法学在遭遇中国文化以后,很少有欧美那样的死板与教条。[1] 中国的法治改革是由执政党推动的,不需要死板教条。另一方面政治家们试图在政治框架不变的情况下实现法治。这样做的优点是不会产生剧烈的社会动荡。然而,法治改革的目标——实现国家和社会治理现代化,并用现代化的法治思维和法治方式化解社会矛盾——很难在短期内实现。当然,在中国全面实施教义学法学也不具有现实性,只是我们需要吸收教义学法学的优点。我们不能仅仅批判教义学法学的缺点,而看不到它的优点。现实的情况是,人们往往在批判声中丢掉维护法治的基本教义。

在中国教义学法学并不是很受推崇,虽然法学专业的基础教学依然是教义学法学所创设的基本原理,但是,高于法学的政治意识形态却在不断地冲击教义规则的正当性。在很多人心目中,教义学法学的缺陷很多:(1)它只是人们的思想意识,是一种观念的存在,缺少权力的支撑,是基于制度的规定性和法治的要求衍生出来的法治之理。但是我们需要看到,人们在多大程度上接受法治之理,就能在多大程度上实现法治。人们信奉它,它才能成为限制权力的力量,如果不信奉它,他就会变成纯粹的说教。这一点已经在"二战"时期的德国得到了印证。系统的法律方法和深厚的教义学法学并没有阻止法西斯的上台,很多教义学法学的坚持者甚至成了法西斯的帮凶。(2)教义学法学是一种封闭的法治理论体系,虽然很多的教义来自社会,但这种教义和法律规范本身一样,都是"脱离"社会关系的产物,所谓的脱离就是对现存社会关系的抽象。在法社会学研究者眼中,社会的发展变化似乎与教义学规则无关,它坚持的是以不变应万变的思维方式,要求用已有的法律和法治理念来解决当下和未来的事情。但是,我们需要看到法治应该是社会、政治、经济等生活的常态,法治思维在战时的弊端并不能否定教义学法学在日常生活中的积极意义。

教义学的"弊端在政治和思想波澜不惊的年代里不会产生太多影响,但在社会处于思潮涌动之时,和那些始终与其基本规则和基本原理紧密相联的系统相比,这一故步自封的体系将不能即时适应社会主导思想的变化。人们常会反思,德国主导的民法学方法论是否和在何种程度上导致了德国民法学对于'纳粹主义'(Nationalsozialismus)的无力反抗和对其的适从,当然,不能错误地认为,这种灾难性的发展是由单一原因造成的"。[2] 法治的实现既需要法治思维方式,也需要良好的法治环境。我们必须承认,教义学基础上的法治思维和法治方式并不万能,然而它是实施法治战略所必须具备的思维方式。没有根据法律的思考、没有一定程度的法律决断论,法治断难实现。没有法学的基本原理,法治战略在细节上推不下去。而中国人的思维方式,就普遍情况而言缺乏对形式逻辑的重视,因而根据法律进行思考这种简单的思维方式经常会发生问题:要么过于机械,要么过于灵活,人们总是在机械与灵活之间来回摇摆,对法治思维和法治方式缺乏定力。出现这种现象的原因在于整

---

〔1〕 有些人为了自己的目的在执法和司法过程中也会死扣条文。但这种情形并不稳定,而是选择性的。即执法者和司法者实际上可以在机械死板与灵活运用间任意选择。在具体的司法或领域中没有恪守法治所需要的方法。

〔2〕 [德]施蒂尔纳:《德国民法学及方法论——对中国法学的一剂良药?》,载 http://zhuzufei.fyfz.cn/b/855725,2015 年 8 月 21 日访问。

体性思维、辩证思维、实质思维没有和法治建设所需要方法论结合起来。

全面推进法治中国所需要的法治思维方式，既不同于传统中国儒法融合、以德为主的思维，也不同于实质主义专权思维方式。完成这项工作需要很长时间，甚至可能是需要几代人的努力。目前的中国法学在整体上还属于“西方法学在中国”，法治所需要的法律思维，在短期内很难与辩证、实质思维有机融贯。当代中国文化对来自西方的法学还存在某些排异现象。解决西方问题的规范法学原理与中国的法治需求之间有较大出入；建立在形式逻辑基础上的法律思维与建立在辩证、整体和实质思维基础上政法思维，很难在短期内实现融合。在我国，政治家的法治图景与规范法学家的方法之间有太多的差异。由于法治意识形态、体制、法治思维和法治能力方面还存在问题，以至于我们空有法律而没有完全实现法治。这一点与西方法治国家形成了鲜明的对照。“保障美国宪法始终处于动态的有意识形态和体制两个方面的因素。”[1]在落实法治战略问题上，我们可以发现美国人选择的是宪法，通过宪法实现宪政、限政。美国宪法的发展，是从捍卫宪法的角度对主要权力的行使进行法律监督。宪法与社会发展的融洽主要通过宪法解释实现。这样做的好处是，既对权力监督有法律标准，也能够适应社会关系的不断变化。通过解释来明确权力行使边界，从而保证了宪法能够与时俱进的动态。美国历史发展除了权利、自由、平等等人权不断增多以外，还有一个线索，就是合众国的国家权力不断得到强化。可以说，美国是把个人自由、权利与国家权力做到较好结合的国家，很多模仿美国法治的国家几乎都没有处理好这一问题。

在法治战略中，以宪法为核心的法律体系应该发挥重要作用。对于宪法的权威中国人已经意识到了它的重要性。有学者断言：“没有一部行之有效的宪法，没有一个具有高度应变能力的宪政体制，美国不可能及时有效地应对历史的挑战，不可能准确有力地把握它所面临的机会，也不可能敢于面对并致力于改正它历史上的不公和错误。当我们仔细阅读了美国历史以后，我们也许会同意这样的看法：没有美国宪法，便没有美国的发展。”[2]但是，我们不愿意设立宪法法院，而认为现在全国人大常委会制度可以行使好对宪法的监督。我们对三权分立的执政制度保持警惕，认为宪法法院是多党政治产物。原来的一些社会主义国家尽管设有宪法法院，但作用都不是很大。这种警惕性来自于对西方顽固势力的防范。在受尽力了帝国主义欺凌以后，当今的中国想和平发展。然而，我们面对着新的围堵。中国的发展还需要世界给提供战略机遇期。我们想平和地搞法治建设，却不得不在更为复杂激烈斗争的国际环境思考法治战略。然而怀揣法治中国的梦想的中国人，不会轻易相信天定命运。各种战略设计会不断涌出。全面推进依法治国的战略就是要打破“法治必须是多党政治、三权分立”的模式。现代国家的特征是政党掌握国家的权力行使。中国法治的理论和实践者将要证明，在中国共产党领导下也能实现法治国家。

---

〔1〕 王希：《原则与妥协——美国宪法的精神与实践》，北京大学出版社2000年版，第8页

〔2〕 同上书，第2页。

(二)构建法治意识形态,重视法治意识形态推进法治的意义

我们今天倡导法治意识形态对法治中国的积极意义,与过去倡导专政相比较可能遇到的问题前所未有。因为,专政、专权在中国历史上有深厚的文化基础,思维方式的转变相当困难。即使在王权、皇权变成了人民的权力以后,权力依然是政治行为的核心之一。在各种冠以"人民"的权力之间斗争依然很复杂。世界各国的历史都在证明,权力与权力之间的斗争是一种普遍的现象。法治中国的关键是为权力斗争设置规则和程序,不至于在权力斗争中牺牲国家、民族、社会组织、经济组织文化组织和公民的利益。法治中国实现的基础是在权力与权力、权力与权利、权利与权利之间建立平衡关系。权力与权利都必须在法律规范的范围内实现。如果不是我们认定政治是权力之学,法学是权利之学,就很难找到实现法治的社会关系基础。对利益的追求是人的本能,在为权利、权力而斗争的过程中,权利以及权力的利益本质会迫使每一个主体最终转变思维方式。无论哪一个国家的法治都是在权力与权利之间的平衡中实现法治。因而法治在中国不仅是执政方式的转变,实际上是全民思维方式都要根据法治的要求实现升华。在这种背景下,法治意识形态在法治中国建设中有着极为重要的启蒙意义。如果说市场经济是法治的经济基础,那么法治意识形态是实现法治中国的思想基础。而执政方式的法治化转变是政治基础。然而仅仅有基础还不够,只有思维方式的转变才能在法治战略与实施战术之间搭建桥梁。

根据全面推进法治中国建设的要求进行观察,就会发现我国现在的意识形态是存在问题的。最主要的问题是阶级斗争理论依然影响着人们的思维和行为方式。革命是一种"破坏性"思维方式,它要砸烂一个旧世界,而法治则是要维护现有的秩序,对国家与社会的发展来说是一种建设理论。虽然在现阶段法治也需要"革命"式的改革进行建构,但在中国社会主义法律体系形成以后,建构法律规范体系已经不是主要任务。而关于法律的解释、运用、执行成了法治建设的最重要任务。从法律思维是根据法律进行思考,并依据程序、规则办事的角度看,法治是个"细活"。法治秩序的形成是在一系列细腻的法治环节中完成的。然而,如果我们仅仅从小节着眼,只能看到微观领域法治活动。对细节的了解是整体认识的基础,但不能仅仅停留在对细节的观察。对于法治我们需要从整体的角度进行研究,包括从战略的角度的观察。法治不仅关系到日常生活,还与政治、经济、文化、社会各个方面联系密切。中国是一个人情社会,而不是法治国家,人们很少从法治获得安全感,主要是在层级权力的攀附中获得安全感。即所谓朝里有人好做官,遇事找人而不找法。在权力走向巅峰,而又无力完全依靠权力来获得稳定的情况下,我们只能依靠权力来推动法治。我们发现,从官到民基本都对法治不真诚,人们是在不情愿中被动接受法治的。中国的学者对法治没有经过理性的论证,已有的法治理论不是中国人原创。人们之所以接受或者说选择法治都有着强烈的功利主义色彩。因而在现阶段实施法治,主要是因为社会、政治、经济发展的需求,包括社会稳定、社会矛盾的化解需要法治。这既是政治战略思考的结果,也是世界文明发展的必然。法治任务的最终完成需要法治意识形态的推动。这是从革命获取成功收获的经验。

之所以需要法治意识形态,就是因为在法律规范与政治目标不融洽的时候,或转

向更加宏观的政治要求,权力的作用容易被夸大,而法律自身的权威性在战略思考中容易丢失。或者换句话说,中国的政治家会注意到对法律规则和程序遵守,但一般不会注意在法律实施的环节,还需要遵守法律思维规则。政治家一般对公法、私法和社会法的区分不是很清楚,而是对所有的法律都一样看待,在关于法治的思考中一般也不区分官与民、民与民、官与官之间的法律关系,把法治一律都纳入权力调整的范畴。政治家们对意思自治的合同方式不是很重视,即使在很多领域实行了所谓合同管理,一些“行政合同”也都是带有强制性的,“意思自治”基本在权力的操控之下。法治方式本来有多种,但自主、自立、自治很多人都不认同。政治家们看中的是,责任承担的法治方式,而对经济交往合同方式重视不够,或者说没有将其上升为法治方式。法治社会的概念很多人都不能理解它的基本含义是重组社会,还权力于社会组织。从总体上看,政治家的战略思维具有更多的灵活性,比如在改革的设计上他们很少考虑宪法和法律的存在,而这一点恰恰是法治国家改革的前奏。在美国重新解释宪法是“疏通、清理政治变革的渠道”,[1]而对这种法治方式我们考虑很少。相信习近平提出“重大改革都要于法有据”以后会有所改观。

从政治法理学的角度看,法治战略就是法治意识形态。法治需要全民都讲法治治理。近百年来以权力为核心的意识形态发挥了重要作用。在造就国家政治、经济文化辉煌的同时,也产生了一些权力的压服,对此很多人对意识形态耿耿于怀,对意识形态产生不同的认识,这属于正常。然而就意识形态的负面作用而全面否定意识形态的作用,未必就是正确的。於兴中教授断定,意识形态曾经昌盛过的地方基本没有给人留下好的记忆。然而,意识形态也是会有变化的。英国学者应经发现“中国意识形态的革命主义退回传统儒家的‘天下’和谐”。[2] 於兴中所说的意识形态是指特定的权力意识形态,与作为学科意识形态学不一样。我们需要对意识形态做出不同的界定,意识形态是多元的,并不是只有统治者所倡导的意识形态一种。其中意识形态的很多内容也可能在官民之间没有大的差异,比如在西方,法治已经成为官民共享的意识形态,很少有人追问法律的合法性问题。但在多数场景下,官方意识形态与民间的意识形态并不相同。“人类法治史表明,一个国家一个民族的法律制度作为国家意志和民族意志的体现,一般说来,总是与其成员的法律认知要求和法律精神状况相吻合的。否则,它就难以产生;即使产生了,它也将是‘死法’,终将被现实生活所搁浅。”[3]於兴中教授所说的意识形态是具有特定政治内容、被操纵的意识形态。但那也只是意识形态的一种。

“意识形态是理论的理论,是各门学科的王后,因为它先于所有其他需要使用

---

〔1〕 参见[美]约翰·哈特·伊利:《民主与不信任——关于司法审查的理论》,朱中一、顾运译,法律出版社2003年版,第106页。

〔2〕 刘毅:《英国学派如何理解中国的和平崛起——专访英国科学院院士、伦敦经济学院教授巴里·布赞》,载《领导文萃》2015年第10期(下)。

〔3〕 蒋先福:《法治战略与民族精神的培育》,载《求索》1997年第6期。

‘观念’的科学。”[1]法治中国要想实现,包括於兴中教授所说的“法治即法的自治”的实现,都需要法治意识形态的支持。尽管有学者呼吁法治的自主性是指在制定法律的时候,不应该反映任何政治意识形态或宗教教义,即实现法治与政治分离、法治与宗教的分离。然而,这是不可能的。不存在中立的法律,也不存在纯粹的法治。法治本身就是社会关系的反应,是政治治理的方式。虽然法治要与现实政治适度分割,不能把法治与政治混为一谈,人为扯开法治与政治、法治与宗教是不可能的。法治不应该受到政治、宗教的干预,而不是说两者之间没有联系。法治的自主性最多只是法律思维过程中的法律决断论。然而,这已经被法律方法论证明是不可能的。职业自主也只能在一定范围内实现。法律方法的自主、自立也只能是相对的。但这并不能否认法律方法在限制权力任意行使方面的作用。法治是文明社会的根基。但也只能是协调社会关系进行政治治理的法治。用战略思维研究法治涉及多方面的问题。诸如,为法治决策、法治评估、法治指标体系建立出谋划策,为法治人才培养,法治能力提升设计长远的方案,为法治风险、社会风险提供预测、对策以及法治救济措施研究,为重要立法出台设计规划、为可推广、可复制的自贸区发展提供模板等。从战略的角度研究法治,就要对法治建设设计长远的基础性规划。这种设计对法治纯法律理解是不够的。我们需要从法治与其他社会现象的关系中把握法治战略。

(三)重视法律职业化建设,用司法推动法治中国建设

用司法推动政治体制改革是最近我国政治家的经常性思考。十五大报告中首次提出“推进司法改革”,十七大提出“深化司法体制改革”,十八大提出“进一步深化司法体制改革”,十八届三、四中全会做出全面深化司法体制改革的部署。司法体制改革在中国政治体制改革中的地位越来越重要。只是我们没有完全搞清楚,司法如何在整体上推进政治体制改革。甚至我们还没有论证中国的整个政治体制改革是可以由司法推进的。司法对法治改革的推动作用,在这里还没有受到重视,司法权以及司法地位的真正提升在中国还有很多的路要走。当下中国的权力结构很难一下子向司法倾斜。在政治上全面推进法治中国建设,与司法权地位的提升关系密切。没有司法权的地位的提升,权力制约只能在官民关系中开展。我们还应当看到,司法权对法治建设有至关重要的作用。“在欧洲那些拉丁法系国家中,因为其司法实践中有大量的行政立法,所以这些国家并没有德国宪法意义上严格的三权分立。从整个欧洲看来,可以观察到立法权在向司法权潜藏地偏移,这一趋势在欧洲法院及德国最高法院的部分司法实践中得以明显的印证。”[2]也许用司法改革推动中国的政治体制改革是一个很好的选择,它能够实现政治体制的渐进式变化,可以一点一滴做起。它可以把教义学法学所塑造的法治之理逐步融化进各种制度之中,以改良的方式实现政治体制的逐步变化。

---

[1] [澳]安德鲁·文森特:《现代政治意识形态》,袁久红等译,凤凰传媒集团、江苏人民出版社 2005 年版,第 3 页。

[2] [德]施蒂尔纳:《德国民法学及方法论——对中国法学的一剂良药?》,载 http://zhuzufei.fyfz.cn/b/855725,最后访问日期:2015 年 8 月 21 日。

在国内有学者提出以司法均衡为切入点建设法治中国，当然也有很多学者对此不以为然。认为这样会把司法摆到改革的风口浪尖，会让司法承受难以承受的压力。然而，我们看到，十八届四中全会的决定对司法进行广义的界定，赋予司法以整体的经济、政治、文化、社会、生态保护和政党建设功能。由司法改革引领体制改革在中国改革中属于顶层设计，因而我们必须处理好权利与权利、权力与权力、权力与权利之间的关系。因而“只有将司法置于全面的改革实践，才能彰显其场域的多元内容，在主体交互的情境中展开改革的探索”。[1] 法律改革不从司法视角开始思考，很容易使用立法方式进行改革，动辄对法律进行及时废立改，这会对法律稳定性，或者说对法律权威伤害很大。法治战略的长期性、渐进性、改良性决定了，从司法的视角审视法律改革是一个可靠的选择；是一种符合法治方式，集法律解释共同体智慧于改革的明智路径。由立法推动更多的是在关注谁来治理，关注的是权力的得失，里面充满了权力者的想象，而很少关注法律本身的特点以及正义是否能得到实现。司法视角的法律改革虽然也会关注权力，但是，由于司法权力是一种从主权中派生出来的权力，它的权威只能用法律、正义、平等、自由等进行抗争，这里面有权利的诉求，因而可以在权利与权力之间平衡。从法律职业特点来看，长期的法治思维训练与使用，使司法角度的思考只能用说服，基于权力的压服不符合法治方式。然而，在我国司法权还有待进一步提升。但我说的司法推进只是一种思维的路径，对法治建设我们需要持久的耐心，但解决问题的技术路径需要明确。

就像十八届四中全会中所讲的，法治体系包含了法治实施体系和法治实施保障体系。在法治实施体系中，法律职业是主力军，而在法治实施保障体系中，全民尤其是干部的法治思维和法治能力非常重要。“法律是有意识制定的、自主的技术，用于解决社会的冲突。”[2] 法律知识的系统化、法学原理逐步被接受，还有富有理性的立法技巧、法律发现技术、法律解释方法、法律论证思维等，正在促成法律职业的成熟。法律职业共同体是落实法治战略的主体力量。除此以外，还需要全面的法治意识形态的形成。一个没有信仰的社会，法治无法深入人心。法官是法律秩序的重要组成部分。法官思维具有保守性，是谨慎节制的代名词。这造成法法官在发展法律或改革法律方面不够积极，但他们直面问题，细腻的论证恰恰是改革的渐进性所需要的。由于法官能比立法者更好地理解法律，职业法律人对法律的哪一个地方需要改革比立法者更清楚，所以法官能比立法者更好地解释和论证法律。法官对现有法律哪些地方需要解释，哪些地方需要修改、废除拥有更多的直观经验。当然这里的法官不是一个法官的思维，而是一种基于司法职业的思维方式。

从法律教义学或规范法学的角度看，法治是“一个自治的职业领域，一个具有特殊法律技能、法律信仰，有助于为法律职业身份打下基础和维系下去的领域”。[3] 但从法律社会学的角度看，尽管法治社会带有自治的性质，但并非所有的法治都能实现

[1] 廖奕：《法治中国的均衡螺旋——话语、思想与制度》，社会科学文献出版社 2014 年版，第 248 页。

[2] 洪镰德：《法律社会学》，台北，扬智文化股份有限公司 2001 年版，第 192 页

[3] [英]罗杰·科特威尔：《法理学的政治分析》，张笑宇译，北京大学出版社 2013 年版，第 12 页。

自治。基于法律的自治只是一种规范法学或者教义学法学的理想。然而,这一理想对现实政治,尤其是经济的发展起着相当重要的作用。自治虽然有一定程度的排斥政治干预的倾向,但并不是要摆脱政治,“法律哲学中解释法律的统一性、独特性或系统性特征的努力可能具有更广泛的政治意义”。[1] 法治本来就是政治的组成部分,教义学法学要做的无非是突出了形式法律的重要性,使用法治方式解决政治等领域的问题。法律与政治相关,但并不等同于政治。法治是限制政治权力任意行使的手段。从学科研究旨趣的角度看,法教义学或者说规范法学是维护法治的理论,而法律社会学带有社会学的情结。法律教义学与社科法学不同的地方在于,强调对法律意义的诠释需要在法律中已经预设的原则、规则、价值、概念和推理模式中确定什么是具体的法律,而不像社科法学从社会、历史、文化等语境等的经验中去寻找法律。在法教义学基础上,已经发展出一套成熟的法治理论和法律方法。一般认为这种方法是法律职业或执业的入职的前提。实现法治需要法律职业,法律职业拥有特殊的职业技能或知识,该职业的核心是明确区分法律关系、法律推理和能用法律手段解决什么问题。

目前关于法律职业化存在争论。反对者认为,法律一旦职业化就会脱离大众,而法治是政治生活或日常生活的规制。但赞成者认为,只有在法律职业化达到一定程度以后,法治才有可能成为人们日常生活的组成部分。没有法律职业化的示范作用,很难形成法治所需要的思维方式和行为方式。就目前中国来说,法律职业化之所以重要就在于全民的行为都需要法律思维的引领。在法治进程中,司法的推动可能是最符合法治方式的一种。在中国现行体制下,立法很容易被掌控或操作,如被提案者操作,被利益集团操控等。因而立法引领需要一个更加慎重的环节。而行政引领过去已经做过,在大面积经济体制需要改革的情况下,行政引领已经做到了极致,现在已经发现很多难以解决的问题,再接着由行政引领已经很难符合法治思维和法治方式。而司法引领是中国没有尝试过的推进方式。由司法推进法治,其中间的桥梁是法律职业共同体。在中国,全面推进法治建设需要执政者认同,但更需要法律职业共同体示范推动。从这一角度看,法律职业化是落实法治战略的措施之一。

很多人认为,当下能够用推进方式加快法治步伐的只能是立法。立法修改一个字就可能废掉一批解释性文件,但我们需要清楚,立法推进也必须考虑社会的接受程度。我们必须明确,法治对社会的改造是缓慢的,仅就法治实施的思维前提——法治思维水平的提升,熟练运用法治方式,离开人的主体性发挥,法治能力等不可能有外力强制推动,只能通过发自内心地接受和经过长期的训练才能熟练把握。当然,从战略眼光看法治,则有可能看不清法治的技术局限。现在人们对法治寄予太多的梦想,就是因为对法治只有战略眼光,而缺乏符合法治思维的技术眼光。同时战略眼光不仅是建设性的,还应该包括批判性的眼光。需要把建设和批判结合起来。光有法治是不行的,还必须注重人的德性建设。当然,注重道德并不是要把法治与德治结合起来。德治从技术的角度是不能成立的。这种技术性眼光的战术就是:只有能够纳入

---

〔1〕［英］罗杰·科特威尔:《法理学的政治分析》,张笑宇译,北京大学出版社 2013 年版,第 12 页。

法律关系网络的才能运用法治方式或法律手段来解决。

二、法治战术的技术及问题意识

“在当代中国经济突飞猛进以及伴随各种社会问题的语境中，如果将国家的发展战略比喻为一场持久的攻坚战，那么，法治无疑是指导这场伟大战役的重要战略。”[1]法治中国建设意味着法治战略的启动。从战略研究是一种宏观、整体、辩证、历史与现实、现实与未来的角度看，法治战略可以归入政治法理学或政治社会学的范畴。法治战略问题涉及实施法治战略的契机、步骤、法治实施的方式、方法，以及实施法治可能带来的风险及其防范措施。如果我们把法治当成一种独立的国家与社会治理的手段与方式，那么法治战略涉及法治与政治、经济、文化、社会的关系、法治与改革的关系、法治与德治的关系、法治与现行体制关系、法治战略设计与战术实施的关系、实施法治政治、经济、文化、社会风险及其防范，推进法治的策略、法治发展规划、法治意识形态构建、法治与主要社会矛盾的解决、法治方式与其他治理方式比较与融贯、政党主导法治还是政府主导法治、立法主导法治还是司法引领法治、法治指标体系对推进法治中国建设的作用、政治上法治战略与法学上的落实战术、紧急状态下的法治预案、反法治行为的矫正措施、在法律价值的追求上究竟是自由、平等、正义哪一个优先等。法治战略的每一个环节都有战术问题，所谓战术就是实施法治的具体方案所涉及的技术问题。技术问题很重要，因为“改革的失败也许是由于一系列方案设计的不周全，也许因为改革的意图相互矛盾而导致”。[2] 从法治方式的角度看，落实法治战略的法治战术有这样四个大的方面需要注意：

（一）坚持用法的一般性构造法治的原则，把政治战略转化为法治方式

从规范法学的角度看，法律是一种相对独立的力量。它的运行有自身的规律。如果想把法律当成国家与社会治理的方式，就需要遵循法治的基本规律和原则。如尊重法的一般性及其所衍生的规则与价值。法的一般性要求法治思维，奉行法律的一般性规定优于个别的情形，法律思维的最主要特征是根据法律的思考，法律纠纷需要在法律的涵摄范围内解决；法律的形式意义优于实质意义，而不能把其倒过来，用实质意义推翻形式意义、用特殊性代替一般性。尽管在具体的个案中，实质性的因素总是显得那么有力、有利、有理，但我们不能轻易颠覆一般法律的规定性。由此而衍生的法治原理是法律的稳定性，法律唯其稳定才有权威，基本的法律不能朝令夕改。当然，法律的稳定性也不能禁锢社会的进步与发展，改变法律一般性规定，需要经过法治方式的运用；需要经过法律的程序和法律论证。特别是牵涉到发生纠纷的案件，立法者不能自行处理，立法者虽然是主权者，但在法治社会中，主权、统治权需要部分让渡给司法者，由其独立行使判断权。这种让渡是为权力的行使找到约束的因素。在法治社会中不应该存在不受约束的权力，权力绝对化会出现不加掩饰的专制、任性；会出现抛开法律、正义而专注于人治模式的政治忠诚。在牵涉国内权力与权利、

---

〔1〕 廖奕：《法治中国的均衡螺旋——话语、思想与制度》，社会科学文献出版社2014年版，第1页。

〔2〕 [挪威]Lngvild M. Larsen：《论高校治理改革的四大困境》，载《高等教育论坛》2014年第1期。

权利与权利、权力与权力冲突的时候,司法权应该是一种中立的权力,无论是权力还是权利都应该服从基于法律的裁判。因而在法治国家和社会中,司法独立、法律至上、法律面前人人平等、保障权利和自由的人权等原则,是法治的基本原则。法治是法律一般化的产物。如果我们认可"法治是规则治理的事业",承认法治就是规则之治,就会发现:一般法律的产生,由法到律的转变是法治史上最伟大的事情。由于规范性法律的产生,一般调整代替了个别调整,实现了法治的效率,人们不再用临事而议制,更主要的是平等找到了标准,自由有了尺度,权利有了保障,民主有了可能,公正的实现有了程序。

然而,有关法治原则的一般要求,在中国并没有文化之根,我们的优势是整体思维、辩证思维和实质思维,基于法的一般性而衍生的法治原则都是我们所排斥的对象。法治在西方搞得有声有色,但在东方国家从来就缺乏认真对待规则的意识。不识大局、不讲政治、死板教条、迂腐机械等指责始终伴随着遵守法律的人。当然,本文不是赞赏那些死扣条文的法治卫士,因为在中国也并不缺少这样的人。但是,我们必须看到——我们对已经公布的法律,仍然不能要求它能够按照他的字面含义来完成法治的使命。我们的思维方式等都在围攻依法办事,有的公民还以自己的言行贬抑法治。法治的不可能性弥漫在各种议论法治的场合。高喊法治的悲壮已经使我国空有法治战略。[1] 这种悲壮不亚于谭嗣同有心杀贼无力回天的呐喊。对待法治需要真诚,这不仅是对统治者来说的,实际上全民都应该认真对待规则。把法的一般性及其原理运用到我们的思维决策中去。这样看来,法治战略实施必须有法学上的战术配合;必须有法治思维的全面转向。这一战术实际上要完善法治实施保障体系。在法治实施保障体系中,法治意识形态的形成、法治能力提升,司法体制改革、政治体制改革、法律职业化水平的提高等都在法治战略中占据重要地位。而这些改革的实现都需要相对规范法学的战术配合。只是规范法学意义上的法治思维水平的提高、法治方式的熟练把握以及法治能力的整体提升是基础性工作,需要很长时间。

(二)政治上的实质追求需要转换为法律关系,才能实现法律对各种行为的规制

走马观花实地观看西方法治会发现,法治是一个政治体制问题,因而体制的改革被当成推进法治的基本方式。但是,仅仅有体制的改变就能形成法治吗?美国在很多第三世界国家推广的体制与法律的移植,几乎没有一个成功的例证表明,仅仅制度和体制的改变并不能实现法治。实现法治除了体制制度因素以外,还需要对基础问题的研究和对原有文化的改造。实现法治不仅包含了体制改革和制度创设,还需要对法治思维、法治方式和法律关系的娴熟把握。政治经济等方面的法治需求,只有能够转换为法律关系或者能用法治方式解决才能把法治战略贯彻下去。人们发现,在中国即使是法学家谈论法治问题也感觉很别扭,因为我们不仅没有良好的法治环境,而且缺乏政治话语与法治话语的沟通转换。长期以来,我们奉行的实质思维、整体思维和辩证思维,在人们的思维过程中还存在与法治思维和法治方式矛盾和冲突的地方。并且在政治话语中,民主、自由、平等、秩序等都是在政治社会学意义上使用的,

---

〔1〕 参见陈金钊:《魅力法治的苦恋——法治理论及其思维方式研究》,上海三联书店2015年版,第139页。

与法治机制是不搭界的。几乎所有来自西方的法律价值,从没有具体落实方法的角度看都是悬在空中的。我们所谈论的民主、自由,却都是属于实质意义上。这就使法治战略没有落实的路径。来自西方的教义学法学或者规范主义法学与法治战略要实现的法律价值之间存在很大的鸿沟。如果不在政治话语和法治话语之间进行语言的转换,我们根本无法表达现代法治的要求。在法治实施的战术问题上,有一个最基本的技术,这就是所有的政治、经济、文化、环境等问题,都必须能够转换成法律问题,然后才有所谓的法律解决手段和法治方式,否则法治战略无法对具体的社会关系进行调整。换句话说,我们只有把错综复杂的社会关系转换成法律关系才能够进行法律调整。在权力与权利、权利与权利、权力与权力之间的法律关系,在具体的主体身上无非是权利与义务、权力与责任。

纳入法律关系意味着所有的权利和自由都是具体公民的权利和自由,而不能是抽象存在的权利和自由。过去的时候,我们经常批评资本主义的法治的虚伪性,并认为我们的自由和权利是人民的权利,是真正的自由和民主。但是我们没有想过所有的权利,如果不能化为个体(公民、法人或社会组织)的权利都是虚幻的权利。如果没有权利实现和保障的法律方法,不存在所谓实质权利。但是,我们实质主义法学强调的是,“法律的基础是在社会关系中,这使得规范和规则才有意义,不然的话就只是‘死气沉沉,形而上的建筑’”。[1] 这无疑是正确的,但只是正确的一个方面,它的另一面就是,如果没有形式性法律,实际上根本不可能存在法律与社会相适应的问题。我们很多政治人不清楚,阶级斗争法学属于社会学法学,它不是强调根据法律的思考,而是认为法律只有植根于深厚的社会关系才能实际有效,因而所有的社会发展规律的法律都不是真正的法律。严格按照现行法律行事,实质上可能“违法”,即对社会关系规律的违反。这种观点与规范法学的要求相差甚远,甚至是背道而驰的。从社会学或者立法的角度看,法律的属性是由社会性主导的,然而,从形式法治的角度看,法律并不完全是统治阶级意志的体现,形式程序性法律在很多方面是限制权力任意行使的有效工具。“法律规制的社会关系是围绕着所有已建立起来的法律程序和概念的骨架。法律分析则预设了这些关系,并将它们重组为形式上的平等关系(也就是法律面前人人平等的关系)。”[2] 只有把社会关系纳入到法律的概念、规范、原则和技术关系的系统之内,才能有法律对社会关系的调整。当然,法律完全脱离社会关系也会成为一张白纸。

因而我们需要把规范法学与法律社会学结合起来。区分改造社会的法律与适应社会的法律,在法律社会学中考虑对现行法律的遵守,在规范法学加上社会关系的注释。然而,我国的法治战略的设计者根本没有注意到这种区别,要么强调法律必须适应社会关系,要么强调对法律意义固执遵守。没有意识到政治上的法治战略需要通过法律关系来实现。还在梦想着用政治运动的方式来全面推进法治。实际上推进法治的第一步就是把社会关系纳入到法律关系之中,按照法律运行的规律,而不完全是

---

[1] [英]罗杰·科特威尔:《法理学的政治分析》,张笑宇译,北京大学出版社2013年版,第228页。
[2] 同上。

政治关系来运作。良好的法治环境包括政治文化生活中的民主机制,而民主需要言论自由。民主和言论自由在有些人的思想中都属于禁区。只允许言说实质意义上的民主、自由、权利,而不允许在形式法治的意义上谈论民主、自由、平等实现的途径。所以法治者老觉得有很多绳索,搞不清楚法治价值和边界。对于民主我们惯常的否定方式是实质民主,而对于言论自由我们的拿手方法是不争论。这就造成了法治离开法律价值而单方面的推进。实际上,如果推进法治的过程中没有民主探究机制,那就只能按照少数人的想法去推进"法治"。

(三)在法治战术上必须处理好法律的稳定性和社会的发展变化性之间的关系

"在法治中国推进位序上,经济法治化和政治法治化应当协调先行。尽管经济本身就是最大的政治。经济改革与政治改革最大公约数就是厉行法治。推动经济更有效率、更加公平、更可持续发展的经济体制改革,都需要加强国家治理体系的法治化。"[1]实施法治战略必须处理好理论与实践相间的关系问题。这就是法治与社会发展变革之间的关系。法治要求稳定的法律,而社会是处在不停的变化之中。"如果轻易地对这种法制常常作这样或那样的废改,民众守法的习性必然削减,而法律的威信也就跟着削弱了。"所以,法律"变革实在是一件应当慎重考虑的大事"。[2] 中国古代思想家韩非业已看到,法莫如一而固,而西方的思想家诸如亚里士多德也看到,法律规定的,即使法律有缺陷也必须遵守,不能轻易损害法律的威信。"法律也允许人们根据积累的经验,修订或补充现行各种规章,以求日臻美备。"[3]法律的稳定与社会的变动性之间的矛盾,牵涉到国家、社会、政治、经济、文化各个方面,解决不好不仅影响到法治的进程,还会对社会发展带来不利的后果。这一矛盾是一种战略性矛盾,不过解决这一矛盾,需要战术上的法律方法。中西思想家对这一问题的解决几乎都是在法律方法论系统中去寻找,要么用法律解释、要么是法律论证,或者是价值衡量来调试法律与社会之间的进展关系。

中国有丰富的辩证法思想,论说能够很好地解决法律的稳定性与社会的变革性之间的矛盾。然而,由于我们在法治战略问题没有定力,对待法治不够真诚,所以对待法律有时会过于灵活而使法律失去了稳定性。对待法律过度灵活表现在很多方面,比如,把对法律的及时废立改作为立法原则;在法律运用的时候还要讲政治、讲大局,强调法律与其他社会现象的融贯与整合。而对待法律过于机械死板就很难使法律适应社会的发展变化。我们都清楚这两种极端对法治、对社会发展都是不利的。但我们需要找出解决问题方法。传统的解决问题的方法是引进辩证法,认为辩证法既是世界观又是方法论。但实际上辩证法仅仅是认识论,如果说其中有方法的话,也属于认识世界方法,而不是解决问题的法律方法。教义学意义上法律方法强调,对待法律需要忠诚,因而必须坚持文义解释优先,把文义解释当成法律运用的基石。但法律方法并不倡导死板教条地运用法律,法律在运用过程中可废止、可修正,关键是不

---

〔1〕 廖奕:《法治中国的均衡螺旋——话语、思想与制度》,社会科学文献出版社2014年版,第247页。

〔2〕 [古希腊]亚里士多德:《政治学》,吴寿彭译,商务印书馆2008年版,第7页。

〔3〕 同上书,第82页。

能任意。限制任意解释运用的方法,除了法律发现、法律推理、法律解释,就是法律论证与法律修辞。

从法治战术的角度看,在法律的松与紧、宽与严之间是可以自由裁量或者说创新的,但是这种自由裁量不能是任意的举动。对于任何判断都应当讲出合乎法律的理由。解决法律的稳定性与社会的变动性之间的矛盾,需要法律解释、法律论证、价值衡量等方法。不是说在法律的稳定性与变动之间不能讲辩证法,而是说按照辩证法在对立统一之后,应该产生出一个新的事物。这个新的事物可以超越法律,但不能违背法律。然而,这个新的事物究竟是什么?我们缺少上位的概念加以确定。本文认为,这个新的东西不是原本的法律,而可以称其为法。即通过法律解释、论证出来的规则还是法,只不过这种法已经不是本本上的法,而是融贯了法律规定与社会现实、正义的法治之法。在法律的稳定性和社会变动之间所探寻出来的法治之法,凝聚着法律运用者的智慧之法。既饱含着对法律规定的忠诚,又有对社会现实的关照。法律方法就是法律规范与社会事实之间寻找对应之法的活动。但是在人们的思想中,法律方法论在落实法治战略的行动中地位并不重要。人们更愿意从政治社会学的角度谈论宏观意义上的法治战略。

(四)法治战术的问题意识在避免实施法治可能出现的矛盾与风险

近些年来,中国的发展被概括为阶级斗争的历史,战争、革命被赋予美名,而社会的改良也被改革所取代,激进性进化在人们的心目中具有了正当性。而追求稳定秩序的催化性改良方式则处于被抑制的位置。似乎革命、改革都是推动社会发展进步的力量,我们对革命、改革的悲剧缺乏研究与认同。实际上革命与改革都有成功的经验也有失败的教训,既有基于改革的失败,也有基于拒绝改革的成功。对于改革,“我们需要保持清醒的头脑,忧患意识和危机意识不能丢,通过理性思考,充分考虑各种风险和探寻解决的对应之策”。[1] 危机意识是催动改革的动力之源。富国强兵一直是中国改革的主要目标。而我们当下的改革目标则对此有所超越——不仅要富国强兵,还要实现社会公平正义,实现人权的法治保护。中国历史上有很多的巨“朝”,秦汉、隋唐、元明清等,“从改革发展的角度看,这些‘巨朝’都有一个共同的特点:拒绝改革。因为历史上看,这一时期的诸多改革都已是把告终,究其原因,一是因为大凡适逢变革之年,多是在‘巨朝’的中后期,这期间的统治者多在前辈手中顺利接过统治权杖,也就是说,他们不是打‘江山者’,而是‘守江山’者,这期间国家一统,江山社稷基本稳定,只要无灾害,国家就能在手中‘万世永昌’”。[2] 这时期的统治者缺乏改革动力而拒绝改革。拒绝改革最终会带来“亡国”的结局。当然改革也不见得都没有风险,因为在改革以前,人们已经习惯于哪怕是过时的规则与制度,改革都会遇到各种阻力。实际上法治在中国就是改革。况且,改革本身就是涉及各种主体之间利益的大变局,“在利益关系盘根错节背景下推进变革,必然会出现消极因

[1] 田国强、陈旭东:《中国改革:历史、逻辑和未来》,中信出版社 2014 年版,自序第Ⅳ页。
[2] 亢建明:《阵痛——中国历代变革得失》,新华出版社 2014 年版,第 5 ~6 页。

素,由此引发的不可控制的社会大动荡在所难免”。[1] 改革会遇到前所谓的矛盾和风险这是不言而喻的。只不过我们当前推进的改革是以法治为目标的改革,法治建设就是要消除社会的不稳定因素,用法治思维和法治方式化解社会矛盾。这与以往的权力方式有很大的区别。今天的变革不是“圣人将出”,而是实施以法治为主要手段的现代化的国家和社会治理之所需。法治这种治理方式和价值追求的根本转变会不会出现悲壮的结局,是我们需要认真研究的。这就是哲学上所讲的面死而生的忧患意识所必须的。

实施法治战略的风险在于法治本身也存在风险,就是实现了法治也可能会重新产生法治的危机。“法律不仅对一无所有的穷人,而且对有权的富人也变得不可忍受时,法治化的危机就爆发了。对生活和法之间的不协调不可能视而不见。对理解法的新观点的探索,应该评价为既是理论家对改变现实生活的无能为力,又是绕开(或违背)正式的形式和结构而形成的关系合法化的企图。”[2]因而实施法治战略必须研究法治风险——来自内部与外部的风险。已达到避免实施法治战略对社会造成的风险,保障法治战略意图的贯彻。这些风险包括,实施法治的文化风险、技术风险、以及调控主要社会关系的战术规划。“就当下中国法治的战略推进而言,大众与精英的观念整合和行动协调,已经成为至关重要的问题。随着大众和互联网时代的到来,法治的正当性和权威性面临着强大的‘话语危机’。层出不穷的‘网络公案’,对司法公信力提出了严重的挑战。”[3]法治观念、机制的引入,无论是大众观念,还是官方的意识都会出现程度不同的抵制,在权力政治和法治政治的过渡期,必然会出现各种行为方式的变异。因而传统观念与法治观念的整合显得特别重要。法治战略风险来自于法治所追求的稳定性与社会的变革性之间的矛盾。在变革之中,法治很可能变为非法。

法治如何成为非法?在西方主流话语中,法治是一种制度,是规则治理的事业,是保护自由与权利,限制权力的利器。法治的存在表明政党和政府对权力的行使是非暴力的都必须依法而为。法治被解释成对于权力的消极限制,一方面,出于对集权进行约束的考虑,主权国家必须提供并尊重法治;另一方面,法治亦被设想为一种凌驾于国家之上的事物,是国家自身合法性的因素。[4] 或许正因为如此,“才使得法治往往能够成为强权主体掩饰与证成对外干预与掠夺的一种屡试不爽的意识形态工具”。[5] 以美国为首的西方所搞的法治外交,就是因为带有这种因素,才使人们看到了资产阶级法治的本质;并将其当成抗拒西方法治的理由。但我们需要思考的问题是,我们自己的法治建设会不会因为难以更改的或者过剩的政治干预,会使国内法治

---

[1] 亢建明:《阵痛——中国历代变革得失》,新华出版社2014年版,第6页。

[2] [俄]B.B.拉扎列夫主编:《法与国家的一般理论》,王哲等译,法律出版社1999年版,第96页。

[3] 廖奕:《法治中国的均衡螺旋——话语、思想与制度》,社会科学文献出版社2014年版,第7页。

[4] 参见[美]乌戈·马太、[美]劳拉·纳德:《西方的掠夺:当法治非法时》,苟海莹译,社会科学文献出版社2012年版,第17页。

[5] 魏磊杰:《法治非法之所以可能——评〈西方的掠夺:当法治非法时〉》,载《清华法治论衡》2014年第2期。

也退回到专政或者暴力？以法治形式的专权依然是专权，等于没有改变执政方式。"意识形态霸权的任务就是使统治的暴力变成法律认可的权力，并由此将所有抵抗都表现为暴力、犯罪甚至兽行。"[1]指出法治的政治风险并不是去追求这种风险，而是要保障法治沿着文明的道路前行。指出法治的风险也不是质疑转变执政方式的合法性，而是说法治像其他任何事物一样都具有两面性——积极作用与消极作用，既可以用善，也可以为恶。关键是我们要引领法治向哪一个方向发展，使转变执政方式得以真正地实现。

"由于我们尚缺乏与现行法律制度相匹配的法治精神，致使许多法律处于虚置状态。根据有关调查的推算，我国已颁布的法律和法规真正在社会发挥实效的只有近50%，公民对法律的认识程度只达到近几年法律制定总数的5%，即使是那些广为人知、且在社会生活中发挥实效的法律法规，其效力也大打折扣。"[2]近三十年来，尽管还不时听到中国法治倒退的说辞，但从很多方面看中国的法治有了长足的进步。尤其是关于市场经济和行政管理的法律与以往比较已经有了很大的进步。可以说，否认中国法律制度已经发生变化的悲观论调，而认为中国法治已经按照自由主义法治方向推进的观点有些过于乐观了。中国的法治正在以中国人特有的整体主义思维方向，吸收来自西方的形式主义法治；正在按照自己对法治的实质主义理解，建构倾向于法治国家主义的方向发展。但是，这是不是战略的失误还不得而知，还需要深入研究以及时间的磨砺。任何实践都不可能按照理论的设计原原本本地发生，理论只是描述大体的方向。"综观人类法治史。由于各国经济政治条件和历史传统不同，各国所确立的法治战略也各有其特点。例如西方国家近现代法治化状态的由来，就是打着复兴罗马法的旗号经由自下而上自发演进的途径实现的，因而西方各民族国家在实施法治战略的过程中，基本上没有遇到来自民族传统精神文化势力的顽固抵抗。相反地，还由于其传统精神文化风尚包含了能为近现代法治化所容纳的合理内容，从而为资本主义政治法律制度的建立和巩固提供了强有力的精神文化动力支持。我们的法治战略则与西方国家不同，是在中华传统完全中断的条件下，以西方先进的法治国家为参照，凭借政府的倡导和组织，循着自上而下的途径逐步推进的。"[3]因而从战术上思考需要重视法治意识形态的建构。

宪法所确定的各种法律价值（甚至可以说社会主义核心价值观中的很多价值）具有政治学、法学中的修辞意义。人们对此并不真诚，多是说说而已。更为重要的是：我们对法律的价值追求并不清晰，在社会主义核心价值观中，民主、自由、平等、正义都有位置，但是我们对自由、正义的感觉并不明显，渴望更多的还是平等、和谐和秩序。我们对自由与平等价值的差异感觉不明显。"由于平等和自由两种价值观都深深地发自于人的本性，都属于符合人类理性和生活法则的最低限度的当然要求，而两

[1] 魏磊杰：《法治非法之所以可能——评〈西方的掠夺：当法治非法时〉》，载《清华法治论衡》2014年第2期。
[2] 蒋先福：《法治战略与民族精神的培育》，载《求索》1997年第6期。
[3] 同上。

种价值在关系到人们基本利益的态度上却迥然相异、根本冲突,于是受不同价值观念影响和诱导的不同人类群体便各自形成了自己化解冲突调节相互关系的文化和文明,于是便各自展开了自己历史的进程。"[1]战略思维需要我们在法治问题上有定力,在定力基础上有方法和步骤。中国正在推进的法治建设,实施的是法治发展的"推进"战略。为什么是推进战略,而不是渐进的演进战略。这是一个值得思考的问题。"中国将来是否实现法治最终取决于权力。在社会主义国家权力是如何被控制和分配的?就法律限制党的程度而言,法律体系如何获得充分的自治来控制一个处于法律之上的政党?……有理由相信,权力的问题可以以有利于法治的方式解决,法律将对党和国家的领导人施加有效的制约。执政党为了维持其权力,可能会接受对其权力的限制。"[2]十八届四中全会的《决定》,已经对此做出了诠释。为了国家的长治久安和执政党的长期执政,必须全面推进依法治国。

三、如何在战术上落实法治战略

"一个国家、一个团体乃至于个人,什么都可以失败,但战略不能失败。战略失败是彻底的失败。"[3]一般认为,战略措施需要战术配合,但是施密特的论述多少使我们对法治战略与法律技术的结合产生一些忧虑。施密特认为:"以个人主义和多元主义的自由价值为政制基础,必然会削弱国家治理权威。"[4]自由主义只是一种价值观,把宪政搞成自由主义的法治形式,误解了政治形式的实质。实施法治对政治是一种约束,但是,法治不能代替权力,法治只能为权力设置规则与程序,限制权力行使的随机性和任意性。但是,法治不是权力本身的运用,只是为权力行使涂上法治的色彩。如果用法治代替权力,国家治理就没有了内容。在国家权力系统中加上法治原则和技术,就演变成了基于规则和规则解释的技术统治,但可能出现的问题是无力应付政治例外的挑战。施密特的论述虽然只是一种逻辑推论,但它是对法治技术路线的另一种战略思考。对施密特的观点,很多中国学者表现出很大的兴趣,甚至很多学者接受了这种观点。这主要是因为施密特的观点和中国固有的思想有很多合拍之处。也许在欧洲缺乏对法治的实质主义思考,形式法治走过了头,出现了弊端。但法治在中国的情形与欧美法治国家正好相反,在我们这里是权力的绝对化,而非形式法治技术论、方法论盛行。在中国推进法治战略还缺乏法律方法与技术。根据法律的思考只是少数人所固守的方法。就是我们强调法律方法的绝对性,但在权力的行使的时候,对重大问题的决策也不会只考虑法律。对法律方法和技术的强调,只是提醒人们不能忘记法律。重大社会发展的决策不可能由现行法律决定,但不能违背法律。法律思维是一种底线思维,而不是决策思维。在一般行为中不可能是法律决定论。法律技术操控权力会消除个人人格的作用,结果可能导致法治之下的短视行为。或

---

[1] 冯亚东:《平等、自由与中西文明》,法律出版社 2002 年版,第 2 页。

[2] 裴文睿:《百家齐放,百家争鸣:中国关于法治概念的争论》,载梁治平编:《法治在中国:制度、话语与实践》,中国政法大学出版社 2002 年版,第 78 ~ 79 页。

[3] 厉以宁等:《读懂中国改革》,中信出版社 2014 年版,第 280 页。

[4] 刘小枫选编:《施密特与政治法学》,上海三联书店 2002 年版,编者前言第 31 页。

者说只能看到法律之内的经验。在中国,仅有法治战略而没有法治战术,法治的实现也是不可能的。对此我们需要至少做到如下三点:

(一)强化形式逻辑对法治思维形成的作用

韦伯发现:"只有欧洲的文化,才会发展到逻辑的形式理性,也就是造成法律的优势——法律的统治之地步。相对于欧洲的中国、印度等古文明发达的国家,却因为家庭伦理的发达、或来世轮回的宗教观念,而无法产生稳定的、去掉身份关系的法律制度。要之,欧洲法律的特色是合理的、官僚的,类同机械似的法律处理程序。这些特征使欧洲法律去除了人治的色彩,扬弃魔咒、神秘天启等怪力乱神的骚扰,而使法律彻底世俗化、合理化、普世化。"[1]不管韦伯的这一判断能否成立,但他讲出了在中国实施法治需要注意的问题。这就是来自西方的建立在形式逻辑基础上的法治如何和中国辩证文化的对接问题。我们发现,尽管中国强调需要用法治协调的社会关系,然而所使用的方法依然是辩证思维,强调的是对称的思维结构。中庸之道的传统思维对中国人的思维影响很大,很多人把它表达为中国人的智慧。[2] 对此智慧我们可以在调解案件中运用,但不适宜在所有案件中运用。因为在法治之下,并非所有的人都追求和谐的结果,在不适合调解的案件中需要根据法治之理的判断。法治需要法律面对案件和社会的开放性,但是开放并不等于放弃法治的一般原则和法律的一般规定性。法律作为法治的符号还必须存在于思维过程和判断结果中。只有根据法律才能明辨合法与非法。法治思维和法治方式在协调各种关系的时候,其根本性在于根据法律的思考。所以在需要依法裁判的案件中,不宜提倡中庸之道,而应该缘法而治。否则,法律权力的运用过程中,权力的优势就会表现出来,"中庸"可能成为排斥法律因素的理由。由于中国人不重视形式逻辑,以至于有些欧洲的思想家认为,中国文化不适合搞法治建设。

我们发现,中国人在接受西方法治的时候,基本采取的是实用主义的姿态,感觉到哪些地方是有用的,或者说中国思维方式能够接受的就直接拿来,而对西方法学、法治的基础性理论关注不够。比如,像法律的分类问题基本是直接拿来,这些分类所隐含的思维方式是什么我们并不清楚。对法的一般性命题,我们也会忽视,上来就拿出特色、国情与之对抗。这就使中国人虽然知道法律、法学、法治的基本知识,但是,由于在基本的姿态问题上就出现了拒斥法律思维的问题,因而很难吸收西方法治文化的精髓,只能根据自己的实用主义进行选择。忽视法律的一般性,直接叙述法治的原则、法律的价值、法治的精神,但对这些基本问题理解的时候,不讲究一般性,特色就成了一般,不遵守法治就成了特色。实际上不仅韦伯的文化决定论观点基本假定了中国实施法治的不可能性,中国人自身对西方法律文化的选择性吸收,也决定了法治中国的不可能性。西方法律移植到中国所出现的水土不服的现象,也在一定程度上印证韦伯观点的"正确性"。

"不涉及最重要的方法,简直不能有什么严谨的法律哲学,现在很多有趣的研

---

[1] 洪镰德:《法律社会学》,台北,扬智文化股份有限公司2001年版,第189页。

[2] 参见修平编著:《中庸的智慧》,地震出版社2006年版。

究,皆以方法为核心。"[1]关于法治战略的研究其实也不全是政治法理学、社会学法理学的任务,其实方法论的法理学也应该研究此问题,因为推进法治建设的战术实际上就是实现法治的方法。在德国应该说有法治战略,魏玛宪法确定的德国发展方向肯定不是法西斯国家,但是,具有讽刺意义的是,希特勒上台以后确立用"法治方式"把所有的权力集中起来,使德国成了国家主义"法治"的典范。法治战略还需要方法的配合,德国的法律方法不光彩的一页是,很多法律方法研究的专家都成了法西斯的帮凶。他们遗忘了法治价值和法治战略目标,从而使法律方法不仅没有阻止法西斯上台,反而为制造了很多符合"法治方式"的理论,为希特勒全面集中权力提供了理论论证。

然而,法律到中国所引起中国文化的变化并不能证明中国不宜搞法治。中国会走向法治,尽管这种法治可能会有中国自己的特色,但是,特色不会也不应该淹没法治的一般性。然而,西方法治与中国文化的对接,需要我们不仅在战略上,而且在战术即思维方法上,都要做好充分的准备。法律移植在推动中国的立法事业方面发挥了积极作用,然而也意味着对法律的设计有太多的随意性。因而,法律在实施过程中就会出现这样那样的问题。如果说法律移植是一种战略安排的话,那我们就需要在战术上做好:(1)政治体制改革上的安排与规划更适合法治。(2)思维方式上的改造。过多的辩证、实质主义思维很难实现法治。我们不能光靠灵活运用理性、形式化法律来彰显我们法治的特色,而应该把法律、法治从政治的干预中独立出来。(3)我们需要加强基础理论的研究,不要仅仅盯住实用性,还必须注意到实用性背后都有丰厚的哲学土壤。如果我们连法治的基础性命题都搞不清楚,恐怕只能有任意的选择。形式逻辑是法律思维的基础,根据法律的思考实施法治战略的基础性思维方式。

(二)推进法治的阶段性战术

在全面推进的战略中,关于法治中国建设的位序安置很重要。全面推进的法治战略绝不意味着胡子眉毛一把抓。无论是法治体系建设,还是法治意识形态建设,还是关于法治国家、法治政府和法治社会三位一体同时推进,都应该有一个重点先后的问题。在中国现实如此复杂的情况下,把法治的各个环节等同视之,不分轻重缓急效果肯定不会很好。这中间应该有一个先后位序。关于位序的安置,一是要尊重法治演化的规律;二是要根据法治中国建设的需要以及所要解决问题的重要性程度。我们注意到,关于权力与权力之间的关系是法治国家要解决的主要问题。这个问题在法治中国建设中虽然涉及面不如其他两个方面广,但其重要性却在其他两个方面之上。因为,法治国家牵涉到法治的根本,如果权力与权力之间的关系不能用法治协调好,法治政府和法治社会做得再好也可能会出现被彻底颠覆的局面。但是,社会矛盾能不能解决,关键要看法治政府。因为法治政府主要是处理好官与民之间的关系,涉及权利与权力之间的关系。从水可载舟亦可覆舟的历史教训中,执政者愿意重视这

---

[1] [德]斯丹·木拉:《现代法学之根本趋势》,张季忻译,陈灵海堪校,中国政法大学出版社2003年版,第138页。

一领域的法治。设想通过放权减少官民直接冲突，但是，如果此时出现权力的过分张扬以及权利的绝对化倾向，都可能会影响法治的进程。权力的绝对化需要法治国家予以约束，而权利的绝对化则需要法治社会予以克服。法治社会从总体上处理的是权利与权利之间的关系，属于民与民之间的关系，这既需要发挥民法的作用，也需要发挥社会组织的作用。法治社会是法治中国的基础，如果我们的法治社会能够有大的进步，社会组织的量能够与国家的力量形成一定程度的抗衡，也会促进法治国家的发展。从总体上说，关于全面推进法治在战略上是正确的。但在具体的走法上则需要我们认真地论证，精心地策划。法治中国建设需要一个长远的战略规划。即使是推进方式的法治发展也需要有一个先后顺序。我们应该抓住能够推进的支点。这样才能撬动法治的进程。

（三）筹划实施法治的具体方法

"在执政党的政治哲学和政策判断中，中国国情与社会基本矛盾是紧密关联的战略问题。而要深入了解中国当下的基本矛盾，就必须从'中国大历史'视角准确定位中国的法治特色，科学研判精英与群众的法理关系，建立制度化的法理沟通与协商体制，确保社会正义与法理均衡的制度化实践。"〔1〕法治在中国是围绕着权力和权利展开的，就是要实现经济放权、政治限权和司法护权。确定法治实现的方法，需要为法治确定一个核心，如果我们以限制权力任意行使，铸造法律秩序为目标，就可以确定法治实现的方法有以下几种。

1. 以法律规则和程序制约权力

这里的法律主要是规则和程序，法律本身就是限制权力任意行使方法。法治之下的权力不是压制、宰制，权力应该依法行使。像无政府主义那样主张消灭权力是难以做到的，因为"权力并非只是负面，也有正面作用。权力无处不在，其出现的面目是多层的、多样的，不知表现为压制、强迫的所在"。〔2〕用法律约束权力目前在中国是一种最没有风险的大家都能接受的方法。因为不牵涉现行体制的变化，并且中国的法律体系也基本形成了，只要执政党带头守法，全民守法，严格执法、公正司法，法治局面就会产生。然而，这是一种理想化法治实现方法，表达的是对人们行为的基本要求。当然这也是一种基础性方法，没有法律的约束不可能有法治。"作为一种权力制约的思路'以法律制约权力'只是提出了一个大的基本原则问题，还不能解决法律如何制约权力的问题。因为权力制约是一个运行机制的问题，是一个技术性操作性极强的问题。我们不能满足于只提出一些大的原则，而应该深入到权力运行的过程，从可操作性出发，寻找它的有效途径。"〔3〕问题是有了法律人们却不执行的话，有没有监督、惩罚措施是否配合就显得格外重要。实际上中国若干年来都一直强调有法可依、有法必依、执法必严、违法必究。但是我们的法治建设只是在立法方面取得了较大成就，其他三个方面的问题一直都没有得到很好的解决。

---

〔1〕廖奕：《法治中国的均衡螺旋——话语、思想与制度》，社会科学文献出版社2014年版，第115页。

〔2〕洪镰德：《法律社会学》，台北，扬智文化股份有限公司2001年版，第545页。

〔3〕刘作翔：《迈向民主与法治的国度》，山东人民出版社1999年版，第290页。

2.通过建立严密的法治监督体系来保障法治的实施

中国有世界上最为严密的监督制度。这种严密不是今天才有,历史上就很发达。核心思想只有一个就是捍卫皇权。今天的法律监督虽然和历史上比较有了很大的变化,主要表现为要监督官员行为的合法性,实施违法犯罪的追究。其中也包含了对国家权力统一、法制统一的捍卫,但是,在价值追求上,我们始终没有把对自由、平等、民主、人权的捍卫当成首要任务。监督机关主要是针对权力行使是否违法而展开,查处的都是违法贪腐行为。这无疑是必要的,但是缺少制度反腐机制。中国需要持之以恒的法治反腐机制。仅有完善的监督体系也不一定能够起作用,实施法治还必须发挥宪法、法律的作用,通过对宪法的解释和实施来监督权力的行使是符合法治方式的。因为宪法不仅有对法律基本价值的追求,而且还有一套不是率性的操作方式。我们现有的各种监督体系的建立都是围绕着捍卫权力的尊严设置的,缺少促进自由、平等、民主的价值追求方法。有学者建议:“通过激活现行宪法的方式,把平等、自由、民主、人权等现代文明的普遍性价值与高度集中的国家权力结合起来,在加强法律规则的执行力和确定司法独立原则的基础上,实现权力的合理化、效率化、正当化,建构一个现代法治国家。”[1]然而这种启动,不只是制度的安排,并且实际上也很难有制度进行安排,因为制度已经有了规定,只是没有深入到中国公民的意识形态。从法治战略的角度看,建立完善的法治监督体系也需要尊重法治方式。

3.以权利制衡权力

以权利制衡权力,即通过广布权利,在人们捍卫权利的抗争中制约权力的任意行使。这种方法在前些年还只是一种纯粹的理论和个别的实践。但是,随着中国社会主义法律体系的形成,在中国随之出现了权利体系。物权、消费者权利、环境权、社会保障权利、医疗保障权利等大量出现,这些权利都与人们的日常生活有关,是中国近些年法律变化的最主要方面。只是官民在这一问题上都没有做好充分的准备,所以权利很多,但落实的情况并不是很好。尤其在行政行为对权利的保障还有待提高,司法对权利的救济也赶不上权利意识的增长。原因在于,中国的权利来得太猛,配套机制还没有设立,更难说正常地运转。基于权利的抗争虽然很多,但解决的法治方式不是很流畅。政府一般还是在恩赐意义上当成政绩来运送正义。我们认为,随着权利意识的增加,法治政府很重要的任务就是落实这些权利;在制定政策、决断事情的时候不能随便侵犯这些权利。今后基于权利的抗争会迅速增加。特别是随着法治社会的建设,以社会组织捍卫权利的法治手段会常态化。但是这种制约还只是一种基于外力的制约,没有触及权力内部问题。[2]

法治战略是国家战略并不否定个人权利的重要性。如果在国家与公民之间,只考虑国家权力和执政党的利益,法治战略肯定会因为权利与权力之间的失衡而走向失败。长期执政、国家安全与公民的支持密切相关,只有公民的权利自由受到保护,他们才会发自内心地支持国家权力的正常运行。“也许我们应该更多把宏大价值跟

[1] 季卫东:《通往法治的道路——社会的多元与权威体系》,法律出版社2014年版,第5页。

[2] 参见刘作翔:《迈向民主与法治的国度》,山东人民出版社1999年版,第292页。

技术性的制度加以融合,从而使得中国社会能够在不声张,不经过剧烈变化的情况下,逐步实现一个缓慢的演变,缓慢进入一个更高的层次。”[1]这就是一种关于法治战略的思考所得出的结论。法治不是直接捍卫权力的政治,而是一个通过实现公民权利而最终使国家权力正常运转、从而实现政党长期统治的策略。因而,在法治问题上反对一切纯粹捍卫权力的短视行为。“在法治社会中,社会秩序建立在法律之上,稳定而和谐。社会上只存在纠纷,而鲜有叛乱或动乱。因为所有的社会关系都处在法律的调整之中。个人与个人之间的矛盾、个人利益和集体利益、国家利益的冲突都可以通过法律予以公证解决。”[2]法治战略是国家战略主要是从实施战略部署、防范法治实施过程中可能出现的风险,而不是说法治战略注重国家利益,实际上国家的安危是与公民个体权利受到保护的程度成正比。在国家战略中公民个体的权利保护占据重要地位。

罗尔斯认为:“法西斯主义的成功是自由主义政治成全的。”[3]在很多人看来,自由主义是法治妥协论的理论基础。“意识形态化的社会可能成为不诚实的社会。意识形态没有宗教情怀的说教。意识形态化的社会把少数人的理想(或臆想)美化为绝对真理,以传播福音的方式强加给民众,试图以一条法定的精神锁链牢牢地绑在统治者的车辕上。”[4]以权利制衡权力表现的是权力与权利之间的妥协精神,但是这种妥协和退让是有条件的,实施起来也必须讲究法治方式和法律方法。从自由主义的法治意识形态的角度看,法治的精髓在于妥协;法治的要义在于限制权力,保护尊重权利;法治在思维方法上需要契约精神;法治实现的前提在于有完善的法律制度;法治的目标在建构文明秩序;法治的实现的心理条件在于对法律表达真诚之心,不仅要讲法治而且真诚地对待法治。但是,法治的妥协是有限度的,不是无原则的妥协。

4. 以权力制约权力

在这一问题上有两种观点,一种观点是通过建立严密的法治监督体系,实现权力对权力的制约。概括起来包括立法机关对法律实施的监督;司法机关通过行政诉讼对行政权力进行司法监督;上下级之间权力监督;专门的法律监督机关如检察院、纪委、监察局对权力行使的监督。目前的反腐工作取得了很大的成就,主要就是发挥巡视组的作用。但这也引起了人们对传统监督机关功能的反思,论说,各种各样法律监督机构早已存在,为什么就不能发挥像巡视组一样的作用呢?另外一种就是借鉴西方的三权分立以权力制约权力。但在这一问题上,基本上属于法学研究的禁区。但是三权分立是不是符合中国情,这里面是否包含着以美国为首的西方对中国进行和平演变的阴谋,一直存在很多争论。要想实现以权力制约权力,“只有改革我国的政治体制,才会形成‘以权力制约权力’的制约机制”。[5]我们需要打开研究法治国家的禁区,不能研究这一领域的问题,其他领域的问题不能展开。

---

[1] 贺卫方:《逍遥法外》,中信出版社2013年版,第150页。

[2] 於兴中:《法治东西》,法律出版社2014年版,第1页。

[3] 刘小枫选编:《施密特与政治法学》,上海三联书店2002年版,编者前言第37页

[4] 於兴中:《法治东西》,法律出版社2015年版,第75~76页。

[5] 刘作翔:《迈向民主与法治的国度》,山东人民出版社1999年版,第293页。

5. 用责任制约权力

刘作翔教授指出:"社会中每一个权力主体(包括决策权力主体和执行权力主体)对自己行使权力所带来的各种后果都要承担相应的责任。"[1]责任包括道义责任、政治责任、法律责任等,通过明确的责任追究来强化人们的责任心。像我们现在强调法官责任终身追究等都属于用责任制约权力。但是,我们认为这一责任追究制并不一定能够起到作用,因为,法律实施是技术活,终身责任追究制肯定会起到一定的作用,但责任的追究在法治社会中还必须符合法治思维和运用法治方式,大量的"错误认识"行为,以及属于法律弹性空间的"偏向"问题很难追究。[2] 终身责任追究,只能是对那些非常严重的枉法裁判、玩忽职守的犯罪行为能够追究。用这种方法只能防止法律有明确规定的犯罪行为问题上的枉法裁判,玩忽职守等严重犯罪行为,很难起到用责任限制权力的作用。

结语

中国法治推进过程中存在的严重问题是,法治是在以权力的方式在推进,缺少关于当下政治决策、行为是不是符合法治基本规律的讨论。我们基本是沿用过去多年的不争论。不争论成了中国政治的"智慧",成就了经济的迅速发展。因为在很多人看来,在中国很多问题只要争论,就没有结论。这激励了人们在法治问题上的不争论。这反映出的问题是,中国的领导者理论鉴别力较差,他们不能在众多的理论中进行选择甄别,不争论实际上并不能平息在很多问题上的不同意见。从法治战略的角度看,优良的法治环境包括言论自由的充分的保障。只有落实宪法规定的言论自由,智库的研究者们才能拿出更多理论选项供统治者选择。如果没有言论自由,即使有智库研究也很难研究出创建性的成果。政治、经济、文化等方面的智慧不是靠解释出来的,而是靠多角度的研究争论才能得出。当然,言论自由不能得到保障实际上有很多原因,不是说国家的哪一个法律不允许言论自由,而是很多人把言论自由等同于可以信口开河。把握不住言论自由的边界使言论自由更难以发展。在中国当下,需要找出法律变迁途径。法律变迁主要是指与市场经济发展相适应的法律、与执政方式改变相对应的法律变革、与社会治理现代化相对应的法律变迁。这几个方面法律变迁一是通过立法,二是要通过司法,但需要把握立法与实施的契机,避免剧烈的法律变迁对社会稳定有积极的意义。

---

〔1〕 刘作翔:《迈向民主与法治的国度》,山东人民出版社 1999 年版,第 300 页。

〔2〕 陈金钊:《司法改革需要让裁判者负论证之责》,《江汉学术》,2015 年第 3 期。

法作为一种民主文化及其本土性

——以中国社会主义法治理念为视角并在群众路线的语境中讨论

李道刚*

内容摘要:建设中国特色社会主义法治面临三重思想资源的取舍、融合与重塑:中国传统法律文化观、西方启蒙法治文化观和马克思主义法律观。三种法律观对于民主的理解存有差异,有效的法治与民主建设之途,是要以修补和完善的切入点,确保在加强法治与民主的基础上,实现与党的群众路线思路合流,进而达成形式的共识。

关键词:民主文化　本土性　法治理念　群众路线

建设中国特色社会主义法治面临三重思想资源的取舍、融合与重塑:中国传统法律文化观、西方启蒙法治文化观和马克思主义法律观。三者的共同性在于都认为,法律是国家的第一需要,是由国家公权力保障推行的制度。对法律性质上的认识差异,实际上是对民主的认识差异。中国式的民主意味着,孟子的民本、太宗的开明,以及当代的德治。马克思主义的民主具有阶级性,是一种战斗的民主,向统治阶级争自由。因为在资本主义国家,占有生产资料的阶级将其意志普遍化,形成维护市民阶层利益的法律制度。民主是在统治阶级内部实行的,是相对于法治而言的。西方现代法治观认为,民主与法治互为因果,义理上先于法治。无民主的法治是有法而无善治。未来中国特色社会主义法治应以马克思主义为体,以传统和西方为用。原因是:苏联法治实践于1949年中华人民共和国成立后引入,而早在30年代就在革命根据地试点,已是不争的事实。有八十多年的历程。完全推倒重来既无必要也无可能。修补完善的切入点,正是民主性的加强,这也正与党的群众路线思路合流,达成形式的共识。此不失为体制内改良的有效途。

党的十一届三中全会上,民主与法制合并提出,说明最高领导人已经开始意识到,两者的相互依存性。基于刚刚过去的经验事实:没有法制的所谓民主,必将迅速蜕变为暴民政治,从而导致一场史无前例的浩劫。而倘若法制建设可以缺少民主一维,那今人也无须白费劲,这样的法制早在秦朝就已经实现了。

法意味着现行客观法律制度和主观权利之总和,以及形而上的法的理念。什么是法治?当代法治一项最为根本的内容是控权。如所周知,对于作为外源型和后发型的中国而言,现代汉语语境中的法治无疑是舶来品。与中国古代典籍中的法制大相径庭。现代法治实现其目标运行的内在原理是:民主—法治—民主,而社会主义法

---

* 李道刚,法学博士,教授。西安培华学院法学学科带头人,甘肃社会科学院特聘研究员。中国欧盟法研究会常务理事、全国外法史研究会理事。教研领域:宪法学、法理学、国际法学。

治与其相连结的原因,也正是因为这一同构性,即民主—集中—民主。后者是通过群众—领导—群众来实现,重在强调国家权力实施之保障(所谓形式的法治),而前者多指国家权力运行以公民的权利为界。这一切都须以实现作为社会核心价值的基本自由为前提。没有法治国家对公民各项自由权的切实保障,实现国家生活中真正的民主是难以想象的。要实现多民族共同体的长治久安,就应该将有关国家和社会的重大事项交由多数决并将所有社会关系的调整都加以民主化。而且多数决必须受到现行法律的约束,其过程亦必须接受司法监督。

一、引言

法治是一种文化,一种文明,所谓制度文化,制度文明。民族的、科学的和大众的文化是中国特色社会主义法治文明的本质内涵,首先应体现这一制度文化的民主性。创立新型国家管理制度和建设现代法治国家的一项重要任务就在于,彰显法治为民的这一宗旨与目的,以苏维埃时期判决书通常开篇的第一句话概括就是"以人民的名义"。或按教育家徐特立的表达:人民群众本位。

人民群众本位之所以构成社会主义法治的核心价值,是由其现实基础决定的。

二、中国特色社会主义法治的现实基础

(一)政治社会基础

政治社会基础基本特征:政治的社会性。新民主主义革命是由共产党领导的劳苦人民大众的政治革命,而非民族资产阶级小众的上层改良。两者的关系是:政治以社会为依托。中国特色社会主义法治的政治基础是人民民主专政,其社会基础则是一切民主力量的统一战线。

众所周知,这是由中国国内不同于苏联的另一种阶级力量的对比所决定的。人民民主专政的目的是保护社会主义的所有制,其地位理应优先于宪法而存在。人民民主专政因而首先必须确保人民群众参与法治的民主权利。

(二)法律道德基础

法律道德基础基本特征:道德的人民性。两者的关系是:法律以道德为引领。中国特色社会主义法治的法律基础是宪法,其道德基础是社会主义,即消灭贫富差别,实现共同富裕。宪法的作用是:把已取得的成果登记起来,并以立法手续确认之。宪法之所以必须,是为了把人民群众接受,而又正当的社会秩序固定下来,并不以规定人民的形式权利为限,而是注重保障这些权利,落实这些权利的物质条件。宪法体现人民群众的意志,符合人民群众的利益。中国共产党以"为人民群众服务"为宗旨,带领广大人民群众逐步实现这一宏伟目标。我们认为,"一切从人民群众的根本利益出发"的原则,就是人权思想的当代中国语境。

(三)思想文化基础

思想文化基础基本特征:思想的实践性。马克思指出:人的思维是否具有客观的真理性,不是一个理论的问题,而是一个实践的问题。人应该通过实践证明自己思维的此岸性和力量。马克思这里的意思是:只有实践才是检验真理的唯一标准。两者

的关系是:思想以文化为融贯。中国特色社会主义法治的思想基础是马克思主义,其文化基础是中国优秀的文化传统:包括深入民心、为老百姓喜闻乐见的俗文化。发挥法的社会教育功能,提升整个民族的政治文化意识和人民群众的法治觉悟,是实现马克思主义法权思想本土化十分重要的工作。努力使人民群众在每一个案件中都感受到公平正义。这里也有传统文化的烙印,“小大之狱,虽不能察,必以情”。[1]

三、民主是法治建设的出发点和归宿

(一)表达现实与客观现实之“立法体现民主意志”

一般而言,法治主要包括民主立法、自觉守法、严格执法和文明司法。其中民主立法是法治的必要条件和逻辑起点。中国社会主义法治下的立法工作首先必须体现人民意志。这是由中国国家政权制度的人民性所决定的。群众参与正是人民民主法制的品格。这就是立法的民族性,也是当下所称的“中国特色”。苏区的工农兵代表大会制度、延安时期的三三制、苏维埃宪法大纲,以及革命根据地的其他各类法律法规都是在人民群众的参与下制定的。新中国成立后,1954 年《宪法》在通过时,举国上下反复讨论,也说明这部根本大法的人民性。所以,早在苏区和延安时期就领导法制建设的董必武,在八大上不无深刻地总结道:“我们的人民法制所以有力量,是由于它实事求是地总结了人民斗争的经验和贯彻了群众路线。”[2]

中国特色的民主政治与西方的全民公决或普遍选举的议会制度是有很大差别的。西方的“主权在民”意味着,在共和政体中,“民主”必然是最重要的“生活方式”之一。民主既是市民社会的基本生活方式,又是资产阶级宪政国家的本质特征。而我们的“一切权力从人民出发”,虽与法国大革命的传统有一定的关联性,其实并不相同。这源于对卢梭的人民主权思想的不同发挥。西方民主的理论基础是:哲学相对主义和政治自由主义:只有通过自由竞争才能实现各种立场观点的相互制衡,每一个体只有亲身参与共同意志的构建,才有理由服从它。[3]

而如所周知,中国当代的民主理论则应追溯至另一种文化渊源。马克思主义认为,法虽是统治阶级的意志,但并非简单的工具,而是社会变革的推力,即生产方式,产生和复制出来的现象。在此关系中,法具有相对的自主性。这是对法的本质的科学认识,是普遍真理。在当下称之为“普世价值”也未尝不可,但这一放之四海而皆准的真理只有通过人民群众的反复实践,才能最终成为行动的正确指南。

社会主义国家的立国基础并非一项任意的契约,而是由人民的“同质性”决定。民主平等的实质是民族的团结和统一,以及民族的共同意志。民主即是在民族大团结之下,人民同质性的形式表达。所以,人民民主专政也只有在人民民主的基础之上才有实现的可能。这就意味着,以公决为基础的民主,从其政治本质而言,与专政并

---

[1] 《曹刿论战》。

[2] 中共中央办公厅编:《中国共产党第八次全国代表大会文献》,人民出版社 1957 年版,第 263 页。

[3] 参见[德]莱因荷尔德·西贝留斯:《普通国家学说》,贝克出版社 1988 年版,第 255 页。Reinhold Zippelius:Allgemeine Staatslehre,Juristische Kurz-Lehrbuecher,10. Auflage,C·H·Beck Verlag,Muenchen,1988,S. 255。

无大的区分。因为,两者的政治形式都是以所有国家公民的实质平等为依托的。而国家公民又是以鼓掌通过的方式,成为统一政治意志的载体。至于为了维护国家秩序或确保公民民主权利,包括私生活的某些合法的、正当的措施,则不能视为民主的障碍。因此无论“民主”还是“专政”都只能在全面的政治统一的意义上加以理解。因为,只有在统一中,才能实现真正的人民主权。

事实上,人民法制就是人民主权思想的本质体现。宪法作为国家的根本大法,中西方都有各自的底线:我们是共产党领导的民主集中制,他们是自由—民主的根本秩序,两者不能同日而语。在中国,为贯彻党的群众路线提供制度保障,是宪法和各项立法工作的合法性所在。因此,必须坚持人民群众的主体地位,坚持国家一切权力属于人民,党领导人民制定宪法和法律,代表人民利益的党自身,也必须在宪法和法律范围内活动。任何组织或者个人都不得拥有超越宪法和法律的特权。

(二)表达现实与客观现实之“执法依托民主管理”

习总书记在纪念宪法公布施行 30 周年大会上的讲话中提到,宪法的生命在于实施,宪法的权威也在于实施,宪法是国家的根本法,是治国安邦的总章程,具有最高的法律地位、法律权威、法律效力,具有根本性、全局性、稳定性、长期性。任何组织或者个人,都不得有超越宪法和法律的特权。重视履行宪法所赋予的职责,依法治国,将权力关在笼子里,因此成为尊重宪法权威之必须。依法治国,首先是依宪治国;依法执政,关键是依宪执政。政府的权力既然来自人民,就要受到广大人民群众的监督。

依法行政更要讲究国家管理的现代化,即科学化。知识经济和信息时代,科学发展比之大半个世纪以前,已有巨大差别。但我们今天依然要大力弘扬党在延安十三年开创的延安精神,这是因为,延安精神呈现了科学的真谛,“主张实事求是,主张客观真理,主张理论和实践一致”。[1] 诚然,依靠群众,并不等于依赖群众,附和群众,没有担当,没有坚持,人云亦云,不动脑筋,随波逐流,做群众的尾巴。党的群众路线更绝不能与一切群众运动画等号。党的正确的群众路线遵循群众—领导—群众的轨迹;坚持民主—集中—民主的原则;也是正确的方针和措施,经实践—认识—实践这样反复循环的自我检验和完善的过程。如前言所述,人权是伴随法制改革提出来的,尊重人权的思想进步与否,最突出的表现应当是国家行政过程中民权意识和思想的贯穿程度,因为一国国内的人权保护归根到底要靠法律实效的保证,尤其是与公民一生休戚相关的国家和地方行政。我国自 1978 年以来的法制建设过程中逐渐形成的依法行政的理论与实践,在尊重和保护人权方面取得了进步。就制度角度而言具体表现在行政组织、行政人员、行政职能、行政立法、行政执法、行政司法、行政监督、行政程序、行政诉讼、行政赔偿等方面。依法行政不仅能够保障公民基本权利,并且更是尊重人民民主的必然要求,同时也是建设民主与法治社会的必然要求。

建立和健全国家公务员制度是确保公民平等参与国家民主建设的重要一环。早在 1988 年 5 月至 1992 年年初,原人事部一方面继续修改《公务员条例(草案)》,另一方面则展开试点工作;1993 年颁布了《国家公务员暂行条例》;2005 年,根据已有

[1] 毛泽东:《新民主主义论》,载《毛泽东选集》(第 2 卷),人民出版社 1991 年第 2 版,第 707 页。

的实施完善情况,正式颁布了《公务员法》。多年来,公务员考试持续升温,为全体社会成员参与政府工作提供了公平竞争的机会,也为在职公职人员的人员提供了权利保障。实现国家管理的现代化和科学化,公务员作为国家和政府的代表自身应在宪法的权威之下,审慎自律,努力实现:权为民所用,情为民所系,利为民所谋。将人民群众的满意度,作为考核政绩的一项重要标杆。公正在现实社会中往往是一种感受,并非完全等同于正义本身。各项新政策在实施前,耐心细致地做好宣传解释工作,十分必要。思想工作就是行为科学,是党的群众路线教育的具体方法之一,应在科学方法论的指导下,学好、用好。

另外,如《行政处罚法》,确立了处罚法定原则、公开公正原则、处罚与教育相结合的原则以及权利保护原则,尤其是本法确立的听证制度,使相对方的听证权得到落实;《行政许可法》,主要对行政许可的实施程序、费用、监督、责任等做出了详细规定,着眼点在于对相对人权利的保护。可以说,这些客观现实都体现了人民民主的特征。

(三)表达现实与客观现实之"司法接受民主监督"

早已在中国法律界十分著名的"马锡五审判方式",就是由西北革命先贤马老创立并亲自实施的。应广大人民群众所需,将法庭搬到田间地头,并接受人民群众的监督,同时也起到了普法的社会教育功能。这是延安时期,陕甘宁边区司法制度改革的创新之举。其实比当代学者所誉为的"送法下乡",更见根本。由司法直接面对群众和纠纷,产生了现在的信访接待制度;由群众加入到司法审判中来,产生了现在的人民陪审员制度等;法院办案深入群众、依靠群众,群众路线进而贯穿于司法审判的全过程中。审判案件注重群众意见的老延安传统,业已成为今天审判结果要注重社会效果的司法界的普遍共识。

在当代中国社会主义法治的现实中,这个问题本身比较复杂。我由于专业方向的限制没有涉猎。只有一些零星的感想。就广大人民群众比较关切的行政司法方面,1989 年我国颁布《行政诉讼法》,为公民的权益实现提供了程序救济;1999 年 4 月颁布《行政复议法》,2007 年 5 月又公布了《行政复议法实施条例》。该法的定位首先是防止和纠正行政机关违法或不当行使行政权力,保护公民、法人或其他组织的合法权益,而在复议范围上也有较大突破,对相对人的救济更加充分,在期限、申请方式、复议对象等方面更加体现便民原则。

注重法治建设中的民主因素无疑具有高度的工具理性的价值。民主同时也可以成为一种生活方式。人民民主是实事求是地公正审判的制度基础,"努力使人民群众在每一个案件中都感受到公平正义"。必定会不断提升和加强人民群众的法律意识和民主参与意识。使人民群众逐步从怀疑诉讼、惧怕诉讼到厌倦诉讼,变为相信公正、相信正义和信赖法律。我们以为,要使法治的民主性真正成为全社会的文化共识,不仅要违法必究,还要有错必改。首先,一切非法和犯罪行为都必须予以严格追究,如延安时期的黄少功案和新中国成立初期的刘青山、张子善案,以及改革开放后的腐败大案。还应完善对司法工作的监督和制约。如湖北的佘祥林案和安徽叔侄假强奸案的重新审理。[1] 拨乱反正时,党中央有错必改,为我们树立了实事求是的良好风范。[2] 十八大以来,中央的反腐力度,彰显了违法必究的决心。只有这样才能在广大人民群众中,建立真正的"司法公信力",对法的确念,以及对中国共产党的崇高威望的由衷信服。从而切实增强客观现实中的人民民主。

四、结语

人民群众本位与当今的社会主义民主具有同质性。而党的群众路线又必须成为依法治国,建立中国特色社会主义法治国家的底线共识。有共识才能建构价值共同体,使法治常态化。从而又进一步增强广大人民群众对党和国家的向心力与凝聚力。只有这样,全国人民才能在可能的反侵略战争中,在祖国统一、反对民族分裂的大是大非面前,立场坚定,同仇敌忾,战无不胜。

---

〔1〕 孙琬钟、杨瑞广主编:《董必武法学思想研究文集》(第 12 辑),人民法院出版社 2013 年版,第 205 页。
〔2〕 何载:《冤假错案是这样平反的》,中央党校出版社 1999 年版,第 1 ~ 4 页。

法律继受中的“制度器物化”批判
——以近代中国司法制度设计思路为中心

李启成*

内容摘要：在帝制中国，君遵君道，臣尽臣道，相互合作，共同构成“治道”。它根本不存在权力分立，只有职能分工；司法是各级官府的核心职能，用司法官兼理行政比行政官兼理司法来归纳官府职能更准确。在近代法律继受过程中，改革者将传统衙署归于行政范畴，新设各级审判衙门，以考选合格的法官行使司法权，推进司法独立。这种基本忽略固有治道的制度创设具有明显的制度器物化特征，因继受主体缺乏国族自觉而长期存在。这直接导致近代司法权威难以真正确立，更妨碍从功能和精神层面进行更理想的法律继受。

关键词：制度器物化 国族自觉 司法独立 法律继受

自1906年清廷在中央设立法部和大理院，分掌司法行政和审判，在地方筹设独立于官府的各级审判厅，意味着中国司法近代化正式展开，开始逐步确立以司法独立为指导的新司法架构。从晚清到民国，政府虽在司法改革具体目标上有差别，但都基本认同分权思想，继承了晚清将传统官府定性为行政机构的认识，为推进司法独立，他们在原有衙署外新建审判机构、以新式法官行使司法权。换句话说，整个近代中国尽管有或大或小的政治变动，但晚清所确立的这个司法革新模式仍一以贯之。有意思的是，我发现在近代中国司法改革发端的晚清，还有与这个主流模式很不一致的司改思路。先来看下面三则材料：

1. 1903年年初，其时晚清司法改革尚待启动，在京师编书局供职的孙宝瑄，受梁启超介绍边沁《政法论》文章的启发，结合他对传统治道的洞悉，萌生了以司法权为核心的改革设想，云：

人民之立法、行法、司法三权结合而成国，亦宇宙之公例，何必于三者外更议增加，是蛇足也。若虑无所统一……即以司法为主权，统兼立法、行法未为不可……故鄙意议院属立法之一部，宰相属行法之一部，国君当属司法之一部。凡国内立法官由人民选举，行法官由宰相选用，司法官当由国君选任……遇立法、行法二部互争不下时，国君可命司法官判决之。[1]

2. 1910年年底，直隶总督陈夔龙上折，认为以新设审判厅负责司法审判事务，实施中颇多窒碍难行之处，故提出新的制度设计思路供朝廷参考。他主张扩大行政区

---

* 李启成，法学博士，北京大学法学院副教授。本文系国家社会科学基金一般项目“《资政院第二次常年会会议记录》辑佚与研究”和北京市社会科学基金项目“晚清资政院研究”的阶段性成果，亦是作者在哥伦比亚大学法学院中国法研究中心作为爱德华访问学者的研究主题，一并致谢。

〔1〕 孙宝瑄：《忘山庐日记》（上册），上海古籍出版社1983年版，第615～616页。

划,保留知府代替州县官为初级行政官,而以州县官衙署建设审判厅,以州县官公费代替审判厅日常经费:

行政区域不妨稍广,俾施措易于见功;而行法区域必宜从小,庶诉讼得以便利。查各省府厅州县向分二级,今宜留知府以统各属,专办行政事宜,裁厅州县之员缺,仍留厅州县之治名,每属设地方审判分厅,并附设初等审判厅于其内,即以厅州县之衙署为之……仍留厅州县之名,百姓忘于改制之繁,而庶事已奏灵通之效……以厅州县之衙署为审判各厅,以厅州县之公费为推检及佐治各员薪俸,一转移间,行政、司法各已独立,经费不假另筹。[1]

3. 1911年8月,两江总督张人骏亦因新式审判厅实际运作不尽人意,向朝廷建议:地方审判厅由州县衙门改设,州县官另建较简易之衙署,并兼任检察官:

司法独立为宪政要端,自不能不依限实行,但行法首重宜民,若于民情习惯不能相洽,必致滋生事端,求安反扰。中国郡县之制行已一二千年,乡民心目中只知州县衙门为其本管官衙,应行服从。若于州县之外别设法庭,乡民少见多怪,必致别生疑虑……近来各处新设审判厅,每滋纷扰,是其明证。乡曲愚氓,难以理喻,惟有顺其习惯,使之不觉,自然默化于无形。窃谓各直省府厅州县地方审判厅,皆宜以原有州县衙门改设,而别给州县官以屋舍,乡民涉讼仍在州县衙门,必无不服……州县为地方行政官……若将检察官一职皆令州县官兼任,则既可省设官之费,而民情尤易相安。[2]

这三则材料并非稀见,却并未引起学界注意。这可能跟该材料所主张的方案未能产生什么影响,在后来仅作为历史资料存在有关。我以为,它们在当时出现,至少提供了这样的信息:在晚清司法改革启动前后,尽管主流做法是借鉴列强在原有官府外新设审判厅,来配合预备立宪推动司法独立,但还有人认为可从固有治道中发掘精华,从而更有效地达到司法独立和预备立宪之目标。经过他们的思考,断定固有治道并非与当时司改所追求的司法独立完全对立:欲追求司法独立,需进行具体制度设计,改革者要考量固有治道之内涵,发掘其优长,而不是机械地效颦步趋。前述三人的具体意见,虽有差异,但其主张有一共同点:全新创设审判机构未必能保证其司法权威,必须借助固有官厅的权威地位,如陈夔龙和张人骏都建议把州县衙署作为法院的审判场所,即是将官府对百姓的权威移用于新审判机构。张人骏更主张州县官兼任检察官,法官可裁决检察官提交来的案件,以提升法官在百姓面前的威严。

这三则材料最重大的意义,并不在具体规划本身,而是它们所提出的问题:以西式司法独立为目标的近代司法改革,并不意味着在具体制度设计方面放弃思考、简单照搬照抄,而要充分照顾相沿数千年之久的治道及其所塑造的民性民习。作为制度的法,有推动社会演进的"法教"功能,但同时"法教"亦有其限度。[3] 继受而来的新法律制度因受制于继受国的民性民习,致使效果与在其母国迥异。在推进司法独立

---

〔1〕 故宫博物院明清档案部编:《清末筹备立宪档案史料》(上册),中华书局1979年版,第546页。

〔2〕 同上书,第594页。

〔3〕 王伯琦:《近代法律思潮与中国固有文化》,清华大学出版社2005年版,第74页。

设计具体制度时，整个近代中国的主流做法是照搬域外，于传统官府外新设法院行使司法权，由新式法官负责具体案件审理。在此思路下，传统治道即便没被视为新式制度设计的对立面，至少也跟其漠不相关。晚清决策者如何接受此种忽略传统治道及其影响下的民性民习之制度设计模式？此模式又是怎么在近代中国被视为理所当然？它与近代中国司法转型步履维艰且结果不尽人意有无内在联系？从这个为诸多研究者所忽略的角度来反思近代中国的司法变革，乃本文主旨所在。

一、晚清新设审判机构的根据

自19世纪下半叶，近代中国即有了一些关于司法独立思想和制度方面的知识传播，为20世纪初清廷司法改革进行了一些知识准备。庚子国变后，清廷决意变法图强。作为前期变法的纲领性文献，《江楚会奏变法三折》的宗旨之一是“采西法以补中法之不足”，其中有较翔明的法律和司法改良之举措，但无一语涉及司法独立。[1]

晚清司法改革以司法独立为目标，主要为收回领事裁判权，尤其是仿行宪政所需。[2] 清廷于1906年9月下预备立宪之谕，明确指出预备须从改革官制入手。这种决断非常顺理成章。盖官制因政体而生，政体既由专制而立宪，官制必随之改革。立宪政体及其与之相适应的官制，在中国既无“旧章”可循，改革者自然只能借鉴于异域的通常做法，即以三权分立原理为据来革故鼎新，逐步形成新官制。在这个宏观背景下，司法独立遂因此成为晚清朝廷司法改革的目标。司法独立既已成为司法改革的目标，接下来即需具体规划如何推行司法独立。

（一）固有官府的定性：“行政兼理司法”

具体到操作层面如何推行司法独立，牵涉到诸多机构和相应人事职位的巨大变动，朝廷不能不慎重其事。这集中体现在让臣工以上折进言的方式来表明朝廷在决策时能集思广益。《清末筹备立宪档案史料》一书有“官制”专栏，共搜录档案资料93件，其中奏折和条呈等73件，上谕20件。在73件奏折和条呈中，司法领域的共有12件。晚清筹备立宪以三权分立为指导原则，同作为三权之一，为什么绝大多数臣工所上折呈谈及司法的数量较之行政和立法少得多呢？个中原因，主要是传统衙署在分权理论中被朝廷归入行政范畴，在立宪政治下议会天然要对行政进行制约，较之新创建的司法系统，两者都跟官制改革中的利益再分配更为密切相关。

在新官制方案正式出台之前，朝廷应御史王步瀛之请，令臣工各抒己见。[3] 该书收录这一时期30名官员所上奏折和条呈33件，其内容跟司法改革相关的有6件，主张司法独立并在行政官署外新设各级审判衙门只有2件，分别为考察政治大臣戴鸿慈和出使德国大臣杨晟所上奏折，建议由原衙门仍旧行使司法权而不宜过度更张的有4件，分别是户部员外郎闵荷生、翰林院撰文李传元、御史胡思敬和叶芾棠所上

---

〔1〕 参见苑书义等主编：《张之洞全集》（第2册），河北人民出版社1998年版，第1407页以下。

〔2〕 韩涛：《晚清大理院：中国最早的最高法院》，法律出版社2012年版，第11页以下；李启成：《领事裁判权制度与晚清司法改革之肇端》，载《比较法研究》2003年第4期。

〔3〕 故宫博物院明清档案部编书（上册），第432页。

奏折。尽管该书所搜录的奏折等档案并非齐全,但据此至少可见在官制改革上谕明发之前,尚有不少官员对在传统官府外设立新式审判机构以推行司法独立为指针的改革持反对意见。在 1906 年 10 月清廷公布中央官制改革上谕后,该书收录了官员所上折、呈 40 件,其中涉及司法者 6 件,分别为军机章京鲍心增、考察宪政大臣李家驹、在籍编修邵章、直隶总督陈夔龙、出使大臣张荫棠和两江总督张人骏所上奏折,都是赞同新设审判机构,只有陈夔龙和张人骏有自己的一些改进设想。可知:清廷官制改革上谕明确表达了朝廷建立新司法机构以推进司法独立的明确态度,对晚清司法改革的走向很关键。因该上谕是对总司官制编纂大臣奕劻等上奏所做裁定,其内容较简略,故考察该上谕关于司法改革背后的理由和思路,必须重点分析奕劻等所上奏折。在中央衙门,原本即有专门法司之设置,谕令将刑部改为法部负责司法行政、大理寺改为大理院专掌审判,除部院具体权限划分有所争执外,关于大方向和思路,争议较少。而在地方,原先是各官署层层节制,正印官总揽一切,现今司法要独立,不乏争议。故奕劻等关于各直省官制奏折中这段话值得特别注意:

分设审判各厅以为司法独立之基础……国家因仍明制,分设布政、按察两司,亦复各有专官,截然不紊。自州县身兼其事,始不免凭恃以为威福,今日为外人藉口,而自失其权者,正坐于此……如虑行政官一日不兼司法,号令难施,则不知行政处分之权,尚为地方官所有,况地方保卫,自有警政担其责成。又有虑及法官独立,将有枉法以行其私者,又不知法者,天下之公,岂容其意为左右;且监督之官,检查之法,一切具在,正不必鳃鳃过虑。现在法部、大理院,既经分设,外省审判之事,自应由此划分权限,别立专司,俾内外均归一律。此各省审判各厅不能不按级分立者也。[1]

上谕裁可该折,表明朝廷已确定在固有官府外新设各级审判机构来行使审判权。在朝廷决策者看来,要实现司法独立,顺理成章的方案就是:按照泰西三权分立学说,国家机构有行政、立法和司法之别;中国从古至今无分权学说,当然无从产生建立在分权理论基础上的国家机构;中国固有的各级官府属行政机构,从而无专门的立法和司法机构。朝廷欲仿行宪政,首先就需按照分权原则改组国家机构,进行官制改革。其最要者是设立资政院和各省咨议局,为立法机构之预备;建设大理院和各级审判厅为专门司法机构,负责案件之审判。随后推选议员、考试法官,充实于各该新机构之中,从而保证新机构能顺利运作,立法权和司法权得以与固有的行政权相配合,从而切实推进预备立宪。在这个方案里,有一个核心前提,那就是中国固有官署,尤其是地方官署在分权学说框架内的定性问题,即它们主要是不是行政机构。奕劻在前述奏折里以委婉的方式为其定性,即其所言"州县身兼其事……如虑行政官一日不兼司法"等,这实际上告诉世人,传统地方官是"行政兼理司法"。

身膺法律和司法改革直接领导重任的沈家本对晚清筹建独立司法机构发挥了重要影响,故很有必要考察沈氏对该问题的论证。他首先断定传统地方官的"行政兼理司法"定性,进一步分析此制度的危害,从而完成在行政衙署外筹建新司法机构的论证。

---

〔1〕 故宫博物院明清档案部编书(上册),第 504 页。按:这段文字从很大程度上是在回应张之洞反对司法独立电文,张氏电文见后,读者自可覆按。

在沈氏看来，当时在地方“行政司法混合为一”，[1]是“行政官兼理司法”，其危害有四：一是行政官员没有专门的法学知识，二是胥吏易营私舞弊，三是上诉制度流于虚设，相关法规几乎形同具文，四是有碍于收回领事裁判权。[2] 这种种弊端，可进一步归纳为两点，即对内不能公正审理案件，对外不能维护国权。

在沈氏论证中，推行西式司法独立与在固有衙署外筹建新式审判机构是同一个问题。换言之，只须论证司法独立之必要，筹建新机构就为事理之当然。在晚清论证司法独立是否应行、可行的根本就是判断司法独立的“籍贯”问题，即它主要是中西问题还是古今问题。如它主要是中西问题，那即属制度继受范畴，当然就要重点关注继受国的传统与现实，需继受者超越具体条文和制度的简单因袭，更多从作为系统的文化社会环境及其所限定的功能等诸多层面进行审慎考虑，创制更合适的具体制度。如它主要是个古今问题，改革者重点就应考虑古今之间的变与常，尤其是变，从而确定在具体制度上何者当因、何者应革。沈氏抓到了该根本性问题，通过撰写《历代刑官考》等著述，从设官分职的角度论证了古代专设刑官的合理性，[3]据此追寻司法独立之源，判定司法独立乃我国固有之良规，从而将中西问题转换为古今问题，证明司法独立在今日不仅应行，而且可行。

到底司法独立究竟是否为我固有良规？在晚清推行司法独立主要是个古今问题而非中西问题？其论证是否能真正从学理和事实两方面充分讲通，不是沈氏关注重心，只是将之作为一种为证成既定决策的论证策略，试图堵住反对者之口。他作为朝廷高官中少有的技术官僚，主要聚焦于司法独立如何在技术层面上进行操作，即如何筹建独立的司法机构、法官的培养与选拔等。

其实，他自己很明白，这种“托古改制”式的论证只是为减少变法改制的阻力而不得不为之的策略。为了防止这种论证可能带来司法独立走样这一副作用，沈家本在《裁判访问录序》文中即点出了司法独立在西方的精义，概括了它与中国现制之基本差异，进而指出学习西法之正确途辙：

西国司法独立，无论何人皆不能干涉裁判之事。虽以君主之命，总统之权，但有赦免而无改正……方今世之崇尚西法者，未必皆能深明其法之原，本不过藉以为炫世之具，几欲步亦步，趋亦趋。而墨守先型者，又鄙薄西人，以为事事不足取……中国今者方议改裁判之制，而礼教风俗不与欧美同。即日本为同洲之国，而亦不能尽同。若遽令法之悉同于彼，其有阻力也固宜然。我法之不善者当去之，当去而不去，是之为悖。彼法之善者当取之，当取而不取，是谓之愚。夫必熟审乎政教风俗之故，而又能通乎法理之原，虚其心，达其聪，损益而会通焉，庶不为悖且愚乎……是在讲究斯法

[1] 沈家本：《寄簃文存》，商务印书馆2015年版，第206页。

[2] 沈家本：《调查日本裁判监狱情形折》，载《调查日本裁判监狱报告书》，北京农工商部印刷科1907年铅印本，第2页以下。

[3] 沈家本在《历代刑官考序》明言：“有一官即有一官之职分，故任是官者，必皆能各尽其职分，而后国家乃非虚设此官。稽之于古，未闻无是事而虚设一官者，亦未闻设一官而可以不事其事者；未闻任是官而不必问是官之职分当如何乃克尽者，亦未闻任是官而不必问职分之相当不相当可以漫居是官也。此理之易晓者也。”（前引沈家本《寄簃文存》，第198页。）

者,勿求之于形式,而求之于精神,勿淆群言,勿胶一是,化而裁之,推而行之,斯变通尽利……古今中外之见,又何必存哉。[1]

这段话最能代表沈氏对司法独立的真正认识水平,是其多年学习和思考的结晶。他之所以时而强调司法独立乃“固有良规”,有时肯定它属“彼法之善”,是因应现实之所需、所急而“行权”。作为手段的论证虽差异很大,但其所欲达到的目标则一,即是在晚清创设新机构以推进司法独立。既然这个目标先已存在,他关于制度继受要“损益而会通”等告诫就很可能沦为高明的标榜,难以落实。

沈氏是传统士大夫,且长期在刑曹任职,熟谙固有司法模式,又适逢其会,成为晚清司法改革的重要主持者,同时自然成为中国司法近代化的奠基人。他对传统地方官“行政兼理司法”定性的强调在当时和后世都产生了巨大的影响,尽管后人不大认同司法独立乃我固有良规的论断,但能理解他那“托古改制”的苦心。其实,他并没有深入论证为什么传统地方官就是“行政兼理司法”而不是相反呢?假若传统地方官不是“行政兼理司法”而是“司法兼理行政”,那可能就会采取新设各种行政机构而不是新设审判机构的方式在晚清推进司法独立了。于此可见,被沈氏基本视为同一的司法独立和新设审判机构,实际上是相关但绝非同一的两个问题。这启示我等后人:以分权视野来观察传统地方官,究竟是归于行政官序列还是司法官范畴,实在值得结合固有治道进行深入考量。

朝廷决策者将施行司法独立视为筹备宪政、收回领事裁判权的核心要目,本没什么问题,但在晚清这样一个广土众民、有极其深厚文化传统的国度,究竟该采取什么具体制度设施以实现司法独立,理应深入广泛地探讨。但实际上,如沈家本那样的佼佼者都没能充分认识到该问题的重要性,遑论他者。随着日本司法模式对晚清司法改革的压倒性影响,强化了决策者设立新机构以推进司法独立的思维模式,完全以取消或回避问题的方式来取代了对该问题的思考及随之而来的回答。

(二)司法制度继受与日本影响

晚清司法制度变革,本质上是一种外来制度继受。既然是继受,则继受主体先要对继受对象有一定认知。对迥异于我国传统的域外司法制度,国人的认知过程非常漫长。早在鸦片战争前后,即有些简介,但难免郢书燕说。之后进展缓慢,直到甲午、戊戌前后,因政治革新之需,才形成一短暂高潮,认知较前有所提升。

在这一阶段,中国对域外司法制度的认知主要由外国来华人士、驻外使节、留学生以及那些出入租界的国人所传播,尚无明显的排他性抉择。司法独立制度,发端于英,渐及于欧陆诸强,流风所被,至于美国,颇有后来居上之势。同文同种之日本,继受了法、德等国的司法制度。此时,美国在国际事务中的地位较今日为逊,其司法制度亦非特别显赫于当时。即便如此,国人亦不乏关注者。如曾留学美国的章宗元于1902 年前后有《美国宪法》《美国民政考》等书,较为系统地介绍了美国司法制度。他逐条翻译了《美国宪法》,并用“案语”阐述自己的理解和评判。观察他关于司法权

---

〔1〕 前引沈家本《寄簃文存》,第 205 页以下。

的四则案语，足见其对美国司法有较准确的理解。[1] 沈兆祎在《新学书目提要》、顾燮光在《译书经眼录》都有评介。[2] 这可证明直到20世纪之交，近代中国人尚未将哪个国家锁定为主要学习对象。

日本因与中国同文同种且地属东邻，对晚清法政改革必然产生重大影响，日俄战争获胜更提升了它对清廷的吸引力。即便如此，1905年清廷派大臣出洋考察宪政，还是将重心放在欧美诸国。但到朝廷决策预备立宪、官制改革直至清亡，日本政法模式成为清廷变法改制最主要的、甚至是唯一的模范对象。

有学者经详细比对考察政治大臣戴鸿慈和端方所进呈的《欧美政治要义》与有贺长雄的《国法学》，断定《欧美政治要义》的原作者就是有贺长雄，而“清政府预备立宪的整体思路与重要环节、步骤的设计，乃至宪法拟订、官制编纂，与考政大臣奏陈的主张相似”。[3]

清廷新设大理院和各级审判厅的规划，决定于官制草案的厘定和《法院编制法》的纂拟。在清廷专门设立的官制编制馆，其成员多为日本法政留学生和到日本考察过的官绅。该馆以孙宝琦、杨士琦为提调，分设各课。金邦平、张一麐、曹汝霖、汪荣宝为起草课委员，陆宗舆、邓邦述、熙彦、陈毅为评议课委员，吴廷燮、黄瑞麒为考定课委员，周树模、钱能训为审定课委员。其中负责官制起草的金邦平、曹汝霖、汪荣宝和评议课委员陆宗舆都在早稻田大学学习过；陆宗舆、邓邦述、陈毅、黄庭瑞、周树模等都随五大臣出洋，考察过日本宪政。[4] 据张一麐回忆：“编纂官制局设于海淀之朗润园……各员多东西洋毕业生，抱定孟德斯鸠三权分立宗旨……对于司法独立，说帖尤多。”[5] 曹汝霖讲“此次修改官制，唯一收获，只是司法独立”。[6] 此次官制改革之成果见于1906年10月拟定的《各部官制通则》和1907年6月出台的《各省官制通则》，确立了在原有的行政衙署外设立由大理院、高等审判厅、地方审判厅和初级审判厅组成的四级三审司法新体制。[7]

为了更好推行君宪，清廷于1907年再次派员考察日英德三国的君宪事宜，到日本的达寿和李家驹被任命为宪政编查馆提调，而考察英国和德国君宪的汪大燮和于式枚却未获进入该机构任职的机会，“这等于明白宣示，当时的立宪要以日本为师法对象”。[8] 司法作为立宪之一部，自不例外。

在清廷出台《各省官制通则》三个月后，沈家本即督率修订法律馆同僚赶出了《法院编制法》草案并上奏。沈氏奏折扼要叙述了编制之经过，其中日本法学者冈田朝太郎出力不少，“令法律学堂日本教习法学博士冈田朝太郎，帮同审查。该教习学

---

〔1〕《美国宪法》，章宗元译，上海文明书局1902年版，第33页以下。

〔2〕熊月之主编：《晚清新学书目提要》，上海书店出版社2007年版，第439页以下，第258页以下。

〔3〕孙宏云：《清末预备立宪中的外方因素：有贺长雄一脉》，载《历史研究》2013年第5期。

〔4〕参考曾田三郎：《立憲國家中國への始動——明治憲政と近代中國》，思文閣2009年版，第104页。

〔5〕张一麐：《古红梅阁笔记》，上海书店出版社1998年版，第45页。

〔6〕曹汝霖：《曹汝霖一生之回忆》，台北，台北市传记文学出版社1970年版，第43页以下。

〔7〕前引故宫博物院明清档案部编书（上册），第470、510页。

〔8〕彭剑：《清季宪政编查馆研究》，北京大学出版社2011年版，第25页。

识宏富,于泰西法制靡不洞彻,随时考证,足资甄择”。[1] 该法律草案经宪政编查馆审查,于1910年年初颁行。这是清廷第一次以法典形式正式确立四级三审制新司法制度。将它与日本当时的《裁判所构成法》相比较,不论是篇章结构还是具体条文,皆非常相近。[2]

从清廷宣布预备立宪国策后,在司法制度革新方面受日本的影响越来越大。刚开始还有几分参酌各国法律之气象,不久即全盘“以日为师”了。

尽管与欧美国家相比,我国与日本属同文同种,日本自明治维新以来已收富国强兵之效,更成功收回了领事裁判权,学习日本进行司法改革有许多便利,但全盘“以日为师”,改革者难免忽略中日两国之间的国情差异。这主要体现在两方面,一是疏于了解日本维新之前的司法状况,二是对固有治道缺乏有意识深入探究的动力,不能发掘其中有助于司法改革之积极要素。我将在后面专门论述第二点。关于第一点,最直接的证据来自晚清人士考察日本法政的文字记录。泛观这类为数不少的材料,基本上没能涉及日本维新之前的司法状况,即便偶有提及,也是一两句话带过,大致不出因其法律不完全、行政兼理等原因而不适应现今文明社会等,而将考察重心放在日本人对欧美司法的考察和他们的司法革新举措上。[3] 如受沈家本之派,董康、王仪通等赴日考察裁判和监狱情形。回国后,他们撰写了《调查日本裁判监狱报告书》,随即刊刻行世。关于日本维新前的司法,仅云:“考维新以前,裁判制度,同于中国,俱以行政官兼任。”[4]

由于中国改革者对日本维新之前的法律和司法没兴趣进行深入探究,影响所及,即相对忽略了法律与社会的适应性问题。日本维新前,因封建之影响,“尚无统一而独立的司法制度”。因固有司法相对落后,日本在废藩置县后推行新司法制度,阻力自然较小。即便如此,日本自明治维新伊始,到司法独立制度的较完全确立,亦用了二十多年。[5] 晚清中国因文化、政体和面临的任务与日本相近,推行司法改革“以日为师”自有许多便利,但改革者亦应考虑到中日两国国情间的巨大差别,关注固有治道,尤其是我国已有形成数千年之久、颇成系统尚称完备的法律和司法体系,充分留意新制度和社会之间的适应性问题。

二、固有治道与“司法”职能

自秦汉开始,中国即进入家天下的帝制时期,其间尽管经历多次改朝换代,但君主集权于上,选拔贤能为官以教民治民的模式未发生根本性改变。该模式当然谈不到权力分立,亦没有权力分立意义上的司法权,更无司法独立的理念和相应的制度设施。历代圣君贤相名儒公卿着眼于王朝长治久安,集中关注和探讨的是治理天下之

---

[1] 前引故宫博物院明清档案部编书(下册),第843页。

[2] 参见李启成:《晚清各级审判厅研究》,北京大学出版社2004年版,第79页以下。

[3] 参见刘雨珍等编:《日本政法考察记》,上海古籍出版社2002年版,第55、64、87~89、112、135、283、329~339、363、404页。

[4] 前引沈家本《调查日本裁判监狱情形折》,页1。

[5] 参见林明德:《日本近代史》,台北,三民书局股份有限公司1996年版,第95页。

道,即“治道”。

牟宗三借鉴孙中山政权和治权划分理论,认为古代中国只有治道而无政道,“有政道之治道是治道的客观样态,无政道之治道是治道的主观样态,即圣君贤相之形态”;“言治道惟是自‘在上者’言……在上者涵盖愈广,而治道亦随之而愈广大精微。故中国以往对于治道的讲论,已达极端微妙之境界”。[1] 传统中国政法思想和制度设计都围绕治道而日渐发达和成熟。

(一)君道与臣道

自秦始皇一统天下,废封建设郡县,帝制中国的基本政治架构大致成型,即皇帝选拔贤能为官,通过官员来治理百姓,这是韩非“明主治吏不治民”思想在制度层面上的落实。但法家的主张是一种物化的治道,只能为帝制中国政治架构确立大致框架。帝制中国更需要儒家德化的治道,来维持其良性运转,提供正当化根据。西汉中期以后,外儒内法成为政治架构的思想依据。韩愈将其特征归纳为:“君者,出令者也;臣者,行君之令而致之民者也;民者,出粟米麻丝,作器皿,通货财,以事其上者也。”[2] 在帝制中国,治道的原动力在君主,直接推行者是各级官吏,最后风吹草偃及于百姓,整个社会借以获得秩序。故君主和官吏的素养优劣直接决定了治道之良窳。一方面,良好治道的形成须君臣通力合作,故治道所要求于君臣的素养有诸多相通之处;另一方面,君主和官吏因各自位分不同,其道遂异:君有君道,臣有臣道。

早在春秋时期,齐国贤相晏婴即讲:“君人执信,臣人执共。忠、信、笃、敬,上下同之,天之道也。”[3] 但素养非天生,有待于学而后明,故探讨治道的前提是要有“学”。自庙堂表儒家彰后,君臣欲济世,必先明道,从经术中“学”。故伊川先生讲:“道不行,百世无善治;学不传,千载无真儒。”[4] 顾炎武于明清天崩地裂之际,以数十年之功撰著《日知录》,自信“有王者起,将以见诸行事,以跻斯世于治古之隆”,其体例颇有讲究:分上中下三篇,上篇经术、中篇治道,下篇博闻。[5] 他深信,经术乃治道之前提和基础。

先看君道。在帝制中国,治道之原动力出之于君,且经由官、民归宿于君,“中国过去所谈的治道,归根到底便是君道”。[6] 唯其极端重要,故历代先哲对君道的探讨尤其尽心。从汉初贾谊《治安策》、陆挚之《陆宣公奏议》、司马光编《资治通鉴》到海瑞《治安疏》、孙嘉淦《三习一弊疏》等,无一不是对君进言,以明君道为首务。如海瑞上疏,开篇即斩钉截铁指出“正君道、明臣职、求万世治安”为“天下第一事”,其原因在于“君者,天下臣民万物之主也。惟其为天下臣民万物之主,责任至重,凡民生利

---

[1] 牟宗三:《政道与治道》,载牟宗三:《牟宗三先生全集》(第10册),台北,联经出版事业股份有限公司2003年版,第29页以下。

[2] 韩愈:《韩愈集》,岳麓书社2000年版,第146页。

[3] 《左传·襄公二十二年》。

[4] 《二程集》(上册),中华书局1981年版,第640页。

[5] 顾炎武:《日知录校注》(上册),陈垣校注,安徽大学出版社2007年版,第24页。

[6] 徐复观:《中国思想史论集续篇》,上海书店出版社2004年版,第308页。

瘼一有所不闻,将一有所不得知而行,其任为不称”。[1]

综观这类探讨,君道之核心内容大致可分三层:第一,君非天生圣贤,有讲求君道之必要。君虽贵为天子,位在官、民之上,但不能率性妄为。理想之君由其“以天下之心为心”而表现为“与民同其好恶”。退而求其次亦须敬天法祖,约束一己之欲求。第二,君道之要在修身。君需不断修身才有可能成为圣君,造福天下苍生。没有不断的修身,君不能自为圣贤、自封圣贤。故《四书》之首的《大学》明言“自天子以至于庶人,壹是皆以修身为本”。[2] 第三,君之修身,重在养其爱民、亲贤之心。“聚古今之精英,实治乱之龟鉴”[3]的《陆宣公奏议》明确讲:“自昔王业盛衰,君道得失,史册尽在,粲然可征。与众同欲靡不兴,违众自用靡不废,从善纳谏靡不固,远贤耻过靡不危。”[4]张居正讲得更直接:“讲学、亲贤、爱民、节用,又君道所当先者。”[5]这些名臣关于君主修身养心之讲论,有助于王朝之长治久安,一般能得到君主认可。

再观臣道。君主一人居于臣民之上,不管其资质如何,都不能独治天下,必须用一套制度和伦理体系来选官、治官。从民中选拔出来的官吏,不论职位高低,皆为君主之臣,为臣即有为臣之道。臣道首先要求臣在客观上尽其职分。臣要尽其职分,即先要明其具体内容和目标。君主出于治吏之需,经历代斟酌损益,已有较完备的制度设施予以规范,明清之会典及其事例为其集大成者。臣道还要求臣在主观方面恪尽职守,即如何能将伦理内化于心以自觉尽其职分。这就需一套较完整的官员伦理。这套官员伦理,其细目见于帝制中国卷帙浩繁的各种官箴之中,它最核心的价值是忠。

作为帝制中国重要价值观念,忠的对象主要是君主个人还是作为王朝代表的君主,历来不乏争议。治道虽要求君主以天下之心为心,“以天下治天下”,君上无为而臣下有为,但这只是一种“理想”状态。实际上,不论人君修为如何,他毕竟是一个人,更是天下一人,注定了他不能完全消解自己在政治上的主体性,必同时具有双重身份,即作为君主的个人和作为王朝代表的君主。作为个人,难免按照一己主观之好恶而行事。如此行事既久,遂不以为非,且视为理所当然,分所当为。这就与作为王朝代表的君主所应持之行为发生冲突。在帝制中国,忠自然就有了两种不同的解释:到底是为君主个人尽忠抑或是为王朝,乃至天下苍生尽忠。纵观史乘,尽管臣下在事实上多选择向君主个人尽忠以换取较可靠的现实利益,但自从儒家成为思想文化主流后,臣民尽忠的对象应是作为王朝代表的君主。换言之,即臣下应对苍生社稷负责,对皇帝尽忠的重要表现方式是当君主为私欲私情所蒙蔽而行为有所差池之时,采取不同的方式向皇帝进谏,促使其返归正轨。“格君心之非”,向君主上疏进谏就成为臣道的重要内容。海瑞对传统治道有切己体认,明确指出明臣职是正君道的先决

---

〔1〕《海瑞集》(上册),中华书局 1962 年版,第 217 页。

〔2〕朱熹撰:《四书章句集注》,中华书局 1983 年版,第 4 页。

〔3〕苏轼:《苏东坡全集》(下册),中国书店 1986 年影印版,第 568 页。

〔4〕陆挚:《奉天论前所答奏未施行状》,载《陆宣公奏议注》,(宋)郎晔注,十万卷楼丛书本,卷二。

〔5〕张居正:《谢召见疏》,载《张太岳先生文集》,万历四十年唐国达刻本,卷三十七。

条件,“养君之道,宜无不备,而以其责寄臣工,使尽言焉。臣工尽言而君道斯称矣。”[1]历代名臣之奏议,都有大量进谏性文字。故臣道主要包含恪尽职分和进谏尽忠这两方面内容。

在帝制中国,君遵君道,臣尽臣道,二者相互合作,共同构成传统治道。它具有下述特征:第一,帝制中国政治原动力和归宿皆为君主,故君道是治道的最重要部分,相应地臣道需服从和服务于君道。第二,君道之实现必寄寓于臣道,即让“臣下有为”而“君无为”以达“无不为”之效果。第三,臣道要求臣下有为,要求臣工恪尽职分和进谏尽忠。

在这个治道中,不可能有权力的截然划分。首先因君主是政治之主体,其权力无所不赅、无远弗届。正因君权无限,才有“无为”之君道。其次,就臣道而言,虽包含臣下间的职能分工,如明清中央六部职掌各别,地方布政、按察两司管辖有差,但历代大臣之所以为“大”,原因之一就是其职掌并不限于具体事务,是“君子不器”在现实政治中的实现。陈平所归纳的宰相职掌多为后世称引,足见一斑:“宰相者,上佐天子理阴阳,顺四时;下育万物之宜;外镇抚四夷诸侯;内亲附百姓,使卿大夫各得任其职焉。”[2]这个为文帝“称善”的回答,认定宰相之职权乃上下内外无所不包。最后,臣道之内涵包括臣下须进谏以规劝君主行君道,进言之范围并无明确限定。可知:帝制中国的治道,根本不需要分权,最多只有因治理事务之繁剧和官员权力太大以防尾大不掉而有一定职能分工而已。

(二)作为官府核心职能的听讼断狱

君主所发布的法律和政令需各级官吏推行于民间,共同维护王朝统治秩序。在官吏群体里,州县官被称为亲民官,地位尤其重要。帝制中国士大夫有关论述极多,清代谢金銮讲得尤其透彻:“天下真实紧要之官,只有两员,在内则宰相,在外则县令。学者果有修己治人之术,痌瘝在抱,不为宰相,必为县令。盖宰相所措置者在天下,而县令所措置者在一方。至于目击生民之疾苦,亲见其利害,则宰相有不如县令者矣。”[3]其职掌,以清代为例,《清史稿·职官三》云:“知县掌一县管理,决讼断辟,劝农赈贫,讨猾除奸,兴养立教。凡贡士、读法、养老、祀神,靡所不综。”在这些职责中,最重要的是维持秩序和征收赋税。要维持好秩序,就要负责教化百姓、公平听讼断狱。[4] 因教化功在平时之累积,其效果可通过征税和诉讼而体现,故可说州县官最重要职责是后两者,即“钱谷”和“刑名”。孙宝瑄即据官场“常识”讲:“三代以后,官家与民所交涉之事,以敛赋税、决狱讼二者为最大。”[5]当今有学者经缜密研究指

[1] 前引海瑞书,第217页。

[2] 《史记》(第6册),中华书局1959年版,第2061页以下。

[3] 谢金銮:《居官致用》,载徐栋辑:《牧令书》,道光戊申刻本,卷一,第52页。

[4] 瞿同祖运用清代的《钦颁州县事宜》和黄六鸿的《福惠全书》等资料,对于州县官职责有类似结论:“除了维护治安这一首要职责外,最重要的是征税和司法”。至于二者孰轻孰重,大致取决于州县官“处理问题的态度和方法,究竟他是从司法还是从政府税收的角度考虑问题。”(瞿同祖:《清代地方政府》,范忠信、晏锋等译,法律出版社2003年版,第31页。)

[5] 前引孙宝瑄书,第670页。

出:“承平之时,除灾荒救治外,地方政务大多以刑名钱谷为要项。”[1]

孟子善治必须人法兼重之论为很多帝制中国士大夫所崇奉。征税是朝廷得以存在的经济前提,当然很重要,故历代皆有较严密的赋税法制。除有良好法制外,征税还须州县官在执行时有抚恤、教养之意,至少不能因征税而破坏秩序。如吕坤在乡间居病期间担任乡官,向巡按条陈地方利弊时即剀切陈词:“夫有美意而无良法,则美意反为恶意;有良法而无良吏,则良法反成弊法。”[2]袁枚在回答门生关于如何做好州县官时明确指出征税与教化息息相关:“钱谷役侵者多,民负者少……催科中寓抚字也。”[3]

州县官除收税外,更需在辖地代表君主承担教化百姓之责。在传统治道中,讲究自上而下,以风吹草偃的方式化民成俗。作为民之父母,州县官所承担的教化职责至重。官箴书告诫尤多,如清代人讲:“只一‘亲’字,则内外上下诸弊皆绝。州县乃亲民之官,为之者别无要妙,只一‘亲’字认得透,做得透,则万事沛然,无所窒碍矣。”[4]事实上,州县官不一定都能善体天理人情,做到教化得当;民乃蚩蚩者氓,未必皆能教化。教化不行,民与民间自有争竞。争竞不已,则可能向官府兴讼,故裁决争讼成了州县官的重大职责。

教化与争讼之关系,大致可分两层。第一,君主和各级官吏治民,以教化为主、为先;教化因人因时因事而穷,遂有争讼。教化大行自然会减少讼争,尽管不能完全无讼。历代都有些大儒出任州县官,极力教化百姓,力争将讼端消弭于无形。如明道先生任晋城县令时,“民以事至邑者,必告之以孝弟忠信,入所以事父兄,出所以事长上……诸乡皆有校。暇时亲至,召父老而与之语。儿童所读书,亲为正句读。教者不善,则为易置……乡民为社会,为立科条,旌别善恶,使有劝有耻。邑几万室,三年之间,无强盗及斗死者”。[5] 反过来说,争讼少则是风俗醇厚的表现,争讼多则意味着民风浇薄。很多文献把某地某时段内诉讼多定性为民众“好讼”“健讼”之结果,赋予其贬义,朝廷和官府反复向百姓告诫“兴讼”之危害,以“息讼”来教化百姓,其主要道理即在于此。第二,君主及各级官吏裁决民间争讼,固然要着眼于解决眼前的讼争,更需尽可能根除讼争之源,使涉讼两造不再争讼。止争才是目的,定分须服从和服务于止争。换言之,朝廷和官府决讼是另一种教化。

决讼与教化之关系紧密如斯,足见其重要。且教化功夫多在平时,其效以积累而致,非立时可见,上司考核较难;争讼乃非常事件,能否妥当裁决,实效立竿见影,上司易于考察。在各类职掌之中,州县官在刑名方面受到处分或升迁的概率较大。清代

[1] 关晓红:《从幕府到职官:清季外官制的转型与困扰》,三联书店 2014 年版,第 111 页。

[2] 《吕坤全集》(上册),王国轩等整理,中华书局 2008 年版,第 257 页。

[3] 袁枚:《小仓山房诗文集》(第 3 册),上海古籍出版社 1988 年版,第 1527 页。

[4] 前引谢金銮书,第 55 页。

[5] 前引《二程集》,中华书局 1981 年版,第 632 页。案:此文乃弟为兄所撰“行状”,难免让人觉得有溢美虚词,但鉴于明道、伊川兄弟皆为理学家,讲究“诚”,律己以严,待人以恕,不至于在行文中公然作伪;当时党争剧烈,也不会作伪予人以攻击之口实;伊川先生撰此文时,相关当事人多健在,自不容其作伪。故该文基本事实当较可靠。

律例更规定只有正印官可审理词讼,其任专,其责亦重。州县官“在司法方面,稍有疏失、过犯,便有种种处分,甚至是其下属佐贰、杂职、幕友、门丁、书吏、衙役的过犯,仍要知县负其总责,而受失察或纵容的处分”。[1] 上司考核既严,加之州县官能妥当裁断案件,尤其那种别人不能很好裁断的疑难案件,是他作为父母官爱民实政之最形象表现,从而声誉鹊起,大有助于升迁,故州县官尤为重视处理争讼。到清代,刑名幕友地位较高,出现了像汪辉祖那样的名幕,与官府重视讼案这个大背景有关。

州县以上的各级地方官府职能具有相当高的同质性。除应付上级官府之监督与督促下级官府之外,保证司法公正(主要是审转)是其核心职能。历代官员重视判案的言论在典籍中俯拾皆是,兹不赘述。

司法是历代地方官府的核心职能,那它在朝廷职能中是否也是如此呢?受法家指导、甚至连皇帝都以“昼断狱,夜理书”闻于后世的秦王朝自不待言,从汉到清,儒家思想影响逐步渗透到法律和司法活动之中。承担司法职能的机构,中央逐步发展出成系统的专业司法机关,即三法司。除此之外,如有重大疑难命案,基本上所有中央机构都可参与到审判活动中。到清代,更发展出了针对死刑监候案件的秋审制度,它以制度化的形式将朝廷所有重要官员和机构都纳入到此类案件的定拟过程中。清廷核心机构军机处和内阁更可常规参与到重大司法活动中。[2] 降及晚清变法改制,对新政贡献很大的袁世凯于1906年为薛允升《读例存疑》作序,尚云:“刑者,生人之大命,王者之大政,一有出入,无以为平。”[3]

关于司法在帝制中国官府职能中的重要性,谢冠生认为用“司法官兼理行政”来描述更准确:“中国旧时之地方司法组织,以行政官掌理讼狱,表面观之,似有蔑视司法之嫌。但立法用意,并不如是,或者恰恰相反。”其理由有三:第一,从地方官职责来分析,“历代以来,地方亲民之官,其最主要的职责,厥惟听讼断狱……故中国古代之司法组织,与其谓为以行政官兼理司法,毋宁谓为以司法官兼理行政之更切实际。在当时人之心目中,地方官除为人民排难解纷,平亭曲直,诛锄强暴,安定社会,其他庶政,皆末节矣”。第二,从官吏断狱错误处罚之严足见国家的重视程度。“国家既如此重视司法,故对治狱不直者,科责至重,无论失出失入,皆有严厉之惩处。”第三,从断狱的要求亦可见之,“必先求妥,而后求速,方为尽司法之能事也”。[4] 谢氏这一“司法官兼理行政”的论断,可谓卓识。

在晚清为是否要学习西方推行司法独立之初,张之洞即予以坚决反对。他认为仿行宪政固然必要,国会亦可速开,但在地方新建审判机构以推行司法独立则万万不可。其理由除了推行司法独立妨碍镇压乱党、保有督抚大权等现实考虑外,更重要的一层是这种在传统官府之外另设法院以法官坐堂问案的做法与历代相沿之治道相悖。张之洞少年高第,仕而为清流、为学政,更历任多年封疆,对传统治道有深切体

---

[1] 张伟仁辑著:《清代法制研究》,“中央研究院”历史语言研究所专刊之七十六,第164页。

[2] 那思陆:《中国审判制度史》,上海三联书店2009年版,第248页以下。

[3] 薛允升著述、黄静嘉编校:《读例存疑重刊本》(第1册),台北,成文出版社有限公司1970年版,第55~56页。

[4] 谢冠生:《弁言》,载汪楫宝:《民国司法志》,商务印书馆2013年版,第3~5页。

认。他指出:

每省设高等审判厅,行政、司法各有专职一节,尤所未喻……假使万一采用其言,则以后州县不亲狱讼,疆臣不问刑名。昔孔圣知本,专论听讼;鲁庄胜齐,惟恃断狱。若州县不审判,则爱民、治民之实政皆无所施,以此求治,未见其可。[1]

张之洞这段话,学者多引证其反对司法独立的重点文句,而忽略了其态度背后的思想根源,即传统治道对司法之极度重视。"孔圣知本,专论听讼;鲁庄胜齐,惟恃断狱。"它们分别出自于《大学》和《左传》。不论是作为古本的《礼记·大学》还是程朱所改定的《大学章句》,皆引《论语》所载孔子听讼一语以阐释儒家修齐治平中的本末关系。[2]《左传》载:庄公十年,齐伐鲁,曹刿与鲁庄公论战,当庄公言及"小大之狱,虽不能察,必以情"时,曹刿评价此乃"忠之属也",《正义》解释为:"以情审察,不用使之有枉,则是思欲利民,故为忠之属也。"[3]在上位者能为百姓考虑,百姓当然愿意保卫居上位者,故曹刿断定弱鲁能胜强齐。

总之,帝制中国发展出了高度发达的治道,即君主作为治道的主体,不能独治天下,须从民间选拔贤能为各级官吏以临下治民维护秩序。君臣须通力合作,各循其道,尽其职分。君主应努力修身纳谏以尽力克服一己之私,无为而无不为;臣下在尽其本职之外,更有义务对君主不当言行诤谏尽言。故这不可能产生权力分立,最多因治理事务之繁剧和治官治吏之需有一定职能分工。从直接亲民之州县到中央官署,甚至在君主那里,听讼断狱都是其核心职责。自晚清开始模范列强,仿行宪政,进行大规模深层次的变法改制,倘若决策者能在改制之时不为列强尤其是日本新制所宰制,能心平气和探究固有治道,即便以权力分立为视角,也不会将传统官府断然定性为"行政兼理司法"而纳入行政系统内,通过筹建独立于各级官府的新式审判衙门来推进司法独立;可能会产生一些新的制度选项来推动中国自身的司法独立,如将传统官府定性为"司法兼理行政",通过新设各类行政衙门将其行政职能逐步剥离出去,让地方官成为各级首席司法官。即便这有种种困难,不能成为现实,但至少也可给时人和后代在创建制度时一些启发和思考的空间。

司法独立要实现其保障人权之功能,除追求断案的公平和效率之外,还应提升司法在整个社会的权威。在中国固有治道体系中,司法审判和裁决由君主和各级正印官承担,故极具权威。新式审判衙门和承担审判任务的法官能否保有并强化权威,与整个近代中国司法改革和法律转型之路密切相关。

三、晚清民国时期的司法权威

自晚清开始确立以新筹设的各级审判机构专辖审判事务,并由新式法官具体负责案件审理的司法模式后,出现了一耐人寻味现象:与帝制中国的司法相比,不论是

〔1〕 前引《张之洞全书》第 11 册,第 9560 页。

〔2〕 《十三经注疏·礼记正义》(下册),北京大学出版社 1999 年版,第 1598 页以下;朱熹:《四书章句集注》,中华书局 1983 年版,第 6 页。

〔3〕 《十三经注疏·春秋左传正义》(上册),北京大学出版社 1999 年版,第 240 页。

司法机构还是司法人员的权威都在下降；社会上司法独立之声越响，司法却越来越边缘化。

晚清中央设立大理院、地方筹建各级审判厅专掌审判伊始，即有人担忧司法权威不再，提出了当时中国实现司法独立在制度层面的改进举措。本文导论所引三则材料即是这方面的例子。除机构设置外，法官遴选方式也关乎司法权威。晚清朝廷确立了考试选拔办法，考试内容以新式法政知识为主，辅以传统律例。法政新知多来自日本，故应试考生主要是法政留学生，还有少数刑名幕友等。〔1〕瞿同祖曾据《缙绅全书》统计，清代知州由科举正途出身者约一半，知县将近70%，其中进士居多数。〔2〕进士都参加过殿试，被尊为“天子门生”。州县官裁决案件具有权威，除制度因素外，跟其“尊贵”出身很有关系。将州县官与新式法官相比较，其出身当高下立见：在晚清，应考者只要通过法官考试，然后分发到审判厅或检察厅学习较短时间即可出任正式法官。浙江巡抚增韫于1910年11月上奏：“以人民生命财产极为重要之端，托之资格不齐一无历练之人，临事张皇，全体哗然，虽有神圣不可侵犯之法律，亦将见轻于民矣……昔日州县重寄，一切移之法官，若所入不足自存，不独不能保持独立之地位，而流弊亦且不可胜言。”〔3〕邮传部主事陈宗蕃亦有类似担忧：“以此托民生，寄民命，授以民事、刑事之柄，予以判决、判覆之权，诸事草创，端绪茫然，讼庭初开，毫无历练，诚恐非独不能企各国司法独立之盛轨，且较之中国旧日司法未独立者，流弊更无穷也。”〔4〕曾深度参与晚清法制改革的吉同钧，入民国后反思：“自各省设审判厅而以未经历练之法官审断命盗大案，既无刑幕佐理，又不经上司复审，不知冤死几多良民矣。”〔5〕不论上述诸人立场保守或激进，但至少可证实，新式法官的权威尚待确立。

清亡后，民国政府依旧面临该难题，且更严峻。因当时中国有数千年的皇权历史，皇权神圣观念在一般民众心目中根深蒂固。晚清预备君主立宪，于1908年将《钦定宪法大纲》颁行，它规定皇帝总揽司法权，通过委任审判衙门遵钦定法律行使。〔6〕各级审判厅及其法官行使司法权的依据是皇帝授权，其司法权威可借神圣皇权得到强化。民国成立，主权在民代替了主权在君，审判厅及其法官行使司法权的主要依据本应是宪法。但整个北洋时期，没有一部正式生效的宪法，其他宪法性文件也没什么权威。宪法自身即不具权威，更不能保证由其授权的审判厅及其法官的权威。

问题还要解决。许世英于1912年出任司法总长，提出司法改革方案。他认为，中国须在追求司法独立道路上坚定地走下去，才能真正克服眼前不满人意的司法现状，但在设置新司法机构时，必须考虑到人、财等诸多困难情形，调整晚清设

---

〔1〕李启成：《宣统二年的法官考试》，载台湾地区《法制史研究》2002年第3期。

〔2〕前引瞿同祖书，第35页以下。

〔3〕前引故宫博物院明清档案部编书（下册），第882页。

〔4〕前引故宫博物院明清档案部编书（下册），第883页以下。案：清末民初在舆论界甚有影响的黄远庸即与陈宗蕃交好，对陈氏该条陈评价甚高，认为它是朴实有心人写的朴实文。（远生：《陈宗蕃条陈司法独立书书后》，《丛志日刊》，一九一〇年十一月初四日，第7页以下。）

〔5〕吉同钧：《律学馆第五集课艺序》，载《乐素堂文集》，北平杨梅竹斜街中华印书局铅印本，卷五。

〔6〕上海商务印书馆编译所编纂：《大清新法令》（点校本）（第1卷），商务印书馆2010年版，第119页。

置审判厅的冒进倾向,改为分期分区域逐步设立。在大多数未设立地区,选拔合格人员充任专审员,使司法行政逐渐分离。等到条件具备,再把新式审判机构渐渐推行全国。[1] 随后梁启超短期出任司法总长,于去职前夕,据其观察和思考,提出司改建议。他不认同许世英将司法现状不满人意的原因归于大转型过程中的应有现象,而是"前此改革太骤,扩张太过。锐进之余,乃生反动……今当矫枉,宜勿过正"。[2]

尽管两人司改主旨有别,但他们都观察到司法现状让人不满意,重要表现之一是新式司法机构和法官在民众中的权威成问题。许世英曾感慨:"吾国司法方在萌芽,基址未致巩固,非常之原,又为黎民所惧。闻人且侈为平议,矧在庸流?通都尚胥动浮言,矧为僻壤?况法律知识未尽灌输,骤语以宪法之条文、共和之真理,鲜不色然骇者。至于法院,则更多不识其名。"[3]梁启超亦云:我国推行司法独立之制"亦既经年,乃颂声不闻,而怨吁纷起……人民不感司法独立之利,而对于从前陋制,或反觉彼善于此……法庭之信用日坠,而国家之威信随之,非细故也"。[4] 如何才能挽救日坠的司法权威?

不论是较稳健的许氏司改主张,还是被视为更保守的梁氏司改方案,以及受此影响出台的审检所制度、县知事兼理司法制度等,都没能明显提升民初的司法质量,人们对司法依旧很不满意。故在大革命成功后,即在"党治"理论指导下,即开始了部分摈弃司法独立精神的"司法党化"。近代中国司法改革不已,改来改去其效果皆不如人意,甚至予人每况愈下之感,其中原因,除了整个社会转型难度太大,尤其是政治不上轨道等外在原因外,是否还有司法制度设计方面的内在原因呢?

北洋时期除较少数区域有新式审判厅负责司法事务外,在绝大多数地方,曾短暂推行过审检所制度,后由县知事兼理司法制度取代。在审检所制度下,设专审员或帮审员负责案件之审判,由县知事承担检察事务。该制度本是许世英以司法独立为旨归、为未设法院各县将来创设法院的过渡举措,但在施行过程中必然遇到专审员或帮审员与县知事的权力配置问题且难以化解,是此制度"兴勃亡忽"的根本原因。[5] 县知事兼理司法制有回归传统州县官坐堂问案之形,但其神却与传统迥异。既是"兼",即表示县知事的本有职权不包含司法在内;在传统治道里,州县官坐堂问案乃天经地义,不可能有"兼"不"兼"问题存在。该制度是袁世凯应梁启超建议而予以施行。[6] 梁氏之所以建议施行此制,源于他眼见新式审判厅、审检所在民众中缺乏威信。[7] 他希望运用传统州县官的权威,以县知事兼理司法的形式来缓解人

[1] 《许总长司法计划书》,载《司法公报》1912年第3期。

[2] 《司法总长梁启超呈大总统敬陈司法计划十端留备采择文》,载《政府公报》1914年5月9日。

[3] 《许总长司法计划书》,《司法公报》1912年第3期。

[4] 《政府大政方针宣言书》,载《饮冰室合集》(第4册),中华书局1989年版,第121页以下。

[5] 唐仕春:《北洋时期的基层司法》,社会科学文献出版社2013年版,第69页。

[6] 《司法总长梁启超呈大总统详陈司法改良各办法恳特颁明命一力主持等情请钧鉴文》,载《政府公报》1913年12月31日。

[7] 1913年年底梁启超在《复魏祖旭书》的信函中讲:"改革以来,法官尊严不立,法庭威信不行,来函所称赣省各处法院精神形式较旧日州县衙署且有过之,斯则益予反对者以口实,大为司法前途之累。"(丁文江等编:《梁任公先生年谱长编(初稿)》,中华书局2010年版,第360页。)

们对现有司法制度的不信任。但这种新旧杂糅、名不正言不顺的兼理司法制度不能唤起人们对司法的信任,也不能真正树立司法权威。因为在兼理制度下,尽管法令赋予了承审员一定的司法权,但作为县知事的佐理属员,承审员只不过是从国家领取俸禄的刑名师爷。

清末民初的所有政法改革都以推动立宪而获得正当性根据,其间两次帝制复辟,主事者皆不敢撇开立宪回归专制,他者更遑论矣。且每经过一次政治上大变动,当权者更明白认识到立宪和宪政作为政法意识形态的威力,尽管内心多未必以为然,但口号却喊得更高更响亮。在这种氛围中,思不出其位就成为常态。即便有人像梁启超那样,看到了司改后司法机构和法官在民众中的权威下降,也只能在通常所认为的司法独立架构下展开批评或提出相应的改革举措,而没能反思在传统官府外新建各级审判厅是否真正有助于司法独立这一宪政理念的实现。筹建新式审判厅,由法官行使司法权这一本属具体举措范畴的制度选项,已与司法独立乃至整个立宪连为一体,渐渐演变成一种根深蒂固的思维定式和极具力量的意识形态。

政治不上轨道,兼理司法制度本身名不正言不顺,整个北洋时期不仅没能建立起司法权威,反而离一般民众的期望越来越远。及至国民政府以党治理论为指导,发动民众进行国民大革命,司法领域也掀起了革命运动,要求司法党化,大部反对晚清以降的司法独立。之所以说是"大部"而非"全部",一是革命者不仅不反对于行政机构外建设各级法院,反而努力推进法院设置工作;二是他们也不反对法官审判案件,不论是前期的司法官党人化还是后期的党义化,都只是要求法官掌握党义,能用党义来判案,借助其对案件的审理来推动革命。既然要进行司法革命,那革命者当然不可能从传统中国"旧制"中汲取某些具有实质性内容的因素,而是希望以党在民众中的权威来重建司法之权威。连司法独立本身在很大程度上都成了司法革命的障碍物,更遑论从传统治道中汲取合理因素来推进近代中国的司法独立。

结语:法律继受中的"制度器物化"特征及其根源

尽管固有治道中没有权力分立与制衡的观念、司法独立理念和相关制度设计,但在帝制中国,与近代司法最相近似的"刑名"事务却是各级官府的核心职能。用近代权力分立系统下的语词来描述这一现象,"司法官兼理行政"较之"行政官兼理司法"更切合实际。近代中国的中心问题是要建设宪政国家,当然要实现司法独立。要真正实现司法独立,就需更牢固树立司法权威。欲树立司法权威,固有治道中有相当的资源可予参酌运用。完全新起炉灶的近代司法机构和人员未必能有效树立起与司法独立相应的司法权威,因权威的树立,尤其是制度权威的树立需要长时间的经验积累,非朝夕可为功;如能吸收那些已经无数代人千锤百炼累积起来的相关经验,当可收功倍之效。可惜司法改革者没能充分注意及此,导致固有治道与近代司法革新基本没有正面关联。即便偶有联系,尚属负面,即固有治道与权力分立和制衡凿枘不投而成为近代追求司法独立所需制度革新的障碍。晚清民国持续进行改革,司法现状却难以令人满意,司法权威长时期没能有效树立。尽管原因较多较复杂,但这跟司法革新没能从固有治道吸取养分有关。

近代司法革新是如此,整个法律领域又何尝不然。中国法律近代化是中国近代社会转型的一方面,而中国近代社会转型又是分阶段逐步演进的。梁启超于 20 世纪 20 年代应《申报》馆之约,著有《五十年中国进化概论》一文。他总结了之前五十来年间中国历史演进之特征,即近代中国向西方学习先后经历了器物、制度和文化三阶段。梁氏的归纳在细节上不无可议,但与近代中国向西方学习轨迹大体吻合。近代中国第一次大规模学习西方制度的时间集中在自甲午到新文化运动间的二十年,在这个阶段,“都是觉得我们政治法律等等,远不如人,恨不得把人家的组织形式,一件件搬进来,以为但能够这样,万事都有办法了”。[1] 这一时期的制度变革成为中国近代法制的最重要奠基阶段,以后的演变终归“丸不能出于盘”。

中国人学习西方所经历的器物、制度和文化三阶段,并非泾渭分明:在接受器物阶段也有零星的制度和文化方面的介绍,在制度继受阶段不免还有前一阶段学习器物时的特征。近代中国人在继受制度时带有前一阶段模仿器物方面的惯习,我将这种惯习称为法律继受中的“制度器物化”,即继受主体在继受制度时,长期沿袭了前一阶段学习器物的思维模式,即将制度当成一孤立、静止的器物来看待,从而将制度物化。中国近代司法独立制度在晚清的初创,即带有这种“制度器物化”特征。其重要表现是机械照搬域外,尤其是日本的相关具体制度设计,而基本忽视制度所要发挥的功能乃至其背后所承载的文化精神。及经此种机械照搬,由继受而来的新制度明显产生不了该制度在其母国所具有的良性功能,反而引发意想不到的副作用之际,继受主体先是强撑,待强撑已是势所难能,遂轻率改换门庭,病急乱投医,或另觅继受对象,将原先的继受过程再来一遍;或者将眼光转向传统,择其与继受制度多不相容之部分遽尔恢复,美其名曰矫枉过正,以粉饰其苟且简陋之习。影响所及,不论是继受新制还是传统旧制,皆因此蒙上恶名,而为国人所鄙弃。久而久之,渐成积重难返之势,白纸上画新图,遂成为不二之选择。这种种现象,在近代中国一再出现,县知事兼理司法即为其著者。

关于法律继受,大致可分制度、功能和精神三个层面。其中,制度继受最容易,功能抉择较难,精神层面的融汇更是难上加难。换言之,即成功进行法律制度继受,继受主体先需把握制度背后的精神,接着侧重从功能层面思考,最后根据继受方的具体情况灵活创设合适新制度。换言之,继受主体在进行具体的制度设计时,切忌胶瑟鼓柱、照抄照搬,而要充分考量具体制度在其母国所发挥的功能及相关条件,在所属文化系统中发掘其精神内涵,然后因继受国时地之宜,灵活创设新制度。

在法律继受初期,因继受主体对继受对象缺乏较深入系统了解进而产生寻新猎奇的心理,出现程度不同的制度器物化倾向,本为一常见现象,不足为怪。但这种制度器物化倾向基本贯穿了近代中国法演变之始终,且有愈演愈烈之势。如以复兴中华法系作为重要目标的国民政府,其引以为傲的立法事业就是六法全书之出台,《中华民国民法》更为其代表。吴经熊曾这样评价该法典:“我们试就新《民法》从第一条到第一二二五条仔细研究一遍,再和《德意志民法》及《瑞士民法》和‘债编’逐条对

---

[1] 梁启超:《饮冰室合集》(第 5 册),中华书局 1989 年版,第 43 页以下。

校一下，倒有百分之九十五是有来历的，不是照账誊录，便是改头换面。”关于其原因，吴氏认为立法者煞费苦心，进行了艰苦细致的选择工作，只不过是特殊社会情势导致条文偶合，“刚好泰西最新法律思想和立法趋势，和中国原有的民族心理适相吻合，简直是天衣无缝”。[1] 蔡枢衡不认同吴氏的解释，他认为此种情况恰恰反映了近代中国法律与社会不相适应，乃“殖民地半殖民地风景”之表现，深层原因是法律和法学缺乏民族自觉。[2] 蔡氏对近代中国法制和法学的批判，因其坚实的理论基础和对社会状况的尖锐洞察，无论在当时还是今日看来都非常深刻。很可惜，它出现在烽火连天的对日战争时期，结集出版已在 1947 年，紧接着即政治情势剧变，故这种批判对近代中国法律和法学的影响极其有限，不能不说是个遗憾。

在包括司法制度革新在内的近代中国法律继受过程中，制度器物化现象之所以长期存在、且势头并未随继受主体对继受对象的认识逐渐深入而稍煞，其背后确实有极其浓厚且普遍的社会思想意识根源。关于这一点，蔡枢衡实际上已概略性点出，即近代中国法律和法学缺乏国族自觉。我拟略做引申。其实，缺乏国族自觉不单单存在于近代法律和法学领域，它广泛存在于近代中国的方方面面。帝制中国在周期性的王朝衰落期遭遇列强，无力进行有效抵御，在多次丧权辱国后，被迫学习西方，开始近代转型。在这转型过程中，因列强过分迷信武力和中国自身难以近代化以寻求自保，[3] 随着中国民族危机日深，国族心态日渐失衡，自卑与自大这同一心理的一体两面，交互激荡，愈趋极端：持自卑心理者多主张不加抉择充分西化，持自大心理者多坚持固有传统；前者不免惟洋是从，后者沦于抱残守缺。法律改革者多有自卑心理，且希望急于求成，最好毕其功于一役，故在选择继受对象时，侧重最简单省事的最新具体制度和条文的照搬，根本不愿、同时也无暇无能力从制度在母国所发挥的功能及所属文化系统之内在精神层面加以审慎深入的考量以决定去取，遂不免择焉不精。反对论者则多有自大心理，对改革者照搬制度和条文不以为然，多从该新制度、新条文在继受国所生之消极后果立论予以激烈批评，但因他们对继受对象的了解一般较改革者为逊，只能诉诸情感或以有限的经验立论，故多语焉不详。因国族自觉意识的匮乏，故不论是法律改革者还是反对者，都难以平心静气探究本国固有传统和继受对象在其母国所发挥功能及相关条件，更遑论其背后成系统的文化，只能进行最表层、同时也是最简单的条文照搬和制度模仿，难以在功能和文化精神层面进行较高层次的制度继受，制度器物化遂成为近代中国法律继受的明显特征。

近代中国法律继受的制度器物化在司法领域的最集中表现就是从条文上照搬、具体制度模仿列强，尤其是日本，根本没有深入考察固有治道之得失，将传统官府归入行政范畴，在对传统官府略做变革之后，新建各级审判衙门，以经考试合格并略加培训的法官来行使司法权。这种完全没能借助固有资源来进行的制度建设，是近代

---

[1] 吴经熊：《法律哲学研究》，清华大学出版社 2005 年版，第 172 页以下。案《中华民国民法》颁布时共五编 1225 条，参考居正等编：《新订国民政府司法例规》（第 1 册），1940 年版，第 647 页以下。

[2] 蔡枢衡：《中国法理自觉的发展》，清华大学出版社 2005 年版，第 28 页以下。

[3] 郭廷以：《近代中国的变局》，台北，联经出版事业股份有限公司 1987 年版，第 93 页以下。

中国司法权威难以有效确立的重要原因。

尽管如此,近代中国在行政官署外新建法院系统并以新式法官行使司法权的模式在晚清被确立之后,经民国延续至今,已成新传统。往者已逝,来者可追。法史研究既要直面过去,又需关照现在和未来。故本文对该模式及其背后的法律继受制度器物化特征的批判,并非是要颠覆此种新传统,而是借此指出在法律继受依然进行且变得越来越重要的当下和未来,必须超越制度器物化阶段——继受主体进行条文照搬和具体制度的简单复制——重点从作为具体制度的继受对象在其母国所发挥功能及其条件的分析入手,充分考量其所属文化系统之精神,结合本国传统及其影响下的相关国情,灵活设计具体的制度设施。换言之,继受主体须要超越机械制度移植,更多从功能和文化系统的深层次来处理法律继受问题。要做到此点,最关键的是继受主体须具相当的国族自觉。如此,方有可能促进法律转型之顺畅,进而成功推进整个国家和社会转型,切实减少国人在转型中的诸多苦难。

历史转进、人性生成与知识类型

魏敦友*

内容摘要：现代中国法学的建构，既要对整个中国历史文化之特质予以整体性的理解，也要对于中国人性之心智结构展开理解，还要对现代中国学术系统根本性质的理解。只有超越历史循环论与历史线性论，并在此基础上实现从圣人崇拜与事理崇拜到意志自主的转向，推动知识类型从经学世界观到理学世界观再到法学世界观，方得有助于推进当下中国法学的现代性建构。

关键词：历史文化　人性智识　现代法学　当下中国

我相信，只要现代化对我们来说仍是一个有待实现的理想，文化研究是永远不会冷却的，真正的文化研究只能说刚刚开始。[1]

一、引言：在一段法学学术公案的背后

在20世纪90年代前后，中国法学学术界掀起了一场不大不小的思想论争，围绕着"中国古代有无法学"的论题，有不少著名学者针锋相对地提出了相反的主张，其中以何勤华教授为主要代表的一派学者认为中国古代有法学，而以梁治平教授和张中秋教授为主要代表的一派学者认为中国古代根本没有法学，只有律学。这场论争可以看成是现代中国法学在其生成过程中一次相当重要的自我认知，因此可以称为现代中国法学之建构进程中的一段"学术公案"。

然而十分遗憾的是，这场学术论争并没有深入而持久地展开，这段"学术公案"更像一次思想的忽然浮现但迅即消失。从今天的视点来看，以何勤华教授为代表的一派学者所主张的中国古代有法学论或者中国法学自古以来就有的观点，似乎暂时占据了上风，何勤华教授据此观点所撰著的皇皇三大卷巨著《中国法学史》在法律出版社成功出版并引起学术界的良好反应即是明证。

当今天的学人沉溺于已有的学术话语体制时，他们已经失去了对这种学术话语体制反思的能力，似乎这种体制是从来就有的（对初学者的确如此）。学人们意识不到任何一种话语不论它怎样强调自己的合理性，它一定有一个建构的过程。今天在法学学术中关于中国法学前世今生的叙述框架占主导地位的无疑是何勤华教授的系统，但必然指出这个系统是有一个形成的过程的。这个系统可以说是源于沈家本、梁启超，中经张国华、张晋藩等人，而在何勤华教授这里获得其集大成的形式。

晚清沈家本所处的时代，是古今中西共振的大时代，中国学术体制渐由四部之学

---

* 魏敦友，广西大学法学院教授。

[1] 张中秋著：《中西法律文化比较研究》，南京大学出版社2001年版，第380页。

到分科之学,中国学人接受西方学术分科体制并以此来架构中国思想,于是哲学、历史学、文学等不断被建构起来,法学正是在这一语境之下而建构起来的话语系统。因此,法学与其他诸学科一样,是一种现代性知识建构。

意识到源于沈家本而终于何勤华教授的话语体系是一种现代性知识建构具有一种重要的思想意义,这一点可以帮助我们体悟到这一话语体系有一个致命之处,即它将现代性投射到人类的早期,从而将人类的知识齐一化。

因此我认为,为了现代中国法学的建构,有必要重审乃至重启 20 世纪 90 年代中国法学界就中国古代有无法学之争的这段“学术公案”,并将这场短暂而浮面的学术论争引向更加持久、更加深入的展开。因为这场学术论争背后实际上隐藏着三重要义:第一,对整个中国历史文化之特质的理解;第二,对中国人性之心智结构的理解;第三,对现代中国学术系统根本性质的理解。

二、历史转进:超越历史循环论与历史线性论

任何学术系统、知识类型就其性质而言,是与其历史阶段、人性结构紧密相联的。历史阶段是学术系统、知识类型的基础,而人性结构是其内核。人类历史文化处于何种阶段,人性结构就必然表现出与之相配合的心智结构,作为人性心智结构之表现的知识学术当然也因此表现出历史性的阶段性来。历史进程、人性结构与知识类型其实是三位一体的。

对现代中国人来说,有两种历史观念遮蔽了人们对中国长程历史文化的认识,一是历史循环论,一是历史线性论。前者是中国传统社会中产生出来的一种观点,其依凭是中国历史中出现的王朝循环的政治经验,在此语境之下生成出来的知识系统乃是综合性的经史子集四部之学。后者乃是晚清近世以还在西学东渐语境中逐步形成的一种观点,它将人类历史看成是一个线性的不断向前发展的过程,其依凭乃是西方社会政治不断革命的经验,作为人类知识系统的分科学术体制应与此有关。

上述两种历史观各有其优缺点。历史循环论持一种综合性的观点,对历史有一种整体性的观照,这是其优点,然而它忽视历史有其进步的一面,这是其缺点。历史线性观持一种分析性的观点,对历史的进步保有一种进步的乐观的认知,这是其优点,然而它却看不到历史的复杂性,这显然是其缺点。

不管是历史循环论,还是历史线性论,有一个共同的缺陷是,它们都看不到人性在历史发展中不断成长的一面,它们更多地看到事物的表象,看到物质性一面,而看不到事物的更深本质,看到了人性的成长,即心智结构在不同的历史时代有着根本性的不同。

借用钱穆先生的说法,历史既不是循环的,也不是线性进化的,实际上是转进的。历史实际上有两个方面,一个是转,意味着人类历史在发展过程中总是处于不断的变化之中,一个是进,意味着这个不断变化的事物并不是回到原地,而是在自觉不自觉之间提升到了一个新的更高的层次,在历史的进程之中改换成了一种新的容颜。

从转进论的角度看中国历史,中国历史或可划分为四个时期,以人为喻,中国历史的儿童时代(先秦)、少年时代(秦汉至唐代)、青年时代(宋明至晚清)及壮年时代

(晚清至今后)。与之相配合,中国人的心智结构和知识类型也呈现出一个转进的过程。

三、人性生成:从圣人崇拜与事理崇拜到意志自主

人性并不是一个一成不变的实体,毋宁是一个开放的心智结构,在不同的历史时代表现为不同的结构形态。抽象来说,心智结构包括知、情、意三个方面,知标明人性的智性程度,情标明人性的反应方面,而意标明人性的决断力。这三个方面实际上在根本上具有一致性,即处于什么样的智性程度,则有什么样的情感反应,也有什么样的决断力。

先秦时代,作为中国历史文化的儿童时代,这是一个文化创生的伟大时代,诸子百家,如百舸争流,竞相表达自己对天地之间万事万物的看法,经过数百年的论争,逐步形成了道论的世界观,从比较文化史的视点看,道论世界观成为与古代希腊、古代印度相区别的世界观。道论世界观强调世界的整体性,强调人在世界形成过程中的主体性作用,强调历史的经验具有开辟未来的规范性作用。

中国历史的展开同时也是中国人人性结构的展开或生成,当中国历史从儿童时代转进到少年时代之后,人性的心智结构发生了根本变化,即从原先的对世界万物的好奇及整体观照转进到对圣人的崇拜,人们认为是圣人创制了生活秩序,这种认知自然要求人们服从圣人,按照圣人的语话去生活。

当中国历史转进到青年时代时,人性的心智结构发生了一次根本的转变,标志性的思想事件发生在朱熹的"格物补传"之中,可以说,这不是一次简单的替圣人补足经典的行为,而是一次杀死圣人的思想暴力事件!可以说,圣人终结在朱熹的"格物补传"之中,在圣人终结之后,代之而起的人性结构则是全新的心智结构,这种心智结构不再相信圣人,它相信事理,因此事理崇拜是青年人性心智结构的根本。

当中国历史发展到晚清时,又一次历史的转进开始了。当人们意识到所谓事理,那其实不过是人的情欲时,一个新的时代就来临了。这个思想事件发生在清代中期思想家戴震笔下,如他所言:"古贤人圣人以体民之情、遂民之欲为得理,今人以己之意见不出于私为理,是以意见杀人,咸自信为理矣。"[1] 正是戴震这种洞见,人性之心智结构又一次发性巨变,原先人们以事理为崇拜之根本,其实那不过某些人的情欲而已!既然事理不过是人的情欲,那么为什么我的情欲就不能成为社会秩序建构的一分力量呢?这不再是一个事理崇拜的时代,而是一个意志自主的时代,于是中国历史上一个新的时代壮年时代来临了。

当下的中国历史正在从青年时代向壮年时代的转进过程之中。这个进程从戴震发其端,真正开始建构则要等到晚清近世沈家本等人出生才正式揭橥,我们当下的中国人,正处在中国历史壮年阶段的门槛边上。从社会秩序建构的正当性视点来看,社会秩序建构的主体性经历了从圣人到强人再到凡人的进程。所以今天人类社会秩序建构从根本上来源于亿万平凡的人的参与,不管何种强人借用何种借口试图操纵人

---

[1] 参见钱穆:《中国近三百年学术史》(上册),商务印书馆1997年版,第363页。

类生活,都必然缺乏正当性。因为今天人性的心智结构意识到自己的生活必须靠自己去争取。当然,这是一个漫长的历史转进过程,因为各种强人总是试图操纵人类生活,总是试图替凡人操心,而凡人则被强人蒙蔽双眼,意识不到强人诉之的事理其实不过是强人本身的情欲而已。

四、知识类型:从经学世界观到理学世界观到法学世界观

人类的知识是随着历史进程与心智结构的转进而转进的。以此来通观中国思想的漫长发展过程,我们也能清晰地看到中国人建构的知识系统在历史与人性的长程发展过程中的转进图景。既然中国人在其早期的儿童时代确立了不同于古希腊与古印度的理念论之道论世界观,那么我们可以合理地将道论世界观在历史进程与人性结构双重转进过程中而发生的演化视为道三变论。道成肉身,道一变为经,二变为理,三变为法。戴震说过,经之至者为道,那么我们可以替朱熹说,理之至者为道,更进一步,我们今天可以为我们自己说,法之至者为道。

秦汉至唐代是中国知识论上的经学时代。这个时代是以董仲舒为中心,它以圣人崇拜为基础,将社会秩序的创制与维护归结到圣人的经典之上,读经、注经、用经成为这个时代的日常活动。

宋明至晚清是中国知识论上的理学时代。这个时代以朱熹为中心,它以事理来论证人类行为的正当性,将社会秩序建构的基础锁定在事理之上,发现理,阐释理,运用理,这是这个时代人们活动必不可少的。

当今中国正处在理学的末稍,我们有没有能力终结理学时代从而开启一个法学的新时代,将中国知识类型转进到法学世界观上,这是考验我们当代中国每一个知识人尤其是法学学术人的试金石。

从这里我们获致了一个重大的洞见,即法学乃是现代中国人的一种知识建构,它是与现代中国社会的发展和现代中国人的心智结构相匹配的一种全新的知识类型,当然我们要适度地将作为一门学科的法学与作为世界观的法学区分开来,前者更多表现为规范性,后者更多表现为思想性,但要根本上两者是一致的。

如果说经学世界观在秦汉时代开拓了中华人文之道,理学世界观在宋明时代开拓了中华人文之道,那么,当今中华人文之道的新开拓则历史性地落在了法学世界观的肩上。

五、结语:法治中国是新千年的宏伟事业

回到前述的“学术公案”,我们如果问:中国古代有法学吗?我们只能答:唯唯,否否。你说有,当然有,这取决于你抱持的何种法学“观”。如果我们承认你所说的只要有规则,有对规则的研究,那就算是有法学,当然我们得承认中国古代有法学。然而如果我们不承认你的前提,即不认为有规则就有法学,而认为法学乃是现代中国学术的一种建构,它与中国历史的现代转进、更与中国人之人性结构的现代转进联系在一起的,那么我们只能说,中国古代怎么可能有法学呢。法学的现代性表明,它不仅仅研究规则,它更重视对规则的正当性的审查。

今天的中国法学学人当然可以研究中国法学史,象何勤华教授所做的那样,不过我们必须意识到,那从传说中的三代以来就有法学的说法跟严格意义的法学(不与现代性即每个人的自由意志相联的法学不能叫法学)毫无关系,它们只能被分别看成是中国道论世界观创生时代、经学时代与理学时代的治论(叫礼学或律学可能更好,因为法学一名只能置于理学之后)。

如中国道论的创生时代、经学时代与理学时代分别经历了近千年的时间,我认为中国历史上的法学时代也将有千年的建构期,因此法治中国是新千年的一个宏大事业。既然我们是应法学时代之运而诞生的人物,那么我们理应为这个法学时代的建构做出我们的应有之贡献。

观诸当下,法治中国至少在名相上成为全民之共识,这是晚清以来一重大进步!当然,因法治中国还处在理学的末稍,法治中国步履维艰则非常正常,以我之观察,法治中国当下重在治,强调规制的秩序性,这正是理学时代的基本特征,作为学人,应适时指出法治中国应从重心在治逐步向法为重心转移,因为以法为重心的法治即强调规制的正当性才是真正的法治。真正的法治何谓?我曾提出一最高标准:“只有人人参与的立法才是具有正当性的立法,只有人人都参与建构起来的人类秩序才是具有正当性的人类秩序。”[1]这一标准似乎太高,是一不可实现之理想。但人无理想,何能干大事?

既然法治中国是中国新千年的宏大事业,而法治中国尚于一起始阶段,我们作为这一宏大事业的建构者,自然应抱持开阔的胸襟,持久的耐心,坚强的毅力,身体力行,不因暂时的困境而失去期盼,心中要树立像周大伟先生那样的信念:“只要我们坚持不懈地将现代法治这块巨石不停在向前推动,无论千难万难,总有一天会抵达梦中期待的法治社会的顶峰。”[2]

---

〔1〕 参见魏敦友:《当代中国法哲学的基本问题》,法律出版社2014年版,第45页。

〔2〕 周大伟:《法治的细节》,北京大学出版社2013年版,第355页。

论面向善治的我国法治反腐着力点

蔡宝刚*

内容摘要:在全面推进依法治国的背景下,法治反腐不仅是法治中国建设中的重要内容,而且必将成为我国新时期反腐方式的新常态,目前尤其需要对新时期法治反腐的前行路向和实施重点进行探索和定位。善治是国家治理也是腐败治理现代化的重要理论基础,善治的法治性、合法性、参与性、透明性和责任性等基本要素应是我国未来法治反腐的重要指向,面向善治的新时期我国法治反腐的着力点则相应为推崇法治方式反腐、提升法治反腐成效、保障公民参与反腐、完善信息公开法制、健全反腐责任体系。

关键词:治理　善治　法治　法治反腐

经过三年多的铁腕反腐,"用治标为治本赢得时间"的反腐战略取得了实际成效,从"打虎拍蝇"式反腐走向制度反腐、法治反腐的条件已初步具备。在新时期迈向法治反腐的进程中,我们既要总结多年来反腐败斗争的经验,探索解决反腐败制度碎片化、操作性不强、缺乏系统性协调性等问题,也要遵循和共享世界上法治反腐的普遍性规律,借鉴法治发达国家反腐败的先进理念和有益经验。从法治反腐的角度考量,我国目前的反腐措施仍然存在一些缺漏,尤其是缺乏一些国际上公认的反腐措施,使我国的反腐风暴在一定程度上招致了"叫好不叫座"的尴尬现象,如透明国际组织发布的2014年国际清廉指数排行榜,中国的排名为第100位,反而比前几年下降了20位左右。[1] 我们当然可以考问和质疑其排行依据的科学性和合理性问题,但加强沟通甚或形成共识可能更有裨益,透明国际组织所认可的增加反腐透明度、提高公共部门的可问责性及提升自下而上的反腐改革等措施确是我国目前所缺乏的,而这些措施正是善治理论所主张的治理的善治要素。为了更好地推进法治反腐进程和完善法治反腐措施,我们有必要在腐败治理领域重视善治理念,善治是国家治理也是腐败治理现代化的理想状态,面向善治的法治反腐措施应是我国新时期腐败治理的主要着力点,也是加强和推进我国反腐败的机制体制创新和制度保障的重要措施。

---

* 蔡宝刚,扬州大学法学院教授,法学博士,博士生导师。本文是国家社科基金重点项目《推进和保障公民参与反腐败的制度设计研究》(13AZZ006)和"江苏省高校优势学科建设工程资助项目"(PAPD)的阶段成果。

[1] 总部设在柏林的透明国际亚太区主管纳纳雅克拉在透明国际官方网站的博客文章里专门对此进行了解释,他认为中国排名下降的原因有五个:反腐运动缺乏透明性,公共部门缺乏可问责性(accountability),大量贪官向海外转移资产,对垄断国企缺乏规制,缺乏自下而上的反腐败改革。参见聂辉华、王梦琦:《中国反腐为何叫好不叫"座"?》,载 http://doctornie.blog.sohu.com/307266514.html。

一、善治的法治性与推崇法治方式反腐

善治来自于治理理论,"治理"是20世纪末在西方国家兴起的新概念,治理理念自传入我国后,便引起了政治学、社会学、法学等学界的高度关注和深入研究,并被广泛用于改进国家或政府治理的诸多领域和层面,"21世纪以来,'治理'一词不仅成为中国社会科学领域内的流行语,更上升为一种分析工具,成为推进政府改革、壮大社会力量,促进社会和谐发展的重要理论"。[1] 善治即好的治理,是治理的理想状态,是国家治理所追求的目标。善治的内容有诸多解释,根据俞可平先生的提炼和总结,善治的构成要素主要包括法治性、参与性、合法性、透明性、责任性等,良好的治理须以这些特质为目标。腐败治理是国家治理实践的重要领域,有西方学者对治理的质量进行了定量研究,如世界银行开发的世界治理主要有六项指标:表达与问责,指测量一国公民在选举政府领导的参与程度,以及言论、结社和新闻自由;政治稳定与无暴力程度;政府效能;监管质量;法治;腐败控制,测量把公共权力用于谋取私利程度,包括各种形式的腐败,也包括国家被精英和私人利益"俘获"的程度。[2] 可见,腐败不仅是治理内容的重要组成部分,而且腐败的控制程度也是检视治理质量的重要指标。科学有效的腐败治理同样也需要以追求善治为目标,以期达到腐败治理的善治状态,"以善治的理念为指导,能更好地推动我国反腐倡廉建设的发展"。[3] 同时,控制腐败现象也是善治的直接要求,而腐败现象泛滥则是政府治理失效的显著标志,如德国学者认为:"加强善治意味着民主化、法治、采取反腐措施以及公民社会的参与。"[4]因此,从基础意义上而言,"善治理论可作为反腐败政府制度创新的理论选择,它是指在市场经济条件下政府对公共事务的治理之道,是一种'治道变革',即统治方式的变革"。[5]

良好的治理离不开法治,法治是善治的组成部分和根本保障,"法治是善治的基本要求,没有健全的法制,没有对法律的充分尊重,没有建立在法律之上的社会程序,就没有善治"。[6] 法治是国家治理包括腐败治理现代化的基本要求,实现治理的现代化的主要的标志就是要全面贯彻落实依法治国基本方略,用"法治精神"来构建"国家治理体系"和提升"国家治理能力"。[7] 法治是治理的基本方式,法治的可预期性、可操作性、可救济性等优势在治理上具有其他手段所不具备的优势,是衡量国家治理包括腐败治理体系和治理能力现代化的重要指标。法治具有天然和有效的治腐功能,"法治意味着:对立法权的限制;制止行政权滥用的措施",[8] 防止和制裁权

[1] 麻宝斌等:《公共治理理论与实践》,社会科学文献出版社2013年版,第1页。

[2] D. Kaufmann & A. Kraay, "Governance Indicators: Where Are We, Where Should We Be Going?", in *The world Bank Research Observer*, Vol. 23, No. 1, 2008, pp. 1 - 30.

[3] 李景平、雷艳:《善治视域下我国反腐败中公众参与的路径选择》,载《理论月刊》2012年第1期。

[4] 参见周红云:《国际治理评估指标体系研究述评》,载《经济社会体制比较》2008年第6期。

[5] 唐环:《善治——遏制政治腐败的制度创新》,载《天府新论》2010年第5期。

[6] 俞可平主编:《治理与善治》,社会科学文献出版社2000年版,第10页。

[7] 莫纪宏:《论"国家治理体系和治理能力现代化"的"法治精神"》,载《新疆师范大学学报》2014年第4期。

[8] [英]戴维·M.沃克:《牛津法律大辞典》,李双元等译,法律出版社2003年版,第990页。

力的滥用即权力腐败是法治的要义,腐败和反腐败问题本质上是法律问题,权力腐败的发生是法律框架下权力制约不足或失灵的表征,权力腐败的治理归根到底必须经由法治的路径解决,这早已是现代国家腐败治理的共识意见和共通路径,诚如习近平总书记指出:“要善于用法治思维和法治方式反对腐败”。在全面推进依法治国的进程中,法治反腐逐渐成为我国法学研究和法治建设的重要内容和使命,如在《法制日报》评选的 2014 年十大法治新闻中有三项是法治反腐;在评选的 2014 年度影响力诉讼中,“刘铁男案”腐败案名列其中;在评选的 2014 年度的法治热词中,“法治反腐”成为热词之一。但无论是历史上还是在现实中、在观念上还是实践中,通过法治方式反腐败还未受到应有重视并存在较多不足。纵观我国的反腐败历程,反腐方式大致经历了“运动型反腐”“权力型反腐”“制度型反腐”几个阶段,每个阶段都有其重要的使命也取得了不俗的功效,但弊端和缺陷也是不可避免的,这些方式归根到底只能是一定时期一定条件下的权宜而非长久之计。

在全面推进依法治国和反腐由治标向治本过渡的新时期,我们要确立腐败治理的善治状态就是要在观念上和实施中推崇法治方式反腐败,其他的反腐方式现在要逐渐向法治反腐为主的方式转变,在反腐领域能够“让法律制度刚性运行”。法律、道德、政策、纪律、文件等制度构成了我国腐败治理的体系,而其中法律治腐模式带有全局性、根本性、强制性、权威性、稳定性和保障性的特点而应居于优位予以推崇,其他制度形式虽然在一段时期有一定的存在必要性,但归根到底要逐渐纳入法律制度体系中。虽说在治理腐败中,法治的方式并非万能,各种方式需要综合运用,但舍弃法治,舍本逐末,则万万不能,“中国法制现代化所要面对的腐败问题决不仅仅是一个单方面的社会疾病,而是一个波及范围广泛、交织问题复杂的社会经济政治现象。当然,处理此一问题,首先能够利用的控制手段,就是按照形式合理性原则建立起来的法律制度。依靠法律治理腐败,无论怎样强调它的重要性都不为过”。[1] 因此,新时期我国推崇法治方式反腐是不容置疑且势在必行的治本之策,否则依然可能使我国的反腐之路不能“经常”和“长久”,治标而难治本,“对于腐败这个社会毒瘤,既不能靠搞 20 世纪 50 年代‘三反、五反’那样的政治运动来解决问题,也不能靠搞‘文化大革命’那样的‘大民主’来解决问题,更不能靠搞意识形态斗争和道德说教来解决问题许多国家反腐败的成功实践和有益经验证明,依靠与现代民主相结合的法治,依靠严谨的法律和有效的制度,才是应对和解决腐败问题的主要途径和根本利器”。[2] 诚如著名作家莫言所说,“反腐败实际上是法治中国建设的重要组成部分,它不是一场运动,而是法治建设的重要内容。将来反腐败是一种常态。建立健全防腐败、反腐败的体制机制,肯定可以使风气得到巨大改变,使坏的现象得到根本遏制”。[3] 党的十八届四中全会已经绘就了法治反腐新蓝图,是我国新时期法治反腐的宣言书,奠定

---

〔1〕 舒国滢:《反腐败与中国法治品格的塑造》,《社会科学战线》1998 年第 6 期。

〔2〕 李林:《法治思维下的反腐治权》,载《法制日报》2012 年 12 月 26 日版。

〔3〕 莫言:《中国现在的反腐力度超过了我的想象》,载 http://www.ccdi.gov.cn/yw/201501/t20150101_49558.html,2015 年 1 月 2 日访问。

了法治反腐的理论逻辑和制度框架,对法治反腐做出了一系列重大部署,“在迈向治理的过程中,法治的任务并非得以减轻,而是具体对象和工作重心发生了转移。在某种意义上,法治需要在更大的程度上发挥其控制政府公权力滥用、消除隐形寻租和规避行为的作用”。[1] 法治反腐是善治的要求,腐败治理的善治状态的求得与维系需要法治的催生与保障,也只有推崇法治方式反腐才能实现对腐败治理的善治状态,“善治是在治理的过程中,从根本上排除滥用职权和腐败,并且完全尊重法治原则”。[2]

二、善治的合法性与提升法治反腐成效

善治是建立在合法性基础上的治理,合法性指的是社会秩序和权威被自觉认可和服从的性质和状态,只有那些被一定范围内的人们内心所体认的权威和秩序,才具有政治学中所说的合法性,合法性越大,善治的程度便越高。获得和增进合法性的主要途径是尽可能增加公民的共识和政治认同感,善治要求有关的管理机构和管理者最大限度地协调各种公民之间以及公民与政府之间的利益矛盾,以便使公共管理活动取得公民最大限度的同意和认可。从逻辑上讲,公共权力主体的合法性只能依据权力客体对权力主体的认知评判,从最终意义上说,公共权力的实现主要不在于权力主体,而在于权力客体自愿服从与否。在我国,党和国家及其公务人员公共权力行使的合法性来自于人民授权并服务于人民,如果公共权力按照应有的方向运行,为公共利益服务,做到清正廉洁,就能够获得其合法性,从而就能够获得广大人民的认同、支持,达到较高的廉洁程度和运行效力。反之,如果公共权力偏离为公共利益服务的方向而走向以权谋私,则会导致权力腐败,就会失去人民的支持,消减或丧失其合法性。

腐败指的是公共权力偏离了为公共利益服务的方向而异化成为谋取私利的工具,腐败的公共权力就不会得到受众对象的信任和服从,进而人民对国家、政府不信任甚至不服从,“如果腐败行为普遍存在,就将会降低政府的合法性。在公共物品和服务的供应以及政府强加成本等方面发生的腐败,损害了政府为提高其合法性所做的种种努力”,[3] 严重的腐败不仅增大经济发展的代价,“也极大地损害了中国共产党的公信力和合法性”,[4] 当这种滥用权力达到一定程度,“政权本身存续的合法性,执政者的合法性,甚至社会制度本身的合法性都会受到质疑”。[5] 我国近年来腐败现象的泛滥正在不断地吞噬着党和政府执政及权力行使的合法性,诚如邓小平早就指出“由于腐败现象的滋生,使一部分群众对党和政府丧失了信心”,[6] 十八大报告指出:“这个问题解决不好,就会对党造成致命伤害,甚至亡党亡国。”腐败泛滥在一定程度上动摇了党和政府的合法性根基,而有效治理腐败是树立党的领导、政府执

---

[1] 江必新、王红霞:《社会治理的法治依赖及法治的回应》,载《法制与社会发展》2014 年第 4 期。

[2] [印]哈斯·曼德、[印]穆罕默德·阿斯夫:《善治:以民众为中心的治理》,国际行动援助中国办公室编译,知识产权出版社 2007 年版,第 12 页。

[3] [美]艾克曼:《腐败与政府》,王江、程文浩译,新华出版社 1999 年版,第 26 页。

[4] 俞可平:《中国的善治之路:中美学者的视角》,载《中国治理评论》2012 年第 1 期。

[5] 高新民:《略论权力制约的三种途径与反腐败》,载《中国党政干部论坛》2009 年第 3 期。

[6] 《邓小平文选》(第 3 卷),人民出版社 1994 年版,第 300 页。

法等权力行使合法性的根本措施,“反腐败早已不是一个单一事项、不是一个单向度的活动,也不仅仅是单一领域的现象。反腐败的意涵已经深深嵌入当代中国的国家性质、政府品格、执政党执政合法性,乃至公民文化之中”。[1] 执政的合法性问题也正在引起我国高层领导的重视,王岐山在“2015中国共产党与世界对话会”上首次明确提出“合法性”问题,“中国共产党的合法性源自于历史,是人心向背决定的,是人民的选择”,反腐败是增进党执政合法性的根本大事。而法治反腐是反腐败的最优选择,也是当下中国法治建设的重要使命,“运用法治限制权力的任意行使、遏制腐败、缓解社会矛盾事关党和国家的根本利益,我们必须认真对待”,[2] 从法治思维的价值意义出发处理腐败问题,“就能够认识到反腐败不仅仅是抓几个贪官、处理几个案件、完成本职工作,而是关乎人民群众的权利自由和根本利益、维护政府的威信、树立良好的国际形象、维护公平正义的大事”。[3] 党的十八大以来中国反腐力度前所未有,反腐成效前所未有,国内“打虎”“治裸”、海外“猎狐”追逃,党和政府以坚强的反腐决心坚定了人民的信心。要避免声势浩大的反腐沦为运动式反腐,必须将反腐纳入法治轨道,让法治保证反腐的正当性与合法性。[4]

保持合法性不仅要在认识上高度重视,更要在行动上付诸实施,提升法治反腐成效是增进政治或执政合法性的基础工程和有效措施,“由于法治整合了反腐败的诸种进路,因此具有反腐败的良好效果。这样的效果,远不是目前已有的种种反腐败进路可比拟的。只要人们观察一下当今世界的法治国家与非法治国家在反腐败上面的绩效差异,即可了然于心”。[5] 我国的法治反腐正在路上,在新时期提升法治反腐成效应该从以下几方面着手:一是强化法治反腐理念。中国的反腐体制非常特殊,有多个反腐败机构,法治反腐只是其中一个方面,在全面推进依法治国的背景下急需强化法治反腐的理念。法治是治理腐败的有效措施和治本之举,运动反腐依靠的是大规模群众运动惩治腐败,但腐败问题的解决不可能一蹴而就,且需要对症下药;权力反腐容易因领导者的改变而改变,因领导者注意力的转移而转移,也难以杜绝选择性反腐等不公正反腐现象;制度反腐依靠的党纪政纪大多缺少与其配套的具体规定,在实际操作中往往缺乏强制性和约束力;法治反腐是制度反腐的超越,通过制定和实施法律,限制和规范公权力行使的范围、方式、手段、条件和程序,使公权力执掌者不能腐败、不敢腐败,从而达到减少和消除腐败的目标。二是加快反腐败国家立法。从我们国家反腐败法律制度的实际情况看,除了法律体系不够完整之外,也还存在某些不严密、不合理的问题,需要进一步完善。必须加强公权力运行各个环节的界定、监督,如制定防范利益冲突法、财产申报法、行政程序法、官员从政道德法等,当然,最好和最终的办法就是创制专门的反腐败法。三是严守司法反腐权威。法治反腐首先要遵循

---

[1] 商红日:《反腐败:权力制约与监督制度运行中的公民参与》,载中央纪委研究室、杭州市纪委、监察局编:《反腐败:权力制约和监督》,中国方正出版社2011年版,第412页。

[2] 陈金钊:《用法治思维抑制权力的傲慢》,载《河南财经政法大学学报》2013年第2期。

[3] 蔡宝刚:《法治思维和法治方式下的反腐路向论纲》,载《法学杂志》2013年第11期。

[4] 参见《2014年度法治热词》,载《法制日报》2015年1月13日。

[5] 任剑涛:《反腐的不同进路与法治的整合功能》,载《中国法律评论》2014年第4期。

法治的一般原则,对腐败行为的查处要依法进行,由有权管辖的司法机关来查处,如果由没有司法权的机关来查处腐败犯罪案件,无论眼前的效果如何,总是无法树立法治的权威,降低司法的公信力。要树立司法机关在查办腐败犯罪案件方面的终极权威,“充分发挥司法在反腐治权中的作用,排除各种干预和干扰,切实保证司法机关依法独立行使职权”。[1] 按照法律规定应当有司法机关管辖的案件,就应当及时地移交给司法机关按照法定程序进行查办,并且努力让人民群众在每一个涉及腐败的司法案件中感受到公平正义。四是重视廉政法治文化教育。廉政法治文化的宣传教育有助于公民自觉检举揭发和预防抵制违法犯罪的腐败行为,有利于在全社会倡导廉洁和反对腐败的氛围,“社会应当靠法来治理而不是靠人来治理,而要实施这个原则,则要求整个社会对于如何甄别腐败达成一致”。[2] 廉洁法治文化有助于公众对反腐败的了解、支持与参与,“如果使公众了解到腐败不仅有害,而且是在偷窃公共钱财,公众的反腐意识就会逐渐增强。此外,使公民认识到自己有权利和义务控诉官员的腐败行为至关重要”。[3]

三、善治的参与性与保障公民参与反腐

善治的参与性是强调公民和社会组织参与到政府的决策和管理过程中,公民参与是善治的本质特征和基本要求。善治的基础在公民或民间社会,公民必须具有足够的政治参与权利才能促使政府并与政府一道共同形成公共权威和公共秩序。保证公民享有充分自由和平等的政治权力的现实机制只能是民主政治,没有民主善治便不可能存在,而民主或参与性的实现只能靠法治的赋予和保障。腐败的治理需要公民的积极而有序参与,公民参与反腐败是我国腐败治理现代化、实现善治并取得成效的主要路径和标志。我国多年来反腐成效欠佳的重要原因在于反腐观念的滞后和模式的单一,从反腐的发起动力源泉角度看,我国传统的反腐模式主要是由体制内的公共权力推动的权力制约权力式的权力反腐,“中国目前的反腐败本质上是作为一种公共产品,由党和国家统一向社会提供,这其实是一种国家中心主义的反腐败战略”。[4] 权力反腐的基本原理就是权力必然滋生腐败,绝对的权力导致绝对的腐败,解决的办法就是“把绝对权力放到责任的集中营里吧”。[5] 但过于注重体制内的权力反腐是远远不够且难以有效的,权力反腐存在不可避免的固有缺陷,最大问题都只是在密封的国家机器内部寻求制约国家权力的力量,“虽然历史经验证明,它们是必要的和有效果的,但毕竟整个国家机器、国家权力是掌握在统治者手中的,三权虽因分立而有所制约,但也难以避免官官相护,而且往往在最后或其背后是统一集中操纵

〔1〕 李林:《全面推进依法治国努力建设法治中国》,载《北京联合大学学报》2013 年第 3 期。

〔2〕 [美]爱德华·L. 格莱泽、[美]克劳迪娅·戈尔丁主编:《腐败与改革:美国历史上的经验教训》,商务印书馆 2012 年版,第 47 页。

〔3〕 [新西兰]杰瑞米·波普:《反腐败战略的成功因素》,载胡鞍钢主编:《中国:挑战腐败》,浙江人民出版社 2001 年版,第 220 页。

〔4〕 李辉:《当代中国反腐败制度研究》,上海人民出版社 2013 年版,第 29 页。

〔5〕 [英]阿克顿:《阿克顿勋爵论说文集》,侯健、范亚峰译,商务印书馆 2001 年版,第 342 页。

于某个社会强势集团和执政党的,导致权力失衡、失控和权力腐败”,[1]权力循环制约导致的权力集中正是诱发腐败的重要原因,无论是增设更高监督者,还是让监督者直接向最高监督者负责,都没有预设对最高监督者的监督,而这势必导致在各种相对独立的监督体系中最高监督者是不受监督的“顶端失控”状态。[2]

善治理论的兴起为我国反腐模式转型提供了极富吸引力的理论借鉴,“我国反腐模式的转型,其核心问题便是要打破政党组织作为一元推动力的局面,吸纳和动员个人和组织,尤其是公民社会的组织力量、新闻媒体的舆论能量来构成腐败治理的政策网络,构建共同打击腐败的公共社群”。[3] 善治理论下反腐治道就是要从传统的单向度的权力反腐,向更加重视权力的权利制约即公民权利反腐转变,最终实现权力反腐与权利反腐合作治理的治道变革,“反腐败可以以自上而下的方式进行,主要通过减少官僚腐败,提高低级别公务员的能力、专业化和廉洁程度。草根运动方式的改革强调改善公民自由,例如言论自由由和人权。所有这些方案看起来都是可行的,全面的改革战略将包含这两个方面”。[4] 公民权利反腐“其要旨在于通过权利主体的权利主张和权利实现以维护权力的公共性,使权力不至于侵犯权利主体之权益”。[5] 其主要方式是公民或社会组织参与反腐败,其势必成为今后我国至关重要的反腐模式,“权力结构是制度防腐的核心,制度反腐以权力结构为重心,最后的发展还必须与公众的这种权利反腐相结合,这样才能构成中国特色的反腐新模式,而不仅仅停留在制度层面上。制度反腐的最高境界就是老百姓的权利反腐”。[6] 反腐败不仅仅是政党、政府等公权主体的事务,也应该是所有公民和社会组织的大事,“凡是在官方真心实意的反腐败却以失败告终的地方,一般总是缺少一个要素——公民社会的参与”。[7] 公民参与反腐败可以充分调动广大公民和社会组织反腐治权的积极性和主动性,具有权力反腐无法替代的功能优势和治本效果,是营造不敢腐、不能腐的重要保障,“只有所有人都从内心中抵制腐败行为,所有人都能够用自己的眼睛来帮助国家监督腐败行为,并且国家承担反腐败功能的机构不再进行‘运动式’和‘选择性’的腐败治理,中国的腐败问题才能得到有效解决”。[8]

我国近年来网络反腐和举报信访所起到的反腐效果已经初步显示了权利反腐的巨大能量和良好效果,但仍然远远不够,根据美国学者 Arnstein 提出的“公民参与阶

---

[1] 郭道晖:《社会权力:法治新模式与新动力》,载《学习与探索》2009 年第 5 期。

[2] 参见李可:《以“反向监督”化解监督难题》,载《法制日报》2014 年 7 月 11 日。

[3] 陈兆仓:《治理理论视角下的我国反腐败模式转型研究》,郑州大学公共管理学院 2010 年硕士论文,第 43 页。

[4] [德]约翰纳·伯爵·兰斯多夫:《腐败与改革的制度经济学:理论、证据与政策》,清华大学公共管理学院廉政与治理研究中心译,中国方正出版社 2007 年版,第 92 页。

[5] 上海社会科学院当代中国政治研究中心编:《中国政治发展进程 2008 年》,时事出版社 2008 年版,第 394 页。

[6] 李永忠:《制度反腐的核心在于权力配置》,载《中国新闻周刊》2011 年第 25 期。

[7] [新西兰]杰瑞米·波普:《制约腐败——建构国家廉政体系》,清华大学公共管理学院廉政研究室译,中国方正出版社 2002 年版,第 47 页。

[8] 李辉:《当代中国反腐败制度研究》,上海人民出版社 2013 年版,第 29 页。

梯理论”,[1]我国公民参与大致处于中间阶段参与水平,公民参与权利的赋予和保护严重不足,“不讲权利,不张权利,用什么来构筑关住权力的笼子?关住权力的笼子的基本元素不是别的,正是人民大众的基本权利”,[2]从根本上讲,公民是将权力关进制度的笼子里的真正主体,公民权利的真实持有和维护是将权力关进制度的笼子里的根本保证,“当前的反腐败体制机制,存在着人民这一主体的缺失。因此,要真正做到把权力关进制度的笼子里,除了继续完善法律体系、打造好制度的笼子外,还需进一步健全制度,确保人民享有和行使把权力关进笼子里的基本权利”。[3] 因此,依法赋予和维护公民的政治参与权利是法治反腐的重要内容,有学者提出,“要‘把权力关进制度的笼子’,首先应当把权利‘放出笼子’,给权利松绑”。[4] 为此急需在善治理念的指导下,适时推进反腐的制度创新。我国业已参加的《联合国反腐败公约》规定:“铭记预防和根除腐败是所有各国的责任,而且各国应当相互合作,同时应当有公共部门以外的个人和团体的支持和参与,例如民间社会、非政府组织和社区组织的支持和参与,只有这样,这方面的工作才能行之有效。”根据我国缺乏公民参与反腐败的实际状况,应在以下两方面完善法律,一方面须推进和落实宪法等赋予公民政治参与反腐败的各项既有法定权利,宪法是“人民权利的宣言书”,在法治的推进和保障下权利反腐的具体权利表现为宪法和法律赋予的各种政治参与权,有学者直接将之界定为公民参与权,包括选举权、批评权、建议权、申诉权、控告权、检举权、取得国家赔偿权,以及言论、结社、集会、游行、示威、通信等自由权利,且必须使这些纸面上的法定权利转化为行之有效的现实权利。另一方面针对我国权利反腐的体制性不足,需要保障公民参与反腐败的渠道、范围、程序、方式以及明确参与者的权利义务和法律救济等,急需完善和创制社团法、新闻法、出版法、政务公开法、财产申报法、公民举报法、证人保护法等法律,为公民参与反腐败提供制度支撑和法律保障,“腐败即是权力的滥用与不正当使用,唯有依靠权利去遏制权力的腐败才符合法制的逻辑,才是杜绝腐败的治本之途”。[5]

四、善治的透明性与完善信息公开法制

善治的透明性指的是政治信息的公开性,每一个公民都有权获得与自己的利益

---

[1] 按公民参与的程度可分为操纵、引导、告知、咨询、劝解、合作、授权、公众控制8个阶梯,在此基础上可分为无参与、象征性参与和实质性参与三个阶段。See Sherry R. Arnstein, “A Ladder of Citizen Participation”, *in Journal of the American Institute of Planners*, Vol. 35. No. 4, July 1969. pp. 216 - 224.

[2] 侯少文:《制约与监督:关住权力的笼子》,载《中共浙江省委党校学报》2014年第3期。

[3] 柳经纬:《“把权力关进制度的笼子里”需要解决的两个问题》,载《法制与社会发展》2014年第5期。

[4] 郭道晖:《“权力入笼”,必先“权利出笼”》,载《炎黄春秋》2014年第12期。郭道晖先生还认为:“现在的单轨反腐,没有动员社会力量的参与,这在某种程度上,对于未来反腐工作的推进是一种掣肘。比如,会导致民众对当前形势的不理解,虽然抓出个老虎会获得掌声,但怀疑和反对的声音也会很多。”郭道晖:《双轨制反腐才更持久》,载 http://opinion.caixin.com/2014-07-24/100708453.html。

[5] 刘金国、彭钊:《以权利制约权力——法治语境下的反腐败》,载北京市社会科学界联合会、北京师范大学编:《科学发展社会秩序与价值建构——纪念改革开放30年论文集》(上卷),北京师范大学出版社2008年版,第536页。

相关的政府政策的信息,包括立法活动、政策制定、法律条款、政策实施、行政预算、公共开支以及其他有关的政治信息。透明性要求上述这些政治信息能够及时通过各种传媒为公民所知,以便公民能够有效地参与公共决策过程,并且对公共管理过程实施有效的监督。透明程度愈高,善治的程度也愈高,“公众能够对政府专权构成重要的制约。但是,只有当政府向公众提供关于其行为的信息的时候,这种制约才能够发挥作用。另外,公民们必须拥有方便的申诉途径,同时还要免于受到可能的报复。而且,政府官员也必须意识到,对公众抱怨作出反应其实符合他们自身的利益”。〔1〕政府行为的公开透明是遏制腐败问题的基本前提和要件,此所谓阳光是最好的防腐剂,没有一定程度的政府信息公开,公民对政府行为也就无法进行必要的监督和制约,“公众参与反腐败的广度和深度都依赖于社会公众所了解和掌握的基本信息,如果社会公众对自己所关心的问题一无所知,反腐参与就无从谈起。为此,政府部门必须对公民社会保持信息公开,满足公民对政府信息的知情权”。〔2〕

公民有一定的知情权、知政权,政府有正常的信息公开和接受监督的义务,“公民的监督要通过公开透明的民主程序、立法机关的监督和公共信息的获取而得以实现。公开应该通过制定公开制度和接受独立媒体的监督而进一步加强。一个腐败的和(或者)没有效率的管理总是通过拒绝信息公开等方式来掩盖其缺陷和不足。实际上,信息公开,让公民知道自己应有的权利是医治这种缺陷的良药。公开越多,腐败越少”。〔3〕公民社会对政策制定和公共部门功能的监督及参与是反对腐败和改善治理的一个至关紧要的砝码,这会使国家对公众更加透明,并使公民扮演一个积极的角色。被国际社会证明有效的透明度改革的类型包括以下几个方面:一是保障公众获知政府信息,主要措施包括保证公众可以获得政府信息;要求一些类型的政府会议对公众观察开放;引导公众就草案、法令、规章和法律进行投票和召开听证会;公开司法和立法决定并保留档案;通过审查制度保障新闻自由,禁止政府官员把侮辱和诽谤罪作为一种手段来胁迫记者;在反腐败和大型政府采购招标领域,加强公民社会对过程的监督;在透明度、揭发、公众参与和传播中利用新的网络手段。二是对政治领导人和高级官员关于良好的治理和反腐败承诺进行监督和平衡,通过对他们行为、收入和财产的揭发加强透明化,主要措施有:议会投票的公开;废除无条件的议员豁免权;政党财政来源和数目的公开;高级官员和他们关键支持者的收入和财产公开;针对政府官员利益冲突的规定;对揭露其他政府官员滥用职权的政府官员的人身保护和职业保障。三是要有公共支出管理的透明度和责任,主要措施有:一个全面的预算和一个经过磋商的预算程序;公共支出使用中的透明度;竞争性的政府采购;独立的外部审计等。〔4〕这些透明度方面的国际惯例应是我国借鉴的模式样本,也是未来我国腐

---

〔1〕［美］艾克曼:《腐败与政府》,王江、程文浩译,新华出版社1999年版,第213页。

〔2〕李建华、刘黎黎:《论社会参与反腐败能力的提升》,载《吉首大学学报》2013年第3期。

〔3〕［新西兰］杰瑞米·波普:《制约腐败——建构国家廉政体系》,清华大学公共管理学院廉政研究室译,中国方正出版社2002年版,第260页。

〔4〕参见［美］丹尼尔·考夫曼:《治理与反腐败》,载胡鞍钢主编:《中国:挑战腐败》,浙江人民出版社2001年版,第283～298页。

败治理和法治建设的重要组成部分。

我国目前政府信息公开方面步履维艰、效果不佳,有些领域仍然存在"暗箱操作"的空间,这为腐败的滋生和蔓延提供了温床,中国社科院发布的《2012 年中国法治发展报告》,对一些政府部门和法院的政务公开情况进行了量化分析,在政务信息公开方面,按照百分制的原则,只有约三分之一的省和直辖市政府,以及约一成的国家部委,整体透明度得分为 60 分,勉强及格。为了有效预防腐败,我国必须加快政府信息公开的立法完善,修订和完善《政府信息公开条例》,该条例对于保障公民知情权和促进反腐倡廉建设具有重要作用,但其作为行政法规的法律位阶低,从而使条例的功效大打折扣,其仅调整政府而不是整个国家机关的行为,从而难以规制整个公权力的运作,特别是执政党权力的运作,其规制重点不突出。就反腐倡廉建设而言,需要公开、透明的信息重点不是政府机关或其他国家机关获取和保存的一般信息,而是公权力的运作信息即政务信息。[1] 需要尽快制定法律效力层次更高的政府信息公开法,不断扩大政务公开的范围,政府信息应以公开为原则,不公开为例外,根据法律法规的要求,凡不涉及国家秘密、不危及国家安全、公共安全、经济安全和社会稳定的事项都向社会公开。目前应尽快实现以下几个领域的公开:政府财政预算公开;重大突发性事件的信息公开;重大决策事项的公开;政府投资项目的招标过程和政府采购过程的公开;政府部门的施政承诺、践诺结果和爽诺责任承担的公开。要健全相关法律和制度,规范政务公开行为,对政务公开的范围和内容、公开的渠道、公开的形式和时间、公开后的回应以及公开的法律责任等予以明确的规定,使其具有可操作性,从而促进"阳光政府"的建设走上健康的轨道。[2] 就腐败个案问题而言,信访、举报的办理和落实情况需及时充分地公开,如受理了多少、反映了哪些问题、怎么落实的、落实了多少、不能落实的是什么原因等,要采取适当方式在一定范围向社会公布,这样既可以公民进行监督,也可以让公民了解反腐败职能机关的工作情况,减少不必要的疑虑和猜测。

五、善治的责任性与健全反腐责任体系

善治的责任性指的是人们应当对自己的行为负责,在公共管理中特别地指与某一特定职位或机构相连的职责及相应的义务。责任性意味着管理人员及管理机构由于其承担的职务而必须履行一定的职能和义务。没有履行或不适当地履行他或它应当履行的职能和义务就是失职,或者说缺乏责任性。公众尤其是公职人员和管理机构的责任性越大表明善治的程度越高,善治要求运用法律和道义的双重手段,增大个人及机构的责任性。形成善治就必须有严格的责任体系,就反腐而言,追究具体腐败行为人的法律责任自不待言,党纪国法有诸多明确的规定,当然还有诸多值得完善的方面。我国之前反腐败和预防腐败的制度机制之间缺少整合和协调,没有确立起反腐败和预防腐败的政治责任制,各机构之间互相制约、推卸责任,在造成了巨大的制

---

[1] 参见张宝山:《反腐法制建设有待完善》,载《中国人大》2013 年第 22 期。

[2] 参见陈天祥:《权力异化治理三人谈》,载《人民论坛》2014 年第 12 期。

度浪费的同时为腐败分子创造了很多的机会,同一级党委和政府自己负责自己的反腐败和预防腐败,这种制度设计必然导致制度失效。[1] 微观方面的责任制度在此不再繁叙,我国目前反腐法律责任体系中的最大问题是领导责任的泛化甚至缺位。

中国国家治理体系的历史演进表明,"执政党主导和组织化调控是新中国国家治理体系的本质特征",[2]腐败治理的主要动力来自执政党的推进,如中央颁布的各项纪律规定等,起到了一定的反腐作用。但腐败的治理更多的应是国家和政府的公共管理的行政事务,党过多地介入行政这种事务就与政府的角色和职能有所混淆,最大的难题是党的系列本身难以依法问责,十八大以来诸多干部因腐败问题落马,但因此而被依法问责的领导者少之又少。从国家治理角度看,适当的党政分权有利于提高党的执政能力和国家治理能力,党实行的依法执政,从这一意义看应该遵循和根据法律处理公共事务并承担法律责任,诚如有学者认为:"政党、特别是执政党,在执政期间因政策或某些重大举措的失误,导致人民生命财产和国家安全等等蒙受重大损失,要承担政治责任。不能因为自身身的某些特殊性(如政党的资历、历史功绩,或领袖个人权威或一时的狂热性错误)而免责。"[3]而现实中发生的许多腐败现象与相关层面的党委尤其是"一把手"的失职有很大关联,如决策失误、用人失策等,而当某些严重后果发生时却无法在法律上追究相关党的领导者和党的相关部门的责任,某种意义上说他们是在法律责任的体制外循环,诚如有学者所言:"一些地方或基层的党委往往直接决定或实施具体行政行为,当这些具体行政行为存在违法问题时,最终承担责任的却是政府,由此形成了一种'党委拍板,政府担责'的现象。"[4]如果这种状况不予以制止,"一把手"腐败等腐败现象的后果可想而知。当然这并不排除某些"一把手"也会因为腐败受到党纪追究,但党纪不能代替国法,从追求腐败的责任体系的周延性来看,法律责任的缺位势必会导致一部分人腐败的可能性上升和腐败的发案率式微。

党的十八届三中、四中全会提出,落实党风廉政建设责任制党委负主体责任,但是如何在党的纪律尤其是在法律层面上落实这种责任体制依然是个难解之题。为此,必须及时进行政治体制改革来优化反腐的法律责任体系,更新党的领导和依法执政的观念,探索党务和政务分开的法律机制,依法执政要于法有据、以法限权、依法用权、违法担责,不仅党的领导者本身涉腐应该承担法律责任,而且主管预防腐败的负责人未尽到监督义务的要承担法律责任,这在诸多国家反腐败立法中的得到体现,值得我国的相关立法借鉴。如《意大利反腐败法》规定,在某一腐败犯罪已被实施并且经实效判决的情况下,要追究预防腐败的负责人的法律责任,"除对国库遭受的损失以及公共行政部门形象遭受的损害承担责任外,还应受到相应的纪律处分",除非该

---

[1] 参见郑永年:《反腐败与制度建设》,载 http://politics.people.com.cn/n/2014/0806/c70731-25415010.html。

[2] 唐皇凤:《新中国60年国家治理体系的变迁及理性审视》,载《经济社会体制比较》2009年第5期。

[3] 郭道晖《"执政能力"的法理解读》,载《法学》2005年第7期。

[4] 黄文艺:《论依法执政基本内涵的更新》,载《法制与社会发展》2014年第5期。

负责人能够证明其尽到了监督义务。[1] 腐败治理要取得实效必须确立严格而系统的法律责任追究体系制度,明确追究主体、追究对象和追究程序,建立健全有效的公务人员管理监督机制,让每一位负有责任特别是负有主要领导责任的位高权重者在行使权力时有被监督感和被约束感,通过责任追究使每一位党政官员的行为都置于严密有效的外部监督和内部约束之下。总之,反腐法律责任体系的健全,依法严格有效地追究所有腐败行为人和负责人的法律责任,必然会大幅度减少腐败尤其是"一把手"腐败现象的发生。

〔1〕 参见《意大利反腐败法》,黄风译,中国方正出版社2013年版,第6页。

国家治理现代化:以社会组织的良法善治为起点[*]

张 清[**] 武 艳[***]

内容摘要:"完善和发展中国特色社会主义制度,推进国家治理体系和治理能力现代化"将改革目标推向了浴火重生式的"整体突围"之中。国家治理的新思路折射出传统管理模式向现代治理体系转型的关键在于从国家单方面支配社会的窠臼中走出,过渡到实现国家对社会的有效治理,并进一步推进国家与社会的良性互动与相互制衡。国家治理的现代化赋予了"治理"更高的地位,不仅是全面深化改革的发展目标,更标志着中国现代化进入了一个崭新时期,从管理向治理的变革,从人治向法治的转换,从硬治理向软治理的推进。国家治理是一个系统工程,需要整体设计分层推进,在法治中国建设的伟大进程中,法治社会的发展至为重要,微观层面社会组织的依法自治、协同治理对宏观层面的国家治理做出典范性的诠释,通过深入挖掘并实践社会组织的良法善治来回应国家治理"法治化""协同化""共治化"的迫切诉求。政府与社会组织的良性互动是以中国市民社会与国家良性的结构性互动为基础,不仅表现在政府对社会组织监管模式变革,更是一种平等对话与合作。

关键词:国家治理现代化 社会组织 良法善治 软法

时下,《中共中央关于全面深化改革若干重大问题的决定》(以下简称《决定》)将中国改革领入"深水区","完善和发展中国特色社会主义制度,推进国家治理体系和治理能力现代化"更是将改革目标推向了浴火重生式的"整体突围",其中,治理浪潮再一次泛起涟漪。自20世纪90年代西方国家兴起治理理论以来,良法善治俨然成为全球政府治道变革的基本共识,中国也不例外。在此次全会《决定》中,"治理"成为热词,出现的频次颇多,不仅首次出现"治理体系"和"治理能力"等概念,还从国家治理、政府治理、社会治理三个层次和维度展开了结构性论述,从创新社会管理到迈向国家治理现代化,似乎整体改革的新轮廓正在顶层设计中孕育。诚然,蓝图已画就,施工却很艰难,面对国家治理的全新命题,我们又该如何透过治理能力的现代化实现治理体系现代化的战略转型。

一、国家治理现代化的规定性

(一)治理与国家治理

谈起治理概念,或许已是老生常谈,但论及国家治理,却又无法挣脱对治理的表

---

* 本文系国家社科基金后期资助项目(13FXA001)、江苏省高校优势学科"文化传承与区域社会发展"建设项目(PAPD)、江苏高校区域法治发展协同创新中心、中国法治现代化研究院、扬州大学中国法律文化与法治发展研究中心、扬州大学社会治理创新研究中心研究成果。

** 张清,法学博士,扬州大学法学院教授,博士研究生导师。

*** 武艳,扬州大学法学院博士候选人,江苏省金坛市人民检察院检察员。

达与描绘。英语中的“治理”(governance)可以追溯到中世纪,但长期以来却与“统治”(government)交叉使用,直至20世纪90年代初,西方政治学和经济学家赋予“治理”新的含义,并迅速成为社会科学的高频范式。治理理论的主要创造人之一罗西瑙曾经对治理有过经典描述:“它们虽未得到正式授权,却能有效发挥作用。与统治不同,治理指的是一种由共同的目标支持的活动,这些管理活动的主体未必是政府,也无须依靠国家的强制力量来实现;治理既包括政府机制,但同时也包括非正式、非政府的机制,随着治理范围的扩大,各色人和各类组织等得以借助这些机制满足各自的需要,并实现各自的愿望。”[1]联合国发展计划署认为:“治理是基于法律规则和正义、平等的高效系统的公共管理框架,贯穿于管理和被管理的整个过程,它要求建立可持续的体系,赋权于人民,使其成为整个过程的支配者。”[2]1995年全球治理委员会在《我们的全球之家》研究报告中指出:“治理是各种公共的或私人的机构在管理共同事务时所采用的方式总和,也是在调和各种冲突和利益矛盾时采取联合行动的持续过程。”[3]作为曾经时髦的词汇,治理的定义不下数十种,虽然这些定义都有所侧重、有所取舍,但大致都涉及了治理的核心特质,即多元治理、多中心治理、多领域治理,等等。

国家治理作为治理体系的子系统,自全会《决定》出台后,格外引人关注,有学者认为,国家治理的概念是在扬弃国家统治与国家管理两个概念基础上提出的一个新概念,吸收了治理和善治理论与公司治理理论的合理内容,是国家政权的所有者、管理者和利益相关者等多元行动者在一个国家的范围内对社会公共事务的合作管理,[4]它不仅局限在国家对政治领域的治理,也即政治治理或政府治理,[5]还涵盖了国家对社会的治理、社会自身的治理等众多领域,并由此实现国家与社会共治的秩序场域。“国家治理的广义概念可以界定为是国家按照某种既定的秩序和目标,对全社会包括政治、经济、社会、文化、生态等领域进行自觉的、有计划的控制、支配、规范和引导、组织、协调的活动。”[6]可见,它改变了传统主体—客体的二元单向思维模式,将原本单向的主体问题转化为主体间的或互交主体间的双向问题,以互相影响、互相作用的共治者逻辑取而代之,是主权国家的执政者协同组织共同体和公民一起管理社会公共事务,推动社会经济发展的过程;是一种多层管理主体协调共处的过程;更是多种制度、体制、规制共生交往的过程。国家治理的新思路折射出传统管理模式向现代治理体系转型的关键在于从国家单方面支配社会的窠臼中走出,过渡到实现国家对社会的有效治理,并进一步推进国家与社会的良性互动与相互制衡。

---

〔1〕［美］詹姆斯·罗西瑙:《没有政府统治的治理》,剑桥大学出版社1995年版,第5页,转引自俞可平:《全球治理引论》,载《马克思主义与现实》2002年第1期。

〔2〕UNDP, *Public Sector Management, Governance, and Sustainable Human Development*, New York, 1995, p.9.

〔3〕俞可平:《全球治理引论》,载《马克思主义与现实》2002年第1期。

〔4〕参见何增科:《理解国家治理及其现代化》,载《马克思主义与现实》2014年第1期。

〔5〕有学者将国家治理划分为广义与狭义之分,狭义的国家治理即政府治理,参见丁志刚:《如何理解国家治理与国家治理体系》,载《学术界》2014年第2期。

〔6〕丁志刚:《如何理解国家治理与国家治理体系》,载《学术界》2014年第2期。

(二)国家治理现代化及其结构样态

国家治理的现代化赋予了“治理”更高的地位,不仅是全面深化改革的发展目标,更标志着中国现代化进入了一个崭新时期,从管理向治理的变革,从人治向法治的转换,从硬治理向软治理的推进。

首先,国家治理现代化标志着从管理向治理的变革。“管理”和“治理”蕴含着两种不同的治国理念,并且在内涵上也相去甚远。管理强调强制,政府下命令、发指示,因而蕴含更多专断性权力,[1]在行使权力过程中无须与社会协商,可能在看似“雷厉风行”的“美誉”下出现权力的“为所欲为”。而治理则强调政府、社会、民众多主体互动协作,共同处理公共事务,因而主体结构是多元的,“权威并非一定是政府机关”[2]并且国家行使的是一种制度性权力,讲求与社会的协商,需要征得社会的同意和寻求社会的支持。治理作为一种过程,权力运行方式是上下互动、合作协商的。在治理中,权力的运行不再只是采用上行下达的行政命令方式,而是更多地依靠各行为主体在彼此信任的基础上,通过合作、协商的方式达成共识,解决矛盾;相反,政府管理的权力运行方向总是自上而下的,通过上命下从实现集权管理。国家治理的现代化首要的是理念的变革,从管理走向治理,“意味着将国家对现代化建设各领域的有力有序有效管理,同各种范畴、各种层次、各种形式的自主网络、自治权威相结合,从全能转向有限、从垄断转向参与、从管理转向服务、从集权转向分权、从人治转向法治、从封闭转向开放、从权力转向责任,做到国家治理、政府治理、社会治理的全覆盖。”[3]

其次,国家治理现代化意味着从人治走向法治。人治与法治作为人类治理的不同形态在历史的流变中更迭,中华文明的演进历程中同样出现了人治型国家治理方式向法治型国家治理方式的转向,特别是当前十八大报告提出:“法治是治国理政的基本方式”以来,更加强调要注重发挥法治在国家治理和社会管理中的重要作用,全会《决定》进一步指出:“坚持依法治理,加强法治保障,运用法治思维和法治方式化解社会矛盾。”人治与法治不仅体现在有无法律以及是否运用法律,更关键的在于法律对谁有约束力。国家治理的现代化内含了依法治国的基本方略,这是治理的选择,也现代化发展的要求。2014 年 1 月 7 日,习近平总书记在中央政法工作会议上的讲话对“推进国家治理体系和治理能力现代化”做了新的阐释,不仅明确依法治国是党领导人民治理国家的基本方略,更要求领导干部“要带头依法办事,带头遵守法律,牢固确立法律红线不能触碰、法律底线不能逾越的观念”。国家治理现代化与法律底线与法律红线紧密相连,法治是治理的基本要求,没有健全的法制就没有善治。[4]“离开了‘法治化’的评价尺度和标准空洞地谈论‘国家治理体系和治理能力现代化’

[1] 美国加州大学迈克尔·曼教授把政治权力划分为专断性权力(despotic power)与制度性权力(infrastructure power)。

[2] [德]哈贝马斯:《公共领域的结构转型》,曹卫东译,学林出版社 1999 年版,第 4~5 页。

[3] 许耀桐、刘祺:《当代中国国家治理体系分析》,载《理论探索》2014 年第 1 期。

[4] 俞可平:《中国治理评估框架》,载《经济社会体制比较》2008 年第 6 期。

是没有实质性的意义的,甚至是有害和起反作用的。"[1]

最后,国家治理现代化掀起了国家软治理的浪潮。现代国家"良好的治理不但体现为社会秩序和权威被自觉认可和服从,而且也体现为治理主体能及时回应公民的要求"[2]传统管理的价值取向更多定位在基于权威与强制要求实现国家秩序的有序与健康,通常以成文形式出现,且具有制裁性与约束力,然而这种类似于国家科层制内部的"指令体系"的法律规制、行政监管等"硬制度",无法解释与解决当前出现的种种治理危机,相反却因为过分强调先"明刑"、后"弼教"而造成制度"失语",出现治理"失灵"。新制度主义主张制度不仅包括正式的规则、程序或规范,而且还包括符号系统、认知规定和道德模板。这种夹杂着非正式制度的软治理更加强调柔性治理,更加重视文化、价值以及理念在国家治理中的作用和力量,相比于生硬冰冷的国家权力维度,"公共治理的崛起呼唤软法之治"。"统治系统中的权威表现形式是传统的命令和控制方式,而治理中赖以实现秩序的权威则有所不同。传统的权威体现为自上而下的等级制度和规则设定主体的垄断,多数情况下的规则设定主体都是国家公共部门。而治理依赖的是多重权威,而且这些权威并不必然是公共主体,也并非为一家所垄断。统治形式下的法律是硬的,治理形式下的法律则是软的。"[3]

国家治理的现代化表达了从管理到治理,从人治到法治,再从硬制度向软制度转化的序量图谱,意味着国家治理要更加科学、更加民主、更加法治。因此,作为国家治理的体系系统,其本身具有质的规定性,并由此形成特有的结构样态。我们尝试着对这一结构形态做框架性描述,国家治理现代化体系是一个以多元制度体系为支撑,各个领域治理主体有效履行自身功能的动态结构系统,"国家治理体系现代化"应当包含了国家治理体系的"制度化""协同化""共治化"。一方面,在制度层面,在国家治理现代化的场域中,制度的内涵是多种的,不存在单一的"制度主义",并且区别于传统的旧制度而言,它不仅注重描述国家正式的法律框架,还依赖各种非正式的自治规则、习惯等。在这一层面,多元的规则所形成的广义规则系统相互融通,其中作为正式规范的法律概念也被一次次刷新,出现硬制度(规制)与软制度(规范)被法律化的局面。其实在《法与国家的一般理论》开篇,凯尔森就指出:"法是人的行为的一种秩序。一种'秩序'是许多规则的一个体系。法并不是像有时所说的一个规则,它是具有那种我们理解为体系的统一性的一系列规则。"[4]另一方面,秩序层面形成了跨越统治与自治的共治局面,社会的自主运行加之与国家职能部门之间的分工协作促使国家与社会形成共治,其中,社会组织作为独立于政府与企业之外的第三部门崛起并存在,一场声势浩大的"社团革命"在全球掀起,以社会组织为代表的社会治理正逐步向国家治理的领域"进军"。在新一轮政府机构改革提出要为社会"松绑"之际,2013年3月26日,作为观察中国第三部门发展的权威报告——《中国第三部门观察

[1] 莫纪宏:《国家治理体系和治理能力现代化与法治化》,载《法学杂志》2014年第4期。

[2] 蒋建湘等:《法治理念下的柔性监管论》,载《法学》2013年第10期。

[3] Ulrika Mörth, *Soft Law in Governance and Regulation: An Interdisciplinary Analysis*, Cheltenham, Edward Elgar, 2004, p. 1,转引自罗豪才、毕洪海:《通过软法的治理》,载《法学家》2006年第1期。

[4] [奥]凯尔森:《法与国家的一般理论》,沈宗灵译,中国大百科全书出版社1996年版,第1页。

报告(2013)》发布,对近些年社会组织存在的意义和价值给予了高度肯定。

当前,社会组织在中国的发展不仅仅意味着一种实体存在,更是实现国家治理现代化的重要阵地与突破口。它期许着将成员利益诉求聚合为具有一定普遍意义的权利主张,并以其组织化、建制化的形式凝聚为社会权力,使国家公权力的行使在权力制衡制度之外得以获取源于外部的制约,由此达至国家治理现代中所期盼的国家与社会、政府与公民、权力与权利的关系重构。“当前推进国家治理体系现代化的重点是社会治理领域。社会组织作为国家与社会、政府与市场之间的媒介,具有公共性功能,可以接受政府授权,承担公共事务管理。”[1]要实现可持续发展、民生与民权的改善和可持续稳定等三大国家治理目标,仅靠各级党委和政府是不够的。因为他们所掌握的资源、信息和知识都是有限的,理性和能力也都是有限的。全能全控型的国家治理模式需要转向一核多元良性互动合作管理的国家治理模式。为此需要向市场和企业放权,向社会组织放权,向基层自治组织和地方政府放权。[2]

二、国家治理现代化的“突围”:社会组织的良法善治

习近平总书记曾在《人民日报》发表文章,阐明了国家治理体系和治理能力的基本含义,他指出:“国家治理体系是在党领导下管理国家的制度体系,包括经济、政治、文化、社会、生态文明和党的建设等各领域体制机制、法律法规安排,也就是一整套紧密相连、相互协调的国家制度;国家治理能力则是运用国家制度管理社会各方面事务的能力,包括改革发展稳定、内政外交国防、治党治国治军等各个方面。”[3]可见,对以国家治理体系与治理能力为内容的治理现代化而言,其旨在对各个领域、各个层次的国家治理制度的全面改革、系统改革和综合性改革,不仅强调了“工业、农业、国防和科学技术现代化”国家硬实力的“现代化”,更重要的是提出了“国家治理体系和治理能力”国家软实力的“现代化”,[4]这是一个系统工程,更是一个极具挑战性的工程,我们深知现代化的步伐并非一蹴而就,一跃而成,毕竟改革往往“牵一发而动全身”。因此在加强顶层设计的同时,更需要摸着石头过河,通过整体推进与重点突破相结合,实现治理体系现代化的战略转型。

近些年社会组织作为衡量公民社会成长的重要尺度,发展进入了前所未有的黄金机遇期,截止到 2013 年年底,全国共有社会组织 54.7 万。[5] “一些非政府的、非经济的联系和自愿联合,它们使公共领域的交往结构扎根于生活世界的社会成分之中”,[6]社会组织的发展显然成为中国崛起的一个缩影。从中央到地方,从体系内到体系外关于社会组织的发展理念、制度创新的各种实践和探索,共同形成了一股巨大的合力,逐步推动社会组织迈向整体改革的重大突破,也为国家治理现代化的“深水

[1] 许耀桐、刘祺:《当代中国国家治理体系分析》,载《理论探索》2014 年 1 期。
[2] 何增科:《理解国家治理及其现代化》,载《马克思主义与现实》2014 年第 1 期。
[3] 习近平:《切实把思想统一到党的十八届三中全会精神上来》,载《人民日报》2014 年 1 月 1 日版。
[4] 参见莫纪宏:《国家治理体系和治理能力现代化与法治化》,载《法学杂志》2014 年第 4 期。
[5] 黄晓勇主编:《中国民间组织报告(2013)》,社会科学文献出版社 2013 年版,第 2 页。
[6] [德]哈贝马斯:《在事实与规范之间》,童世骏译,三联书店 2003 年版,第 453 ~ 454 页。

突围”打通了通道,国家治理现代化的实质或者说关键举措在于治理过程的重心下移,透过治理的社会化实现治理现代化的孕育。我们寄希望微观层面社会组织的依法自治、协同治理对宏观层面的国家治理做出典范性的诠释,通过深入挖掘并实践社会组织的良法善治来回应国家治理“法治化”“协同化”“共治化”的迫切诉求。

（一）社会组织治理的结构性失衡

作为观察中国第三部门发展的权威报告——《中国第三部门观察报告(2013)》在肯定近些年社会组织存在的意义和价值的同时,社会组织的整体“发育不良”仍然是该报告的重要结论。“中国的社会组织发展本身起步晚,加上过去对待社会组织‘重限制、轻发展’,开放空间有限,给予的资源也很少,而且在所有重要领域都有官办的社会组织,试图通过‘功能代替’抑制民间同类组织的生长和发展,这些都成为中国社会组织发育不良的主要原因。”[1]随着公民知情权的自然发展,2011 年以来有关社会组织的负面新闻也屡见“报”端。中国红十字会的信任危机、中华儿慈会“48 亿账单”风波、北京律协直选风波……这些公众事件的频繁发生将还未发育成熟的社会组织推上了风口浪尖,捐款管理不透明、内部治理混乱,更使其陷入了信任危机的深渊。

长期以来倾向于采用见效快的行政手段、用高度集中化的政治权力来处理问题的思维已根深蒂固,社会组织也未能幸免,与其他新生事物一样,这支控制欲极强的权力大网牢牢地吸附在社会组织身上,使其独立自主的本色渐渐退却,取而代之的是“行政机制”和“自治机制”的双重压力。社会性是社会组织的核心特征,造成当前中国社会组织尴尬局面的根本原因是社会性欠缺。一方面,长期以来双重管理体制下社会组织的“官民二重性”色彩浓厚,且“官”味大于“民”味,本应相对独立于政府,为群众提供服务,是民众利益的代言人,但它们却与政府有割不断理还乱的联系……[2]双重管理恶化为双重难管。另一方面,社会组织现有的法制化路径狭窄,寄希望于依靠正式的法律规制推进社会组织的改革之路崎岖而又迷茫,从这个意义而言,规制(“硬制度”层面)这一单兵推进型的治理思路是不彻底的,并且这种控制型的制度范式因其与生俱来的僵硬与滞后造成社会组织陷入治理张力。

（二）社会组织治理的软法推进

当人们意识到传统国家主义法律模式不仅不是作为法的唯一形式存在,并且这种画地为牢、整齐划一的国家立法已经严重制约公共治理的兴起时,一种新的“法现象”研究方兴未艾,软法的“诞生”引导人们开始用柔性的方法或协商的手段解决问题,从而寻求权益诉求的多样性和需求的个性化,柔性开放的软治理孕育了在一个共同体中成员之间的意见交换和商谈,并由此与社会组织治理一拍即合,其以灵活性、协商性、开放性的优势逐渐成长为社会组织重要的秩序动力装置,软法的“在场”使我们对于社会组织原先单兵推进型(主要依靠硬法)的治理思路变得开阔起来。

关于软法是什么的命题,国内外学者有自己的理解,更出现软法研究中“白马非

---

〔1〕 耿雁冰:《民间组织“发育不良”》,载《21 世纪经济报道》2013 年 3 月 27 日版。

〔2〕 参见张清等:《非政府组织的法治空间:一种硬法规制的视角》,知识产权出版社 2010 年版,第 129 页。

马”式的“不承认软法主义”和“热狗亦狗”式的“泛软法主义”的争辩,[1]我们无意于被裹挟于这场争辩,只是寄希望于软法的出现能缝合社会组织制度化过程中的结构漏洞。在我们看来,社会组织软法治理的基本定位在于自律,在这样的语境下,实现发展的手段已不再局限于强制或权威式的管制方式,而更多强调组织内部成员之间的对话、协商,基于承诺机制与道德评判获取制度认同,并且从制度运作的过程看,软法制度的实施是一种有别于物质剥夺或是身份丧失而言的“丢面子”机制,“这是一种道德力量……成员国家遵守规则的动机来自同伴的压力”。[2] 在这期间,制度化的能动者向社会组织以及其内部专业人员倾斜,强调他们作为新制度框架创造者的作用。由此,我们归纳出包括公共政策之治、自律之治等在内的社会组织软法治理要素。

一方面,有关社会组织的公共政策之治,主要是国家通过政策性规范而非法律规范的手段或形式对特定社会组织实现的治理。它有政党层面的政策,更多的是一种国家政策;它有关于经济方面的优惠,同样包含政治与文化等诸多领域。关于社会组织的国家政策,一般是国家机关为实现对社会组织治理的特定目的而制定的策略和措施。例如 2003 年民政部、财政部针对社会团体的会费政策问题出台通知,对于调整社团的会费政策给予明确规定。再比如 2003 年民政部制定的《关于加强农村专业经济协会培养发展和登记管理工作的指导意见》,2010 年国家发展改革委、财政部、民政部联合发布的《关于治理规范社会团体收费的通知》,等等。

另一方面,作为制度化、规范化和程序化的公共治理主体,社会组织自我约束、自我控制、自我管理、自我发展的自治规范同样发挥了重要作用。自治规范是社会组织为了维护其内部治理的秩序,制定实施的相关调整内部事务的规范、准则,自治规范是软法制度的重要部分,是社会组织“自我规制”的集中体现。它与其他软法规范相比具有鲜明的特征,首先,它是以组织的名义制定并实施的自我约束性规范,是在组织内部建立的。其次,这种规范的指向通常更明确、针对性更强、内容规定更具体、可操作性更强。最后,这种自律规范呈现多样化的自律要求,形成一个由鼓励、倡导、允许、认可、限制、禁止等多种要求共同构成的体系。

(三)社会组织治理的“第三域”

党的十八大报告对如何推进社会组织的管理创新释放了明确的信号,其中“依法自治”成为核心与关键,它意味着今后社会组织发展不仅需要法律更需要自律,不仅需要依刚性的“硬法规制”还需要依柔性的“软法规范”,由此在两者的相互联合下共同发挥作用,形成社会组织治理的“混合第三域”。

近年来,学者们提出了软法与硬法合二为一的理念,“社会生活和公域之治的复

---

[1] 目前国内外学者对于软法究竟是不是法、软法包括哪些内容的命题持两种偏向:一是“不承认软法主义”,认为软法只是一种规则而非法,即所谓“软法非法”“白马非马”;二是“泛软法主义”,认为一切非硬法的规则皆为软法,即所谓“规则即法”“热狗亦狗”。姜明安:《法在构建和谐社会中的作用:在中国政法大学“名家论坛”上的讲演》,载罗豪才等:《软法与公共治理》,北京大学出版社 2006 年版,第 86 页。

[2] Ulrika Morth, *Soft Law in Governance and Regulation: An Interdisciplinary Analysis*, Cheltenham, Edward Elgar, 2004, p. 196.

杂性,要求一套完整的法律体系,应当是由多种类型的创制主体、遵循严格程度不等的创制程序、为了规范和调整不同领域的社会关系、存在着法律位阶差异、具有不同调整功能的法律规范所共同构成的有机体系。这就使得法律体系通常呈现为一个由多样化规范所共同构成的混合法结构”。[1] 即在宏观层面上,软法与硬法是并列关系,各自都是独立的法律范畴,但在微观层面上,在具体规范和调整社会关系时,两者呈现出错综复杂的逻辑关系。对于正处于转型时期的中国而言,软法与硬法的对接赋予了我们用动态的、理性的、平衡的分析视角看待社会组织的发展问题,这种对接不仅在实践中推进社会组织的健康发展,从而迈向回应型的国家治理;也在理论上印证了国家治理现代化中所要求的制度多元主义,即制度的规制性要素与规范性要素共生,如果一项制度中规制性要素过大,那么制度运作大多依靠强制性政策完成,由此共同体的活动空间也相应压缩,但这并不是我们所追求的理想状态,我们需要实现的是一种混合化的衡平治理,即社会组织为实现“共生型”的治理目标,回应多元治理的需要,通过多种主体间的协商,依靠激励与制约相容的制度机制,运用多样化的行为方式实现混合治理的构造。

混合化的治理构造要求在社会组织的治理中对软硬制度中的任何一端的完全偏执都是非理性的,混合法的衡平并非机械的,不能被理所当然地理解为不同领域、不同层次的软硬法要素的各自为政,“而是一种对各种软、硬法规范加以综合考虑形成的整体性平衡,是一种综合考虑不同法律领域、不同层面的机制、制度、方法、策略、实践等所实现的一种结构性均衡”。[2] 我们认为,实现社会组织软法之治(自律)与硬法之治(他律)之间的平衡,或许不只是软硬法规范层面的交流,更包括了政府与社会组织之间的良性互动。

三、国家治理现代化的“深耕”:良性互动如何可能

国家治理现代化期盼国家与社会、政府与公民、权力与权利的关系重构,具体表现在社会组织治理层面,不仅体现了社会组织治理的制度多元,实现软法推进及其在规范层面上的衡平治理,更表达了包括实现法律制度的政府与外在社会结构之间的良性互动。混合的制度结构还应当实现全方位的互动,不仅法律主体的能动性与制度刚性之间实现互动,而且不同的能动的法律主体之间也实现互动。[3] 政府与社会组织的良性互动是以中国市民社会与国家良性的结构性互动为基础,不仅表现在政府对社会组织监管模式变革,更是一种平等对话与合作。

1. 推进政府采购,建立新型公共服务体系制度。纵观我国目前的公共服务体系,政府在其中占主导作用,提供着绝大多数的公共产品。窃以为搭建社会组织与政府的合作平台,首先要做的是政府放权,让更多的社会组织参与到提供公共产品的行列,通过推进政府采购制度,把一部分资源让渡给社会组织来经营,从而改变其因政

---

〔1〕 罗豪才、宋功德:《软法亦法:公共治理呼唤软法之治》,法律出版社2009年版,第405页。
〔2〕 同上书,第452页。
〔3〕 同上书,第449页。

府拨款所带来的依附现象。“根据莱斯特·M.萨拉蒙教授主持的社会组织国际比较研究发现,所调查的 32 个国家中,服务收费、政府拨款和私人慈善捐赠平均分别占非政府组织总收入的 50.9%、38.8% 和 10.3%,服务收费成为各国社会组织的主要资金来源。”[1]我国于 2002 年颁布了《政府采购法》,尽管法律上明确规定供应商是指向采购人提供货物、工程或者服务的法人、其他组织或者自然人,但并未将社会组织排除在外,自 2005 年以来,我国许多地方政府也开始尝试性地推行“政社合作,购买服务”的改革。2007 年,上海浦东新区出台《关于着力转变政府职能建立新型政社合作关系的指导意见》和浦东新区《关于政府购买公共服务的实施意见(试行)》,大力推行政府购买服务,通过政府承担、定向委托、合同管理、评估兑现的运作机制,将一大批事务性、服务性工作交由社会组织承担,推动了互动合作新型政社关系。[2] 随后,成都、杭州、南京等城市相继出台政策,展开与社会组织的合作,我国在探索政府购买服务制度上已初有成效,但前面的路还很长,如何构造一个既注重公平又讲求效率的购买程序,确保引入公开、公平的竞争机制,如何强化资金监管建立绩效管理机制,确保政府购买资金使用效率,等等,这些都将是政府在今后一段时间需要直面与解决的。而解决的关键在于实现治理模式从“霸道”和“王道”向“民道”的转变。

2. 构建科学的绩效评估制度。中国存在公益资源匮乏、资源配置不合理的现象,这些决定了政府应当择优选取适当的社会组织与其合作。构建社会组织科学的绩效评估,不仅有助于为社会组织承担公共责任搭起一道约束堤坝,同样有利于政府优化监督管理,择其善而从之,实现公共资源配置的合理化。20 世纪初,国际掀起了对非营利组织绩效评估的风潮,建立了许多或官方或民间的学术评估机构,对社会组织参与公共管理的能力与水平进行评估,例如,美国慈善信息局制定的 9 条评估准则已经成为慈善机构沿着正确的政策方向和运用科学管理方法的向导。马里兰州的非营利机构协会,则用了两年时间制定出一份 8 个大类 55 个细目的非营利机构评估标准,还规定了通过评估的标志。[3] 我国香港地区社会福利署对社会组织的评估则更具指导性,因为福利署是官办性质。1999 年,福利署制定了《服务表现监察制度》,目的为了评估各社会福利服务单位所提供的服务,该评估的组织者是香港社会福利署津贴科,具体实施者是该科的机构探访办公室,评估客体则是接受了津贴的非政府组织。评估结果与资助资金的划拨直接相关。[4] 随着 2007 年国务院办公厅《关于加快推进行业协会商会改革和发展的若干意见》中提出加快建立评估机制,建立行业协会评价体系的要求,国家层面推进建立组织评估体系的工作方兴未艾,在其后的 8 月民政部又对此发布了《关于推进民间组织评估工作的指导意见》,具体对开展民间组织评估工作的要求、内容及方式做了概括性规定。2010 年 12 月,历时三年时间,

---

[1] 王建芹:《从管制到规制:非政府组织法律规制研究》,群言出版社 2007 年版,第 55~56 页。

[2] 上海市社会团体管理局:《上海市社会组织建设与管理工作综述》,载《中国社会组织年鉴 2008》,中国社会出版社 2008 年版,第 206 页。

[3] 樊欢欢:《对外国社会组织规范管理的国际比较研究》,载 http://www.chinacoop.gov.cn/HTML/2009/04/09/25210.html,2014 年 9 月 15 日访问。

[4] 参见纪颖:《政府在社会组织评估中作用的思考》,载《学会》2009 年第 2 期。

《社会组织评估管理办法》最终经民政部部务会议审议通过,该办法以规范的方式明确了各级人民政府民政部门为依法实施社会组织监督管理职责的机关。相比较,我国社会组织绩效评估的出现还是新兴事物,尚处起步阶段,随着政府职能的转移,以及政府与社会组织关系的逐步融洽,政府出面推动社会组织的绩效评估势在必行。

3. 强化社会组织问责机制。无责任即无权利,这句话对于社会组织依然适用。一方面,“随着非营利组织作为一种特殊组织越来越多地参与社会生活,其不可避免地遭遇‘合法性’与‘问责性’的诉求”。[1] 另一方面,“近年来一系列 NPO 丑闻的接连曝光,严重毁损了其原有的‘天使’形象,也使得公众的信任度有所降低。如果不能尽快建立有效的 NPO 问责机制,不仅危及 NPO 自身的良性发展,也会对整个社会的道德风尚产生影响”。[2] 问责是现代民主政治的有机组成部分,最早源自政府问责、行政问责,2004 年 3 月 5 日国务院总理温家宝在向全国人大做《政府工作报告》时表示“政府的一切权力都是人民赋予的”,强调“有权必有责、用权受监督、侵权要赔偿”。这意味着问责政府的理念在我国行政改革中得到了全面的推行,成为一种常态。

对于构建我国社会组织问责制度应当考虑以下内容:其一,明确问责对象与主体。社会组织产生的特殊性决定了依法登记的组织首先是责任的承担者,而对于那些游离于登记约束之外的尚不宜列入问责对象范围。此外,对于合法登记的社会组织成员是否可以成为责任承担的对象,我们认为不言而喻,这与政府问责、官员问责的逻辑与原理是内在契合的,既然领导干部可以成为责任对象,那么社会组织的领导成员,其他相关成员同样可以成为问责对象。对于主体问题即谁有权可以要求社会组织承担责任,我们认为利益关系人的多样性意味着责任参与主体的多样性,组织的其他成员、与组织有密切关系的群体,如捐款者与受捐组织之间,还有就是作为监管主体的行政主管部门,他们都会因为某些需求或代表某些需求而对社会组织或其相关成员进行问责。其二,增强社会组织信息公开。信息对于现代社会是宝贵资源,它同样是优化问责不可缺少的环节,无论是公众问责抑或是其他相关人员的问责,首先都需要了解社会组织做了些什么,他们是如何开展活动的,此时就需要主动公开必要的信息,使相关主体能够知晓。持续进行的、信息交流广泛的行动,其相互信任度较高,并且有组织的人们也较易获取信任,问责也较易得到推行。[3] 增强信息公开度,就是要在实践中落实社会组织的规范化运作要求,以对社会组织经营信息的制度性、程序性披露,迫使社会组织不时检讨自己的行为是否符合公益使命。

四、结语

推进国家治理体系和治理能力现代化,是完善和发展中国特色社会主义制度的

[1] 范丽珠:《全球化下的社会变迁与非政府组织》,上海人民出版社 2003 年版,第 51 页。

[2] 康晓光、李呈呈:《公益领域问责研究》,载康晓光等:《依附式发展的第三部门》,社会科学文献出版社 2011 年版,第 283 页。

[3] 参见[美]詹姆斯・S. 科尔曼:《社会理论的基础》(上),邓方译,社会科学文献出版社 2000 年版,第 52 页。

内在要求,国家治理现代化应将善治作为其理想模式而进行追求并做相应的制度安排。[1] 作为法治社会发展的主要力量——社会组织来说,其结构失衡调整和软法推进,以及与国家良性互动进程中内部治理机制的完善就显得异常重要而迫切。

〔1〕 杨春福:《善治:国家治理现代化的理想模式》,载《法制与社会发展》2014 年第 5 期。

区域善治视域下的良法与良俗共治*

张　镭**

内容摘要：善治的提出是社会治理理念的重要转折，其要素具有多重性和争议性，但是其基础性要素包含了合法性、参与、回应和公正，善治的实现也就是其要素的现实化过程。在社会秩序治理规则系统的视角中，良好的法律和习俗构成善治实现的两翼，缺一不可。在一国内部各区域之间经济、社会等因素发展不平衡的情况下，区域善治是国家善治实现的基础和先导。从社会秩序治理的规则系统来看，国家层面的良法与社会层面的良俗的共治则是区域善治实现的重要基础。

关键词：共治　区域善治　良法　良俗

一、善治及其基础要素

十八届四中全会决定提出了全面依法治国的战略目标，其中蕴含了没有法律就没有法治，但是仅有法律也未必能够实现法治的基本认识。法治的着眼点是"治"，其中蕴含着并非仅仅有法可依，还必须依良法而治的理念，可以说好的法律及其良性运行是法治的两大核心要件。正如十八届四中全会报告中所指出的："法律是治国之重器，良法是善治之前提。"[1]这也是中国在党的全会报告中第一次明确提出善治的理念。

善治概念的提出与政治科学中治理概念的提出和发展有比较大的联系。从20世纪90年代开始，"治理"的概念就已经出现在政治学的理论中，这个概念来自于对"统治"（government）概念的反思。按照世界银行的提法，治理是指"为谋求发展而在对国家经济和社会资源进行管理的过程中权力行使的方式"。很多报告、国际文件、国家条约以及国家的官方声明中都同意世界银行的这一定义。[2] 我国学者俞可平认为治理概念的基本含义是指官方的或民间的公共管理组织在一定范围内运用公共权威维持秩序，满足公众的需要。[3] 治理理论的出现将社会公共管理的分析模式从以"统治"为核心的模式向以"治理"为核心的模式的转变，将统治模式中的权力与服从、权利与义务的概念分析工具转变为治理模式中的参与与认同、权利与责任的概念分析工具。伴随这种概念而生成的善治概念既表达了治理的目标，同时也体现了治理过程的价值基础，也就是追求达到治理的"善"（good）。就概念而言，善治具有

---

* 本文系江苏高校区域法治发展协同创新中心成果。

** 张镭，法学博士，南京师范大学法学院副教授，中国法治现代化研究院研究员，硕士研究生导师。

〔1〕《中共中央关于全面推进依法治国若干重大问题的决定》，人民出版社2014年版，第8页。

〔2〕参见[印]哈斯·曼德、[印]穆罕默德·阿斯夫：《善治：以民众为中心的治理》，知识产权出版社2007年版，第9页。

〔3〕参见俞可平：《政治与政治学》，社会科学文献出版社2005年第2版，第21页。

多元性的概念认识,基于不同的视角形成相互联系又相互分殊的定义。世界银行在其报告《治理:世界银行的经验》中提出善治可以概括为可预见性、开放和启发性的决策(即透明的过程);充满着敬业精神的政府体制;对其行为完全负责的政府执行;参与公共事务的强大公民社会;以及所有法治下的行为。[1] 俞可平认为,善治在性质上就是一种使公共利益最大化的社会管理过程。善治的本质特征在于它是政府与公民对公共生活的合作管理,是政治国家和市民社会的一种新颖关系,是政府与公众之间关系的最佳状态。[2]

从上述认识为基础来看,善治与法治在基本要素上存在显著的差异性。因为即便是现代法治,无论采用的是何种模式,主要还是一种国家运用法律对社会的一种政治治理过程,其要素中反映的主要是国家的意志以及国家的价值基础,可以视为是一种单主体单向度的治理模式。在这种模式中,法律主体的不同价值观在法治要素的分析中并没有得到应有的重视。善治要素的分析由于首先强调政府与公民在社会治理过程中的合作,因而其要素分析的出发点就显得不同。联合国亚太经济社会委员会曾经提出善治的8个要素,包括共同参与、厉行法治、决策透明、及时回应、达成共识、平等和包容、实效和效率和问责。[3] 印度学者曼德与阿斯夫提出善治的要素应当包含:公信力、透明性、抗击腐败、利益相关群体的参与、法律和司法框架。[4] 张文显认为,当代中国的善治应当包含以人为本、依法治理和公共治理三个核心要素。[5] 俞可平则认为善治的要素主要有:"1. 合法性(legitimacy),它指的是社会秩序和权威被自觉认可和服从的性质和状态;2. 法治(rule of law)即法律是公共政治管理的最高准则,在法律面前人人平等;3. 透明性(transparency),它指的是政治信息的公开性;4. 责任性(accountability),它指的是公共事务的管理人员应当对其自己的职位负责;5. 回应(responsiveness),它的基本意义是公共管理人员和管理机构必须对公民的要求做出及时的和负责的反应;6. 有效(sffectiveness),这主要指管理的效率;7. 参与(civic participation/engagement),这里的参与首先是指公民的政治参与,参与社会政治生活。但不仅仅是政治参与,还包括公民对其他社会生活的参与;8. 稳定(stability),稳定意味着国内的和平、生活的有序、居民的安全、公民的团结、公共政策的连贯等;9. 廉洁(cleanness),主要是指政府官员奉公守法,清明廉洁,不以权谋私,公职人员不以自己的职权寻租;10. 公正(justice),指不同性别、阶层、种族、文化程度、宗教和政治信仰的公民在政治权利和经济权利上的平等。"[6] 在以上各种善治要素的解读中,既有制度性要素,例如透明性、参与、责任性等;也有明显的价值性要素,

[1] 转引自[印]哈斯·曼德、[印]穆罕默德·阿斯夫:《善治:以民众为中心的治理》,知识产权出版社2007年版,第10页。

[2] 参见俞可平主编:《全球化:全球治理》,社会科学文献出版社2003年版,第10页。

[3] 转引自王利明:《法治:良法与善治》,北京大学出版社2015年版,第13~14页。

[4] [印]哈斯·曼德、[印]穆罕默德·阿斯夫:《善治:以民众为中心的治理》,知识产权出版社2007年版,第60页。

[5] 参见张文显:《法治与国家治理现代化》,载《中国法学》2014年第4期。

[6] 俞可平:《政治与政治学》,社会科学文献出版社2005年第2版,第23~24页。

像公正、效率、廉洁等。可以认为,善治的提出对国家和社会治理的标准提高到了制度建构与价值实现的双重目标之中,其模式运作则转变为多样化主体的互动型治理模式。

通过对以上善治要素的审视,我们可以将这些要素分为两类:一类是主体性要素。主体性要素解决的是善治的主体规定问题,规定哪些主体可以参与社会的善治活动。善治的本质就是主体的广泛性,主体广泛参与社会管理过程构成善治的一个核心基础。从这个意义上说,善治与在它之前的所有社会管理模式相比最大的不同就是主体参与的广泛性。在主体性要素中不仅有参与的要素,还有对政府机构和公职人员的主体身份和行为的规定。实际上这些要求或者标准是为了确保参与社会管理的主体之间达成平等的地位和利益关系,防止在这些主体之间形成资源分配的不均衡;另一类是程序性要素。该类要素主要是对社会管理行为的规定,在这其中,有一些是与主体广泛参与这样一个核心基础不可分割的,像回应,参与等要素。程序性要素实际上是对主体性要素的保障。无论是主体性要素,还是程序性要素,都与传统的法治的要素具有明显的区别。[1] 我们认为,善治的这些要素并不是地位完全等同的,其中一些要素可以构成其他要素的前提,也或者构成善治生成的基础,我将这些要素称为善治的基础性要素。这些基础性要素有合法性、参与、回应和公正。合法性构成任何一个社会管理行为的基本前提,没有合法性支撑的管理行为就没有社会基础,因而是难以存续的;参与是善治的基本理念,体现为新型社会管理模式中国家和社会的交互关系,体现为政府和公民共同治理社会秩序的基本态度;回应是参与理念在程序性上的体现,公民参与与政府参与的方式是不可能一样的,因此,公民通过参与进行社会管理,其必须具备的程序性要件就是政府对公民参与管理的有效回应,没有回应的参与是缺乏实效性的;公正是人类社会持之以恒的基本价值观,善治社会的公正观既是善治概念提出的价值出发点,又是善治概念的最终归宿。

二、良法和良俗是善治实现的两翼

从社会秩序治理的角度而言,善治对法治的超越则不仅是依良法而治的问题,同时还蕴含着社会共治的核心内涵。因为善治既是一种综合了法治与其他治理机制,包括信息机制、决策机制、评价机制、监督机制等各种机制的有机整体性的制度安排,并且按照此种社会共治的形式进行的社会治理模式。[2] 同时也是运用各种规则共同进行社会治理,平衡和发挥各种规则作用的一种社会秩序的治理状态。对于当代

---

〔1〕 关于法治的要素,不仅可以比较 L. L. 富勒提出的法治的八项基本要素,还可以参考美国学者巴里·海格(Barry M. Hager)的著作《法治:决策者的指南》中对富勒八项要素的压缩。在该书中,海格提出了法治的核心成分为:(1)立宪主义;(2)法律约束政府;(3)独立的司法部门;(4)必须公平地、前后一致地应用法律;(5)法律具有透明度,任何人均可运用法律。参见[美]巴里·海格:《法治:决策者的指南》,曼斯菲尔德太平洋事务中心译,中国政法大学出版社 2005 年版。无论是富勒的八项要素,还是海格的五项成分,都是以政府对社会的管理为中心展开的,重点是对政府这样的管理者进行法律上的约束和规制。这种理念与善治所提出的共同参与社会管理的理念是有非常明显的区别的。这主要因为,在善治中,法治(rule of law)仅仅作为善治的要素之一,而不是要素的唯一。

〔2〕 参见王利明:《法治:良法与善治》,北京大学出版社 2015 年版,第 16 页。

中国社会发展阶段和社会秩序治理的现实而言,多元主体和多元规则的共治应当是当前善治实现的客观要求和基本思路。

多元化规则的共存与冲突在当代中国是客观存在的社会事实。这些多元化规则大体上可以归为两大类,一类是国家制定的法律规则,一类是受到普遍尊崇的社会习俗。两种规则系统长期并存,相互重叠、相互作用,有时也会相互冲突。产生这一现象的原因是多方面的,需要从法律与习俗二者之间的深层关系进行分析。

从规则及其客观存在条件的角度来看,不同规则的效用产生于不同的生产生活方式,不同的生产生活方式形成了不同的利益需求,而不同的利益需求的调整造就了不同的规则系统存在的社会合理性。由于历史和现实多种因素的共同影响,当代中国不同区域和不同人群之间存在差异较大的生产和生活方式,因而客观上形成了不同的社会规则系统的现实存在和实际运行,有些利益需求需要国家法律进行强制性调整,有些则满足于社会习俗的调整方式。在生产生活方式不能很快统一的情况下,法律与习俗的冲突就成为一个无法回避的现实问题。

从社会规则系统发展的历程来看,无论法律规则在社会秩序的治理中处于多么崇高的地位和优势,习俗规则总是顽强地生存着,并在社会生活的众多领域中发挥着其不容忽视的作用。两种规则系统的分别有效既是一个不争的事实,同时也是社会秩序治理的必然。相对而言,在一个比较传统的稳定社区之中,社会关系主要表现为"熟人关系",习俗规则对于社会秩序治理的作用要比法律规则系统更有效果,这种现象在一个延续性比较强的传统社会中表现得更加明显。而在一个多变而复杂的社区中,社会关系主要以"陌生人关系"为主,相应地,法律规则对于秩序的治理就会比习俗规则更加有效,这种现象在市场经济条件下的社会中比较容易体现。习俗和法律对于社会秩序的治理效果也可以从社会主体的交往活动的频度和广度来衡量,交往活动越是频繁,交往主体更换越是频繁,交往结果的可预测性就越小,法律对于交往秩序的作用越大,反之习俗的作用越大。

据此推断,在一个稳定、延续并且交往活动的频度和广度比较薄弱的社区中,法律的作用是非常有限的,习俗规则的力量反而比较强大。而在市场经济发展的过程中,商品交换是市场社会主体活动的主要形式,社会主体的交往空前频繁起来。传统的以习俗规则系统为主导的秩序治理模式逐渐不再适应市场社会的要求,整个社会的改革有一种向法律规则系统治理的秩序建构模式转换的倾向。在这个过程中,以法律替代习俗,作为社会主要的规则系统的呼声和实践成为一种潮流,伴随这种潮流,人类社会的法律得到了充分的发展空间。法律的发展也直接推动了西方世界从近代走向了现代,从中世纪的野蛮与落后走向了近代以后的文明与先进。中国清末以来,社会变革的直接诱因是帝国列强的殖民主义侵略和掠夺。为了尽快实现社会现代化的需求,中国开始向西方国家学习社会秩序治理的新经验,法制现代化即是其中重要的环节。在法制现代化的过程中,以先进的现代法律逐步替代落后的传统习俗,将法律作为单一规则体系,实现社会秩序治理的法制化的思维,不仅具有社会秩序的治理意义,还承载了中国人对社会发展的期望和理想。然而,经过百余年法制现代化的发展,当代中国社会发展的现实状况却使我们看到,长期挤压生成并植根于社会内部的习俗的生存空间所形成的危机。

一方面，当下中国处于共时性发展的多向度社会状态。社会发展可以按照其发展样式分为单向度式和多向度式两类。所谓单向度式是指社会发展具有历史纵向方向的连续性，表现为社会历史发展过程中总是从“传统”逐步向“现代”变化演进，社会发展过程中传统因素逐渐式微，现代因素逐步生成壮大，传统和现代因素不存在大面积的重叠共存现象。[1] 而多向度式是指社会发展具有传统与现代的大面积重叠性，使社会同时具有传统社会与现代社会的特性，随之而来的就是传统社会的诸因素和现代社会的诸因素同时并存、相互作用、相互影响，甚至相互冲突。在多向度社会中，社会矛盾呈现复杂的多层次和多元化的形态，传统社会的矛盾、现代社会的矛盾以及传统与现代的矛盾同时纠缠，形成对社会秩序治理巨大的挑战。

以上述分类论，中国传统社会和近代以后的西方市场经济社会均可视为单向度发展的社会。从市场经济初生至今，西方社会在其秩序发展中始终保持着市场经济秩序的发展模式，没有发生明显的经济和社会发展模式断裂现象，因此可以认为是一种持续发展的社会秩序，中国传统社会发展到清末法律改革以前也可以认为是持续发展的封建帝国的单向度模式。但是，当下中国的社会状况是在传统社会秩序突然崩塌，封建帝国的社会模式出现断裂的前提下形成的。改革开放以后的社会主义市场经济的发展，也可以视为是对新中国成立以后计划经济发展模式的一种断裂。从近代到当代的历史发展过程中，双重的断裂使当下中国社会发展中，还没有来得及消亡的传统因素、正在逐步形成中的现代因素，甚至西方后现代的发展因素都同时并存，并发挥着各不相同的作用。社会利益关系和社会秩序变得空前复杂，这种复杂性同时呈现在中国当下的社会整体秩序的建构过程中，导致当下中国社会秩序的建构对规则治理的需求显然已经超出了一元法律规则系统的治理能力。

另一方面，当下中国社会的法律规则系统的合法性供给明显不足。发轫于西方世界的现代法律规则系统在中国既属于舶来品，也属于新事物。所以，伴随社会变革和新秩序形成的过程，当下中国的法律规则系统也处于自身逐步建构的过程中。这种状况导致中国国家法治的理想与法律规则系统实际的合法性供给之间形成了张力，社会主体对于法律规则的认同并不充分，因而不足以支撑一元法律规则体系合法性的需求。同时，强势政府主导型的法律改革也使社会主体对法律规则的作用及其挤压社会习俗的现实产生不解和困惑，这种不解和困惑的态度也影响了法律规则在社会秩序治理中实效的实现。

对上述危机的回应主要来自两个方面：一个方面是在共时性发展的多向度的社会，社会规则的交往应当如何处理？这是一个理念转换和模式更新的问题。另一个方面则是当下中国法律之治过程中如何保障社会主体对治理的参与？这是解决规则治理的合法性供给的关键问题。在当代中国社会变迁的进程中，法治化已然成为社会秩序治理的一个必然方向，将社会主体的生产生活纳入法律调整的范围，这是实现

〔1〕 这里所说的“传统”和“现代”是时间上的概念，而非目前社会科学中所说的近代（包括前近代）与现代的意思。

法律之治的必然目标,但并不必然推导出实现法治必须将传统习俗荡涤殆尽。习俗规则产生于社会内部主体的自然生成的法权要求,基于习俗规则而形成的社会秩序具有自发性秩序的特征。这种社会秩序是与人类有意识建构的秩序相对应的一种秩序,该种秩序的治理成本是建构型秩序治理所无法比拟的,因而有人认为自发的社会秩序才是法治之本。基于对这一自发的社会秩序的向往,可以减少我们对于制定法的依赖与迷恋。[1]

第一,近代以来的世界史表明,大部分人类社会都正在逐步走向法治,法律必然最终要成为社会秩序治理的主要规则。我们提出对社会习俗的尊重并不意味着一定要将习俗的地位提高到和法律一样的地步,上升为与法律并列的社会规则系统。从对改革开放以来我国二元经济的变革方向的把握可以发现,整个社会总体的经济秩序是在向一元化的市场经济迈进。为了适应市场经济的不断建设和完善,社会秩序的治理就不可能产生扩大传统习俗治理范围或者提高传统习俗在秩序治理中的地位的可能性和必要性。无论从哪个角度来说,社会习俗大部分毕竟产生于传统农业经济下。虽然传统习俗在当代中国的存在和作用是有其社会合理性的,但是将传统习俗提升到国家法律的高度,以寻求这种规则系统合法性地位的做法是背离时代潮流的。我们认为,从秩序治理的角度而言,即便法律规则系统与习俗规则系统相比,仍然存在不少的缺点,但是其优势仍然是非常明显的,如果不是这样,法律早就在几千年人类社会生活的选择中被淘汰了。其缺陷的主要方面就是在反映社会主体的实际法权要求的程度和变化上与习俗相比存在不足,法律往往不能像习俗那样直接和全面地反映某一个社区的主体的普遍法权要求,同时,由于法律稳定性的需要,法律也不能够随着主体法权要求的不断变化而随时变迁。不过,这些问题都不足以证明应将习俗上升到法律的高度。可以通过立法的全面性和科学性,使得法律更好、更多地反映社会主体普遍的法权要求。正如十八届四中全会决定中所提出的,“要恪守以民为本,立法为民理念,贯彻社会主义核心价值观,使每一项立法都符合宪法精神、反映人民意志、得到人民拥护”。[2] 还可以通过深化司法体制和机制的改革,加强司法活动的灵活性和多元性,通过合理适用法律,更全面、更迅捷地反映多变的社会主体的法权要求。需要强调的是,违反宪法和法律禁止性规定,背离法治精神的习俗属于恶俗,对这些恶俗的承认就是败坏现有法律的权威,这将导致社会主体的认同产生混乱,可能会引导社会认同从法律转向其他社会权威,因而进一步损害法律的权威性和法治的理想。

第二,尊重习俗本质上来说就是尊重生活,就是尊重在生产生活中自然产生的利益要求,也就是尊重建立在客观的物质生活条件下的社会主体的法权要求。这种尊重是习俗能够获得社会主体普遍认同,从而在社会主体的社会生活中产生效力的源泉。在当代中国建设法治国家的历史进程中,法律的困境主要体现在社会主体对法

---

〔1〕 参见杜宇:《重拾一种被放逐的知识传统——刑法视域中的“习俗法”的初步考察》,北京大学出版社2005年版。

〔2〕《中共中央关于全面推进依法治国若干重大问题的决定》,人民出版社2014年版,第8页。

律的权威性认同不足,形成这种现象的主要原因就其根本还在于当前许多的法律还不能很好地反映社会主体的法权要求。而习俗与法律在社会秩序治理过程中所形成的冲突,实际上也是因为两种规则系统所反映的主体的法权要求并不一致,当习俗比法律更能反映主体的法权要求的时候,习俗的实际效力往往就会超过法律的实际效力。如果不加选择地将习俗赋予与法律同等的效力,我们认为将会进一步削弱既有的法律的效力,也将进一步损害已经初步建立的社会主体对法律的尊重。从建设法治国家的理想与实践来说,这是非常不利的一种做法。然而,当下社会规则系统的现实冲突也确实是一个现实的和实践的难题。

我们认为,不加选择地赋予习俗以法律的效力固然不可取,依靠国家强制力单方面废除或者一味禁止习俗的运行也是不能成功的。这个问题的解决在实践上还是要从主体的法权要求入手,也就是说,从解决规则对法权的反映入手。从历史上看,当法律能够反映习俗所反映的主体的法权要求的时候,法律在主体中的认同度就比较高,主体遵守法律就如同遵守习俗,并没有对主体产生什么异样感。这样,主体就会在内心对法律产生强烈的认同,在这种情况下,法律就会在社会主体中获得合法性的认可。因此,在立法、执法和司法活动中尊重习俗实际上就是要通过制定法以及制定法的运行反映、确认和保障由习俗所反映的那部分法权。从这个意义上讲,"立法者的任务并不是建立某种特定的秩序,而只是创造一些条件,在这些条件下,一个有序的安排得以自生自发地型构起来并得以不断地重构"。[1]

所以,仅仅用大规模普及国家法律的方法去强行推行法律调整,挤压习俗的效力范围是简单粗暴的做法,并不能真正化解两种规则体系之间的矛盾。从善治在当代中国的实现而言,良法固然是善治的前提,良俗也必然是善治的基础,善治所提倡的共治理念在社会治理规则选择中的表现应当是良法和良俗的共治。从这个角度而言,良法和良俗对于善治而言犹如车之两轮、鸟之两翼,缺一不可。国家法律和社会习俗均通过发挥各自不同的作用,共同承担着社会综合治理和维护社会秩序稳定的功能。如果运用规则共治的理路,使不同的规则系统均能够充分发挥其效用,达到不同规则共同致力于社会秩序的治理过程,才可能最终达到社会秩序治理的理想化。

从社会良善秩序实现的角度,当前中国经济和社会发展均存在极大的不平衡,由此带来的秩序治理模式也不宜完全统一,应当允许不同地区运用不同模式尝试进行区域化的社会秩序治理。具体而言,从政治上来说,在强化中央政府执政能力的同时,适度扩大地方政府在地方秩序治理过程中的权力(主要是立法权和行政权)空间,这样实际上会提高社会秩序治理的整体效率;从经济上来说,在进一步深化发达地区市场化改革的同时,逐步扩大非市场化地区的市场程度,加强市场化地区对非市场化地区的反哺作用,开放多样化的市场,逐步实现传统经济向现代经济的转型,可以弱化由于经济发展不平衡带来的法律与习俗之间的冲突;从建设法治社会的角度而言,允许法律和习俗共同作用于社会秩序的治理,实现多元规则共治格局,则必然有利于法治社会的逐步生成。

---

[1] [英]弗里德里希·冯·哈耶克:《自由秩序原理》,邓正来译,三联书店1997年版,第201页。

三、良法与良俗共治是区域善治实现的重要基础

随着我国市场经济体制逐步完善,经济、社会和文化的快速发展,区域问题已经成为当下中国社会发展中不可回避的重要问题。区域经济发展、区域文化发展、区域教育发展等问题已经成为学术界和整个社会普遍关注的热点问题。法治发展的区域性特征也日益明显,“不同地区在不同发展阶段,每个社会因素的作用都是不同的,从而造成区域法治发展的差异性是客观存在的、长期的”。[1] 同样,善治是国家和政府治理的一种新形态。对于当下中国而言,全面推进依法治国与推进实现善治并行不悖,是相辅相成的。在善治实现的过程中,国家和地区发展不平衡的问题依然是必然要面对的现实问题,区域善治实现应该成为整体善治实现的基础。

一方面,从社会发展的阶段来看,中国当前仍然是一个传统性和现代性交织的社会。法治也好、善治也好,都是在传统社会的基础上逐步引入现代性社会的要素逐步发展的。不同的区域中,传统性和现代性之间的关系大相径庭,也因此导致社会治理过程中必须具有各不相同的治理样式。各个区域之间的区域治理现代化也就必然呈现不同的样貌,善治作为治理现代化的结果也当然要呈现出不同的进程。所以,允许一部分地区先行探索善治的模式,先行实现善治,形成若干善治先导区是符合当代中国社会治理和区域发展的现实状况的。

另一方面,从社会治理的角度而言,善治本身也是一个逐步摸索、渐进发展的过程,决定这一过程的终极依据仍然是社会经济和社会文化综合发展水平。对于当代中国而言,经济与社会文化综合发展的水平不仅有东西部的差异,也有沿海地区和内陆地区的差异,还有东南沿海和西北地区发展的差异等。而不同地区内的社会习俗差异更加明显,经济发达地区的社会习俗更多带有现代风尚和市场规则的色彩,经济欠发达地区则保留传统习俗的程度相对较高。这一问题早在 20 世纪 80 年代就已经得到重视,在 1981 年的全国人大常委会工作报告中就提到:“我国国家大,民族多,各地的政治、经济、文化的发展是不平衡的。立法应当注意全国千差万别的具体情况,避免一刀切。”[2] 中国社会发展的这种不平衡的现实必然决定了社会治理现代化的进程不可能齐头并进,而只能在全国整体善治推进的前提下,各个区域根据自身实际的经济、政治和文化发展状况,设计符合区域特点的善治模式推动善治实现。

从社会秩序治理的规则系统的角度而言,国家善治的实现要靠良法和良俗的共治才能实现,同样,区域善治的实现也应当以良法和良俗的共治为前提。在区域善治实现的过程中,同一区域内的国家法律和地方习俗之间必然需要相互协调,才能完成对社会秩序的良性治理。在 2016 年召开的全国社会治安综合治理创新工作会议上,

---

〔1〕 夏锦文:《区域法治发展的基础理论研究架构》,载公丕祥主编:《变革时代的区域法治发展》,法律出版社 2014 年版,第 23 页。

〔2〕 转引自李林主编:《依法治国与法律体系的形成》,中国法制出版社 2010 年版,第 22 页。

孟建柱就进一步强调了社会共治的重要性和紧迫性。[1] 那么,要实现社会共治,多元规则的共治就必然是其题中应有之意。

在多元规则共治秩序中,秩序的理念不再是大一统的一元化的秩序建构,而应该是多元的区域秩序治理的模式,因为一元化的秩序形态需要一元化的经济结构的支撑,需要基本相似的区域发展为基础,需要绝对强有力的中央政府为后盾,这些条件至少在当下中国还没有办法做到。中国当前的实际情况是:第一,经济模式是二元的,不仅存在传统的农业经济,而且有些地方的传统经济还相当传统,基本上还维持着千百年来的农业生产作业方式,可以这样说,在这些地方,农业的生产关系严重超前于当地农业生产力的水平,这也是一种不和谐。严重落后的生产力将顽固地需要适合于它的、同样是严重落后的生产关系的配合。在这种现实情况下,如果要在全国范围内建立一个统一的市场经济的社会秩序,那么就等于将传统经济的地区提前纳入市场的秩序中,这样做的结果只能是这个地区很快就会为市场所淘汰。淘汰的结果便是这个地区的人又回到从前的生活状态之中(甚至还不如从前),因为他们从前的那种生活的物质基础已经被摧毁了,还因为他们的心灵已经被市场经济的大浪伤害了。市场经济对于发达地区的人们如果是可以搏击的海浪,对于这些地区的人们而言就是无法躲避的海啸。第二,中国是世界上一国之内经济、政治、文化等诸多因素发展最不平衡的国家之一。在中国不同的地理区域中,分别存在传统、前现代、现代、发达的现代化四种经济和社会发展状况。因此,不同的社会发展阶段共存于当下中国的社会治理实践中,在这种现实状况下,如果欲求实现统一的秩序治理格局,毫无疑问是不切实际的想法。

改革开放三十多年来,当代中国的法治发展实际上呈现的是西方法治理念与中国现实生活之间的冲突与融合。因此,中国的法治化必然会迈向与西方国家以及其他后发型现代化国家不同的道路,最终中国所实现的法治秩序也必然是独具中国样式的秩序模式。首先,当前中国社会大的政治格局是不能变化的,作为一个单一制国家,需要法律的统一性,因为中国还不可能从单一制变成联邦制;其次,政府主导型的社会发展模式也是没有可能发生质的变化,当下中国社会法治化的进程依然主要靠政府的力量进行推进,社会治理的整体规划和主导推进必然是要以政府为主角的;最后,中国的二元经济格局暂时也是不可能一蹴而就变成较为完全的市场经济的,经济社会发展不平衡的现实在相当长的时期内也不可能发生质的变化。在这种背景下还要逐步实现社会治理的现代化,实现社会的善治,就应当在二元经济格局和多元规则共存的历史现实中推进社会善治的实现,从实践上来说可以逐步建立区域性的规则共治模式,推动区域善治的实现。应当允许形成不同经济生活区域的不同程度、不同形式的共治秩序,然后才能够逐步实现整个社会层面的秩序转换,在区域内率先实现规则共治,从而推进区域善治的实现,并逐步达成整体善治的实现。

---

[1] 孟建柱在这次会议上说:"现代社会,政府、市场、社会扮演不同角色,政府单打独斗已不适应人们对公共服务需求多样化、社会问题复杂化的新形势,只有分工负责、良性互动,才能实现优势互补,共同治理好社会。要以开放心态、宽广胸襟,平等对待各类社会主体,以开放性架构、市场机制吸纳社会力量、破解社会治理难题,形成多样化治理模式,努力实现社会共治。"转引自 http://www.mps.gov.cn/n5507710/c5521162/content.html,2016 年 10 月 19 日访问。

宪法宣誓的机制原理及其完善

——法人类学与宪法史学的视角

吴　欢*

内容摘要：传统中国国宪是一个由基本理念、基本宪制及其规范构成的意义综合体，在传统政治法律实践中有丰富的渊源形式和特殊的实施保障机制。在传统国宪的诸多"护宪"力量中，"誓咒信仰"最具特色。赌咒发誓在中国传统政治哲学话语和实践中具有特殊的规范意义，能够感迫有关当事人履行所许下的承诺或者践行所达成的共识，故能够成为传统国宪的实施保障因素。换言之，"誓咒信仰"作为传统国宪的"护宪"力量，并非纯粹由于先民愚昧无知，迷信鬼神报应，而是因为在彼时的一般社会心理中已经存在对赌咒发誓效力的信仰支撑并在此信仰的感迫下践履所立之誓言。探讨赌咒发誓的规范功能和誓咒信仰的"护宪"机制，对于深刻理解和发展完善当下的宪法宣誓制度具有重要意义。

关键词：传统中国国宪　誓咒信仰　另类规范　宪法宣誓制度　宪法权威

一、问题的提出与学术史回顾

近年来，随着中国宪法学、法律史学乃至政治学研究范式的转换和中国问题意识的觉醒，越来越多的学者意识到，"限制国家权力，保障公民权利"的近现代经典宪法定义并不能确当地概括和解释人类有政治生活以来所有"国宪"或"宪法"现象。[1]在此背景与氛围下，笔者提出并论证了"宪法就是政治共同体'安身立命'的根本依据，华夏文化政治共同体'安身立命'的根本依据就是传统中国的国宪"的命题，并从人类宪法学与宪法史的整体性视角，对传统中国国宪（以下简称"传统国宪"）的形态与运行进行了较为系统的论证。笔者的研究指出，传统国宪是一个由基本理念、宪制及其规范构成的意义综合体，在华夏文化政治共同体的政治法律实践中有丰富的渊

---

* 吴欢，法学博士，南京师范大学法学院博士后研究人员、中国法治现代化研究院研究员。本文获南京师范大学法学院院设科研项目"宪法宣誓的制度机理及其完善"和国家社科基金重大招标项目"法治文化的传统资源及其创造性转化研究"（14ZDC023）资助，并为江苏高校优势学科创新平台（PAPD）成果。本文曾提交南京师范大学中国法治现代化研究院举办的"法律·政治·哲学——法治中国的历史与现实对话"学术研讨会，幸得公丕祥教授、季金华教授、何柏生教授等与会专家完善建议，特致谢忱，惟文责自负。

〔1〕不同学科的学者们或是提出"宪法就是组织共同体的规则""宪法是国家伴随物"等观点，或是形成了与"规范宪法学""宪法解释学"鼎足而立的"政治宪法学"流派，还有学者旗帜鲜明地提出了"儒家宪政论"的主张，并对传统中国治理秩序史上的根本性问题或曰宪政问题进行了深入的研究。无独有偶，同处东亚文明圈的韩国学者咸在鹤和越南学者 Bui Ngoc Son 也先后提出并论证了"作为宪政主义的儒家"和"儒家宪政的古典基础"等命题，国际著名儒家学者、哈佛大学教授杜维明先生多年来也一直倡导从宪法和国家根本治理秩序的角度认识儒家礼法的问题。相关文献综述参见吴欢：《宪法：政治共同体"安身立命"的根本依据——兼论传统中国"国宪"研究的现代意义》，载《法治研究》2012 年第 12 期。

源形式和特殊的实施保障机制。[1] 本文试图在此理论框架下,进一步探讨作为传统国宪实施保障机制之一,亦即作为传统国宪"护宪"力量之一的"誓咒信仰"与宪法宣誓制度的有关问题。

宪法学者认为,宪法的实施不仅需要以国家强制力为后盾,也需要一些配套的原则、观念、制度、机构,甚至惯例加以补充,形成一套长效的宪法实施保障机制。[2] 传统国宪也有保障其实施的一整套机制,其中最主要和最有效的当然是国家暴力机器的硬性保障,此外还有政治、思想、伦理、文化等方面的软性保障。[3] 如同现代宪法有"立宪""行宪""修宪"等形象化的不同运行阶段,传统国宪的实施保障机制就是传统国宪的"护宪"机制。传统国宪的"护宪"机制实质上是治理者集团内外部各种政治势力间相互作用、相互博弈、相互斗争、相互妥协的结果,最终目的是实现华夏文化政治共同体治理活动的稳定和有序。传统国宪的实施保障机制主要回答"被称为传统国宪的那些东西何以成为国宪?"的问题,亦即传统国宪何以具有最高效力和权威,何以具有正当性与合法性,何以能够成为华夏文化政治共同体"安身立命"之根本依据的问题。

在传统国宪的诸多实施保障因素中,"誓咒信仰",即在重大政治盟誓确立某种宪制性安排后,盟誓各方对赌咒发誓的信奉与对誓言规范的践行,无疑是一种颇具特色的"护宪"力量,是武力强制之外传统国宪得以落实的重要原因。此前的研究者已经注意到先民对日常赌咒发誓和重大政治盟誓所具有的虔诚敬畏,也开始论及其在传统社会秩序和政治秩序生成与维护中的意义与限度,但因为对古代有无"宪法"问题存在不同认识,而未能将讨论进一步延伸到宪法领域。[4] 令人振奋的是,2015 年 7 月 1 日,全国人大常委会通过了《关于实行宪法宣誓制度的决定》。论者指出,通过宪法宣誓促进宪法实施是国际通行做法,有助于激励和教育国家工作人员忠于宪法、遵守宪法、维护宪法,有助于彰显宪法权威,加强宪法实施,但既有相关研究主要基于规范分析和中外比较,而未能进一步揭示宪法宣誓的内在原理和机制。[5] 而笔者在此前的研究中已经注意到,作为传统国宪的渊源形式,祖宗家法的宣示和政治盟誓的达成一般都伴随有赌咒发誓活动,在自治惯例的形成过程中也存在赌咒发誓现象,如刘邦"白马盟誓"、赵宋"石碑盟誓"、唐蕃"长庆盟誓"等,均通过盟誓的方式达成了

〔1〕 传统中国国宪不同于近现代宪法,也不同于部分学者所主张的"儒家宪政"。笔者认为,"安身立命"这个中国传统文化中的固有词汇蕴含着华夏文化政治共同体最重要的政治密码和最核心的宪法理念。作为宪法词汇的"安身",就是维护政治共同体的稳定与延续;作为宪法词汇的"立命",就是赋予政治共同体正当性与合法性,这两方面的宪法诉求是古今中外任何政治共同体都不能回避而必须进行回应的。见吴欢:《安身立命:传统中国国宪的形态与运行——宪法学视角的阐释》,中国政法大学出版社 2013 年版。

〔2〕 参见王叔文:《论宪法实施的保障》,载《中国法学》1992 年第 6 期。

〔3〕 中国古代君主虽集最高统治大权于一身,但仍然受到某些限制。这些限制虽不具有近现代以来权力分立、权力制衡的立宪主义含义,但却是华夏文化政治共同体治理活动中的客观存在。既有的相关研究参见林乾:《中国古代权力与法律》,中国政法大学出版社 2004 年版。

〔4〕 参见张永和:《信仰与权威——诅咒(赌咒)、发誓与法律之比较研究》,法律出版社 2006 年版;王公山、马玉红:《先秦盟誓的契约属性及其文化意蕴》,载《学术界》2008 年第 6 期。"赌咒发誓""盟誓"的文字学辨析,可参见李衡梅:《盟誓浅说》,载《人文杂志》1985 年第 6 期。

〔5〕 参见王磊:《宪法宣誓制度的重要意义》,载《中国人大》2015 年第 14 期。

某种传统国宪规范。[1] 本文试图进一步说明,赌咒发誓在中国传统政治哲学话语和实践中具有特殊的规范意义,能够保障誓咒当事人履行所许下的承诺,践行所达成的共识,故成为传统国宪的实施保障机制之一。换言之,赌咒发誓作为传统国宪的实施保障,并非纯粹由于先民愚昧无知,迷信鬼神报应,而是在彼时的一般社会心理中存在对于赌咒发誓效力的信仰支撑,这就是赌咒发誓"护宪"力量的精神源泉。

在"全面推进依法治国"成为国家战略和宪法宣誓制度既已确立并实施的背景下,本文的研究不仅具有法学理论价值,而且有助于从法人类学和宪法史学的角度深刻理解宪法宣誓制度赖以发生"护宪"功能的机制原理,进而有助于改进和完善我国的宪法宣誓制度,进一步树立宪法权威,保障宪法实施。

二、赌咒发誓的一般文化背景

英国人类学家马林诺夫斯基考察了伴随着赌咒发誓的巫术在原始人群秩序构建与惩罚犯罪中的作用。他总结指出:"在特罗布里安的群岛,巫术是由极为有限的专业人士实施的……巫术作为一种真正的法律力量,用于执行部落法律规定,定能阻止暴力的使用和重建平衡。"他还观察到,在巫师通过巫术执行法律、定分止争的过程中,如果被怀疑的对象愿意以赌咒发誓的方式证明自己的清白,巫师的解纷活动即可暂时宣告中止,转而等待赌咒发誓所宣称的后果出现与否。最后他总结:"巫术既不是主持正义的唯一手段,也不是一种犯罪行为……无论它采取什么方式,都是一种强调现状,明确传统的不平等和反对任何新事物形成的手段。由于保守主义是原始社会最重要的思潮,从整体看,巫术就是一种善意的力量,对早期文化具有重大意义。"[2] 马林诺夫斯基的观察和研究说明,先民们面对自然和超自然力量有一种本能的敬畏,巫师、祭司集团则凭借这种敬畏在早期共同体中享有崇高地位,嫌疑人的赌咒发誓行为看似与巫师的解纷权威之间存在张力,实际上共享同样的心理文化背景。换言之,巫师的诅咒,个体的赌咒和多人的誓约,其实都出自共同的信仰和敬畏心理。

从人类学和社会学的角度而言,巫祝文化由占卜祭祀活动发展而来,是少数知识精英掌控和垄断共同体知识生产、供给与传承的结果。先民对日月星辰、风雨雷电、冰霜雨雪等自然现象无法理解,于是将其视为各种神明。同样的道理,先民对于生老病死、洪水猛兽、瘟疫疾病等生活现象十分恐惧,于是创造出更多的鬼怪来形容。神鬼虽然殊途,但其本质都是先民对于异己力量的想象。为了获得更大的生存机会,先民们开始供奉对他们的采集渔猎活动有帮助的各种神明,同时也因为惊叹于自然的威力和野兽的凶猛而将其作为崇拜的对象,甚至将其作为自身的标志,于是产生了各种有关的图腾和禁忌,以及对各种神明鬼怪的崇拜和信仰。这其实是人类先民对人类早期历史的一种变相的记载和追忆,是人类历史文化的萌芽和起源。[3] 随着氏族

[1] 笔者将传统国宪的渊源形式概括为先王成宪、祖宗家法、儒家经典、行政典章、政治盟誓和自治惯例六个方面,见吴欢:《安身立命:传统中国国宪的形态与运行——宪法学视角的阐释》,中国政法大学出版社 2013 年版,第 227 ~ 271 页。

[2] [英]马林诺夫斯基:《原始社会的犯罪与习俗》,原江译,云南人民出版社 2002 年版,第 56 ~ 61 页。

[3] 参见张强:《史官文化与巫官文化及宗教神话之关系》,载《江苏社会科学》1994 年第 4 期。

共同生活的稳定和发展，一部分先民开始从一般性的采集渔猎活动中抽身出来，专门负责祭祀、占卜、巫术等神秘而尊崇活动。久而久之，这部分人就拥有了固定的职业身份和社会地位。他们为了维护和垄断这种相对优越的身份地位，开始宣称自己是唯一可以和神明进行沟通的人，是神明的使者；只有他们才熟知祭祀神明的仪式和程序，知道怎样才能获得神明的欢心。因此他们成为共同体内部的一个特殊的权威阶层，他们的意志就是神明的意志，他们的地位甚至超出部族首领的地位。而赌咒发誓，不仅成为巫祝领导先民向神明鬼怪宣誓效忠的基本方式，也成为巫祝在先民共同体中实现自身权威的重要手段。这就是巫祝文化和鬼神信仰在人类早期社会的一般发展轨迹，也是赌咒发誓在人类政治活动和社会交往中发生作用的不可不察的文化背景。

在华夏文化政治共同体的幼年时期，也有过这样一段"敬事鬼神"、巫祝文化十分发达的时光。在传说中的三皇五帝时代，部落领袖本身似乎就是巫祝，或者说巫祝是部落领袖的另一重身份和角色。如神话传说中半人半蛇的女娲，人首龙身的伏羲，牛首人身的神农，均被奉为华夏人文始祖，他们的"似人非人"形象代表了先民对于超自然力量的崇拜与折服。还有《史记·五帝本纪》所载的"鬼神山川封禅与为多焉"的黄帝，"依鬼神以制义"的颛顼，"明鬼神而敬事之"的帝喾，他们一方面具有超自然的力量与事迹，另一方面带领先民谨慎崇拜和供奉天地山川鬼神。这一时期是神明信仰泛化的时代，先民们朴素地构建出各种神明，并与之交通。这种"人神杂糅"的状况在帝尧时代被终结。帝尧在讨伐不敬神的苗君之后，命重黎二氏"绝地天通"，从此一举垄断与神明交通的管道，获得了至高无上的精神权威。[1]《尚书·吕刑》载："苗民弗用灵，制以刑，惟作五虐之刑曰法。……虐威庶戮，方告无辜于上。上帝监民，罔有馨香德，刑发惟闻腥。皇帝哀矜庶戮之不辜，报虐以威。遏绝苗民，无世在下。乃命重黎，绝地天通，罔有降格。"《尚书·尧典》也指出，苗民"民神杂糅"致使屠戮无辜，上天震怒，于是帝尧命重黎二氏断绝天地之通，垄断神明信仰："乃命羲和，钦若昊天，历象日月星辰，敬授民时。分命羲仲，宅嵎夷，曰旸谷。……申命羲叔，宅南交，曰明都。……分命和仲，宅西，曰昧谷。……申命和叔，宅朔方，曰幽都。"重黎以及羲和兄弟四人，大约就是最早的专职巫祝和祭司。此外，据《尚书·尧典》记载，帝舜在帝尧对他的考验期内能够做到"纳于大麓，烈风雷雨弗迷"，在代表帝尧摄政时期也不断"肆类于上帝，禋于六宗，望于山川，遍于群神"，可见帝舜的活动也具有巫祝色彩。帝舜即位之后，也效法帝尧任命了专职祭司伯夷："俞，咨！伯，汝作秩宗。夙夜惟寅，直哉惟清。"可见巫祝活动在彼时政治共同体中的重要性。到了"无事不卜"的殷商王朝，神明意志已成为一切政治活动正当性与合法性的最高来源，这也就是《左传·成公十三年》所谓的"国之大事，惟祀与戎"。《礼记·表记》载孔子

---

〔1〕《史记·太史公自序》载"昔在颛顼，命南正重以司天，北正黎以司地"，似与帝尧"绝地天通"之说相左。笔者认为，"帝尧说"有《尚书》"吕刑"和"尧典"两篇为证，《史记》则较为后出，三皇五帝部分内容多据《尚书》，且"颛顼说"是在"太史公自序"中提出，此部分是太史公个人看法而非"五帝本纪"，故采"帝尧说"。详参姚中秋：《华夏治理秩序史》，海南出版社2012年版，第126～138页。

曰:“夏道尊命,事鬼敬神而远之,近人而忠焉。先禄而后威,先赏而后罚……殷人尊神,率民以事神,先鬼而后礼,先罚而后赏。周人尊礼尚施,事鬼敬神而远之,近人而忠焉,其赏罚用爵列。”孔子的这一判断成为华夏文化政治共同体早期鬼神观念和巫祝文化的经典概括。

正是因为先民的社会生活和政治交往中普遍存在对神明鬼怪的信仰和崇拜,同时存在具有高度精神权威和政治权威的巫祝阶层和巫祝文化,所以在崇拜神明的名义下和在巫祝活动中进行的赌咒发誓,能够具有高度的认同性与可执行性。这种认同与执行的保障机制,甚至完全不用依靠来自国家或者政权的强制力。反过来,这种强大到近乎盲目的信仰、崇拜和敬畏心理,甚至会改变乃至塑造国家法律实施乃至政制设计。而这,也是理解华夏先民日常赌咒发誓活动的规范意义和重大政治盟誓活动之宪法意义的历史背景和一般文化心理。

三、赌咒发誓的另类规范意义

在敬事鬼神天命、巫祝垄断知识的一般文化心理背景下,作为公示公信手段的赌咒发誓具有特殊的规范意义,从而保障其具有自动和半自动的执行力。关于这一点,还可以从法人类学的视角对一般生活中的赌咒发誓现象展开分析。[1]

经验观察和理论研究均表明,在人类日常社会生活中,特别是人类先民时代的部落共同体生活中,法律并不是唯一的行为规范,甚至不是主要的行为规范。为人们提供日常行为准则和正常行为预期的规范有多种形态和表现,其中就包括赌咒发誓。张永和教授认为,“另类规范”是指“存在于某一社会共同体中,能够有效调整人与人之间,人与社会之间的关系,但在国家层面上并不得到认同的那些规范”,而作为“另类规范”重要表现的赌咒发誓,“就是赌咒发誓人在纠纷事由中假设如果自己是过错方,将要承担誓词中约定的否定性,甚至谴责性的负面后果”。[2] 社会中的任何主体总会遇上这样或那样无法自证的事由,所以赌咒发誓在所难免,也因此具有多种形式。首先是最常见和最简单的口头形式,其次是在赌咒发誓形成规范效力过程中意义重大的仪式形式。早期藏族社会的盟誓活动需要依照特定规则,举行特定仪式,穿戴特定服饰,完成特定动作,献祭特定牲畜。最后是文本形式,即重要的赌咒发誓主体之间针对极为重大的事项进行证信立约的活动。以文本形式表达、设置的赌咒发誓一般情况下都以“誓”的名义表现出来,这种“誓”是一种非常正式的行为,它可能是国与国、民族与民族之间的正式契约行为。[3] 中国春秋时期的列国盟会活动多伴随有政治盟誓,盟誓典礼庄重而严肃,盟誓程序烦琐而复杂,盟誓所达成的成果就是盟书,也具有复杂的结构和固定的格式。可见书面形式的赌咒发誓之严肃、严谨。

赌咒发誓的心理基础在于人对于自身心理状况和所处社会环境的自我认识和自

---

〔1〕 参见张永和:《信仰与权威——诅咒(赌咒)、发誓与法律之比较研究》,法律出版社 2006 年版。张教授区分“诅咒”与“发誓”,“诅咒”更多是使用巫术施加影响的行为,“赌咒”与“发誓”之间也稍有差异。笔者认同张教授将“巫术”排除在外的做法,但为求简便在文中笼统使用“赌咒发誓”的提法。

〔2〕 张永和:《赌咒发誓作为“另类规范”之存在意义》,载《现代法学》2006 年第 3 期。

〔3〕 张永和:《诅咒(赌咒)、发誓现象初探》,载《新疆大学学报》(哲学·人文社会科学版)2006 年第 2 期。

我确信，用一句现代的俏皮话表达就是"至于你信不信，反正我是信了"，而"我信了"是因为"我自信"。张永和教授指出，"赌咒发誓起源于人的自我意识，是与人性直接相通的一种自我意识确定，人类通过内心确定的形式表达自己对客观世界的确信"。[1] 但随着人类社会交往的发展，在涉及人际关系和利害冲突的场合，仅有一方的内心确信还不够，因为它是一种超验性经验，无法通过试验和实证加以验证。例如，在没有第三方证据的场合，一方认为对方偷吃了果园里的果实，对方则坚决否认并赌咒发誓没有偷吃。在这样的情况下，没有办法或者不能够采用实证的办法立即加以验证，而赌咒发誓的内容如"出门被车撞死"也不能立即获得证成或证否，所以还是无法达成确信和共识。此时如要解决纠纷，对方所进行的"赌咒发誓必须基于一种共同的文化认同"。[2] 这种文化认同形成了一种"知识场"，这个"知识场"对于身处其中的人具有强大感染力，能够维持人们心理意识的稳定，形成共同的思维定式、行为方式和语言模式，从而使双方之间的赌咒发誓获得公信力与执行力。[3] 用俗话表达就是，"话既然都说到这份上，我就姑且相信你"，"肯发这种毒誓，想必是真的"。2010 年热映的电影《让子弹飞》（姜文导演作品）中有一个场景，一方坚称对方吃了三碗凉粉却只付了两碗的钱，另一方则坚称只吃了两碗凉粉并且都付过钱。争执之下，人格担保、赌咒发誓均无效果，最后后者通过"开膛验胃"的惨烈方式证明了自己的清白。这一案例虽然是电影的虚构，但也反映出如果没有共同心理基础和文化认同，赌咒发誓对于纠纷解决是没有作用的，因为别人根本就不相信报应会降临。

但是，赌咒发誓也有可能被共同体之外的异质文化所接受并认同。在中国古代，政治盟誓活动不仅在华夏文化政治共同体主体民族内部进行（如刘邦与群臣"白马盟誓"，确立"非刘姓不王，非功臣不侯"的宪制性原则，影响西汉前期百余年政治局势），而且拓展为华夏主体民族与边疆少数民族之间的盟誓（如唐蕃"长庆之盟"、宋辽"澶渊之盟"），后者基本上就是在不同的政治文化共同体之间进行的赌咒发誓。[4] 西方社会也有赌咒发誓现象，英美国家法庭上证人手按《圣经》宣誓证言真实就是一例。当不同共同体之间需要通过赌咒发誓进行示信活动时（因为在最开始交往的时候，两个共同体的法律制度等后出规范存在巨大差异，不可通约，人们便倾向于诉诸最原始的赌咒发誓），就发生了跨文化的赌咒发誓现象。跨文化赌咒发誓何以成为可能？张永和教授指出："不同文化背景共同体之间不存在同一形式的赌咒发誓情况，如果两种不同文化背景共同体之间存在赌咒发誓的情况，那前提必须是一种文化对另一文化认同，在这里所说的文化认同实际上是指赌咒发誓形式的认

---

〔1〕 张永和：《赌咒发誓作为"另类规范"之存在意义》，载《现代法学》2006 年第 3 期。

〔2〕 张永和：《作为超验性经验的诅咒（赌咒）与发誓》，载《法制与社会发展》2006 年第 2 期。

〔3〕 张永和：《赌咒发誓被异文化认同之可能性》，载《西南民族大学学报》（人文社科版）2006 年第 4 期。

〔4〕 尽管我们在广义上使用"华夏文化政治共同体"的概念，但是不可否认这一共同体内部存在多种不同类型的小型文化共同体，中国历史上的"华夷之辨"就是典型。传统国宪所谓之"国"，是广义的华夏天下。在华夏天下观念下，"华"与"夷"都是上天大德所生，天子仁爱所向，二者构成了具有差等的"天下"秩序。因此，中央王朝与周边政权之间的盟誓行为及其所达成的盟誓规范，对整个华夏共同体具有国宪意义，对此不能以近代民族国家宪法局限于一国之内的观点来强求。

同。”[1]在英美宣誓证据制度移植到近代我国香港地区的过程中,就出现了跨文化的赌咒发誓现象。港英当局一开始让香港证人手按《圣经》发誓,但是大部分证人并无上帝信仰,此种发誓毫无拘束力。后来港英当局发现中国人对祖宗特别虔诚和孝敬,不敢对祖宗撒谎,于是让香港证人对着自家祖宗牌位发誓,收到了良好的效果。这一案例表明,跨文化的赌咒发誓是可以成立的,其基本前提就是一方认同另一方的赌咒信仰文化。

总之,法人类学的研究表明,同处于一个文化信仰系统中的人们之所以相信赌咒发誓并且不敢违背,是因为人们真诚地相信并且真正地信仰赌咒发誓以及它所形成的规则和可能的惩戒后果。此外,赌咒发誓往往伴有相当严肃的仪式、动作、语言、道具等细节,这些细节本身就被视为神圣的而富有神性,成为信仰的一部分。犹如我们今日所言对于法律的信仰,古人正是基于对于赌咒发誓的信仰,而服从于赌咒发誓所确立的规则。作为传统国宪“护宪”力量的赌咒发誓,其所确立的规则之所以能够产生效力,也在于这样的信仰基础。

四、誓咒信仰的“护宪”机理

赌咒发誓作为传统国宪的“护宪”力量,其所保障的主要是政治盟誓这类传统国宪渊源所确立的传统国宪规范和原则。[2]必须指出的是,法人类学者在讨论赌咒发誓作为一种“另类规范”时所举的例证大多属于社会生活纠纷,不具有国家治理层面的意义,无法也不需要通过国家强制力保证执行(但仍潜在地受制于双方具体宗族、经济乃至道德权威与实力),这与重大政治盟誓活动中的赌咒发誓稍有不同。笔者认为,政治盟誓中的赌咒发誓,涉及的是国家的根本性政治权力划分态势,具有极强的宪制意义,而且其公信力和执行力往往以双方的政治势力和军事实力做后盾。[3]但这并不意味着笔者否认法人类学有关赌咒发誓的研究对我们理解政治盟誓中赌咒发誓现象所具有的启发意义。换言之,一般的赌咒发誓行为和重大的政治盟誓活动无疑存在规模与形态的巨大差异,但从法人类学的视角来看,二者同样分享共同的心理基础。[4]政治盟誓在中国历代虽然有不同形态的发展,其得以被信守和遵行也在很大程度上依赖于盟誓双方的政治角力,但需要强调的是,政治盟誓活动起源于早期的、日常的、简单的赌咒发誓行为,而政治角力以及国家军事强制力做保障,只会加强

---

[1] 参见张永和:《赌咒发誓被异文化认同之可能性》,载《西南民族大学学报》(人文社科版)2006年第4期。

[2] 这里只是就主要情形而言,以其他形式表现的传统国宪规范获得现实效力,也有可能基于赌咒发誓的信仰支撑,如宋太祖要求儿孙起誓“不杀士人”,就是以赌咒发誓为执行保障。

[3] 中国中古以后的政治盟誓虽然神性色彩有所退却,背誓、劫盟时有发生,但这并不能否认政治盟誓在双方观念中所具有的地位与意义,否则他们不会明知盟誓会被违反仍然选择这种方式。正如当代世界某些国家,尽管宪法不被遵守或者时常被违反,但官方仍然有立宪与修宪,学界仍然捍卫宪法。就是在这种心照不宣的政治智慧之下,宪政才可能“假戏真做”,政治盟誓也才可能发挥保障传统国宪实施的作用。

[4] 张永和:《作为超验性经验的诅咒(赌咒)与发誓》,载《法制与社会发展》2006年第2期。

政治盟誓及其誓约的约束效力，但不会取消其来自心理层面的信仰支撑。[1] 甚至可以这么说，即使是赤裸裸的"城下之盟"，一旦采用政治盟誓的方式，心理层面的信仰基础和敬畏感情就是不可或缺、不可替代和不容否认的盟誓实施保障。弄清楚这一层关系，我们再来看赌咒发誓作为传统国宪"护宪"力量的生成机制与作用原理。

赌咒发誓的共同心理基础使誓约所确立的传统国宪具有公信力和执行力。在政治盟誓中，赌咒发誓的双方都生活于华夏文化政治共同体，对于华夏文化政治共同体所赖以构建和延续的政治法律观念具有共同的心理认同和价值追求。

以典型政治盟誓事件为例。[2] 中国法律传统中最早被记录的下来的政治盟誓文本，即《尚书》所载《甘誓》《汤誓》《牧誓》。《甘誓》宣誓的对象是"六事之人"，誓词内容则历数有扈氏之罪行（威侮五行，怠弃三正），讨伐的天命依据（天用剿绝其命，今予惟恭行天之罚），战场规则内容、遵守战场规则的奖励和违反战场规则的惩罚。《汤誓》是成汤讨伐夏桀之前的战场动员令，同时也是对讨伐夏桀正当性的论证。成汤首先说："非台小子敢行称乱！有夏多罪，天命殛之。"接着成汤对四方诸侯和军队将领进行劝说，通过引述四方诸侯和有夏之人自己对夏桀的控诉来证明夏桀的残暴悖德，并号召诸侯和夏人辅佐自己成就代天行罚的大业："尔尚辅予一人，致天之罚，予其大赉汝！"并与他们约定："尔无不信，朕不食言。"《牧誓》的逻辑与《汤誓》如出一辙，篇首序言记述了战争的背景，开篇描述了立誓的仪式，接着交待了参与盟誓的众人，涉及周国卿士、东土诸侯及西土夷狄，表明伐纣势力的力量强大和广泛代表性。接着历数商纣罪行并表明自己是代天行罚："今予发，惟恭行天之罚。"然后宣布了战场纪律，最后约定了惩罚措施。这三篇誓词均发生在决定两个王朝生死存亡的军事斗争场合，意在为战争论证正当性与合法性，并确保令行禁止，赏罚分明，无疑是极为重大的政治盟誓行为。[3] 在这三篇誓词中，盟誓的主持者（同时也是战争的指挥者）和盟誓的参加人与见证者（参战的诸侯及其军队）均相信"天命有德、天秩五礼、天讨有罪"的"天命—革命"理论，相信自己所参与的是"奉天伐罪"的正义战争，所以对战争的具体法则和赏罚制度会遵照执行。在春秋列国的政治盟誓中，各诸侯国虽然是近似独立的政治实体，但是都尊周天子为公主，都以尧舜禹汤等华夏圣王为治道楷模，都信奉周公所制之礼乐制度和宗法秩序是基本人伦规范和治道准则，因此即使各有冲突厉害，仍然能够达成诸多盟誓。[4] "刑白马而誓"的刘邦和群臣均信奉"家天下"的传统国宪理念，均信奉自周公分封诸侯以来就确立的"异姓不王"的传统国宪规范，所以其约定的"非刘姓不王，非功臣不侯"被视为是理所当然的权力

---

〔1〕 这里并非将赌咒发誓与政治盟誓等同，而是强调二者分享共同的文化心理基础，以及这种文化心理基础在保障其效力方面的意义。换言之，二者虽然有大小、场合、演进、功能等方面的差异，但都体现了对超验力量的信仰、敬畏与服从。限于主旨和篇幅，暂不对二者在历史发展演变中的具体细节问题展开讨论。

〔2〕 以典型盟誓事件为例，并不意味着笔者对传统盟誓文化发展史上的差异性视而不见，只因本文主题并非考证梳理传统盟誓文化，而只是强调传统盟誓文化中的"誓咒信仰"所具有的"护宪"意义。

〔3〕 参见吴欢：《安身立命：传统中国国宪的形态与运行——宪法学视角的阐释》，中国政法大学出版社 2013 年版，第 257～258 页。

〔4〕 参见罗珍、田兆元：《春秋时期霸王盟誓行为性质初探》，载《学术月刊》2002 年第 10 期。

规则和治理秩序。对祖宗发誓“不杀士人”的赵宋后嗣君王相信祖宗有在天之灵,相信祖宗会保佑孝顺子孙而惩罚不肖子孙,所以会信守对于祖先的承诺,遵守祖宗的家法。[1] 即使在华夏主体民族与边疆少数民族的政治盟誓活动中,也因主体民族早就创造了灿烂的礼乐文化,对边疆民族具有重大的文化向心力,所以双方能够分享对于赌咒发誓的心理认同,从而达成唐蕃“长庆之盟”、宋辽“澶渊之盟”等跨民族政治盟誓。

如果没有这样的共同的文化心理基础,赌咒发誓就会成为空口白话、信口雌黄,就不会具有护宪效力。所以,很难想象一位中国的君王可以和一位西方的主教通过手按圣经起誓的方式达成两国之间的和平,同样也很难想象乾隆年间英国来的使节会理解三跪九叩的礼节和乾隆的巨额回赠在中国传统“理藩式”外交中所代表的政治含义。近代以来,华夏文化政治共同体治道衰微,被迫进入西方主导的国际交往规则体系,期间伴随着会审公廨、领事裁判权等屈辱记忆。这一惨痛而艰难的过程,恰恰说明特定政治交往模式和规则是基于特定共同文化心理的。共同文化心理的存在,减少了交易成本和政治摩擦,为政治盟誓的贯彻和落实奠定了基础,从而具有了维护传统国宪实施的意义。

在政治盟誓场合,赌咒发誓还伴随着一系列烦琐、严肃、威严的程序和仪式,这些程序和仪式被要求以极其认真的态度遵照执行。如战争开始之前的政治动员,传统称为“祭旗”,需要主其事者提前斋戒沐浴并提前筑好点将台,点将台的规格和尺寸以及准备的牺牲和祭品在古礼中也是有严格细致的规定,祭拜神灵的先后和程序也有严格的限制,宣读誓词的神态语调都必须庄重威严,如果出现阴风折旗会被视为不祥之兆。《礼记·曲礼》载“盟之为法,先凿地为方坎,杀牲于坎上,割牲左耳,盛以珠盘;又取血,盛以玉敦,用血为盟书,成乃歃血而读书”。这里讲的就是盟誓的核心程序,包括会坛、杀牲、执耳、歃血、载书、告神等。若将盟誓前的准备和盟誓后的礼节都算在内,则盟誓的程序更为复杂。以春秋列国盟誓为例,一次完整的盟誓大约要经历以下十个步骤:[2]

一是“征会”,即盟誓的发起国派遣使者向诸侯列国阐释结盟原因,邀请对方加入。如襄公三年,“晋为郑服故,且欲修吴好,将合诸侯,使士匄告于齐曰:‘寡君使匄,以岁之不易,不虞之不戒,寡君愿与一二兄弟相见,以谋不协,请君临之,使匄乞盟。’”[3] 二是“请期”,即与盟各方商定盟会具体日期。如襄公五年,“吴子使寿越如晋,辞不会于鸡泽之故,且请听诸侯之好。晋人将为之合诸侯,使鲁、卫先会吴,且告会期”。在请期的同时一般会确定盟誓地点。盟誓的地点一般会选择在祖庙、社、私家宅地和国中的公共场所,如宣公三年,奔晋的郑国公子兰被郑国贵族迎还,“盟于大宫而立之”,就是在祖庙中盟誓。三是制作盟书,即将盟词做成书面形式,并一式

---

〔1〕 参见吴欢:《论“祖宗家法”的唐宋嬗变及其传统国宪渊源属性》,载《中西法律传统》(第 9 卷),北京大学出版社 2014 年版,第 22 ~ 38 页。

〔2〕 此处主要参考李建新:《周代盟誓研究》,河南大学历史文化学院 2008 年硕士学位论文。

〔3〕 《左传·襄公三年》。本段引文未注明出处者,皆出自左传,引用时仅标明年份。

多份便于存档。盟书主要由四部分组成：第一为举行盟誓的日期；第二为同盟者的顺序排列；第三为盟誓的盟辞，是同盟各国诸侯对某些事项的具体约定，也是盟誓的规范部分和实质内容；第四为盟誓的诅辞，即双方约定的对违反盟约者的诅咒，具体由诅祝负责起草。[1] 四是除地为坛，凿地为坎，即构筑盟誓会场，多为高台。如定公十年夹谷之会中齐、鲁两君就是“就坛”而盟，庄公十三年的“柯之盟”也是在高坛上进行的。五是杀牲献祭与执牛耳，象征盟主将盟誓告于神灵并获得神灵许可，指示其为盟主，即“执牛耳”。《礼记·曲礼》云，“割牲左耳，盛以珠盘，又取血，盛以玉敦，用血为盟，书成，乃歃血而读书”。这就是一个完整的杀生献祭程序。六是“歃血”，即将献祭的动物鲜血饮用或者涂于嘴唇，象征永不违背。如隐公七年陈五父“及郑伯盟，歃如忘”，襄公九年郑国大夫子孔批评背誓者说“与大国盟，口血未干而背之，可乎？”就是强调经过歃血的盟誓不可违背。七是“昭大神”并宣读盟书，即祷告神明从旁见证并宣读盟书。如襄公十一年“亳之盟”所邀请见证的神明为“司慎、司盟，名山、名川，群神、群祀，先王、先公，七姓、十二国之祖”，哀公十二年载子贡语录：“盟所以周信也，故心以制之，玉帛以奉之，言以结之，明神以要之。”在盟誓活动上加入神明的因素，象征着盟誓得到了神明的庇佑。八是坎牲加盟，即宣誓之后，将牺牲置坎，并放盟书于牺牲之上，一同掩埋，表示誓言落地生根，不可反悔。昭公六年载“乃坎、用牲、埋书”，襄公二十六年载“至，则歃，用牲，加书，征之”。九是藏盟书于盟府，盟书的正本与牺牲同埋，副本则由参盟者各持一份，归国后放于祖庙或者在盟府中保存。僖公二十六年追忆，西周初年齐、鲁两国盟誓，曰：“成王劳之，而赐之盟，曰：‘世世子孙。无相害也’载在盟府，大师职之。”十是盟成享宴致饩，即盟誓结束后盟主设宴款待与盟各国代表并赠送礼物。如桓公十四年，鲁桓公与郑厉公、曹伯于曹地进行盟誓，盟后“曹人致饩”。

这样一整套的严肃严格的程序规范，使赌咒发誓的整个过程充满着庄严、肃穆、神秘的神性色彩。在这样的氛围中，赌咒发誓各方都获得一种强烈的心理暗示，即通过这样的严肃、严格和神秘、神圣的仪式，所约定的内容被广而告之于天地、山川、四时和万国，具有了不可变更与破坏的公信力，必须予以遵守和执行，从而使赌咒发誓具有保障传统国宪实施的“护宪”意义。

五、我国现行宪法宣誓制度评析

综上所述，以政治盟誓等形式表现的国宪规范，往往伴有赌咒发誓的现象，这是武力威胁之外政治盟誓得到信守的一个重要原因。以往学者认为，古人生产力水平低下，知识水平落后，只能搞封建迷信，所以信奉赌咒发誓的约束力而不敢违背。其实，这是对古人的误解和冤枉。这种认识一方面没有认识到古代赌咒发誓活动背后的一般文化心理背景，另一方面也没有认识到赌咒发誓作为不同于法律的另类规范之意义。只有认识到此种一般文化背景和另类规范意义，我们才能进一步理解赌咒发誓何以成为誓咒信仰，而传统国宪又何以在此誓咒信仰的感迫下，从心理基础和仪

---

[1] 参见范忠信、陈景良：《中国法制史》，北京大学出版社2007年版，第143～147页。

式程序两个方面获得事实上和实施上的保障。

让我们将视线转回现实。中共十八大以来,党和国家领导人高度重视宪法权威和宪法实施,多次强调“坚持依法治国首先要坚持依宪治国,坚持依法执政首先要坚持依宪执政”。顺应学界呼吁,[1]2015 年 7 月 1 日全国人大常委会通过《关于实行宪法宣誓制度的决定》(以下简称《决定》),建立起了中国特色的宪法宣誓制度。经此一役,“宣誓”得到了最高立法层面的认可,而不再仅仅是人类学意义上的另类规范。但是,《决定》的通过只是加强了“宣誓”的规范效力,并不能否认宪法宣誓的法人类学意义和“护宪”功能。从《决定》的主要内容和部分省市根据《决定》制定的实施细则来看,我国现行的宪法宣誓制度体现了与世界法治潮流和宪法实施保障制度接轨的现代精神,也在相当程度上遵循了前述誓咒信仰作为“护宪”力量的原理与机制。这主要体现在两个方面:

一方面,我国现行宪法宣誓制度的 70 字誓词体现了当前和今后相当长时期内我们党和人民关于国家政治、法治和宪法的核心价值认同与一般文化心理。《决定》规定的 70 字誓词为:“我宣誓:忠于中华人民共和国宪法,维护宪法权威,履行法定职责,忠于祖国,忠于人民,恪尽职守、廉洁奉公,接受人民监督,为建设富强、民主、文明、和谐的社会主义国家努力奋斗!”虽然这里宣誓的主语是“我”,但这个“我”并非单纯的个体,而是既包括拥有为人民服务的国家公务人员之法定身份的宣誓者,更代表着作为国家主权者的广大人民群众。并且,作为主权者的人民,在这里的地位既是潜在的宣誓者,更是当然的监督者。誓词开头是“三忠于”:“忠于中华人民共和国宪法,维护宪法权威,履行法定职责”,这是从宪法法律层面对公务人员的法律约束;“忠于祖国,忠于人民”体现了政治性与人民性的双重要求。接着是“三承诺”,“恪尽职守、廉洁奉公,接受人民监督”既包含对公务人员的为政期许,又强调了人民主权的建国原则。最后的“为建设富强、民主、文明、和谐的社会主义国家努力奋斗”,是一种理想的宣示和信仰的重申,也体现了“富强、民主、文明、和谐”的治国追求与“社会主义国家”的意识形态之统一。可见,这份誓词虽然只有短短 70 字,却浓缩包含了我国宪法法律基本原则,人民主权基本宪制,忠于祖国人民底线,勤政廉政为官期许,社会主义意识形态等内容。这些内容在当前和长期内,都将是我国政治法律生活中的核心价值与文化心理,以此为宣誓,能够在最大程度上凝聚共识,团结和号召更广泛的人民为树立宪法权威、促进宪法实施而努力。

另一方面,现行宪法宣誓制度的宣誓仪式参加者、组织者和具体的仪式程序体现了庄重、严肃的要求,有助于从心理层面提升公务人员和普通群众的神圣感、使命感、认同感。《决定》第 1 条规定:“各级人民代表大会及县级以上各级人民代表大会常务委员会选举或者决定任命的国家工作人员,以及各级人民政府、人民法院、人民检察院任命的国家工作人员,在就职时应当公开进行宪法宣誓。”这就明确了应当进行

---

[1] 学界对此问题的早期探讨,参见蒋伟:《论建立忠于宪法的宣誓制度》,载《法商研究》2000 年第 5 期;陶波:《论中国宪法宣誓制度的建立》,载《南方论刊》2008 年第 2 期;束锦、阎小波:《建立“一府两院”官员宣誓制度刍议》,载《中共福建省委党校学报》2005 年第 3 期。

宪法宣誓的公务人员范围。《决定》第3~7条则详细规定了不同类别的国家工作人员进行宪法宣誓的时间和组织者。第8条规定："宣誓仪式根据情况，可以采取单独宣誓或者集体宣誓的形式。单独宣誓时，宣誓人应当左手抚按《中华人民共和国宪法》，右手举拳，诵读誓词。集体宣誓时，由一人领誓，领誓人左手抚按《中华人民共和国宪法》，右手举拳，领诵誓词；其他宣誓人整齐排列，右手举拳，跟诵誓词。宣誓场所应当庄重、严肃，悬挂中华人民共和国国旗或者国徽。"这就进一步从宣誓形式、道具、动作、神情、语言、氛围、陈设等方面增强了宣誓的神圣感和庄严感。第9条规定地方国家工作人员宪法宣誓制度如何实施的问题。从这些规定可以看出，整个现行宪法宣誓制度在仪式程序上具有高度的神圣和庄严色彩，特别是公开宣誓的要求，既能够对公务人员形成公共舆论的威慑力，又能够借此教育广大人民，从而更有利于树立宪法权威。

《决定》第10条规定2016年1月1日起施行宪法宣誓制度，在此之前各地已经陆续出台了一些实施细则，如《内蒙古自治区组织实施宪法宣誓制度办法》和《浙江省组织实施宪法宣誓制度办法》，还有部分地区和部门已经较早地探索实施了公务人员宣誓制度。[1] 结合前文关于誓咒信仰作为"护宪"力量之原理与机制的研究，今后我国宪法宣誓制度还可以从以下方面进行完善：

第一，完善相关配套立法措施。《决定》从宪法性法律层面确立了宪法宣誓制度，但有必要进一步修改全国人民代表大会组织法，中央和地方各级政府组织法，以及法官法、检察官法、公务员法等相关法律，并在适当的时机修改宪法，以便将宪法宣誓制度进一步导入现行宪法法律体系。具体而言，可以考虑在《宪法》第1章总纲中增加一条，专门规定宪法宣誓制度，并在有关法律中设置转致性条款。地方各级人大也应当根据《决定》授权，建立起本地方具体的宪法宣誓制度。2016年年初以来，从中央到地方已经有了初步的宪法宣誓实践，今后也应当注意从实践中总结提炼好的做法以进一步完善有关立法。

第二，健全违宪责任追究机制。法律的生命在于实施，制度的威慑在于追责。古代政治盟誓中常有"天殛之""天厌之""天下共击之"等违誓惩戒约定，在彼时具有较大的心理威慑作用。而传统政治哲学中的"天"，除了是自然人格之"天"，还是"天听自我民听""天视自我民视""民之所欲，天必听之"的天人感应之"天"，具有宝贵的"民本""民权"基因。在当代中国，"天"就是作为国家主权者的人民，而代表人民惩戒违誓者的就是宪法法律。因此，针对违反宪法精神的宣誓官员，除了依据党内法规和国家立法追究其党纪国法方面的责任，还应进一步建立健全违宪责任追究机制，追究他们相应的政治责任和宪法责任。只有这样，才能使宪法宣誓制度真正发挥维护宪法权威，保障宪法实施的功能。

第三，改进宪法宣誓誓词内容。目前《决定》规定的誓词内容虽然已经十分精炼准确，但是在《决定》审议期间还是有过一定调整，说明其并非臻于完善。目前的誓

---

[1] 滕修福：《"宪法宣誓制度"亟待顶层规范》，载《公民导刊》2015年第1期；马岭：《法律学子构建的宪法宣誓制度》，载《金陵法律评论》（2015年第1卷），法律出版社2015年版，第175页。

词内容表述采用了“一元化”模式,并不区分不同序列的公务人员。这固然体现了维护法制统一的精神,但考虑到我国政治文明和法治事业的发展,今后可以在适当的时机进一步调整誓言中的有关表述,着重增加兼具现代政治文明价值和传统政治伦理精神的誓词内容。换言之,根据马克思主义“人的解放”理论,既有的“富强、民主、文明、和谐”的治国追求固然十分重要,但“自由、平等、公正、法治”等核心价值和奋斗宗旨同样重要,故有必要进一步凝练。

第四,细化宪法宣誓程序设计。程序设计不仅是制度落实的基本保障,而且具有超越实体之外的独特功能与价值。今后有必要进一步细化宪法宣誓程序,进一步增强宪法宣誓的神圣感和庄严感。关于宣誓地点,各级人大可根据历史和现实情况,选定具有特别法治意义的场所举行宣誓,也并不一定要局限于人大选举和会议场所;关于宣誓时间,应进一步明确何谓“就职时”,一般而言应当是选举决议通过的当天;关于宣誓着装,可以考虑统一着中山装以凸显民族传统和文化特色;关于宣誓观礼,除了人大代表、政协委员当场见证以外,还可以考虑开放普通公民凭身份登记现场观礼。此外,还可以考虑引入领誓、监誓和誓后签名等程序。但应当尽量避免出现类似宣誓“法器”等不伦不类的做法和提法。

第五,全面公开宪法宣誓过程。阳光是最好的防腐剂,公开是最强的公信力。《决定》第 1 条即规定了“公开宣示”的基本原则。今后的实践中,应当在全社会范围内进一步加强宪法宣誓制度的宣传教育,增进公民对宪法宣誓制度的了解与认识,并将从中央到地方各级公务人员宪法宣誓的情景通过网络等媒体渠道向全国范围内全程全面公开,以加强对官员的监督和对人民的教育。

总之,在我国现阶段,宪法宣誓制度的确立和完善有助于宪法实施,但从根本上来讲,我国宪法的全面贯彻实施,有待于通过进一步深化改革,确立并且维护宪法在国家治理中至高无上之根本大法的权威。让我们拭目以待!

区域法治发展的动力研究
——以地方政府竞争为视角

骆天纬[*]

内容摘要:我国当下各区域法治高速发展的现状,是地方政府在国家顶层设计的指引下,以一种积极的态度介入区域法治发展并加以推动的结果。地方政府竞争与区域法治发展在理论与实践两方面具有紧密的关联。从理论上分析,二者产生的背景是相同的,以全球化和区域化并行发展为背景;竞争作为发现程序,激励地方政府通过试错发现更好的规则与制度;府际竞争增进区域之间的相互开放与资源流动,缓解了区域内部既有制度的僵化。从我国区域法治发展的实践来观察,地方经济竞争、地方治理竞争、地方政府政绩竞争、地方消极竞争以及上下级政府博弈以不同的形式推动着区域法治的发展。

关键词:区域法治发展　地方政府竞争　动力

我建议把竞争视作发现某些事实的一种过程,因为不诉诸这种过程,这些事实就不会为任何人所知晓,或者至少不会被人们所利用。

——哈耶克[1]

一、引言

"我们要切实抓好落实,让全面深化改革、全面依法治国像两个轮子,共同推进全面建成小康社会的视野滚滚向前。"[2]中央对法治在国家治理体系中作用的认识的深化释放出强烈的信号,这种信号传导到地方的表现,即是地方政府对区域法治发展的重视程度的空前提高。相应地,地方政府间的竞争的领域,也由过去的经济发展、社会管理等领域逐渐向地方法治建设领域发展。我国当下各区域法治高速发展的现状,并不仅仅是市场经济发展的直接需求,也不是以往的法治发展类型理论所描述的那样自发的、渐进的法制变革,而是在国家顶层设计的指引下,地方政府以一种积极的态度介入其中并加以推动的结果。区域法治发展是在地方政府开展经济竞争与地方治理竞争等背景下展开的,区域法治发展的推动力主要来源于地方政府之间开展的府际竞争。

---

* 骆天纬,法学博士,泰州学院教师,中国法治现代化研究院区域法治发展研究所研究员。

〔1〕[英]弗里德利希·冯·哈耶克:《作为一种发现过程的竞争——哈耶克经济学、历史学论文集》,邓正来译,首都经济贸易大学出版社2014年版,第35页。

〔2〕习近平:《在中共十八届四中全会第二次全体会议上的讲话》,载《习近平关于全面依法治国论述摘编》,中央文献出版社2015年版,第13页。

二、地方政府竞争与区域法治发展的理论关联

(一)产生背景相同:以全球化和区域化并行发展为背景

全球化和区域化是并行发展的,全球主义和区域主义相继崛起是近几十年世界发展的主要趋势。一方面,第三次工业革命拉近了世界各国的距离,蓬勃发展的生产力和不断细化的产业分工突破了资源配置的国家形式,将生产要素的配置带入了全球模式,全球化以不可抗拒的态势席卷世界。另一方面,政治、商业和信息的全球化将各国资源和要素直接地暴露在国际范围的流动中,竞争带来的压力加速了区域治理的兴起和区域性思维的产生。从某种意义上说,经济区域化是经济全球化的补充。[1] 崛起的区域主义有若干的特征,一是区域主义没有被中央、地方的体制包含在内;二是新型竞争方式下,区域主义使区域间相互竞争,而不是为区域提供国家分工下的互补角色,新区域主义倡导者认为国家不再有支撑大尺度区域政策的能力或者智谋。因为他们政策关注国际金融资本和跨国公司日益增长的力量,而不是国内的地区。[2]

我国地方政府竞争是在全球化和区域化背景下展开的。竞争的全球化倒逼各国改革政府机构,激发经济活力。虽然各国国情不尽相同,但是这一轮改革热潮总体上是以分散政府权力,尤其是分散中央政府权力为基础的,[3]我国也不例外。在过于集中的计划经济时代,地方政府不存在竞争的制度基础。从事权来看,中央政府通过完整的指令性计划支配着地方从宏观上的经济生产到微观上的粮油供给等几乎全部的事项;从财权来看,中央在财政上实行"统收统支"的措施,地方政府实际上成为中央政府的派出机构,既不是独立的财税利益主体,在财税收支和预算上也仅存在很小的自由度。因而,政府间竞争行为在计划经济时代是极其微弱的,最多也只是体现在对中央资源的争取上。在全球化、改革开放时代到来之后,随着中央权力下放、地方分权化改革以及市场化进程的加速,地方政府管理经济的自主权逐渐扩大,同时地方政府开始具备财政自主权和经济管理权。此时,地方政府成为独立的利益主体,并且在法理上具备了追求自身利益的手段和工具,地方政府间的横向竞争随即展开。

与全球化和区域化的并行发展、市场化改革相同步的是区域法治的发展。区域法治发展与我国努力融入全球化过程中的市场化改革密切相关。一定的经济基础既是法的出发点,也是法的归宿。[4] "经济条件归根到底还是具有决定意义的,它构成贯穿于全部发展进程并唯一能使我们了解这个发展进程的红线。"[5]改革开放和市

---

〔1〕 叶卫平:《经济全球化与经济区域化》,载《中国人民大学学报》2001 年第 4 期。

〔2〕 Keating M., *The New Regionalism in Western Europe : Territorial Restructuring and Political Change*, Cheltenham, Edw ard Elgar, 1998.

〔3〕 参见孙伯英:《当代地方治理——面向 21 世纪的挑战》,中国人民大学出版社 2004 年版,第 67 页。

〔4〕 李龙主编:《法理学》,武汉大学出版社 1996 年版,第 56 页。

〔5〕 《马克思恩格斯全集》(第 3 卷),人民出版社 1998 年版,第 199 页。

场化进程为我国带来了意识形态的松动和宪法秩序的变革。市场化改革使各个区域直接面临全球经济一体化的冲击,地方经济开始直接承担全球化的风险和挑战。此时中央与地方不再像计划经济时代的单一的决策者与实施者的关系,地方在发展经济和制度创新方面的能力得到认可,地方被赋予立法权和经济社会的治理权,而不像之前那样仅仅代理中央政府执行国家计划和指令。在此背景下,为了更好地治理地方的经济与社会,法治的意义逐渐为地方政府接受,法治成为地方政府不容忽视并且努力推动的竞争工具之一。发展法治,地方才能保障经济的法治化运行,才能调动起民众的积极性,才能在府际竞争中占据有利地位,并且在政治策略上与中央政府保持同步。

(二)内在机理相通:竞争是更优法律制度的发现程序

竞争作为发现过程,是一种更好的事实的发现过程,激励地方政府通过试错发现更好的规则与制度。"竞争之所以有价值,完全是因为它是一种发现的过程,而如果我们能够预测或者预见到它的结果,那么我们也就不会再需要这种竞争了。"〔1〕在哈耶克看来,在高度竞争的市场与少数竞争者的市场中,人们对于知识创新和运用的需求是存在差异的,因而竞争有助于知识创新。〔2〕为了竞争获胜,竞争者会尝试改进现有制度,通过自己不断的创新或试错行为,来发现更好的规则和制度:"竞争必须允许这些生产者运用他们自己的知识区实现他们的目的……促使人们改进生产方式的激励因素常常在于这样的一个事实,即谁先改变生产方式,谁就将因此而挣得某种暂时的利润。"〔3〕哈耶克的竞争理论揭示了竞争对于事实和制度变化的作用,即竞争是人们所能运用的一种发现未知领域的极为切合实际的博弈手段,竞争为人们取得优异的成就提供一种最为有效的激励因素。〔4〕同样,地方政府并不能预测到法治建设竞争的结果,但是各个区域间的法治竞赛提供了一种激励措施,促进地方政府竭尽全力做得比次优者更好。尽管在创新的过程中也将面临创新失败的风险,然而正是对竞争获胜的目标激励着地方政府愿意承担这一风险,从而在不断的试错中发现更好的规则和制度。政府竞争就是在这样一个动态的过程中革新着区域内的僵化制度,推进着区域内法制的进步。

政府间竞争增进区域之间的相互开放与资源流动,缓解了地区内既有制度的僵化。"用脚投票"理论认为,资本、技术、人才会流向最能实现自身价值的区域,稀缺性要素(资本、居民和技术)在统一的市场机制下均得以流通,向能够提供更优质公

〔1〕[英]弗里德利希·冯·哈耶克:《法律、立法与自由》(第2、3卷),邓正来等译,中国大百科全书出版社2000年版,第371页。

〔2〕同上书,第370~371页。

〔3〕同上书,第372页。

〔4〕同上书,第369页。

共服务的行政区域转移。[1] 在市场条件下,作为地方政府税收来源和地方公共物品消费者的居民,会理性地选择适合自己生活的公共区域。居民的流动带来资源和要素的流动,从而使居民的流动成为地方政府支出行为的内生变量。[2] 正是由于居民、资源和生产要素在不同的地方流动,迫使地方政府通过提供公共产品来从整体上提高资源配置的效率。[3] "管理良好的社区可以以较低的成本提供公共服务,因而可以吸引移居者,增加财产价值。"[4] 对于地方政府而言,加大地区的开放性并改良公共物品是吸引优质资源在本地落地生根的理性选择,从这个意义而言,政府间竞争有效地增进了区域开放与资源流动。竞争在增加区域开放性的同时,也削弱了地区内的制度僵化。制度是广为人知的、由人创立的博弈规则,政府间的制度竞争是政府所选择规则或规则体系之间的竞争。[5] 资本、技术、人才等资源更加偏好制度性公共物品供给较为优越的地区,一个地区的制度条件越有利于居民的生活、资本的增值和技术优势的发挥,就越能够吸引优质资源到本地区中发挥作用。从某种角度说,制度性公共物品的有效供给对地方政府的竞争力的提高和地区经济增长更为关键。[6] 因此地方政府需要削弱行政区域内的制度的僵化,不断推动制度创新和制度变迁,以适应府际竞争的需要。

三、政府竞争推动区域法治发展的实践考察

正如亚当·斯密所言,一个人追求自己的利益,往往使他能比在真正出于本意的情况下更有效地促进社会利益。[7] 理性人是经济学一个经典的前置性假设,同样可以用在政府与公正行政领域。地方政府出于理性人利己的竞争行为,客观上推动了区域法治。

---

[1] 1956 年,美国经济学家蒂波特在美国政治经济学杂志上发表了著名的《一个地方支出的纯理论》,提出了"用脚投票"可以有效解决公共物品配置的问题,该理论认为消费者通过"用脚投票",可以有效地显示自身的偏好,从而起到类似于市场的作用,实现公共物品配置的最优化。"用脚投票"(Voting by foot)机制是指在市场化的条件下,资源和要素(包括但不限于资本、人才和技术等资源)可以根据自身的逐利性得到自由流动,从而流向更能将自身作用最大化的地方。"用脚投票"是市场对资源配置的一种形式。正是"用脚投票"机制使地方政府之间产生了竞争需求。Tiebout. C,"A pure theory of local expenditures", *in Journal of Political Economy*, 64, pp. 416 – 424.

[2] 参见刘锡田:《中国地方政府竞争的制度基础与创新》,经济科学出版社 2004 年版,第 13 ~ 16 页。

[3] [英]约翰·伊特韦尔、[美]默里·米尔盖特、[美]彼特·纽曼:《新帕尔格雷夫经济学大辞典》(第 3 卷),许明月等译,经济科学出版社 1996 年版,第 239 页。

[4] [美]约瑟夫·斯蒂格利茨:《政府为什么要干预经济:政府在市场经济中的角色》,郑秉文译,中国物资出版社 1998 年版,第 90 ~ 91 页。

[5] 孙亚忠:《政府竞争轮》,南京大学出版社 2011 年版,第 118 页。

[6] 唐丽萍:《中国地方政府竞争中的地方治理研究》,上海人民出版社 2010 年版,第 53 页。

[7] 亚当·斯密说道:"他通常既不打算促进公共的利益,也不知道他自己是在什么程度上促进那种利益。由于宁愿投资支持国内产业也不支持国外产业,他只是盘算他自己的安全;由于他管理产业的方式目的在于使其生产物的价值能达到最大限度,他所盘算的也只是他自己的利益。在这种场合,像在其他许多场合一样,他受着一只看不见的手指导,去尽力达到一个并非他本意想要达到的目的。也并不因为事非出于本意,就对社会有害。他追求自己的利益,往往使他能比在真正出于本意的情况下更有效地促进社会的利益。"。参见[英]亚当·斯密:《国民财富的性质与原因的研究》(下卷),郭大力、王亚楠译,商务印书馆 1974 年版,第 27 页。

（一）地方经济竞争与区域法治发展

经济发展的关键在于资本、人才和技术的合理利用。在市场中，资本、人才和技术等优质要素可以自由进入或者退出各种市场生产和交易环节之中。可以把地方政府视为公共物品和服务的供应商，而资本、人才和技术等流动要素视为公共物品和服务的购买者。如果一个供应商提供的产品相较于其他供应商产品更差，优质要素就会行使退出权，并转向其他供应商。[1] 这样的"用脚投票"的模式使市场上的各供应商经常处于竞争之中。正是由于居民、资源和生产要素在不同的地方间的流动，迫使地方政府通过提供公共产品来从整体上提高资源配置的效率。[2] 反映在区域法治发展上，就是为了吸纳优质资源进入本辖区，地方政府不得不积极改善本辖区的法治环境，在区域治安环境、社会治理方式、行政服务效率、司法公正程度等方面做出有利于目标资源的改变。只有提供了安全的治安环境、提供优质高效的行政服务、创造了公正廉明的法治氛围的地区，才能吸引并落实资本、人才和技术在本行政区域内扎根。

地方政府竞争推动区域法律制度创新。制度经济学家柯武刚等人认为，制度竞争和制度选择是制度演化和变迁的重要途径。[3] 地方政府环绕吸引对于实现经济增长所必需的生产要素的竞争和地方政府围绕产品市场而展开的竞争都可以归结为一种制度的竞争。[4] 地方政府对辖区内制度性公共物品的合理配置有助于提高政府竞争力和促进优质资源要素在本辖区的落户。制度竞争是一个过程，可以激发组织机构和经济要素的创造力，它为政府的政治和行政决策行为增加了企业家的精神，从而有预见性地参与到生产中来，创造性地加速增长。[5] 地方政府逐渐认识到，单纯依靠开发区的补贴之类的政策优惠已经难以在持久的政府竞争中取得优势，从而将政府间竞争推动到以行政服务、政府信用、产权保护等制度性公共物品竞争为核心的全方位制度竞争之中。[6] 制度竞争促进了区域法律制度的完善和创新。一个行政服务能力弱、制度僵化、创新能力匮乏且信用水平差的地方政府，是很难吸引到优质的发展资源的。因此，政府间制度竞争对区域法律制度创新提出了很高的要求，客观上促进了区域法治水平的提高。

财税竞争会影响到政府决策的法治化思维。财政竞争是指不同政府之间为了吸引资源、资本、居民、生产要素、调整产业结构等目的，通过增加公共支出或其他影响

〔1〕 参见刘亚平：《当代中国地方政府间竞争》，社会科学文献出版社2007年版，第42页。

〔2〕 ［英］约翰·伊特韦尔、［美］默里·米尔盖特、［美］彼得·纽曼编：《新帕尔格雷夫经济学大辞典》（第3卷），许明月等译，经济科学出版社1996年版，第239页。

〔3〕 参见［德］柯武刚、［德］史漫飞：《制度经济学——社会秩序与公共政策》，韩朝华译，商务印书馆2000年版，第485～491页有关制度选择和制度竞争的论述。

〔4〕 参见冯兴元：《地方政府竞争——理论范式、分析框架与实证研究》，译林出版社2010年版，第4页。

〔5〕 参见［德］柯武刚、［德］史漫飞：《制度经济学——社会秩序与公共政策》，韩朝华译，商务印书馆2004年版，第490～491页。

〔6〕 唐丽萍：《中国地方政府竞争中的地方治理研究》，上海人民出版社2010年版，第53页。

政府收支的方式而展开的竞争。[1] 财政竞争也被称为税收竞争。[2] 周业安教授根据地方政府财税收支的模式将政府行为分为几类。[3] 其中较为理想的一类是进取型地方政府,即地方政府通过软环境来吸引投资以增加税源,同时通过激励创新来推进经济发展,江苏苏州、无锡和浙江诸多城市可以归入此类;而作为反面存在的是掠夺性地方政府,该类地方政府对本地居民和企业进行税收掠夺,通过各种名义征收税费。对于不服从征收的个人和企业,则使用执法和司法手段予以打击。[4] 财税竞争中的地方政府不同的竞争模式对政府的公信力、社会的公平性和权力与权利的相互关系产生影响。进取型地方政府注重财政的可持续性,使用良性的手段激励企业创新,鼓励居民创业,对社会主体提供诸多福利,体现了注重社会公平和权利保障的法治理念,有助于政府公信力的提高和政府行为的法律监督;而掠夺型财税竞争导致行政权力对私人领域的侵害,对法的公平正义理念造成了损害,严重侵犯了公民的民主权利,这种财政竞争方式影响了该区域法治的整体评价,对区域法律意识的损害程度难以估量。

地方经济发展法治化的进程,需要区域法治提供支撑。党的十八届五中全会公报指出,社会主义市场经济本质上是法治经济。法治是一种经济力量。[5] 法治经济意味着地方政府发展经济的目标、手段、程序均必须符合法治精神,政府的各项经济举措也要有法可依。区域法治的发展对地方政府法治经济的竞争具有重要作用。一方面,在我国当前发展法治经济的背景下,地方政府推动经济发展面临的法治风险在增加,权力的使用受到的监督也逐渐增多。地方政府要在保证经济增长的同时在制度上规避法律风险,就必须建立系统的依法行政的程序,并努力减少权力行使中的缺乏法律依据的不确定地带,确保自己的行政决策有法可依,使自由裁量权的行使符合法治精神的客观要求。在另一个层面上,发展市场经济就必然会带来一定的经济风险。在过去的很长时间,地方政府会采取一切合法或者非法手段来化解和消化这些风险。但在当下发展法治经济的时代,地方政府的行政权力受到严格监督,地方政府只能通过法治途径释放经济风险。这也倒逼地方政府建立配套的法规与规章体系,

---

〔1〕 孙亚忠:《政府竞争论》,南京大学出版社2011年版,第123页。

〔2〕 同上。

〔3〕 参见周业安:《地方政府竞争模式研究——构建地方政府间良性竞争秩序的理论和政策分析》,载《管理世界》2002年第12期。需要说明的是,周业安教授选取2000年各地政府的财税数据作为分析对象。经过十多年的发展,各地经济数据和经济发展状况又发生了诸多变化。考虑到本文的研究内容是对区域法治发展动力的长期的、动态的考察,因此本文没有更新文章引证的数据。

〔4〕 2001年9月,赤壁市境内的省属国有企业蒲纺集团下属三能公司因企业漏税受到税务部门的补税和罚款处理,而财务科长李科突然被赤壁市公安局以涉嫌偷税收审。公司领导向市政府反映后,被推到市公安局,公安局又推到市委政法委。公司送去30万元的罚款后,公安局还是不放人,并把李科剃成光头,在赤壁电视台曝光。接着,市法院裁定书又要求企业交纳30万元的防空费罚款。新华社对该市调查后将乱收费现象总结出以下特点:只要企业一开张,收费部门一哄而上;文件里面找依据,不管实际不实际;只收费,不执法;大权在握,谁不服就整谁。参见新华社"新华视点":《赤壁市乱收费现象严重,各项行政收费标准达2500多项》,转载自http://www.southcn.com/weekend/top/200204250044.htm,2015年11月12日访问。

〔5〕 孙文恺:《"法治经济"的理论解读》,载《江海学刊》2016年第1期。

从而在法治轨道下释放经济风险。

(二)地方治理竞争与区域法治发展

我国一直以来均十分注重社会的安定和谐与矛盾的化解。地方官员政绩考核指标催生了片面维稳的盛行。[1] 群体事件的发生频率和解决效果成为考核地方官员的重要指标,而进京上访人员的数量也成为一些地方评价官员政绩的重要方面。[2] 然而,“频繁发生的自发性社会运动和抗议事件表明,这些社会弱势群体依然缺乏有效的政治参与机制”。[3] 长期以来,地方政府为了维护本辖区的安定和谐局面殚精竭虑,如果一个地区群体性运动频繁、和谐氛围很差,那么地方政府在政绩考评和晋升方面容易陷入被“一票否决”的尴尬局面。[4] 因此,如何从区域法治发展的角度来认识和把握社会稳定的意义,以及如何以行之有效的法律手段来治理和维护社会稳定,这是当前地方政府参与竞争并建设区域法治必须面对的一项紧迫任务。

区域法治发展可以提高地方政府将社会矛盾法治化、制度化解决的能力。社会管理到社会治理,仅一字之差,但是却体现了政府对于自己与社会主体关系认识的转变。社会治理强调法律的控制,法律“是依照一批在司法和行政过程中使用的权威性资料来实施的高度专门形式的社会控制”。[5] 社会矛盾背后体现的是利益的不平衡和利益的冲突,[6] 而法律的作用和任务就在于承认、确定、实现和保障利益,或者说以最小限度的阻碍和浪费来尽可能满足各种相互冲突的利益。[7] 通过法律治理并不能消除社会矛盾和暴力冲突,也未必就能在很短的时间实现良法善治,但是法治手段无疑是所有治理手段中恶性最小、成本最低、负面作用最小的手段。法治是“在法律规束住了国家权力和政府后而使权利在人与人之间得到了合理配置的状态”,[8] 因此法治所蕴含的权力制约、权利保障和社会关系合理配置的功能与现代社会的治理要求在内涵是契合的。从这个意义上来说,推进区域法治发展是地方政府在激烈的政府竞争中,实现区域良性治理的最优选择。

社会治理竞争对地方政府的法治职能提出了诸多挑战。首先是权力的约束问题。地方政府在竞争中的一个显著特点即是自觉扩张自己的权力,越来越倾向超越

---

[1] 高军:《维稳陷阱及其破解之道》,载《理论导刊》2011 年第 11 期。

[2] 封丽霞:《法治视角下的社会稳定》,载《中国党政干部论坛》2011 年第 4 期。

[3] 郑永年:《中国模式:经验与困局》,浙江人民出版社 2010 年版,第 181 页。

[4] 尽管从总体看来,经济绩效属于核心指标,是官员获得晋升的至关重要的条件;但是安全生产、综治维稳和计划生育等近似于“一票否决”的指标,一旦其中一项指标不达标,就可能造成全部绩效考核的不合格。参见《体现科学发展观要求的地方党政领导班子和领导干部综合考核评价试行办法》,载中共中央组织部干部一局编:《干部综合考核评价工作指导》,党建读物出版社 2006 年版,第 60 ~ 78 页。

[5] [美]罗斯科·庞德:《通过法律的社会控制》,沈宗灵、董世忠译,商务印书馆 1984 年版,第 22 页。

[6] 有学者认为,目前国内不稳定事件主要还是下岗、失业、农民负担、拆迁等与人们切身相关的利益问题引发的,因此不应当把这些问题政治化和意识形态化,也不要把它当作一个刑事治安案件,而是要当作一个利益的问题来处理。参见徐凯:《公共安全账单》,载《财经》2011 年第 11 期。

[7] Pound, “My Philosophy of Law”, selected from *The Great Philosophers*, Philadelphia, University of Pennsylvania Press, 1958, p. 533.

[8] 徐显明:《论法治构成要件——兼及法治的某些原则及观念》,载《法学研究》1996 年第 3 期。

规范政府行为的法律和法规,以增强自己在纵向博弈和横向竞争中的力量。[1] 权力的过度延伸对私人领域产生压抑作用,使地方政府与民众之间的信任基础产生裂痕。如果此时行政机关再有法不依、恣意妄为,那么民众的对立情绪就会产生,从而产生不稳定的因素。其次,应当增加地方立法产品的民主性和科学性。立法应当遵从民主化原则、科学化原则和法治化原则。[2] 切实调研是了解辖区内经济主体和民众需求的前提,了解各方面利益需求才能实现利益的合理配置和有效平衡,这就需要地方立法扩大民主参与度并关注程序正义。要提高立法的科学性,就应当重视法学专家的作用。立法还应当符合经济学的效应最大化原理,树立成本意识和效益意识。[3] 再次,应当强化司法作为终端争议解决机制的权威。当前,地方上的司法权威遭到多方面的挑战。对方政府对司法的干预导致司法难以中立,地方法院受制于地方政府;[4] 应当鼓励地方探索有效的社会纠纷解决机制。尽管司法制度是社会公平的最后防线,但是司法并不是解决社会矛盾的最后手段,也不是唯一手段,甚至未必是最好手段。[5] 最后,地方政府的自由裁量行为应当符合法治原则。法治"所有的权威机构、立法、行政、司法以及其他机构都要服从某些原则,这些原则一般被看做是表达了法律的一些特征"。[6]

(三)地方政府政绩竞争与区域法治发展

公共行政学理论认为,政治市场和经济市场在本质上具有相似性。二者均属于利益交换行为,而支配利益交换行为的动机均出于市场参与者的自利的理性选择。政治市场和经济市场不同之处仅仅在于市场参与者自利行为的手段和场合不同。[7] 由此出发,地方政府展开竞争的动力,不仅来自于经济自主权的增加,在更大的程度上受到政治利益的诱导。有学者认为,地方政府竞争实质上是一种激励机制,主要由竞争标的和评判标准两个要素组成。[8] 中国是单一制的政治体制,在干部任用方面坚持"党管干部"的原则,因而官员的任免与选举制国家存在差别。对地方政府绩效考核的主体是上级政府而不是市场和当地居民,因此中国地方政府官员参加考核与晋升的关键不在于人大选票的多寡和本辖区民众的评价,而在于体制内自上而下的选拔。地方政府就像一个大型股份公司的事业部,中央政府则行使公司总部的职能。[9] 将中国称为"考试型"或"评估型"国家也许并不过分。[10]

---

[1] 参见何显明:《市场化进程中的地方政府行为逻辑》,人民出版社 2008 年版,第 226 ~ 227 页。

[2] 参见公丕祥主编:《法理学》,复旦大学出版社 2008 年版,第 219 ~ 220 页。

[3] 苏力:《法治及其本土资源》,中国政法大学出版社 2004 年版,第 103 页。

[4] 最高法院行政审判庭副庭长王振宇认为,在现行体制下,法院受制于地方政府。以行政诉讼为例,现在中国行政诉讼一大特点就是原告的胜诉率比较低,10 年前原告胜诉率占到 30% 左右,近年来基本是 10% 以下,6%、7% 的样子。有些省份甚至只有 2%。参见财经网:《中国民告官胜诉率不到一成》,载 http://china.caixin.com/2014-11-05/100747143.html,2015 年 9 月 21 日访问。

[5] 封丽霞:《法治视角下的社会稳定》,载《中国党政干部论坛》2011 年第 4 期。

[6] [英]戴维·M. 沃克:《牛津法律大辞典》,李双元译,法律出版社 2003 年版,第 790 页。

[7] 参见陈家喜、汪永成:《政绩驱动:地方政府创新的动力分析》,载《政治学研究》2013 年第 4 期。

[8] 柏必成:《论我国地方政府竞争激励机制的优化》,载《中共郑州市委党校学报》2011 年第 6 期。

[9] 周业安:《地方政府竞争与经济增长》,载《中国人民大学学报》2003 年第 1 期。

[10] 倪星:《反思中国政府绩效评估实践》,载《中山大学学报》(社会科学版)2008 年第 3 期。

政治正确始终是中央政府对地方政府的考核中的重要标准。我国的干部政绩考核制度对党委侧重评价总揽全局、协调各方、科学决策、党的建设等情况，对政府侧重评价维护大局、围绕中心、依法行政、政府效能建设等情况。[1] 作为绩效考核关键标准的“政治正确”，不仅体现在地方政府对中央和上级指派的任务和命令的完美执行，更体现在官员自身对中央和上级政府精神的领会与贯彻，对上级官员所关注问题的主动回应上。有学者分析发现，具有政治敏锐性的地方官员对于中央和上级政府意图有明晰的洞察和理解，因而将上级部署在本辖区内进行完美和富有创造性地执行，甚至总结出先行先试的经验以期被上级认可并加以推广，这样的地方官员在体制内容易得到更多的认可，因而晋升机会也更多。[2] 地方政府的绩效竞争有助于国家层面的法治在基层的具体落实，从这个意义而言，区域法治的迅速发展的激励因素在于地方政府的政绩竞争。党的十八大之后，依法治国理念在国家层面得到了更多的弘扬，法治成为中央较多关注的问题。地方政府为了贯彻执行十八届三中全会和四中全会的精神，也纷纷积极开展地方法治试验，以积极主动的方式参与到国家法治建设中来，并以区域法治的成效回应中央的法治精神。

政绩考核中法治指标能够直观地冲击地方政府官员的治理思维。与政绩相关的法治考核指标有两类。一类是政府绩效考核指标和经济发展指标中加入的法治部分指标，通过不同指标的权重分布来明确法治指标的地位；[3] 另一类是近几年兴起的区域法治化评价指标。这一类指标是在借鉴“世界正义工程（The World Justice Project）”和“世界治理指标（Worldwide Governance Indications）”等国际法治指标基础上，结合我国国情制作的法治指标。其中 2007 年底杭州余杭区根据《“法治余杭”量化考核评估体系》，得出的余杭区法治指数为 71.6，这是中国内地第一个法治指数。[4] 随后，各地陆续出台了各种法治考核指标，其中具有代表性的有北京依法行政考核指标、南京依法行政考核指标、深圳法治政府建设指标体系等。2015 年 11 月，江苏省司法厅研究拟订了《江苏法治社会建设指标体系》专家讨论稿，这也是国内首个省级层面的法治社会评估评价体系。[5] 这些法治指标的产生是地方政府政绩竞争直接导致的，量化分析的法治将会对地方政府推进区域法治水平的提高产生更多的激励。

---

[1] 《体现科学发展观要求的地方党政领导班子和领导干部综合考核评价试行办法》，载中共中央组织部干部一局编：《干部综合考核评价工作指导》，党建读物出版社 2006 年版，第 60～78 页。

[2] 参见倪星：《反思中国政府绩效评估实践》，载《中山大学学报》（社会科学版）2008 年第 3 期。

[3] 例如，浙江省在 2000～2015 年期间，一直将民主法制建设设置为全面建设小康社会评估指标中的一级指标，并得出浙江省全面建成小康社会民主法制指数从 2002 年的 67.03 上升到 2012 年的 84.26% 的结论。参见浙江统计信息网：http://www.zj.stats.gov.cn/tjfx_1475/tjfx_sjfx/201403/t20140304_138553.html，2015 年 11 月 2 日访问。又如，江苏省出台的《江苏全面建成小康社会指标体系（2013 年修订，试行）》中，也加入了民主法治的 3 项指标、权重 12 分，这一权重占到了经济发展指标权重的一半。

[4] 刘莘主编：《区域法治化评价体系与标准研究》，中国政法大学出版社 2013 年版，第 40 页。

[5] 参见江苏司法行政网：《我省率先制定〈江苏法治社会建设指标体系〉》，载 http://www.jssf.gov.cn/xwzx/ttxm/201511/t20151130_78143.html，2015 年 12 月 12 日访问。

(四)地方消极竞争与区域法治发展

政府间消极竞争行为的表现形式主要有政府行为的外部性[1]、机会主义和地方保护主义三种。[2] 地方政府消极竞争行为有诸多危害性:首先,地方政府政府消极竞争行为损害了市场秩序,导致了市场歧视、区域封锁和资源浪费,产生了政府既是参赛者又是裁判者的现象;其次,地方政府消极竞争是公权力对公民权利的侵犯,损害了企业和公民的合法利益,对产权保护和契约自由原则造成了冲击;最后,地方政府消极竞争损害了政府的公信力,对政府威信造成了冲击。

政府间消极竞争的治理途径是区域法律的治理。地方政府间的消极竞争行为主要是围绕经济竞争展开的,要治理消极竞争,发展法治经济是重要的路径。法治经济意味着将经济竞争纳入到法治的轨道内,其实质在于约束政府权力对市场自由配置的干扰。政府退出微观领域是保障市场在资源配置中起决定性作用的前提,[3] 不限制政府的权力在微观领域的作用,就不可能解决消极竞争的问题。法治经济意味着要用法治思维区分政府与市场在资源配置中的职能,运用法律手段来界定政府与市场在资源配置作用的边界,将政府的经济职能纳入法律治理的框架,以防止政府行为在经济发展中的越位。

区域法律治理又涉及政府间合作的法律制度的完善。区域间的公共事务,例如环境污染问题、重复建设问题、产业结构同化问题、跨区域环境污染问题,虽然是地方政府消极竞争所导致的,但是却非某一地方政府所能独立解决的。正是因为如此,目前频见报端的政府间"合作协议""合作框架"等合作形式才有存在的意义。

(五)上下级政府博弈与区域法治发展

在联邦制国家,地方政府具有独立的法律地位,因此政府间纵向关系并不体现控制与被控制的特点。但是在中央集权国家,一个国家主权范围内不可能同时并存多个权力极。[4] 随着分权化改革和市场经济的发展,我国中央政府掌握的资源总量虽然呈现出减少的态势,但是单一制国家的特点决定我国中央政府依然在权力行使、财力分配、发展规划和人事组织上控制着地方政府。因此地方政府与上级政府间竞争的色彩较不明显,地方政府与上级政府的"竞争"往往表现为上下级间围绕行政权力、人事安排的不对等的博弈,以及地方政府对上级政府意志的领悟与执行。虽然宪法与法律对于地方政府与中央政府的权限划分还过于原则和宽泛,但是地方政府与中央政府的博弈还是在一定程度上推动了区域法治的发展。

一是通过"上下逻辑",引导地方政府提高区域法治在地方治理工作中的地位。所谓"上下逻辑",就是地方官员为了落实中央及上级政府的精神、部署和工作安排

---

[1] 地方政府行为的外部性主要是指政府通过行政力量改变交易规则和产权归属,造成相应的成本和收益转移的现象,是政治行为干扰市场运行的方式之一。参见汪伟全:《地方政府竞争秩序的治理——基于消极竞争行为的研究》,世纪出版集团、上海人民出版社 2009 年版,第 126 页。

[2] 汪伟全:《地方政府竞争秩序的治理——基于消极竞争行为的研究》,世纪出版集团、上海人民出版社 2009 年版,第 156 页。

[3] 裴长洪:《法治经济:习近平社会主义市场经济理论新亮点》,载《经济学动态》2015 年第 1 期。

[4] 参见程臻宇:《中国地方政府竞争研究》,山东大学出版社 2011 年版,导言第 3 页。

所进行的政府改革和创新行为。[1] 政绩考核机制以及干部任用机制是自上而下的，上级领导的认可是地方政府开展制度创新的关键动力。因而地方政府对中央文件和上级精神的落实是具备较大主动性的。国家层面对法治发展的设计传导到地方，体现在地方政府对国家法治举措的创新性落实以及对本辖区法治先导区建设的积极推动。

二是在中央与地方立法权限上予以明确。地方的立法权限的明确与地方与中央在经济管理权方面的博弈紧密相关。与改革开放早期的经济管理权下移相配套的是我国 1979 年颁布的《地方各级人民代表大会和地方各级人民政府组织法》。该法第 27 条规定了：省、自治区、直辖市的人民代表大会常务委员会在本级人民代表大会闭会期间，根据本行政区域的具体情况和实际需要，在和国家宪法、法律、政策、法令、政令不抵触的前提下，可以制订和颁布地方性法规。1982 年，随着城市经济体制改革的逐步深化，五届全国人大五次会议修改地方组织法，赋予较大的市的立法权。2015 年，在全面深化改革的大背景下，[2] 十二届全国人大三次会议经表决通过了关于修改立法法的决定，授予设区的市以地方立法权，[3] 同时对授权立法做出了规定。[4] 从这个意义来说，地方政府与上级政府的博弈在持续地推进着区域法治的发展。

三是在"改革"与"违法"的冲突方面，探索出了初步的解决方案。纵向博弈会带来地方先行先试的具体改革与国家层面的制度规定的矛盾冲突。改革的实质，是以大规模的制度变迁作为社会转型动力并寻求新的发展模式的一场深刻变革，[5] 改革的特点是"变"，而法律的特点是"定"。[6] 改革必然会导致先行先试的改革与已实行法律规定之间的对立。例如，有学者对上海自贸区采取的工商登记、外商监管、税收政策和自贸区管委会权限等方面进行了考察，发现自贸区通行的上述规定是在现有法律法规尚未修改的情况下做出的，自贸区规定与现行法律法规存在诸多冲突的情况。[7] 解决这一冲突的有效办法是由中央机关，如全国人大常委会和国务院，对涉及各自权限范围的地方先行先试行为予以授权，允许地方在限定的区域内突破现有法律和制度的规定，推行对本试验区有效力的独立规则，这种解决方案可以称为

---

[1] 陈家喜、汪永成：《政绩驱动：地方政府创新的动力分析》，载《政治学研究》2013 年第 4 期。

[2] 全面深化改革意味着利益的重新协调、权力的重新分配，意味着改革开放的进一步推进，意味着正确处理中央和地方、全局和局部、当前和长远的关系。因此，深化改革的过程实际上存在不同级别政府之间的博弈。

[3] 目前，中国设区的市有 284 个，立法法修改前规定，享有地方立法权的有 49 个，尚没有地方立法权的 235 个。此次立法法修改依法赋予设区的市地方立法权，这意味着具有地方立法权的市实现扩围。修改后的立法法还相应明确了地方立法权限和范围，明确设区的市可以对"城乡建设与管理、环境保护、历史文化保护等方面的事项"制定地方性法规。

[4] 修改后的立法法规定：授权决定应当明确授权的目的、事项、范围、期限以及被授权机关实施授权决定应当遵循的原则等。授权的期限不得超过五年，被授权机关应在授权期满前六个月，向授权机关报告授权实施情况。

[5] 刘莘主编：《法治政府与行政决策、行政立法》，北京大学出版社 2006 年版，第 3 页。

[6] 武增：《2015 年〈立法法〉修改背景和主要内容解读》，载《中国法律评论》2015 年第 3 期。

[7] 参见杨登峰：《区域改革的法治之路——析上海自贸区先行先试的法治路径》，载《法治研究》2014 年第 12 期。

“授权制度”;地方人大或者地方政府对特定区域的法规的灵活性授权,报经中央机关备案,这种解决方案可以称为“备案制度”。[1] “授权—备案”的方案与改革的渐进性和改革的地区性相结合,因而具备演进主义的特点:在特定的先行先试区域,进行一次授权与备案;在特定的先行先试的事项上,再进行一次授权被备案;当地方试验成熟时,授权和备案的特定文件就逐渐演进为国家层面的法律与法规。

---

〔1〕 参见杨登峰:《区域改革的法治之路——析上海自贸区先行先试的法治路径》,载《法治研究》2014 年第 12 期。

法治的传承之道、生成之路与转进之途

"法律·政治·哲学——法治中国的历史与现实对话"学术研讨会综述

吴　欢*

2016年3月6日,"法律·政治·哲学——法治中国的历史与现实对话"学术研讨会在南京师范大学仙林校区学术交流中心召开。本次会议由中国法治现代化研究院、江苏高校区域法治发展协同创新中心、南京师范大学江苏法治发展研究院、南京师范大学法制现代化研究中心和南京师范大学法学院共同举办。来自北京大学、中国政法大学、华东政法大学、西北政法大学、山东大学、中南大学、沈阳师范大学、广西大学、郑州大学、南京大学、东南大学、苏州大学、扬州大学、南京师范大学等省内外高校以及江苏省高级人民法院、江苏省金坛市人民检察院等司法实务部门的数十位专家学者参加了这次学术会议。

会议分为开幕式、三个单元的主题发言和闭幕式等环节。与会学者围绕"法治中国的历史与现实"的主题,从法律、政治和哲学等跨学科视角,对中国法治实践中的古今与中外、本土与全球、道统与政统、礼法与政法、战略与战术、继受与批判以及法治中国建设中的主体与资源、动力与机制、软法与硬法、法制与习俗、良法与善治、法治与反腐等问题展开了既务虚又务实的深入研讨。为全面展现本次会议研讨的问题与主义、深度与广度、思想性与学术性,以下将在反映会议研讨进程实况的同时,按议题酌情整合有关学者的发言。

一、法治中国建设亟须多维视角的务虚思辨

在由南京师范大学江苏法治发展研究院院长龚廷泰教授主持的开幕式上,数位发言嘉宾一致认为,在当前形势下,法治中国建设亟须多维视角的务虚思辨。这一共识也得到了参会嘉宾的充分认同,构成了会议论题的研讨基调。

龚廷泰教授在主持词中指出,本次会议的发起源于张中秋教授和公丕祥教授的一个共同的基本想法:中国法治发展是一个动态过程,需要有历史与现实的双重观照;法治中国建设是一个系统工程,需要有跨学科的多维视角。

南京师范大学法学院院长蔡道通教授在致辞中指出,南京师范大学法学学科长期以来致力于中国法治现代化研究,举办此次法治中国建设高端务虚研讨会很有必要,本次会议研讨将会对中国法治理论与实践产生积极的影响。

中国政法大学法律史学研究院常务副院长张中秋教授在致辞中指出,在依法治

---

* 吴欢,南京师范大学法学院讲师、博士后研究人员,中国法治现代化研究院研究员。

国和法治中国进入国家宏观战略布局的当下,不能仅从单一学科向度研讨法治的具体操作问题,而应当注重从多元学科进路思考法治的宏观理论问题,以避免相关研究出现碎片化倾向。他期待本次会议成为一场激荡思想与智慧的跨学科法治理论务虚会。

中国法治现代化研究院院长公丕祥教授在致辞中进一步阐发了本次会议的宗旨。他指出,“法治中国”的概念生成是中国法治现代化的革命性进程的时代产物。作为一个统摄性的概念,“建设法治中国”这一重大命题的提出,深刻反映了法治国家建设的中国道路、中国经验或中国模式的历史必然性,不仅为中国法治现代化拓展了更为广阔的空间,而且为全面推进依法治国、加快建设社会主义法治国家指明了前进方向。因此,在新的历史条件下,着力把握法治中国建设的内在理路,有重大的意义。本次会议从人文社会科学领域的多学科视角,对法治中国建设的历史与现实问题展开多层次的探讨,相互交流,深入切磋,启迪新智,增进共识,无疑有助于不断深化法治中国问题的学理研究与实践推进。

二、法政源流与当代战略:法治的传承之道

法治中国建设首先是中国的法治建设。古代中国礼法传统与法政思想中蕴含丰富的经验与智慧,对于当代中国法治国家建设的战略战术诸问题有重要启示意义。在中南大学法学院谢晖教授主持的第一单元研讨中,与会学者围绕中国法政传统中的道统精神及其古今传承等问题展开了深入讨论。

将“法”作为治国理政重要方式的思想在中国古代源远流长,其中不乏与现代国家治理的暗合之处。西北政法大学刑事法学院严存生教授在主题发言中指出,“道”和“法”都是我国古代思想文化观念中的重要范畴,《管子》一书在系统论述的基础上揭示了它们之间的内在关系,并得出了“法者,天下之至道也”的重要结论。他认为,《管子》所论及的广义之“道”指万物赖以存在和发展变化的根据和规律,狭义之“道”仅指人生之道,特别是社会生活之道。这种“道”被人所认识并用语言文字表达出来,就叫“理”或“道理”“道德”,其主要内容则是“义”,即合宜处理各种人际关系之“道”“理”,如君仁臣忠父慈子孝。“义”的实现离不开“礼”,即用礼仪程式规范人的外部活动的行为准则,它是制度化的“道”。“法”是“礼”的特殊形态,即权威性的社会制度,能把多元“道义”观念与行为统一起来,以比较明确的形式表达其内容,并以社会权力为后盾保证其被遵守。所以“法”是能够最大程度体现和实现“道”的社会制度,而“法治”就是与之相适应的社会体制,故“治之以法”就是最高的社会治理之道。

循着法为治国理政之至道的观念,会产生国家的根本性构成(constitution)方式何谓、为何以及如何的问题。北京大学法学院苏力教授在主题发言中,以历史中国的经验为例论证了度量衡所具有的制度塑造力。苏力教授首先从被研究者较少关注的统一度量衡问题及其界定出发提出了他的基本论题,即从理论层面展示度量衡(相对于货币)对于历史中国具有的更重大的宪制/构成意义。接着他依次从井田制中隐含的度量衡问题,以及度量衡发展如何推动从井田制到赋税制的变革;伴随着赋税

制，度量衡如何促成从封建制到中央集权制的转型，要求并促成精英官僚政治的发生；度量衡统一对于货币统一的意义；度量衡以及以此为基础的货币统一在什么意义上对于历史中国具有宪制意义等方面进行了详细论证。他强调，度量衡和货币统一对于一国究竟意义如何，有无宪制意义，很大程度上取决于该国疆域大小、人口多少以及时间长短，且三者不可缺一。苏力教授特别强调，他的研究旨在论证历史中国政治精英，是如何创造了度量衡这种数目字治理国家和社会的技术，并深刻久远地塑造了历史中国的国家体制和政治治理。

如果说度量衡是传统中国法的"形而下"，礼法结构是其"形而上"，由传统礼法到现代政法的结构转型则进一步提出了弥合古今法治的张力的命题。中国政法大学法律史学研究院张中秋教授在主题发言中，高度概括地表达了其关于传统与现代中国法的结构与哲学及改造与提升的基本立场。张中秋教授指出，传统中国法的结构是礼法结构，其哲学是道德哲学，背后是阴阳统一的世界观；现代中国法的结构是政法结构，其哲学是功利哲学，背后是原子论的世界观；二者最终要回答的都是人是什么，人如何成为人，法对人成为人有什么价值，亦即法对人的意义的问题。未来中国法结构的改造提升途径是弱化政法结构中政与法的意识形态性和功利性，注入基于普遍人性的人权和基于中国人性情的礼，以改造提升为新型的政法结构。他认为，从文化哲学上来说，天人合一中的人与法还是天人分离中的人与法，以及在此基础上展开的人生观、价值观和法律观的差异与冲突是二者协调统一的难题所在。最后，张中秋教授指出，从两种世界观的方法论出发，从辩证法上来讲，二者有对接协调的可能性，因为两者最后都是实事求是的思维方式。

沿着"形而上"反省的思路观照当代中国热火朝天的法治理论与实践，鼓吹提气之外的冷思考更显弥足珍贵。沈阳师范大学姚建宗教授在主题发言中指出，在法治逐渐成为当代中国社会主流话语的同时，从官方到民间也慢慢滋长出了一种"法治浮夸风"的政治社会气息，并已经非常显明地形成了一种可以称为"法治大跃进"的思想与实践现象。他认为，"法治时间表"的制作设置、政府主导"法治指数"的设计与应用、"口号"法治、"运动"式法治等就是"法治大跃进"典型的现实表现。他还揭示了中国"法治大跃进"产生的根本原因，并从革命的浪漫主义、民粹主义、褊狭的政治经验主义、教条主义、工具主义、唯意志论、唯科学主义、革命论、国家主义和政治意识形态等十个方面对中国"法治大跃进"展开了思想批判，同时从中国共产党依法执政，进行法治政党、法治政府、法治社会和法治国家建设四个方面的应有之意，对中国"法治大跃进"进行了实践批判。最后，姚建宗教授表达了他的基本立场，即必须对中国的法治建设抱持理性务实的态度、保持足够的耐心与克制，坚持踏实而坚定地循序渐进与不断推进。

法治建设进程中被国家战略的宏大叙事遮蔽的方法战术问题也引起了论者富有洞见的思考。华东政法大学法律方法研究院陈金钊教授在主题发言中指出，在一定程度上，当代中国的法治战略是一种被动选择，这主要表现在法治战略与现代法学方法是割裂的，法治战略布局没有法律方法的配合。为此有必要通过战术方法落实法治战略：在教义学基础上塑造法治思维和法治方式；重视法治意识形态推进法治的意义;重视法律职业化建设。法治战术的技术表现为:坚持用法的一般性构造法的原则,把政治战略转化为法治方式;政治上的实质追求需转换为法律关系,以实现法律对各种行为的规制;处理好法的稳定性和社会的发展变化性之间的关系,其问题意识则在于避免实施法治可能出现的矛盾与风险。关于如何在战术上落实法治战略,陈金钊教授指出,应当强化形式逻辑对法治思维形成的作用,运用推进法治的阶段性战术,以及筹划实施法治的具体方法,包括以法律规则和程序制约权力,建立严密的法治监督体系来保障法治的实施,以及以权利制衡权力、以权力制约权力、用责任制约权力等。

在全面推进依法治国的今天,近代中国的法律移植/继受历程成为论者鉴古知今的重要参照。北京大学法学院李启成副教授在主题发言中,以近代中国司法制度设计思路为中心,对百余年法律继受中的"制度器物化"倾向进行了批判。他指出,在帝制中国,君遵君道,臣尽臣道,相互合作,共同构成"治道"。它根本不存在权力分立,只有职能分工;司法是各级官府的核心职能,用司法官兼理行政比行政官兼理司法来归纳官府职能更准确。在近代法律继受过程中,改革者将传统衙署归于行政范畴,新设各级审判衙门,以考选合格的法官行使司法权,推进司法独立。这种基本忽略固有治道的制度创设具有明显的"制度器物化"特征,因继受主体缺乏国族自觉而长期存在。这直接导致近代司法权威难以真正确立,更妨碍从功能和精神层面进行更理想的法律继受。他因此强调,继受主体须要超越机械制度移植,更多从功能和文化系统的深层次来处理法律继受问题。要做到此点,最关键的是继受主体须具相当的国族自觉。如此,方有可能促进法律转型之顺畅,进而成功推进整个国家和社会转型。

只有根植于中国老百姓日常生活的规则与逻辑,才能在古今法政转型流变中保持生命力。西北政法大学《法律科学》编辑部何柏生编审在主题发言中,以中国传统的除夕讨债习俗为聚焦点,生动地诠释了传统习俗在当代法治建设中的命运流转。何柏生编审首先通过鲜活的例证说明神州大地到处都有除夕讨债习俗的影子,接着从除夕社会文化功能的角度分析了这一习俗产生原因,即除夕佳节举家团圆的社会行为习惯为债权人上门直面债务人索债提供了方便,但喜庆和气的节日心理氛围又将二者冲突控制在一定范围之内。他还通过分析除夕讨债习俗中众多具体风俗习惯对债权人和债务人行为的各自制约,指出这一习俗的实质是在讨债与躲债中寻求平衡,且因受儒家伦理思想的影响而具有浓厚的人性化色彩。最后他指出,民俗是社会普遍传承的风尚,一旦形成就具有相对的稳定性,除夕讨债习俗至今在我国大多数地区仍顽强地存在就是因为它有法律无可替代的功能,有强大的生命力。不过,除夕讨债习俗毕竟形成于农业社会、乡土社会,在迈向法治社会的过程中,其影响会日趋式微。

在本单元的评议环节,南京师范大学法学院李玉生教授结合当下审判改革实践指出,法治建设在战略目标之外,要多考虑和围绕具体制度展开;在法律史研究中应当避免过分附会传统,过分挖掘所谓传统资源。苏州大学法学院院长胡玉鸿教授提出了"法"在《管子》思想体系中究竟是"形而上"还是"形而下",所谓"至道"如何诠释并满足法律规则统一性的要求,以及解读传统思想是否应将其置于特定历史语境,传统礼法结构中礼与法熟本熟末,唯物史观是否必然导致原子化,将政法结构贴上功利主义标签是否妥当,法治意识形态究竟是建构的还是自生的,推进法治中国建设是否为司法职业化不可承受之重,个人权利制约权力提法是否妥当,以及除夕讨债传统习俗是否真的消亡和为何消亡、可否转化等问题。诸位发言人分别进行了简短的回应。

在本单元自由发言环节,与会学者畅所欲言,讨论热烈。或是肯定本次研讨会的思想性、哲学性与法理性,或是提出“道”“法”关系是否可从实然与应然、主观与客观范畴理解,或是强调恰恰是度量衡标准确定上的专断性赋予其更强大的制度整合与构成意义,或是表达对法治建设进程中非理性因素的学术焦虑,或是辩论美籍历史学家黄仁宇所谓“数目字管理”的原始含义,或是解释功利主义哲学的具体指向,或是追问不同语境下“道”之意涵。在本单元的最后,主持人谢晖教授总结指出,本单元研讨紧密围绕“法治的道统精神”之主题,既从宏观战略论“道”,又于技术细节中见“道”,总结起来具有五个方面的特点:从技术理性转向治道关怀,从工具实用转向价值寄托,从行为控制转向自由追求,从形下实践转向形上理念,从枝节问题转向本源问题。

三、中国实践与全球进程:法治的生成之路

法治中国建设的根本原则是从实际出发。法制可以移植建构,但重要的是落地生根;法制需要传承继受,但重要的是当代实践。在中国法治现代化研究院司法改革与现代化研究所所长田幸研究员主持的第二单元研讨中,与会学者围绕当代中国法治生成实践中的主体与逻辑,知识与进路,本土与全球等问题展开了深入讨论。

法律主体问题是法治中国建设的基础性和前提性问题。苏州大学法学院院长胡玉鸿教授在主题发言中,对法律主体问题进行了提纲挈领的阐释。他认为,法律主体是指活跃在法律之中,享有权利、履行义务和承担责任的人。法律主体是法学的核心概念,也是法律运作的人学基础。在法律上,通过“抽象”的立法技术将现实中的人转化为法律上的人,以适应其作为普遍性法则、考虑外在行为以及造就“面对国家的个人”的需要。但这种抽象有其必要限度,它不能脱离现实中个人的实际情况,应以社会上的一般人为其基础,还必须对特定的人予以适当考虑。法律主体概念的确立,彰显了人的尊严与道德品性,体现了人的共性与类似性,也为主观权利的存在奠定了基础。在辨析法律主体概念理解上的歧异的基础上,胡玉鸿教授指出,从性质上说,法律主体是法律的创造物、规范的人格化、能动的行为者,也是联结法律与现实生活的桥梁。在形式上,法律主体分为权利主体、义务主体、责任主体三种基本形式。他特别强调了将具体的自然人转化为抽象的法律主体的必要性及其法理意义问题。

优良治理秩序的生成在很大程度上取决于治理模式的选择。中南大学法学院谢晖教授在主题发言中,深入分析了文化治国与制度治国的不同逻辑及其进路。谢晖教授首先指出,习以为常的“人治”与“法治”二分法不能解释进而解决古今中国的治理问题。接着他指出,中国古代的国家治理自有其逻辑理路,至少包含个人主体“自

治”,社会主体“互治”,以及国家主体“他治”等不同形态。他强调,古典中国的治理在很大程度上是一种文化统合模式,或者说是一种文化治国模式。在这种模式下,个人主体“自治”的实现主要立基于个人的良心自觉,社会主体“互治”的实现主要立基于社会的道德教化,国家主体“他治”的实现主要立基于国家的刑罚威慑。由此带来了治理规则的不同,具体而言可以分为效力层次和适用范围不一的宪治规则、政治规则、礼治规则与刑治规则等。最后他指出,现代法治是一种法律规则统合模式,在此模式下,自治由思想外化为个人权利,互治成为契约基础上的权利义务交互关系,他治则成为以服从为基础的主体性缺失。两种治国逻辑之间的生成转换值得重视。

协商民主被认为是中国政治的特殊优势,软法治理则是公认的现代治理的应有之义。扬州大学法学院张清教授在主题发言中论证了通过协商民主这一软法治理方式推进法治中国建设的基本命题。张清教授认为,相对于国家强制力保证实施的法律制度(硬法),作为软法的协商民主的存在与运行在公共治理框架中有其重要的理论基础和实践指向。社会主义协商民主的实质,就是政治共同体成员自由、平等的交换意见,通过对话、讨论、审视具有集体约束力的公共政策,并最终赋予决策合法性。通过平等的协商,每个人的意志都可以在决策中发挥作用并最终体现在决策方案中。与代议制民主相比,协商民主能够产生一种超脱于个人偏好之上的公共理性,始终体现了“公民有序的政治参与”这一现代民主精神。他还根据中共中央《关于加强社会主义协商民主建设的意见》,对如何深入开展立法协商和积极探索社会组织协商进行了精彩的解读与中肯的建言。最后他指出,协商民主是我国社会主义民主政治的特有形式和独特优势,推进协商民主,有利于完善人民有序参与,有利于促进决策科学化民主,有利于法治中国的顺利实现。

当代中国伟大的法治实践蕴含着丰富的知识(智识)资源,不仅是传统治道精神的传承之果,更是现代人性主体的生成之路。广西大学法学院魏敦友教授在主题发言中,以历史转进、人性生成和知识类型为关键词,富有激情地描绘了他心目中的中国法律理想图景。他以“中国古代有无法学”的学术公案为引子指出,人类历史文化处于何种阶段,人性结构就必然表现出与之相配合的心智结构,作为人性心智结构之表现的知识学术当然也因此表现出历史性的阶段性。历史进程、人性生成与知识类型其实是三位一体的。他认为,从转进论的角度看,中国历史可划分为儿童时代(先秦)、少年时代(秦汉至唐代)、青年时代(宋明至明清)及壮年时代(晚清至今后),与之相配合,中国人的心智结构和知识类型也呈现出一个转进的过程。就人性生成而言,经历了从圣人崇拜与事理崇拜到意志自主的过程;就知识类型而言,经历了从经学世界观到理学世界再到法学世界观的过程。法治中国是新千年的宏伟事业,我们作为这一宏大事业的建构者,自然应当树立远大的信念,抱持开阔的胸襟,以持久的耐心和坚强的毅力不断地身体力行。

法治中国建设是中国对现代世界治理秩序生成的巨大而独特的贡献。中国法治现代化研究院院长公丕祥教授在主题发言中,将法治中国建设置于全球秩序重构的宏观进程和视野中考察,高度概括了全球场域中的中国方位及其法制状态。公丕祥教授指出,全面推进依法治国、加快建设法治中国的时代主题,与全球秩序重构及其全球治理大变革趋势交织在一起,使当代中国法治现代化进程呈现出一幅错综复杂、多元互动的运动格局。当代全球化并没有成为过去,但是确实遭遇到新的情况,并且在相当程度上正在改变着自己的存在形态与方式。其中的一个突出现象,就是全球权力中心转移所引发的全球秩序的剧烈变动,以及全球治理变革的方兴未艾。当代中国的和平崛起已经或者正在深刻地改变着当今全球秩序结构,推动着全球治理体系大变革时代的到来。经过三十多年的广泛而深刻的社会与法治变革,伴随着中国重新崛起的进程,当代中国的法治革命显示出了旺盛的活力与强大的生命力,有力地推动了当代中国国家治理现代化的进程。这场法治革命确证了法治在国家与社会生活中的权威,把依法治国确立为中国共产党领导人民治理国家的基本方略,把依法执政确定为中国共产党治国理政的基本方式,进而统揽全面依法治国总体布局与推进方略,致力于建构一种现代型的法治秩序。公丕祥教授强调,处在这一历史进程之中的法治中国建设,不可避免地要顺应迅速变动的全球经济、政治、社会与法律环境,反映全球权力中心转移与中国重新崛起的法权要求,努力把握战略性机遇,不失时机地推进法治改革,持续不断地推动中国法治现代化进程,坚定地走出一条自主型的法治中国建设之路,为人类法治文明做出应有贡献。

在本单元评议环节,东南大学法学院周佑勇教授提出了从自然人到法律主体概念的抽象和转化的原因、途径和限制有待进一步论证,责任主体、权利主体、义务主体等相互关系有待进一步厘清,国家作为责任主体的理论有待进一步探讨,人治与法治、礼治、德治以及自治、互治、他治等概念及其相互关系有必要进一步交待等思考和建议。扬州大学法学院蔡宝刚教授指出,本单元研讨具有数个特点:兼具问题研究与宏观表达;凸显了对大国法治的关切;体现了不同学科知识的互补,同时建议更加具象和清晰地表达自己的学术思想。在本单元自由讨论环节,张中秋教授指出,公丕祥教授的主题发言体现了对全球治理的关切,兼具哲学思维与战略思维,体现了历史与逻辑的统一。他特别提出,当代中国大陆和港澳台区域法律一体化进程构成了法律全球化和全球秩序重构的进程的试验场;中国历史上的天下观念和世界观对当代世界命运共同体建构具有重要启发意义。

四、良法善治与资源动力:法治的转进之途

良法善治是现代国家治理的核心要求,也是法治中国建设的题中应有之意。在西北政法大学《法律科学》编辑部何柏生编审主持的第三单元研讨中,与会学者围绕法的民主性与本土性、善治与反腐、良法与良俗以及特定法治现象的机制原理与动力资源等问题展开了深入讨论。

法治是一种兼具民主性与本土性的文化。山东大学法学院李道刚教授在主题发言中,以当代中国社会主义法治理念为视角,论述了作为民主文化的法治及其本土性问题。李道刚教授指出,法治是一种文化和一种文明,并且是一种制度文化和一种制度文明。民族的、科学的和大众的文化是中国特色社会主义法治文明的本质内涵,法治中国建设首先应体现这一制度文化的民主性。创立新型国家管理制度和建设现代法治国家的一项重要任务就在于,彰显法治为民的这一宗旨与目的,以苏维埃时期判

决书通常开篇的第一句话概括就是“以人民的名义”,按教育家徐特立先生的表达就是“人民群众本位”。人民群众本位之所以构成社会主义法治的核心价值,是由其现实基础决定的。建设中国特色社会主义法治面临三重思想资源的取舍、融合与重塑:中国传统法律文化观、西方启蒙法治文化观和马克思主义法律观。未来中国特色社会主义法治应以马克思主义为体,以传统和西方为用。今后中国法治建设修补完善的切入点,正是民主性的加强,这也正与党的群众路线思路合流,达成共识。

在“四个全面”的战略布局中,作为全面从严治党重要抓手的反腐与作为全面依法治国重要内涵的善治之间有深刻的逻辑与现实联系。扬州大学法学院蔡宝刚教授在主题发言中,论证了应当将面向善治作为我国法治反腐着力点的重大命题。蔡宝刚教授认为,在全面推进依法治国的背景下,法治反腐不仅是法治中国建设中的重要内容,而且必将成为我国新时期反腐方式的新常态,目前尤其需要对新时期法治反腐的前行路向和实施重点进行探索和定位。善治是国家治理也是腐败治理现代化的重要理论基础,善治的法治性、合法性、参与性、透明性和责任性等基本要素应是我国未来法治反腐的重要指向,面向善治的新时期我国法治反腐的着力点则相应为推崇法治方式反腐、提升法治反腐成效、保障公民参与反腐、完善信息公开法制、健全反腐责任体系。为更好地推进法治反腐进程和完善法治反腐措施,有必要在腐败治理领域重视善治理念,善治是国家治理也是腐败治理现代化的理想状态,面向善治的法治反腐措施应是我国新时期腐败治理的主要着力点,也是加强和推进我国反腐败的机制体制创新和制度保障的重要措施。

良法是善治的前提,但通向优良治理秩序规则体系中,同样应当有良俗的一席之地。南京师范大学法学院张镭副教授在主题发言中,论证了通过良法与良俗的共治实现善治的命题。张镭副教授首先指出,善治若干要素的地位并非完全等同,其中一些要素可以构成其他要素的前提或者基础,这些要素包括合法性、参与、回应和公正等。就当下中国社会秩序的实现而言,国家法律和社会习俗均发挥着各自不同的作用,承担着社会综合治理和维护社会秩序稳定的功能。从善治在当代中国的实现而言,良法固然是善治的前提,良俗也必然是善治的基础,善治所提倡的共治理念在社会治理规则选择中的表现应当是良法和良俗的共治。在善治实现的过程中,国家和地区发展不平衡的问题依然是必然要面对的现实问题,区域善治的实现应该成为整体善治实现的基础。在区域善治实现的过程中,同一区域内的国家法律和地方习俗之间必然需要相互协调,才能完成对社会秩序的良性治理。最后张镭副教授强调,中国的法治化必然会迈向与西方国家以及其他后发型现代化国家不同的道路,最终所实现的法治秩序也必然是独具中国样式的秩序模式。

宪法是组织共同体的基本规则,是政治共同体“安身立命”的根本依据。南京师范大学法学院吴欢博士在主题发言中讨论了我国宪法宣誓制度的机制原理及其完善问题。他认为,传统中国国宪是一个由基本理念、基本宪制及其规范构成的意义综合体,在传统政治法律实践中有丰富的渊源形式和特殊的实施保障机制。在传统国宪的诸多“护宪”力量中,“誓咒信仰”最具特色。赌咒发誓在中国传统政治哲学话语和实践中具有特殊的规范意义,能够感迫有关当事人履行所许下的承诺或者践行所达成的共识，故能够成为传统国宪的实施保障因素。换言之，“誓咒信仰”作为传统国宪的“护宪”力量，并非纯粹由于先民愚昧无知，迷信鬼神报应，而是因为在彼时的一般社会心理中已经存在对赌咒发誓效力的信仰支撑并在此信仰的感迫下践履所立之誓言。他还从完善相关配套立法措施、健全违宪责任追究机制、改进宪法宣誓誓词内容、细化宪法宣誓程序设计、全面公开宪法宣誓过程等方面提出了完善我国现行宪法宣誓制度的建议。

区域法治发展是法治中国建设的重要组成部分。中国法治现代化研究院骆天纬博士生在主题发言中，以地方政府竞争为视角，对区域法治发展的动力机制展开了讨论。骆天纬博士生认为，我国当下各区域法治高速发展的现状，是地方政府在国家顶层设计的指引下，以一种积极的态度介入区域法治发展并加以推动的结果。地方政府竞争与区域法治发展在理论与实践两方面具有紧密的关联。从理论上分析，二者产生的背景是相同的，以全球化和区域化并行发展为背景；竞争作为发现程序，激励地方政府通过试错发现更好的规则与制度；府际竞争增进区域之间的相互开放与资源流动，缓解了区域内部既有制度的僵化。最后他总结指出，从我国区域法治发展的实践来观察，地方经济竞争、地方治理竞争、地方政府政绩竞争、地方消极竞争以及上下级政府博弈以不同的形式推动着区域法治的发展。

在本单元的评议环节，南京师范大学法学院季金华教授结合发言人的报告，提出了法治与民主的关系有待深入分析、现代民主有广泛的类型、良法善治的基本含义有待深入探讨、社会正义的实现是一个系统工程、法治与善治应有机结合、中国古代是否存在宪法、宪法宣誓与赌咒发誓之间应加强概念辨析、赌咒发誓与政治盟誓之间尚有距离、树立宪法权威的根本在于宪法实施而非宪法宣誓等疑问和见解。南京师范大学法学院姜涛教授则以风趣的语言，结合现实社会治理中的“黑色幽默”和司法实践中的经验教训，提出了反腐败需要跨学科视角，应注重具体规则的建构，应注重研究法律制度可能导致的社会行为激励效果、区域法治发展研究引入跨学科知识很有必要等观点和建议。

五、在多元对话中坚定不移地推进民主法治

在思想的碰撞与观点的交锋中，一整天的会议进入尾声。在南京师范大学法学院院长蔡道通教授主持的闭幕式上，华东政法大学法律方法研究院陈金钊教授进行了学术总结。陈金钊教授首先指出，在当代世界浩浩潮流中，中国必须走向民主法治才有希望和未来，既不能将西方世界隔离在中国之外，中国也不能自我隔离，要对法治建设有充分的信心和坚定的定力。接着，他依次总结和概括了本次会议诸位主题发言人论及的基本命题和问题意识。在此基础上，他指出，本次会议的整体学术命题具有一种整体主义的思维特征，来自不同学科的学者进行了充分的交流与对话，体现了学科交叉的色彩。本次会议的议题涉及中国与世界、理论与实践、抽象与具体、历史与现实等多重维度，是一次小规模、高层次、高水平的学术研讨会。他认为，本次会议主题发言中集中关切的几个基本问题，如法治的道统精神，法治中国的理论化、现代化与全球化，法治与善治的理论对话与实践融合等，都值得在今后展开进一步深入

探讨。

总的来看,本次学术研讨会达成了在多元对话中坚定不移地推进民主法治的基本共识。民主潮流,浩浩荡荡;法治事业,任重道远。对于法治中国建设和中国法治事业,我们要有充分的信心与共同的努力。

域外法学

从社会学法学到法律现实主义：20 世纪早期美国的法学与社会变化*

[美]怀特 著 杨晓畅** 译

本文描述了在 20 世纪前 30 年中美国的一种法学理论取代另一种法学理论的历程。在这一时期，法律现实主义（Legal Realism）接续社会学法学（Sociological Jurisprudence）成了美国主流的法律思想。尽管其中的前一种理论产生自后一种理论，但这两种理论的支持者认为它们彼此之间是大相径庭的。一些法学教授认为，这两种理论是在相互辩驳中得到阐明的。它们所持的相互对立观点并不是没有实际意义，而是源自它们对诸如法律与道德之间的关系以及司法裁判的性质这样的基本问题的不同认识。

社会学法学家和法律现实主义者之间的论辩背景就是其主导思想经历了从进步运动到新政精神这一变化过程的美国的政治、社会和思想史。这种变化过程实际上并不是一个进化的过程，尽管有人对它做出过这样的表述。[1] 尽管新政从进步运动中借鉴了很多华而不实的辞藻和一些政治武器，但它的追随者们提出的那些社会预设却显然不同于进步运动的追随者们所提出的那些社会预设。正如社会学法学可以被类比为进步运动的法学理论一样，法律现实主义也可以被类比为新政的法学理论。

在对进步运动和新政背后的法学模型以及随之而产生的社会运动进行对比时，人们主要的考察对象是这二者的理念、价值和起主导作用的预设。这样做并不是要低估它们在政治和经济方面的影响，而是旨在将它们与其各自的时代中盛行的法学进行对比。进步运动和新政所引发的政治和经济改革主要是它们的支持者所持有的新的洞见的结果。这些洞见同时也为法学家们所持有。

既然进步运动与社会学法学和新政与法律现实主义这两对范畴都将自身的任务视为对抗既存的思想秩序所内含的信条，那么，我们的对比就将始于 19 世纪晚期，也就是其中的第一对范畴成为主导的意识形态之前。本文的第一部分追溯了进步运动和当时的社会学法学产生的过程，并认为前者来源于对 19 世纪晚期社会思想的批判，而后者来源于对 19 世纪最后 25 年中盛行的“机械法学”（Mechanical Jurisprudence）[2] 的反动。第二部分描述了法律现实主义和新政产生的背景。而第

---

* 译自 G. Edward White，“From Sociological Jurisprudence to Realism：Jurisprudence and Social Change in Early Twentieth-Century America”，*in Virginia Law Review*，Vol. 58，No. 6，1972，pp. 999 – 1028。

** 复旦大学大学法学院副教授，主要研究领域为法哲学、政治哲学。

〔1〕 例如，参见 A. Link，*American Epoch*，1995； A. Schlesinger，*The Coming of the New Deal*，1959. 2，该短语是由庞德发明的，参见 Pound，“*Mechanical Jurisprudence*”，*in* 8 *Colum. L. Rev.* 605 （1908）. 3，参见 E. Kirkland，*Dream and Thought in the Business Community*，Cornell University Press，1860 – 1900 （1956）。

〔2〕 Pound，The Need of a Socialogical Jurisprudence，19 Green Bag 607（1907）.

三部分则针对法学运动和社会变化之间的关系问题得出了一个初步的结论。

一、从机械法学到社会学法学

我们很难一言以蔽地概括出 19 世纪晚期美国司法活动的特征。当时,大部分的法官都是建构论的最强烈的支持者和财产权的最顽强的保护者。但他们不能被视为自我约束型司法的捍卫者,只能在某种程度上被称为保守主义者。与当时的其他学科一样,19 世纪的法学理论也试图为持续的经济波动提供某些解决途径。内战之前,国家管制的出现和工业企业的不成熟发展都向我们揭示出经济变化的节奏在某种程度上是可控的,尽管这样并不能保证经济的繁荣。[1] 1865 年以后,美国国内交通运输迅猛发展,科学技术取得了长足进步,工业产量也大幅增长,但这些都对国家的监管手段造成了很大的压力。

为了解决内战后经济急剧膨胀的问题,联邦政府制定了一些政策以增强经济发展动力,例如发放用以建造铁路的土地经费。但除此之外,政府并没有采取其他行动,因为自由放任是当时盛行的口号。然而,自由放任并不是完全不要管制,它仅仅意味着将管制的责任从政府这样的人为设置的实体手中转移到市场及其铁律这样的"自然"形成的实体手中。当时的决策者们显然对于经济发展过程漠不关心,这是因为他们确信:经济必然会定期有规律地涨落;市场规律永远都是合理的;人性是可以认识和预见的。[2]

当时的各门学科都不可避免地陷入了规则、原则和公理之中。无论是经济学家、自然科学家还是社会学家都采纳了唯灵论和达尔文主义的观点,这令人匪夷所思,他们还积极地探寻在他们各自的领域内起支配作用的各种普适的绝对原理。竞争者和自我规制的市场这两个概念在一个永远起伏不定的同盟中结合了起来。人们只需发现并接受这样一个真理就足够了:经济学、社会学和生物学理论都来自于发现。[3]

法学同样受到了普适原则的吸引。法官们在审判时首先要做出言语上的区分,也就是要有效地界定概念。之后,他们将这些概念宣布为公理,并以一种仓促的方式推出结论:将这一公理适用于具体的案情,进而得出必然的结果。例如,"制造业"并不是"商业"——人们可以清楚地分辨出这两种活动之间的不同。垄断白糖的生产并不等同于垄断白糖的交易,因为它们根本就是两个过程。因此,谢尔曼法虽然禁止任何商业垄断,但却不能适用于垄断着 90% 的白糖生产的公司。[4]

除了这种被哈兰法官称为"在语言上较真"[5] 的倾向,19 世纪的法官们还热衷于保护既有的财产权。但这样做可就称不上"保守"了。几个世纪以来,有关财产权的理论一直认为财产权派生于国家。尽管不得以不公正的方式剥夺某人的财产,但

---

[1] 参见 S. Bruchey, *The Roots of American Economic Growth*,1607 – 1861 (1965)。

[2] S. Fine,*Laissez – faire and the General Welfare State*,1956; E. Kirkland,*Business in the Gilded Age*,1952.

[3] 参见 R. Hofstadter,*Social Darwinism in American Thought*,1860 – 1915 (1944); I. Wyllie,*The Self – Made Man in America*,1954。

[4] United States v. E. C. Knight Co. ,156 U. S. 1 (1895).

[5] Civil Rights Cases,109 U. S. 3,26 (1883).

这些财产最初是经过国家的许可才被授予该人的。在这种理论的支配下,19世纪早期的国家赋予运河、桥梁和高速公路的建设以垄断性的特许经营权,并保留了让渡甚至撤回特许经营的权利。[1] 19世纪晚期的理论认为绝对的私人财产权不应受到任何行政干涉——这种观点充满了革命意味。当法院保护糖业公司不受政府的干涉时,它们的做法并不保守,反而认可了个人与国家之间关系的这种彻底的变化。

然而,从另一方面来讲,对于个人财产权进行司法保护却是一种保守的做法。当分属于两个阶层的人不具有同等的讨价还价能力时,法官们总能在案件事实中发现某种财产权的蛛丝马迹,而他们也总是倾向于运用他们的这一发现阻碍政府去帮助那些处于不利地位的阶层。1905年的洛克纳诉纽约州(Lochner v. New York)[2]一案告诉我们:19世纪晚期的这种思维方式一直延续到了20世纪。最高法院宣布:那部规定面包师工作时数的州法律侵犯了面包师按照自己愿意的方式为顾客提供服务的权利。因为在1905年,这些方式大多是由雇主规定的,所以这项判决实际上保护了雇主尽可能长时间地控制其雇员的权利。

像洛克纳案这样的判决体现了不受规制的工业资本主义的罪恶。从20世纪初开始,人们逐渐认识到了成熟工业的代价,这也刺穿了政治家和社会理论家们为它蒙上的美丽面纱。[3] 人们开始认识到,自由放任导致了贫困、创造出并鼓励了"特殊利益"、培植了垄断和托拉斯、并且造成了对农民和工人的歧视。经济监管的缺失导致了不受约束的经济权力的出现,进而导致公务人员的腐败。但政府的行政分支、国会和州立法机关都为他们的这一杰作洋洋自得,而法官也对这种情况熟视无睹。这些机构都强烈地需要公共责任感的注入。[4]

进步运动集合起上述批判并给予了它们一个共同的理论基础。进步主义建立在这样一种预设的基础上:社会处于不断的变动之中,而人有能力通过将这种不可避免的变化引导向有益的目的来取得进步。因此,它赞同通过当前的经验来检验和评价社会理论。在这样一种检验之下,自认为支配着各学科发展的普世法则被证明为缪见。市场规则并没有促进进步,反而产生了极端的贫困和极端的财富。政府不能再诉诸达尔文主义所宣称的"上帝只帮助自助的人"这一论断,来证明它无视经济和社会的不平等是正当的。因此,为了实现进步的要求,需要政府家长主义来促进共同善(common good)。

作为政治改革家的进步主义者试图扩大政府的公共部门,以便以受过教育而足以胜任的管理层做出的公正决策来取代特定利益群体的代表做出的偏颇的决策。进

---

[1] 要想了解马萨诸塞州对该理论的实践,请参见 O. Handlin, *Commonwealth*, 1947。

[2] 198 U.S. 45 (1905).

[3] 参见 R. Bremner, *From the Depths*, 1956; S. Hays, *The Response to Industrialism*, 1885 - 1914 (1957)。当下的一些例子是 R. Hunter, *Poverty*, 1904; W. Rauschenbush, *Christianity and the Social Crisis*, 1907; J. Ryan, *A Living Wage*, 1906。

[4] 参见 G. Mowry, *The Era of Theodore Roosevelt*, 1958。当下对这个问题的说明被收入:The Muckrakers (A. & L. Weinberg ed. 1964)。另请参见 H. Croly, *The Promise of American Life*, 1909; W. Lippmann, *Drift and Mastery*, 1914; L. Steffens, *The Shame of the Cities*, 1904; L. Steffens, *The Shame of the States*, 1911。

步主义者相信专家对政府的管理,也支持扩大行政机构的做法,特别是在牺牲国会和法院利益的情况下扩大行政管理机构。他们要求制定州和联邦一级的调控性和福利性立法,并要求司法容忍这种立法。他们也批评法官不回应社会和经济条件的变化,并要求他们热切关注未经监管的工业所引发的事故和伤亡。[1]

伴随着进步运动对政治机构的运作方式的普遍批判,一类特定的批判将其矛头对准了19世纪晚期的司法方法。其中最早的例子可见于霍姆斯(Holmes)法官对洛克纳一案所持的司法异议。在这份司法异议书中,他明确反对这样一种司法倾向,即将一般性的社会预设宣布为真理,并从这一预设中推出特定案件的审判结果。在霍姆斯看来,这种审判技术会导致专断,因为它意味着法官在很大程度上可以利用其职务之便,以权威判决的形式陈述他自己的政治、经济和社会观念。洛克纳一案的判决建立在一种经济理论的基础之上,而大部分国民并不赞成这种理论。更为重要的是,该理论并未经过经验的检验,它仅仅是被宣布为真理的。在检验调整性立法的有效性的时候,它不允许以司法观点来代替立法者的观点。[2]

在霍姆斯对洛克纳一案提出异议三年之后,罗斯科·庞德(Roscoe Pound)将该异议称为美国现存的"对社会学法学所做的最好的阐述"。对于庞德而言,社会学法学是"使规则和准则适应其所规制的各种情形而不是诉诸第一原理的运动"。[3] 在20世纪的第一个十年中,一些人敦促法官放弃从预先假定的概念中推演出审判结果的做法,庞德无疑是这些人中最为重要的一位。1905年,面对"逐渐增长的对于法律体系的普遍不满",他号召人们将法律哲学建立在用以阐明社会和政治科学中各种因素的充分的知识之上。[4] 1907年,他指出最富于逻辑并且被人们巧妙地推出的规则可能会破坏这些规则在实际运用中所欲实现的法律目的,因为这些规则并不适用于它们施用的环境。[5] 1908年,他揭露了据说在20世纪早期的法官当中非常盛行的"机械法学的状况"。[6] 按照机械法学的要求,人们通过一种人为的法律推理过程,以一种逻辑的方式阐发概念,其代价是造成实际的审判结果并不合理。[7] 而在1910年,他呼吁法律职业者"关注经济学、社会学和哲学,并抛弃法学的自足性的这一假想"。[8]

在1911年到1912年之间发表于《哈佛法学评论》的一篇长文中,庞德宣布了社会学法学的出现,并认为它是一种与以往不同的,而且可以对之进行定义的法律哲学。[9] 他认为社会学法学的共同要素是:意识到法律在实现社会目的的过程中的滞

---

[1] 例如,H. Croly, The Promise of Americar life, 1909; C. McCarthy, *The Wisconsin Idea*, 1912。

[2] 198 U. S.,第75页。

[3] Pound, "Liberty of Contract", in 18 *Yale L. J.* 454, 464 (1909).

[4] Pound, "Do We Need a Philosophy of Law?" in 5 *Colum. L. Rev.* 339, 344, 351 (1905).

[5] Pound, "The Need of a Sociological Jurisprudence", in 19 *Green Bag* 607 (1907).

[6] Pound, The Need of a Sociological Jurisprudence, 19 Green Bag 607(1907).

[7] Pound, liberty of Contract; in 8 Yale L. J 454. 464(1909),第457页。

[8] Pound, "Law in Books and Law in Action", in 44 *Am. L. Rev.* 12, 35, 36 (1910).

[9] Pound, "The Scope and Purpose of Sociological Jurisprudence", in 24 *Harv. L. Rev.* 591 (1911) and 25 *Harv. L. Rev.* 489 (1912).

后性;[1]反对目前盛行的法律思维模式和司法方法;[2]坚持研究法律准则的实际社会效果;[3]坚信需要"平等地适用法律",以避免法官们为了"公正合理地解决个案"而追求假想的法律规则的确定性。[4]

庞德的观点在如下三个问题上与进步主义者是契合的:其一,强调要理解不断变化的社会现象而不是静态的普适的规则;其二,坚信需要通过科学的专业知识或技能来进行社会安排;其三,致力于实现平等和正义。1911 年,他批判了纽约州上诉法院对 Ives v. South Buffalo Ry. Co 一案[5]所做的判决。在该案中,法院判决于 1910 年制定的允许对工人进行赔偿的纽约州劳动法违宪。该法律是进步运动在政策制定方面的一次典型实践。1909 年,纽约州立法机关成立了一个由共和党和民主党成员共同组成的 14 人委员会,以确定在工业事故中雇主对雇员的责任,并探究临近各州及外国的工业事故法规的优点和缺陷。1910 年,该委员会向纽约州立法机关提交了一份详细的报告。在列举了大量的数据表格,并对哲学观点和对许多国家的工业法规进行了调查研究的基础上,该报告声称纽约州的法律体系对工业事故的处理无论是在经济上、道德上还是在法律上都存在问题。

在该委员会的建议之下,立法机关颁布了工人赔偿法。当这部法律在 Ives 案中被宣布无效时,占据了大多数的司法意见是这样表述的:"在我们的政治体制之下,……不管经济、哲学和道德理论具有怎样的合理性和吸引力,它们都必须被纳入立法之中,从而不致侵损我们的成文宪法的条文和精神。"[6]庞德认为,司法人员的这样一种思维方式非常类似于这样一位法学教授的思维方式,他要求申请学位者说英国的封建制度是 1086 年由征服者威廉引入的。这种说法并不符合史实,但这位教授却认为这是一个"法律问题",因为它出现在布莱克斯通(Blackstone)的文本中,而布莱克斯通的文本是"绝对正确的信息来源"。"当然",在 Ives 案的判决中庞德写道:"那位教授认为当下的历史研究对理解法律史方面的理论教条没有什么作用,与之相似,我们的司法者也认为今天的经济、道德和哲学理论对法院理解法律文本没有什么作用。"[7]

庞德有关法学的正确发展方向的看法得到了斯坦福大学法学教授约瑟夫·宾汉(Joseph Binham)的支持。宾汉在 1911 年和 1912 年发表于《密歇根法学评论》的文章中提出了两条非常类似于庞德的观点的推论。[8] 其中之一是法律规则和原则仅仅是思维过程。宾汉认为对于法律规则和原则的司法宣告决不是"基本的、权威的东西",这样说只能"将知识的内容与知识的形式混为一谈,或将知识的内容与其表

[1] Pound, "The Scope and Purpose of Sociological Jurisprudence", in 25 *Harv. L. Rev.* p. 510.

[2] Ibid., p. 510.

[3] Ibid., p. 514.

[4] Ibid., p. 515.

[5] 201 N. Y. 271, 94 N. E. 431 (1911).

[6] Ibid., p. 287.

[7] Pound, The Need of a Sociological Jurisprudence 19 Green Bag (1907), p. 611.

[8] Bingham, "What is the Law?", in 11 *Mich. L. Rev.* 1, 109 (1912); Bingham, "The Nature of Legal Rights and Duties", in 12 *Mich. L. Rev.* 1 (1913).

述方式混为一谈”。[1] 他批判了当时的法官们倾向于采取的这样一种做法:“首先在权威中寻找看起来能够适用于他们审判的案件的对法律的一般性陈述,之后确定这些说法中的哪一个被权威充分地视为‘法律’,最后解释这些说法并通过适用这些解释来裁判案件。”[2] 在宾汉看来,这种做法表明了“法律具有很大的滞后性”。[3]

宾汉的第二项推论与他的第一项推论是联系在一起的。他认为“法律”不是一系列规则和原则,而是“具体现象的外在部分”,因此,我们应当像关注其他科学研究领域的问题那样来关注并研究法律领域的问题。[4] 他建议,法学学生的“学习和研究领域”应当包括“政府机构的组织、它们运行的具体状况及效果,以及导致这种运行状况产生的原因”。[5] 他指出一场“预示着司法变化的运动”“正在全国范围内获取其发展动力”。[6] 他坚持认为如果律师和法官能够专注于研究政府运作情况及其原因和具体结果,那么人们就能“指导并控制这场运动以使其取得真正而恒久的进步”。[7] 这种做法能够使人们更好地理解司法部门的作用,并在此基础上通过“更加文明而先进的审判以及更加仔细而科学的立法来促进司法的进步”。[8]

霍姆斯、庞德和宾汉的观点的最重要的相同之处就在于他们都对 20 世纪早期的司法审判技术进行了批判。这三者都试图揭示出潜藏于司法意见书之中的某些特定的司法缺陷(例如,认为法官们应当基于普适的原则进行推理,并且无须关注审判中的那些超乎法律的现象),并指出有效的司法行为不是来源于对这些原则的尊重,而是来源于对于审判的社会背景的体认。但除此之外,这三者的观点便存在分歧。霍姆斯仅仅认为法官不应当利用他们的职位来阐述他们在经济上抱有的偏见,但他并没有指出如何才能够使他们成为更精到的经济学家。这也符合他的一贯做法:极少以理论发展和社会变化的名义制定肯定性方案。他认为,应当通过他所谓的“市场”来产生用以解决某个问题的观念或政策,在此基础上,他倾向于采取一种消极的进路。[9] 而庞德和宾汉则更专注于提出法学改革的具体主张,在这个意义上,他们的观点也更接近于进步主义思想的主流。[10] 庞德与宾汉的主张在如下三个层面上与进步主义者的主张相符合:其一,他们相信,通过专家对经验现象的解释,可以实现社会计划的“科学性”;其二,他们希望使美国政府的权威机构能够更敏感地发现、进而更有效地回应 20 世纪生活的复杂性;其三,他们认为人类的生活不是被固定的规则或原则所支配,而是处于不断的变化之中。

---

〔1〕 11 *Mich. L. Rev*. pp. 7、13.

〔2〕 Ibid. ,pp. 16 – 17.

〔3〕 Ibid. ,p. 18.

〔4〕 12 *Mich. L. Rev*. ,p. 26. note 24.

〔5〕 11 *Mich. L. Rev*. ,p. 9.

〔6〕 Ibid. ,p. 119.

〔7〕 Ibid. ,pp. 119 – 120.

〔8〕 Ibid. ,pp. 120 – 121.

〔9〕 参见 White,“The Rise and Fall of Justice Holmes”,in 39 *U. Chi. L. Rev*. 51,75 (1971)。

〔10〕 参见 D. Noble, T*he Paradox of Progressive Thought* (1958); White,“The Social Values of the Progressives”,in 70 *So. Atl. Q*. 63 (1971)。

尽管庞德和宾汉在上述问题上达成了一致,但他们在一个问题上却存在分歧,而这个问题对进步主义者来说也同样重要。这个问题是被人们共享的道德原则的作用。进步主义的一个组成因素就是相信通过对得到一致承认的价值的重申,社会变化本身能够提高社会的连续性和稳定性。进步主义者既是绝对主义者,又是相对主义者:他们认为尽管社会处于不断的变化过程中,但是特定的行为模式,如诚实、勤勉和节制应该是保持不变的。换言之,进步主义者相信尽管有效的社会安排意味着需要使各种原则满足变化着的社会条件,但这样的社会安排仍然是从人们共享的原则出发的,并试图达到理想的社会目的。[1]

到目前为止,在我所考察的文本中,无论是庞德还是宾汉都没有特别地阐述这样一个问题:法律制度是否应当有意地维护特定的价值,并实现特定的理想。他们没有将法律视为一种内在一致的,即同质的社会力量,也没有试图阐述朗·富勒后来所称的法律的"内在道德"。[2] 但是通过比较宾汉于 1912 年发表的《法律权利和义务的性质》和庞德于 1923 年发表的《司法裁判》这两篇文章,我们就可以发现这两位对 20 世纪 20 年代末到 20 世纪 30 年代之间的美国法学发展产生了重大影响的学者具有怎样的分歧。

宾汉首先讨论了有关权利和义务的问题。他认为:"正当(right)或不正当(wrong)这种说法仅仅是一种标签,只有参照这两种说法旨在实现的目的以及产生这两种说法的心理过程,我们才能精确地领会它们的含义。"[3] 他指出,对于有利于产生特定的结果这个问题而言,某种方法可能是"正当"的,但是"对于道德上对错与否的特定主张是否正当这个问题而言,却不存在外部的衡量标准"。[4] 正如宾汉自己指出的那样,他的这种说法可能会遭到这样两类人的批判,"一类人坚信存在着一种超自然的外部力量,它颁布或制定着一种绝对的、无懈可击的道德正义,另一类人则相信道德规则和原则是一元的,人们可以发现并阐明这样的道德规则或原则"。宾汉坚称:"我并不指望能够调节我的哲学和这种观点之间的冲突。"[5]

宾汉上述的讨论针对的是这样一些人,他们坚持认为公共的道德标准可以被视为宾汉所称的"政府的法律确定机制"[6] 的权威指导。宾汉承认"在判断大部分普通行为类型是否具有道德性这个问题上存在主导的强有力的公共观念",但是这种主导观念在很多重要的个别情形之下是不确定的、不断变化的、不明确的,并且可能与一个时代主导的文明观念相悖。[7] 因此,对于道德问题的公共认同不能成为法律问题令人信服的仲裁者。[8]

---

[1] White, The Rise and Fall of Justice Holmes, in 39 *U. Chi. L. Rev.* 51, 75 (1971).

[2] 富勒对于法律的"内在道德"的最全面的阐述请见 L. Fuller, *The Morality of Law* (2d ed., 1970)。

[3] Bingham, "The Nature of Legal Rights and Duties", in 12 *Mich. L. Rev.* 1, 2 (1912).

[4] Ibid.

[5] Ibid., pp. 2 - 3, note 3.

[6] Ibid., p. 3.

[7] Ibid.

[8] Ibid.

如果宾汉的上述说法指的是像法官这样在“政府的法律确定机制”中具有权威地位的人不得被传统的法律原则或主导的公共道德标准所限,那么可以说,他的立场是庞德在《司法裁判》这篇文章中所极力反对的。在这篇由三个部分组成的文章中,[1]庞德确立了一种不同于宾汉的司法裁判理论,这在一定意义上也是对他自己早期的法学观点的修正。

就本文的论旨而言,我们主要考察该理论的两个方面。一方面是庞德对他之前对机械法学所进行的批判做出了限定。在《司法裁判》这篇文章的第二和第三部分中,庞德指出,对 19 世纪晚期的司法裁判起着支配作用的那些预设“与事实严重不符”,但是“仍旧代表了一种司法裁判的理想,在某些情况下,为了某种目的,法官所做出的审判还是要与之相符”。[2] 特别是,这种机械的理想适合于处理财产法和商业交易方面的问题,因为一种非限嗣继承地产权(fee simple)与另一种没有什么区别,而本票也无须个殊化的处理。[3] 他认为,对某些情形所进行的司法裁判能够也应当“在确定的内容之间进行选择”并“机械地确定该情形所涉及的事实是否适用于法律规则”。[4] 他指出,法学家应当对“法律秩序领域”进行区分,也就是区分涉及重复适用并需要适用规则的领域和“涉及特殊情形并需要标准和个殊适用的领域”。[5] 19 世纪晚期的司法之所以存在问题,不是因为它形成了一种机械的理想(在庞德看来,这种理想“以一种特殊的方式增进了法律秩序”),而是在于人们试图将这一理想扩大到整个法律领域。庞德在文中说:“个人生活中的社会利益需要更好的保护,但仅有财产和契约的理论对这种保护而言是不够的。”[6]

“个人生活中的社会利益”这种提法是我们要考察的第二个重要方面。它也是庞德对其早期观点的一种修正(某种意义上,也可以说是更为详尽的阐述)。庞德在其早期的著述中批评法院“过于”重视个人权利,[7]同时也批评机械法学无视这样一个事实:每一个案件都代表了独一无二的一套经验现象。对于庞德而言,这两种批判与其说是相互对立的,不如说是同位的,因为在这两项批判背后,庞德关注的是个人作为一个复合的且相互依赖的社会的组成部分在该社会中所起的作用。他为文明的司法裁判设想了三个发展段:第一阶段,认识到社会的相互依赖性,这种社会相互依赖性导致了对个人行为的社会责任的更大的认识;第二阶段,认识到司法裁判不能与其社会背景相分离,进而将通过社会科学研究获得的经验现象引入司法过程中;第三阶段,即“社会工程阶段”,法官“将当事人的要求这种个人要求纳入到特定时空之下的文明社会生活所提出的一般要求之中,并努力型构某项律令或陈述某项原则以

---

[1] Pound,“The Theory of Judicial Decision”,in 36 *Harv. L. Rev.* 641,802,940 (1923).

[2] Ibid.,p.825.

[3] Ibid.,p.952.

[4] Ibid.,p.947.

[5] Ibid.,p.958.

[6] Ibid.,p.825.

[7] 例如,Pound, Do we Need. a Philosophy of Law? in 5 Colum. L. Rev. 1905,p.344。

便在做出最小牺牲的情况下保障最大的社会利益”。[1]

在《司法裁判》这篇文章的第三部分中,庞德首次详尽地阐明了司法裁判这个概念,并将其视为社会工程这个更为宏大的进程的一个组成部分。就本文的论旨而言,这个概念最重要的地方就在于庞德所说的“将当事人的要求这种个人要求纳入到特定时空之下的文明社会生活所提出的一般要求之中”。庞德希望法官们牢记在特定时段中被整个社会所优先主张的共同道德观念,并将各种个案视为体现着“文明的社会生活所涉及的各种冲突和重叠的主张”。[2] 这是因为庞德希望确保法官们掌握“有关法律目的的哲学、政治学和伦理学观点,而传统的法律适用和裁判都要依照这些观点进行重新修正”。[3]

庞德认为,司法裁判要受到当下的道德、政治和社会观念的持续不断的影响,因此,他指出司法可以起到凝聚社会道德的作用。他认为,人们在审判过程中不断地利用“当下的道德观念”,但“很少有意识地”利用这些观念。[4] 在庞德的社会控制论中,有效的司法裁判需要法官有意识地认识到“社会和法律秩序的理想图景的作用”。[5] 因为这些理想图景在某种程度上存在于主导的道德观念之中,所以当法官们探查它们的来源时,就需要探究他们所处的时代中共同的道德观念,并使其裁判反映这些共同的道德观念以具有更大的权威性。这种探究会帮助他们理解他们的裁判在何种程度上是由“个人的理想图景”所促成的,在何种程度上又是由“普遍的理想图景”所促成的。[6]

在这之前,庞德曾经批判过处理社会问题时过度个人化的司法方式。因此,当他建议法官们确定“他们在多大程度上能够依照理想图景进行审判”[7]时,他是在敦促法官们通过诉诸公共的道德价值而不仅仅是他们自己的癖好来使审判合法化。因为庞德认为“法律方面的社会工程是整个社会控制的一个组成部分”,[8]对于道德问题上主导的公共观念的司法宣告就不仅起到阐明这些观念的作用,也起到承认这些观念的作用。

庞德在这篇文章中阐明的社会学法学观点在两个方面与进步运动的预设相一致。一方面,庞德将法律秩序分为需要一致性、稳定性和规律性的部分和需要灵活性和个殊性的部分,并要求在变化中保持一定的连续性,这是与进步运动一致的。另一方面,通过为审判设定“理想要素”,庞德设想了一种旨在实现共同目标并建立于共享的道德观念之上的社会。法律是社会团结的基础,无论是对庞德而言,还是对进步主义者而言,它都是产生道德价值的宝库。

---

[1] Pound, The Theory of Judicial Decision, in 36 H. L. R. (1923), p. 955.
[2] Ibid., pp. 954 - 955.
[3] Ibid., p. 645.
[4] Ibid., p. 948.
[5] Ibid., p. 958.
[6] Ibid.
[7] Ibid.
[8] Ibid.

庞德在 1923 年为文明的司法审判勾画的蓝图不仅不同于宾汉的观点,也不同于他自己的早期观点,这也体现于庞德对司法权威的地位的定义。在庞德看来,一般来讲,社会会确认特定的技术来解决不同法律领域内的利益冲突,这种做法有利于维护和促进特定的价值——在处理财产问题和商业交易问题时需要的安全性和在其他情形下需要的灵活性。为了更好地现实这种社会功能,法官们做出的审判应当反映共同的价值:一个审判越符合这些价值,它就越有权威。

在许多情况下,诉讼中隐含的价值并不一致或者并没有充分地体现出来,这就赋予了法官们很大的自由,他们可以自己做出解释或提供解决办法。但是在庞德看来,法官在维护社会价值时要起到积极的作用:他们需要对具体案件涉及的法律和社会问题保持敏感、运用适当的法律分析技术、寻找经验信息,并时刻关注当下的各种社会目标。司法裁判的过程、形式、技术和司法意见书是法官在社会领域和职业领域所受的限制。就像机械法学已经证明的那样,诸如三段论推理这样的职业限制本身就是来源于社会的,因此,法官的权威最终就应当来源于他认识并阐明案件所涉的社会利益和价值的能力。

因此,在庞德看来,在人类文明史的任何一个发展阶段,人们都能对急需解决的社会问题达成一致意见,也能创造出处理这些社会问题的公认的司法审判技术。他认为法官们应当利用这样的技术认识时代的重大问题。但他仅仅介绍了利用这些技术的方法,并依照"普遍要求"的不同将诉讼分为几类,每类旨在实现或促进确定性、灵活性或其他社会价值中的一种。依照庞德的论述,审判是系统化的、与人性不涉的(unpersonalized)、正规的和受到一定限制的,而法官则基本上是一种社会的存在和职业的存在。

二、从社会学法学到法律现实主义

在庞德发表他的上述观点之际,很多法学家、律师和法官开始撰写文章,声称法官是个人,因此司法过程是凭借印象、个人喜好和直觉进行的,也是非正式的。在庞德于 1923 年发表《司法审判》这篇文章之后的 10 年中,出现了另一种司法审判理论。该理论的支持者自称为现实主义者,他们严厉地批判了庞德的基本预设,他们所主张的价值也不同于进步运动所珍视的价值。但无论怎样,他们都将庞德视为他们的良师益友,而将宾汉视为他们中的一分子。[1]

刺激现实主义产生的一个因素就是进步运动在 20 世纪 20 年代的变化。该运动并不是像一些历史学家一度认为的那样,在这 10 年中消失了。[2] 进步主义者建立的多个联邦行政机构,包括联邦贸易委员会和联邦储备委员会仍旧完整地保留着;各州继续通过福利立法;当时最受欢迎的政治人物赫伯特·胡佛总统声称自己是进步

〔1〕 参见 Purcell,"American Jurisprudence between the Wars",in 75 *Am. Hist. Rev.* 424,425(1969)。

〔2〕 参见 Link,"What Happened to the Progressivism: Southern Politics in the 1920's",in 62 *So. Atl. Q.* 92(1963)。

主义者,并力图促进公认的进步价值,如效率、诚实、道德和社会工程。[1] 然而,随着“一战”的爆发,战前美国社会中存在的对人的终极命运普遍抱有的那种乐观而积极的态度逐渐消失了。进步主义的终极信念是进步观念,它相信人具有内在完善性,而社会具有恒久的动力。但“一战”使进步观念成了一种空想。

古老的道德形式似乎也随着战争而消失了。进步运动本身就要求对古老的道德标准进行检视,随着它的支持者越发地体会到社会变化之快和制度及观念之短暂,他们开始质疑他们自己的道德原则是否是神圣不可侵犯的。[2] 20世纪初期,美国社会离婚率激增,传统上对于性别作用的定义也遭到了挑战。[3] 战争更加速了这个过程:它给人们的印象是屠杀以及无意义的死亡,这导致社会中产生了不稳定的情绪。认真勤勉这种被战前的人们所珍视的美德被愤世嫉俗所取代,社会责任让位于彼此疏远,而善良高洁则被视为一种伪善。[4]

与这种态度上的转变相伴,一些人逐渐对行为科学产生了兴趣,他们强调性别的作用,并对人性和道德持有一种现实主义的观点。19世纪的学术界主要关注自然科学和物理科学。在20世纪早期,人们的关注重心又转向了所谓的“社会科学”,即统计学、人种学、经济学和社会学。当战后进步主义者说研究社会问题的一种“科学”进路时,他们一般而言指的是社会科学。庞德的社会工程就是这种论点的一个变种。“一战”后,“科学”这一用语日益包含了行为科学,特别是心理学和文化人类学。行为科学最基本的影响就在于它认为人们可以对人性乃至国家和文化进行经验研究。一旦人的心灵能够被解释、它对于制度和社会事实的影响就可以被更好地理解。

在研究社会现象的过程中,行为科学家利用这些最先被发现的技术去分析个人的特性。当他们将这些技术适用于社会领域时,他们强调社会是个人的集合,每个人在某种意义上都是独一无二的,个人之间的互动是被个人的需要和欲求所促动的。例如,美国政府中众多机构的未来发展方向就是“科学”地理解包含于这些机构的日常运作和人际关系之中的个人的心智结构。[5] 行为科学的一个子学科——制度分析,专注于研究社会制度的运作方式。这一领域在20世纪20年代日益引起了政治科学家和经济学家的兴趣。制度分析学家认为,在私人和公共企业的日常运作中,存在用以充分理解现代社会的信息。

行为科学研究的要旨在于:人的行为往往依据个人的偏好并且经常是非理性的,对人之行动的外部确认实际上是个人心理活动的产物。这一洞识颠覆了那些建立于外部现象之上的共识性的(collective)行为标准,例如宗教和道德信仰,因为这些信仰很难与人的心智相区分,它们的永恒性是成问题的。这即是说,共识性的道德价值,这个进步主义者据以建立其信念的基础,是短暂的,甚至可能是不存在的。

在20世纪20年代早期,法律学者开始将这些行为科学的洞识运用于他们自己

---

[1] 参见 R. Wilbur & A. Hyde, *The Hoover Policies* (1937)。

[2] 参见 H. May, *The End of American Innocence* (1959)。

[3] W. O' Neill, *Divorce in the Progressive Era*, 1967; W. O' Neill, *Everyone Was Brave*, 1969.

[4] 参见 M. Cowley, *Exile' s Return*, 1934; W. Leuchtenberg, *The Perils of Prosperity*, 1914 - 1932 (1958)。

[5] 例如,参见 J. Dewey, *Human Nature and Conduct*, 1922; W. McDougall, *Psychiatry*, 1923。

的研究领域中。其中的一些学者,特别是安德黑尔·摩尔(UnderHill Moore)和转向经济学研究的沃顿·汉弥尔顿(Walton Hamilton)主要专注于从一个新的视角研究整个法律制度领域。摩尔在 1923 年指出,法律制度是“众多群体习惯的复杂结合”。[1] 他认为,“每一种特定的群体习惯都是该群体成员的个人习惯的集合”。[2] 要研究法律制度,首先应当研究“促成习惯形成、稳定、修改和消亡的动机,无论它们是否出于本能,因为正是这些动机促使人们依照习惯行动”。[3] 由此可以看出,摩尔实际上已经认识到心理学的洞见对法律研究而言是大有助益的。[4]

然而,大部分法律学者都以一种更为严格的方式适用行为科学的准则。在他们看来,心理学为我们研究司法裁判提供了一个新的维度:法官是人,人会依照他自己的需要和欲求来发挥他们的社会作用,并为他的行为提供正当化、合理化的证明。1922 年,查尔斯·海因斯(Charles Haines)列举了大量个人的、政治的和经济的影响,包括心理特征、社会背景、家庭纽带和价值,并认为这些都会影响法官的审判。[5] 三年之后,马克斯·瑞迪恩(Max Radin)指出,像其他人一样,法官也会操纵证据,并使那些包含着他自己的价值观的审判结果合理化。[6] 他认为,在进行立法解释的过程中,法官们普遍利用了这样一种看法:立法是一般性的陈述,“它们既可以被扩大解释,也可以被限缩解释”。[7] “如果你够聪明,立法就会听从你的召唤。”[8]

20 世纪 20 年代后期,从心理学的角度研究司法过程的倾向越发明显。1927 年,哥伦比亚大学法学院的荷曼·奥利芬特(Herman Oliphant)在就任美国法学会会长时所做的就职演说中指出,在审判案件时,法官们既参照他们欲求的结果,也参照据以得出这样的结果的方法来做出选择。[9] 他认为法官们不可避免地面临着司法选择,但要求法官们在做出选择时必须对“自己的思维方式和诉讼方法持有一种完整而持续的自我意识”。[10] 一年之后,海瑟尔·伊特玛(Hessel Yntema)指出,司法过程是一种“情感历程,原则和逻辑只能在其中起次要的作用”。[11] 他敦促研究者们“探究在法官对具体案件的审判中所隐含的他本人的目的和偏见”。[12] 1929 年,伊特玛和其他论者的观点得到了一个意想不到的强烈的支持。联邦法院法官约瑟夫·

---

〔1〕 Moore,“Rational Basis of Legal Institutions”,in 23 *Colum. L. Rev.* 609,613 (1923).
〔2〕 Ibid.
〔3〕 Ibid.
〔4〕 Ibid.
〔5〕 Haines,“General Observations on the Effects of Personal,Political,and Economic Influences in the Decisions of Judges”,in 17 *Ill. L. Rev.* 96,116 (1922).
〔6〕 Radin,“The Theory of Judicial Decision: Or How Judges Think”,in 11 *A. B. A. J.* 357 (1925).
〔7〕 Ibid.,p.361.
〔8〕 Ibid.
〔9〕 Oliphant,“A Return to Stare Decisis” (pts.1 &2),in 14 *A. B. A. J.* 71,159 (1928).
〔10〕 Ibid.,p.161.
〔11〕 Yntema,“The Hornbook Method and the Conflict of Laws”, in 37 *Yale L. J.* 468,480 (1928).
〔12〕 Ibid.,p.481.

汉切森承认他的判决是依凭印象的和主观的。[1] 甚至当先例、规则或习惯足以支撑他做出确定无疑的审判时,他的审判也“或多或少地带有随意性”。[2] “当案件复杂又难于处理时,我就依靠想象,徘徊于诉因之间,等待着突然迸发的灵感出现,以便将案件与判决联系起来。”[3] 他认为,“对于伟大的法官来讲,直觉力是非常重要的”,并号召法学院“重视法官做出判决的心理过程”。[4]

就在汉切森法官发表上述观点的那一年爆发了股市危机,经济大萧条也拉开了序幕。这两个事件的发生使进步主义培育出来的有关美国文化的旧有假设再一次遭到了人们的拒斥。尽管当时的人们无从知道这是20世纪最大的经济危机,但毕竟他们已经认识到了下述事实:经济繁荣不是永恒的;未来并不必然优于过去;看起来无论规制与否都充满活力的资本制度[5]并没有无限的力量;人们并不是必然能够控制他们的经济环境,因为正是对证券投资系统的不恰当利用才直接导致了经济危机的产生,但专家们却没有认识到这场经济危机的严重程度——如果说“一战”并没有让美国人接受上述教训,那么,战后的经济危机的的确确给美国人上了生动的一课。20世纪早期的真理被一个接着一个地证明为虚构的神话,而假想与现实之间的鸿沟在不断地拓宽。

1930年在美国的法学领域中大规模地出现了一种新的理论,它是对庞德的审判理论的一种替代。这一年,从社会学法学和行为科学的发展线索中有选择性地脱胎出来一个松散的理论拼凑物——“现实主义运动”,即“现实主义法学”,或更通俗地讲,现实主义。卡尔·卢埃林和杰罗米·弗兰克被认为是现实主义最重要的支持者,这不是因为他们的观点最能代表这场运动的要义,而是因为在现实主义者中,他们最热切地将自己视为一个法学“学派”的成员,并试图在批判其他学派的同时阐述该学派的教义。因此,在所有的现实主义者中,卢埃林和弗兰克的观点最受法律共同体的关注。现实主义的批评者将他们二人视为现实主义的主要支持者,他们对现实主义的批判往往就是对这两个人的著作的批判。

卢埃林所撰写的那篇脍炙人口的文章《一种现实主义法学——下一步》[6]是对法律现实主义的第一次自觉的阐述。卢埃林的现实主义的法律观点就像他自己简称的那样是一种“行为主义”的研究进路。该方法将行为科学家的发现引入最初由社会学法学家涉足的领域。例如,卢埃林极力主张“将如下两种研究结合起来,一是研究审判中的工具主义、实用主义和社会心理学方面的审判因素,二是研究这些因素对人们所关注的社会问题产生的影响”。[7]

---

[1] Hutcheson, “The Judgment Intuitive: The Function of the ‘Hunch’ in Judicial Decision”, in 14 *Cornell L. Q.* 274 (1929).

[2] Ibid., p. 278.

[3] Ibid.

[4] Ibid., p. 288.

[5] Gabriel Kolko 认为,在 *The Triumph of Conservatism* (1963) 和 *Railroad and Regulation*, 1877 - 1916 (1965) 这两个文本中,进步主义创始的工业管制是由被管制者倡议的,这也增加了他们的利润。

[6] Llewellyn, “A Realistic Jurisprudence - The Next Step”, in 30 *Colum L. Rev.* 431 (1930).

[7] Ibid., p. 447, note 12.

特别是,卢埃林将如下两种观点结合了起来:一是认为法律规则是人为的和贫乏的;二是认为在政府的决策中操纵(manipulation)和合理化(rationalization)具有重要性。他区分了"现实"规则(real rule)与"纸面"规则(paper rule),并认为前者代表着法院实际的做法,而后者则是"特定时空下被接受的准则——即书本中描绘的法律"。[1] 在做出这一区分的基础上,卢埃林揭示出纸面规则的实质——政府官员就是否遵照公开的制度性原则这个问题所进行的心照不宣的交流。他认为,这种交流取代了"行政计划的运作"。[2] 为了理解法院声称他们所遵守的规则在多大程度上是现实规则抑或是纸面规则,人们需要"探究审判结果实际上是怎样做出的,从而发现法院实际上做了什么"。[3] 卢埃林建议说"法律研究"应当"有意识地转向官方规制行为与对其有影响或受其影响的行为之间的互动领域",并远离"规则、律令和原则这些迄今仍是人们关注重心的东西"。他将这个建议称为"一次向复杂的现实主义的复杂的转向"。[4] 卢埃林对于政府官员与其选民之间的互动的关注也应和了制度分析学家的主张。而杰罗米·弗兰克的现实主义观点则强调了对司法进行心理分析的重要。弗兰克的《法与现代心智》[5]一书发表于1930年,稍晚于卢埃林的《一种现实主义法学》,但其影响同样巨大。在该书中,弗兰克像卢埃林一样,也揭露了法律规则和原则的不稳定性、人为性和不确定性,[6]但此后,他便转向了他的核心论题:法官的个性是司法审判的关键,因此,"法律会随着碰巧审理某一案件的法官的个性的变化而变化"。[7]

对于弗兰克而言,从上述立场出发,可以得出一系列结论。首先,依照心理学家的观点,审判过程始于暂时形成的结论,而不是据以得出结论的前提。[8] 但"对于司法过程的传统的、令人尊敬的描述"却并不承认这一点。[9] 其次,在理解司法裁判这个过程时,法官的癖好和偏见是最重要决定因素。它们不仅影响到法官们使其审判结果合理化的方式,更为重要的是,也影响到了法官们理解案件"事实"的方式。弗兰克认为,法官们赞同或反感的情绪在听证的过程中起到了积极的作用。"他自己的经历可能会使他对不同类型的人加分或减分,比如女人、金发女人、留胡子的男人、南方人、意大利人或英国人……这些经历可能会影响法官最初对证词的听取或随后的回忆,也可能会影响法官对证词的采信"。[10] 再次,某些法律变化是由法官个性的不同所导致的,但它们"被语言上的设计"[11]所遮蔽了。这些语言设计中最重要的

---

[1] Llewellyn,"A Realistic Jurisprudence – The Next Step",in 30 *Colum L. Rev.* 431 (1930). pp. 447 – 448.

[2] Ibid., p. 451.

[3] Ibid., p. 450.

[4] Ibid., p. 449.

[5] J. Frank, *Law and the Modern Mind*, 1930.

[6] Ibid., pp. 3 – 75.

[7] Ibid., p. 111.

[8] Ibid., p. 100.

[9] Ibid., p. 101.

[10] Ibid., p. 106.

[11] Ibid., p. 111.

是法律原则,它们"使通过其他方式得出的结论正当化、合理化",因此"遮蔽了,而不是揭示出法律是什么"。[1] 最后,对这些语言上的设计的不断使用看起来使法官认识到:"被公布的规则是法律中首要的东西;一致性和确定性具有重要意义,它们能够通过规则表述的一致性和确定性而获得。"[2]

弗兰克认为,一旦这些真相被揭示出来,就会形成更为科学的法律观。法官在了解事实和规则的过程中会不可避免地带有个人偏见,如果他们接受了这样的事实,他们可能会专注于改进他们获取证据的方式并"控制他们自己的偏好"。[3] 弗兰克对法官提出了三点建议,即在探查事实的过程中求助于专家;运用"最适宜的心理学方法"来训练自己,以便"深入地了解自己的偏见、憎恶和喜好";[4] 放弃"法律是完美的、连续的、一致的这种幻想",而坚持"一种明确的、合理的、先进的……法律怀疑论"。[5]

在卢埃林和弗兰克的努力之下,社会学法学和法律现实主义之间的关系变得更为清晰。庞德、卢埃林和弗兰克的理论主张具有如下共同点:其一,认为人们需要在一定程度上放弃设计符合逻辑的概念的努力,同时不断地运用经由对当下的社会现象进行科学研究而得到的经验材料,只有这样司法裁判的过程才能够得到改善;其二,在很大程度上,倾向于将专业知识、技能、"科学"和进步联系起来,并认为当下的法学应当承认文明的发展趋向以便定义和实现社会目的;其三,相信社会工程,就像卢埃林所说的那样,认为"逐渐将法律看作一项工程的法律思想产生了丰硕的成果";[6] 其四,呼吁研究政府机构的实际运作状况以探明观念和概念是怎样被它们的社会环境所改变的。

然而,庞德与法律现实主义的领军人物之间的分歧使上述共识黯然失色。具体而言,他们之间的分歧体现在两个方面:法律规则的价值和道德价值在法律中的地位。这些分歧最初体现于卢埃林和弗兰克于 1930 年对庞德做出的批判之中。卢埃林是较为温和的批评者。他将庞德称为"深陷于已经过时的传统的律令式思维的人"。[7] 庞德的"先锋思想"并未被"统合起来",因为"'社会学法学'缺社会学中很多重要的洞见"。[8] 卢埃林也含蓄地批判了庞德认为存在"一个社会"和人们能够发现"社会目标"的观点。卢埃林质疑道:"存在统一的社会吗?存在内部一致的群体吗?"[9]

弗兰克于 1930 年对庞德做出的攻击更具有个性,也更为激烈。他认为,庞德的

---

[1] J. Frank, *Law and the Modern Mind*, 1930, p. 130.

[2] Ibid., p. 154.

[3] Ibid., p. 147.

[4] Ibid., p. 147, note *.

[5] Ibid., p. 147. 在一年以后出版的《法官是人吗?》这篇文章中,弗兰克重申了这些观点。参见 J. Frank, "Are Judges Human?", in 80 *U. Pa. L. Rev.* 17 (1931)。

[6] Llewellyn, A Realistic Jurisprudence—The Next Step; in C. L. R (1930), p. 464.

[7] Ibid., p. 434.

[8] Ibid., p. 435, note 3.

[9] Ibid., p. 461.

司法裁判理论建立于对“财产案件”和“有关人之行为的案件”的人为划分之上。但他认为,这种划分是不真实的:首先,不仅人之行为是独一无二的,财产和商业交易也经常是独一无二的;其次,庞德的划分假设了抽象物是独立的实体,可以不依赖于人而独立存在,而这一点被心理学家证明为错误;最后,庞德过于严格地区分了需要适用抽象规则的法律部门和需要公正而仔细地考察有关特定案件的新生事实的法律部门。[1] 在弗兰克看来,“每一个案件都提出了这样一个问题:法官在多大程度上应当遵照确定的先例,在多大程度上又应当对先例做出灵活的修正”。[2] 总之,弗兰克认为庞德虽然揭示出了机械法学的恶果,但仍然试图在一个更广泛的意义上证明其正当性。[3] 他“认识到了司法的现实状况,但仍不愿从整体上放弃旧时代的法律神话”。[4]

庞德选择 1931 年 3 月刊发的《哈佛法学评论》来向霍姆斯证明他对现实主义者的还击。这样的设计对庞德而言含义丰富:哈佛法学评论选择了若干知名法学教授撰文庆贺霍姆斯法官的 90 岁寿辰,庞德就是其中之一。查尔斯·伊文思·哈格斯(Charles Evans Hughes)大法官、本杰明·卡多佐(Benjamin Cardozo)法官、霍姆斯一生的挚友和通信伙伴弗里德里克·波洛克(Frederick Pollock)爵士和著名的法律史学家西奥多·普拉克尼特(Theodore Plucknett)都撰写了纪念文章,夹在他们的文章中间的是庞德所写的《对于一种现实主义法学的呼唤》。

在庞德发表该文章之前,《哈佛法学评论》1931 年 1 月刊发表了莫尔蒂莫·阿德勒(Mortimer Adler)的文章《法律的确定性》,这篇文章对弗兰克的《法与现代心智》进行了全面的批判。[5] 阿德勒声称弗兰克和他的同伴们,包括奥利芬特、伊特玛和宾汉“盲目地相信”科学“绝对是经验的,并且与现实(reality)紧密相连”。[6] 他指出,“当弗兰克和其他的现实主义者将由心理学家、社会学家和人类学家组成的群体最近所提出的主张适用于法律研究时,他们做出了一种不正当的转化:将仅仅属于理论范畴并且是可以质疑的经验发现转化为严格的现实和不容置疑的事实”。[7] 进而言之,在阿德勒看来,“弗兰克完全不能理解形式逻辑的特征”,这种做法产生了非常严重的后果。[8] 他指出法律中存在确定性和可能性,如果说它不存在于对审判结果的预测中,那么也存在于“对规则的表述中。”[9] 这是庞德和卡多佐等论者提出的观点,弗兰克“并不试图理解这一观点,反而处处无视它的存在”。[10] 总之,阿德勒认

---

[1] J. Frank, Law and the Modern Mind, 1930, pp. 207 – 213.
[2] Ibid., p. 213.
[3] Ibid., pp. 213 – 216.
[4] Ibid., p. 215.
[5] Adler, "Legal Certainty", in 31 *Colum. L. Rev.* 91 (1931).
[6] Ibid., p. 92.
[7] Ibid.
[8] Ibid., p. 100.
[9] Ibid., p. 101.
[10] Ibid., p. 102.

为弗兰克表现出了一种“哲学上的无能和天真”。[1]

庞德在《对于一种现实主义法学的呼唤》这篇文章中应和了阿德勒对现实主义者的批判。[2] 他认为,他与现实主义者的分歧主要体现于对下述三个问题的看法上:其一,法学家用以对司法进行评价的司法心理分析所具有的地位;其二,规则在司法中所起的作用;其三,理想和价值在法律程序中所起的作用。在阐述前两种分歧的时候,庞德用了与阿德勒相似的说法。他指出,“当下的心理学新现实主义者并没有完全从他们所指责的旧的法学思想中解放出来”。[3] 再者,“他们没有意识到司法在很大程度上可以通过适用规则和原则来获得确定性,他们的这种做法是教条的和不现实的”。[4] 然而,在阐述第三项分歧时,庞德运用了他自己的独特的语言:“被普遍接受的理想……在法律秩序中是日常现象。问题的关键是现实主义最忠实的代表是将这种理想视为法官行为的决定性因素,还是将法官自身的主观因素视为决定性因素。”[5]

对于庞德来说,提出这个问题就等于是在回答这个问题。他认为:我们不能将法律制定者所做的事情与他们应当做的事情或他们认为他们应当做的事情相分离,这是“法律秩序中的一个显见不争的事实”。[6] 依据社会和法律秩序的事实来评价传统理想这种做法,“像关于特定案件中的特定法官行为的心理学理论一样,与现实紧密相关”。[7] 总之,庞德认为需要将一种“有关法律秩序目的的理论”和一种“价值理论”[8]包含进“一种相对现实的法学中”。[9]

卢埃林在《哈佛法学评论》1931 年 6 月刊上发表了《有关现实主义的某种现实主义——回应庞德院长》[10]这篇文章,这也是对庞德和其他社会学法学家[11]与现实主义者之间的区别的最终阐述。在弗兰克的帮助下,[12]卢埃林列举了二十多位现实主义者[13]的文章,以此表明庞德实际上歪曲了现实主义的特征,因此他的批判是不正

---

[1] Adler,“Legal Certainty”,in 31 *Colum. L. Rev.* 91 (1931). p. 107.

[2] Pound,“The Call for a Realistic Jurisprudence”,in 44 *Harv. L. Rev.* 697 (1931).

[3] Ibid. ,p. 706.

[4] Ibid. ,p. 707.

[5] Ibid. ,p. 669.

[6] Ibid. ,p. 700.

[7] Ibid.

[8] Ibid. ,p. 711.

[9] Ibid. ,p. 710.

[10] 庞德最著名的支持者是 John Dickinson,他在 1931 年发表的两篇文章中对现实主义者进行了批判。这两篇文章是:Legal Rules,“Their Function in the Process of Decision”,in 79 *U. Pa. L. Rev.* 833; Legal Rules,“Their Application and Elaboration”,in 79 *U. Pa. L. Rev.* 1052。卢埃林也将 Felix Frankfurter 视为社会学法学家而不是现实主义者。

[11] Llewellyn,“Some Realism about Realism-Responding to Dean Pound”,in 44 *Harv. L. Rev.* 1222 (1931).

[12] 在这篇文章中,卢埃林写道:“杰罗米·弗兰克拒绝作为合著者在这篇文章上署名,原因这篇文章的动笔人是我。但是没有他的帮助就不会有这篇文章,他再怎么慷慨大度也改变不了这个事实。”同上,第 1222 页,注释 * 。

[13] Ibid. ,pp. 1226 - 1228, note 18.

确的。[1] 同时,他指出了现实主义者共享的九点主张。[2] 其中的四项主张有利于阐明社会学法学和法律现实主义者之间的关系:其一,法律处于不断的变化之中;其二,社会也处于不断的变化之中,“社会的变化比法律的变化迅速,因此,我们需要重新检视法律的一切组成部分以确定该部分在多大程度上能够适用于它所服务的社会目标”;其三,“为了研究之便,将是与应当暂时分离”,以便使观察者的欲求、愿望或他们对应然状态所持的看法不致对人们探究法律现象造成影响;其四,不相信这样一种理论是正确的,即“传统的、规范的规则表述方式(rule-formulation)是据以做出司法裁判的重要因素”。[3]

卢埃林在这篇文章中的论述方式相比《一种现实主义法学》中的论述方式有了更多的限定。例如,在这篇文章中,他不再像从前一样,认为传统的法律规则在审判中毫无意义。[4] 除此之外,他强调要“依照效果来评价法律的任何组成部分”,这意味着除了要研究法官的工作,还要研究立法机构和行政机构的运作。[5] 但是,从大体上看,以庞德为代表的社会学法学家和以卢埃林位代表的法律现实主义者之间的论战主要集中于司法领域。到 1931 年为止,这场论战主要围绕着这样两个问题进行:一是道德或伦理在法律中所起的作用;二是据以做出司法裁判的决定性因素是传统的法律规则,还是法官对其个人偏好的合理化处理。

除去上述分歧,社会学法学家和现实主义者之间还是有一些共同点的。例如,他们都相信,社会秩序是不断变化的,在法律秩序所蕴含的不断变化的价值和法律发展之间存在恒定的关系。我们从中可以看出现实主义是怎样从进步主义中脱胎出来,又是怎样威胁着进步主义的地位的。我们可以将 20 世纪初的社会学法学称为进步主义法学。这种法学在哲学上的预设是:变化的恒常性;相信政府机构有能力应对这种变化;在变化面前希望坚持特定的传统价值;认为共同的社会目标和共享的道德价值具有不可侵犯性;坚信人们能够区分出伦理道德上的“正当”和“不正当”——这些大体上也是进步主义者的主张。现实主义者承认了其中的某些预设,也背离了其中的某些预设,他们特别反对传统价值具有内在价值的观点,也反对道德或伦理绝对主义的倾向。

现实主义者拒绝承认进步主义的该项预设:美国社会建立于一系列基本的共同价值和传统之上。他们为政治权威和被政治权威所统治的民众之间的关系提供了一种不同于进步主义者的看法。进步主义者认为精英介入公共生活具有正当性,其主要理由是:精英群体的成员不是与大众共享首要的道德准则,就是为“民意”所迫,不得不共享这些道德准则。精英群体的权威并不仅仅是从他们的专业知识以及权力地位中获得的,也是从他们与民众的互动中获得的。[6] 现实主义者在司法领域以及其

---

[1] Llewellyn, "Some Realism about Realism-Responding to Dean Pound", in 44 *Harv. L. Rev.* 1222 (1931), pp. 1226 – 1233.

[2] Ibid., pp. 1235 – 1238.

[3] Ibid., po. 1236 – 1237.

[4] Ibid., p. 710.

[5] Ibid.

[6] 参见 White, The Rise and Fall of Justice Holmes, 39 U. Chi. L. Rev(1971)。

他的行政领域中重新定义了权威和民众之间的关系。他们认为,公众对权威的监督检查不能起到实质作用,并专注于考察政治权威是怎样通过操纵和合理化的手段来行使其职权的。现实主义者之所以这样定义权威与民众之间的关系,不是因为他们想以其他的形式取代精英的统治,而是因为他们认为法官及其他当权者惯于将他们将自己的裁判(或决定)正当化,而这只能遮蔽裁判或决策过程的实质。现实主义者认为,在这样的假面具被揭掉之后,问题的实质才能暴露出来,政府机构才能更好地运作。他们不是希望行政官员不去回应"特殊利益",而是希望他们了更加理解自己以及自己行使职能的方式,进而才能更加"科学"地行使他们的职权。

新政的缔造者也持有与现实主义者相同的预设。他们致力于破除下述两项神话:私有财产神圣不可侵犯以及摆脱困境的唯一方式就是自我救助。他们声称那种将经济利益再分配等同于社会主义的观念是错误的,而唯一值得恐惧的东西就是恐惧本身。相比理论,他们更喜欢实验和经验主义的立场:他们认为与其阐述解决问题的哲学方法,还不如直接去解决问题。除了专注于改善低收入家庭的经济状况,新政的支持者们对于代议政府的兴趣没有进步主义者那么大。他们更喜欢由精英设计并实施的政治实验,这种实验由行政机构主持,而行政机构的人员和活动并不受制于公众的检验。[1]

现实主义者与新政的倡导者认为:传统的价值需要(至少是暂时的)被搁置一旁,以便能专注于考察政治行动的实际情况(reality)——处于变换中的同盟、权力的权衡、行政过程、立法方案的兜售等。对于新政的支持者和那些主张持续调查行政机构运作方式的现实主义者而言,这个关注点仅仅是对心理学中的事实的一种确认。但是对于进步主义者而言,这种对基本道德原则的明显无视却是骇人听闻的。他们逐渐开始批判新政以表示他们对此的不满。[2] 这些反对者对新政的批判体现于四个方面:新政的支持者们制定了不合理的财政政策,从而引发了赤字;他们赋予政府的行政分支机构不受监督检查的过度的代表权;他们不承认建立于道德原则之上的集体的一致认同,而只承认相互竞争的利益群体之间的迁就妥协;他们允许建立工会这样的集体组织,但这会颠覆美国传统的个人主义。[3]

上述所有的攻击都来源于这样一种确信:在美国长期存在的社会和政治行为模式是社会稳定和信心的来源。人们将下述对于美国社会的看法视为理所当然的:它建立于可以识别的道德基础之上、保障和推动了个人的主动性、促进了繁荣,并且不能容忍领导者具有过大的权力——自从中华人民共和国成立以来,这些就是美国社会的显著特征。在新政的支持者看来,这些特征是一种逐渐积累起来的民俗,它们对于政府的事业不起什么作用。[4]

像社会学法学家和现实主义者一样,进步主义者和新政的支持者之间的冲突最

[1] 参见 H. Ickes, *The New Democracy*, 1934; R. Tugwell, *The Battle for Democracy*, 1935. 另请参见 P. Conkin, *The New Deal*, 1969。

[2] 就进步主义批判新政这个问题的一般论述,请见 O. Graham, *An Encore for Reform*, 1967,

[3] O. Graham, *An Encore for Reform*, pp. 24 – 43.

[4] 参见 T. Arnold, *The Folklore of Capitalism*, 1937。

终也可以被归结为在道德问题上的相对主义进路和绝对主义进路之间的冲突。现实主义者认为,除了法官所做的个别判决,不存在任何法律,新政的支持者也认为在行政事务中道德仅起象征的作用,除此以外,便没有其他用处。20 世纪 30 年代晚期,轴心力量开始危及美国的安全,而现实主义者也处于一种极端尴尬的境地,他们不得不宣称自己一直信奉自然法。[1] 新政的支持者从实用主义者到道德爱国主义者的转变并不是很艰难,特别是因为集权在战争状态下非常有效,而且战争也刺激了国民经济的发展。

三、对法学理论和社会变化之间关系的考察

本文认为,社会事实与观念之间的互动在特定时空下的美国社会中产生了特定的主导性意识形态。像政治、艺术、文学、科学等学科的发展一样,法学的发展也反映了这些意识形态的存在。尽管法学的研究对象与其他学科不同,但它们在一定时段内所关注的问题是相似的。当然,这并不是说所有法学论者与其他学科的论者一道,共享着,甚或意识到他所处的时代的主导意识形态。这样说也不意味着人们能够充分地阐述这种主导的意识形态:人们无法充分地理解为什么一代人将“坚定(earnest)”视为美德,而另一代人将“冷酷(hard-boiled)”视为美德[2],但他们的确可以认识到社会变化的产生。

我所提出的理论不仅可以用来分析社会学法学和法律现实主义,也可以用来分析其他的法学派。尽管我并没有进行详尽的考察,但我相信在 20 世纪至少有两场法学运动可以用这种方法进行分析。其中之一是一些法学家于 1950 年倡导的。他们认为经过详细的推理和分析,司法意见应当反映相互冲突的社会价值,同时法官应当依照一般适用的法律原则来审判案件,因为这些原则本身就是不同价值相互妥协的结果。[3] 这种法学理论与美国社会中存在的一种多元合意论相一致。这种观念是在政治科学家和历史学家的共同推动下产生的。[4] 新政之下政治利益群体之间的互动以及“冷战”引发的国内团结也刺激了它的发展。

另一场运动则主要关注多数人的社会中少数群体的权利,特别是那些能够从宪法中找到支持的权利。其中的一些论者批判了学者们最近提出的合意的历史和多元政治科学,[5]另一些论者认为,旨在协调相互冲突的利益的政治过程会剥夺一些人参与对其产生影响的进程的权利,虽然这些人看似并不属于少数群体,比如消费

---

[1] 例如,J. Frank, *Law and the Modern Mind* (1949 ed.); Llewellyn, “On Reading and Using the Newer Jurisprudence”, in 40 *Colum. L. Rev.* 581 (1940)。

[2] 对 20 世纪 30 年代的这种“冷酷”的情绪的分析,请参见 D. Wecter, *The Age of the Great Depression* 251 (1948)。

[3] 例如,Bickel and Wellington, “Legislative Purpose and the Judicial Process: The Lincoln Mills Case”, in 71 *Harv. L. Rev.* 1 (1957); Hart, “The Time Chart of the Justices”, in 73 *Harv. L. Rev.* 84 (1959); Wechsler, “Toward Neutral Principle of Constitutional Law”, in 73 *Harv. L. Rev.* 1 (1959)。

[4] 下述两篇文章说明了这一点:R. Dahl, *Who Governs?* (1961); L. Hartz, *The Liberal Tradition* (1955)。

[5] 例如,P. Bachrach, *The Theory of Democratic Elitism* (1967); *Towards a New Past* (B. Bernstein ed. 1968)。

者。[1] 近期有一篇文章批判了尼克松政府的理论偏见,它以这样的文字表述了上述观点:"我们的政府据以建立的宪法理论并不是一种简单的多数人主义理论。我们设计宪法,特别是权利法案,就是为了保护公民个人和组织不受多数人的控制,即使多数人是按照普遍的或共同的利益来行事的。"[2] 在此之后,非常有可能会诞生一个持与此不同的观点的法学学派。该学派会赞同法院积极地解决少数群体的困难,即使大多数公民对这些人的疾苦无动于衷。在这种情况下,当事人就可以当庭陈述自己的不满,法院也恢复了它的传统作用,而不能再强制实施一致的意见。

如果法学的发展可以被视为一种对于社会变化的意识形态上的回应,那么也许这个学科就不会再纠缠于法律的性质是什么以及实在法和自然法哪个具有优先地位这样的问题。本文认为,面对不断变化的社会需求,会出现各种不同的法律概念和法律哲学。与其评价这它们的终极价值,不如去探究他们的产生过程。

---

[1] 参见 L. Kohlmeier, *The Regulators*, 1969。

[2] Dworkin, "The Jurisprudence of Richard Nixon", in 17 *New York Review of Books* 27 (1972).

理想与怀疑*

[美]霍姆斯 著 姚 远** 译

过去30年间,我们醉心于法律观念的发生学(embryology);当我负笈求学之时,做出解释还是指找出目的因(final causes),后来就开始指追溯起源和成长。不过,时尚(fashion)在思想世界和在其他领域一样强劲,于是出现了不可避免的针锋相对的迹象。假如真有这样的针锋相对,在我看来倒是进步,因为它迈向终极的价值问题。我指的是莫里斯·R.科恩的精彩论文《历史vs价值》(发表于《哲学、心理学和科学方法杂志》),[1]以及或许采取保守形式而非进步形式的德尔·韦基奥的《法的形式性根基》("现代法哲学丛书"之一)。[2] 我对这一新趋势的同情可见于我在《法学季评》发表的文章。[3] 但是,在此表达一下我看待任何被青年人寄予厚望的总体修正时不得不抱持的谨慎态度,或许无可厚非。

我们首先要探究的是标准。假如我可以根据自己的匆匆翻阅,冒昧地用一两句话总结我所体察的德尔·韦基奥的标准获取模式,那么他的标准获取模式属于新康德主义观念论。经验按照意识的机制和法则(例如,因果的范畴),在意识中发生并由意识加以组织。因此,意识建构了宇宙;意识作为独一无二的根本事实,有资格获得根本的尊重。由此很容易推导出康德主义的训谕,即把每个人视为目的本身而非手段。

坦白地说,我立刻拍案而起。如果我们招兵买马,我们让兵士背着刺刀奔赴前线,为了他们或许并不信仰的事业而有去无回。在我们眼里,敌军恐怕连手段都算不上,简直可以说仅仅是不除不快的眼中钉。这两种对待敌军的方式,都不会令我的良心产生些许痛楚,我自然不愿接受一套看似与我所认可的实践相矛盾的理论。事实上,我觉得观念论者在著书立说的时候便露出马脚了。因为著书立说的行为表明他们是在从事伟大的信仰活动,并规定了他们不是上帝。倘若世界是我的梦幻,我就会成为我所知的这唯一世界之中的上帝。但尽管我无法证明我是清醒的,我依然相信我周围的人跟我一样实际存在,而如果我承认这一点,也就很容易承认我在宇宙之中,而不是宇宙在我之中。

当我说某样事物是真实的,我的意思是我不能自已地相信它。我是在陈述一种

---

* 译自 Oliver Wendell Holmes, "Ideals and Doubts", in *Illinois Law Review*, Vol. 10, No. 1, 1915, pp. 1 – 4,本文是霍姆斯对新康德主义法学的一篇回应。

** 南京师范大学法学院讲师,中国法治现代化研究院研究员。

[1] 参见 Morris R. Cohen, "History versus Value", in *The Journal of Philosophy, Psychology and Scientific Methods*, Vol. 11, No. 26, 1914, pp. 701 – 716。——译者注

[2] 参见 Del Vecchio, *The Formal Bases of Law*, trans. John Lisle, Bosten, The Boston Book Company, 1914。——译者注

[3] 25 *Law Quarterly Review*, 412, 414, Oct. 1909.(文章标题是 Holdsworth's English Law。——译者注)

别无选择的经验。但鉴于有很多事情是我不能自已的而宇宙却处之泰然,我就不敢假定我思想方式的能力缺陷也是宇宙的能力缺陷。于是,我把真理界定为我的界限的体系,并把绝对真理留给那些更有资格探讨的人。我同样把绝对的行为理想与绝对真理一道悬置起来。

不过,尽管人们相信通常被模模糊糊称为必然性的东西,即总是可以见到各种现象与先前现象处于定量关系之中,我们也不能由此推断若无此类绝对理想,我们便无所事事,坐待时光荏苒。如我多年之前所写的那样,不可避免的东西总是通过奋斗而降临的。有意识的也好,无意识的也罢,我们全都力求打造一种我们喜欢的世界。虽说我们不妨像斯宾诺莎那样认为批评过失乃属徒劳,但千方百计地打造我们欲求的未来,却是义不容辞之事。

努力让我们的欲求变得理智起来,同样是义不容辞之事。困难不仅在于我们的理想大都不明确,还在于就算我们已经予以阐明,我们关于理想实现方式的实验知识(experimental knowledge)也少得可怜。我们不可能通过立法手段无所舍弃而却有所斩获,正如我们不可能通过力学无中生有——当今的社会改革者在我看来目前早将以上事实抛诸脑后,因此才会满意于总账单里未计入改良之代价的情况。没人操心那些可能远超所许诺之收益的间歇性损失。大概是我对我们的改善能力过度怀疑,认为我们最多只能做到把讨厌的负担从强者肩上转移到弱者肩上。但是,我恪守一些我并不指望能在有生之年流行起来的信条。我相信,眼下众望所归的大规模社会革新,即便能够得益于人类有意识的协作,也不能寄望于修整财产制度,而只能寄望于管控生命和努力塑造种族。这便是我为法律理想设定的出发点。有一种观念认为,随着财产的社会化,妇女将获得解放,人人都将拥有一架钢琴——该观念在我看来实属花言巧语。

稍微务实些的话,我想有可能在一定程度上清理我们当前的伦理学,及我们当前对约定俗成的法律规则的执迷,而无须诉诸我们可能有的终极理想。死抱住某条准则无异于呼呼沉睡,而一旦迟迟不醒,就意味着死亡。我们的道德体系是一套按情感表达的不完善的社会一般信念(social generalizations)。若要弄清其本真状况,不妨忽略情感,扪心自问那些社会一般信念是什么、在多大程度上获得了经过准确测定的事实的确证。因此,就法律准则而言,我发现考察其中可能隐含的先决条件是极有助益的。总的来说有两项先决条件:如此这般的状况或结果是可取的,以及如此这般的手段适于达成该状况或结果。就一切可以争议的事情而言,都存在要以互不协调的手段加以实现的相冲突的欲求,这进而产生一个问题:哪种欲求有资格在某个案件中取得支配地位?面对此类议题时,逻辑对我们用处不大,而实践中的解决方案有时可能呈现出些许玩世不恭的样子。但我发现如下做法有利于澄清思维,即努力超越我作为法官所持有的约定俗成的假定,法官的第一要务就是确保游戏按规则进行,无论那些规则我喜不喜欢。质疑自己的首要原则,乃是开明人士的标志。了解你需要的东西以及你认为特定举措将产生成效的理由,是迈向理智的法律改革的第一步,但绝不是最后一步。要迈出的另一步更加困难,即弄清若要得到你需要的东西,你必须舍弃什么,并且考虑你是否甘愿付出这种代价。

对照着富于个人主义色彩的 18 世纪权利法案,而强调社会福利这一标准,这样的做法如今时髦得很。我冒昧地提请读者参阅我 34 年前出版的一本书,[1] 以表明这样的做法并不新鲜。某些抱持那种适中态度的人的问题在于,他们容易把一般的前提当成特定举措的充分证成理由。我们可能诚挚地接受社会福利这一前提,而却拒不相信所有那些流行的社会主义观念,甚或怀疑为妇女赋予选举权的做法是否算作灵丹妙药。就我本人而言,我喜欢在点大餐之前先了解要支付的价码。不过,看着年轻人心中滋长着更多的信仰和热忱,倒是一桩美事;而且我认为有位年轻人曾经很好地回应了我的某些怀疑论调,他说:"[那样一来就等于]你让立法基于遗憾而非基于希望。"

---

〔1〕 *The Common Law*, 1881, pp. 43, 44, 48.

自 然 法*

[美]霍姆斯 著 姚 远** 译

对浪漫的骑士而言,你同意说他的夫人是个很招人怜爱的女孩,这还不成——如果你不承认她是上帝曾经缔造或打算缔造的绝代佳人,你俩就得决一胜负。所有人都打心眼里渴望完美无缺的事物,这一渴望殊为炽烈,无从获得完美无缺事物的可怜虫不得不借酒意淫。在我看来,当哲学家致力于证明真理的绝对性之时,当法学家寻求普遍有效的准绳——这些准绳被归于自然法的旗号下——之时,他们的行为深处就涌动着上述渴望。

想当年我常说,真理是所向披靡的那个民族的多数决。我们显然可以预料,关于当前这场战争的主流意见在很大程度上取决于哪一方获胜(我衷心希望胜利属于我们),而且我认为这条论点仅在如下意义上正确,即它意味着我们的真理标准立足于赞成我们看法的多数人,该多数人要么存在于当下,要么存在于假想的未来。如果套用我在别处的提议,把真理定义为我的(智识)界限的体系,那么真理客观性的事实依据就是:我发现我的同胞或多或少(但并不完全)服从于同样的"不由自主"(Can't Helps)。如果我认为我正坐在桌前,我发现在场的其他人都表示赞成。如果我说三角形的三角之和等于两个直角,情况同样如此。如果我的看法无人认同,他们就会找来医生或者把我关起来;而且我能够远远超越令我信服的自身的感官证据或理性证据,进而意识到假如我特立独行,很可能是我这边出了差错。

[主观]确信(certitude)并不是[客观]确定性(certainty)的判断标准。我们素来对许多今非昔比的事物深信不疑。请允许我再次援引自己的观点,财产、友谊和真理共同扎根于时间。如果谁被拽出自己栖身多年的蜗居,定会感觉自己有性命之忧。我们最热爱、最敬重的东西,一般取决于早年的联系。我爱花岗岩和伏牛花丛,这无疑是因为我那些历久弥新的儿时欢乐与之息息相关。然而,一方面,个人的经历使其固守某些偏好,另一方面,一个人如果意识到这些偏好的来龙去脉,就能发现其他人(那些凡夫俗子)或许同样固守另外的偏好。而这还是意味着怀疑精神。这不是说一个人不再维系他的信念或爱意,也不是说我们不会为了重要的信念或爱意赴汤蹈火——我们全都在奋力缔造我们喜欢的那种世界,无论我们是否认识到这一点——而是说我们已经学会认识到,其他人也会凭着同样的真挚或信念,为缔造一个不同的世界而赴汤蹈火。根深蒂固的偏好是不容置喙的——你无法通过论证让一个男子爱上啤酒——因而,一旦分歧足够深重,我们就努力消灭另一方,而不是让他自行其是。

---

* 译自 Oliver Wendell Holmes,"Natural Law",in *Harvard Law Review*, Vol. 32, No. 1, 1918, pp. 40 – 44。本文是霍姆斯阅读弗朗索瓦·惹尼(François Geny)《实定私法的科学和技术》(*Science et Technique en Droit Positif Privé*, 1915)之后有感而发。

** 南京师范大学法学院讲师,中国法治现代化研究院研究员。

但这完全不妨碍我们承认:乍看之下,人家的理据跟我们的一样靠谱。

相信自然法的法学家们在我看来十分天真,他们把那些耳熟能详且为自己和周围人所采信的东西接受下来,视之为必须被天下所有人采信的东西。诚然,在我们目力所及的范围内,耳熟能详的制度的某些安排和基石似乎是任何社会的必备要素,它们可能源自我们自己的社会,并且对我们来说是文明的:(1)某种长久的两性结合形式;(2)一定量的私有财产;(3)某种迫使自己将来做出某种行为的方式;(4)至为根本的是,某种人身保护。然而,若不思量如下社群是否可以想象,即它丧失了前三个要素,连仅存的最后那个要素还得经受我们多数人深恶痛绝的限定,那么关于自然法的"应然"的疑问就始终存在。

诚然,信念和愿望的根据是主观臆断,就此而言它们有超验的基础。你不由自主地怀有和感受着那些信念和愿望,仅此而已。人们希望活着,这是一条主观臆断的事实,而我们或多或少肯定地说,人们只有在某些条件下才能活着。要活着就得吃喝。这一需要是绝对的。如下需要不那么关键但实际上广为接受,即人们得生活在社会中。假如人们生活在社会中,照我们看来就引出某些进一步的条件。立足于经验的理性的确告诉我们:如果我们仍然希望活着,那么唯有在那些条件下我们才能做到。但在我看来仅此而已。我没发现存在以那种方式与他人一起生活的先天义务,我只发现关于如下问题的断言,即假如我希望继续活下去,那么我必须做什么。假如我确实与他人生活在一起,他们会告诉我有一大堆事情是我必须做和不得做的,否则他们就会逼我就范。我相信他们干得出来,而且人同此心,我不仅接受了那些规则,久而久之还对它们抱以认同之情,并谈论起义务和权利。但正如我们谈论那解释了空间中的物体运动的引力,就各种法律目的而言,权利无非是一番预测的基础,也就是设想支撑着如下事实的实质,即公共强制力将被调动起来制裁那些做出践踏权利之事的人。无论权利话语还是引力话语,都没怎么增加我们在没有这些话语之时的既有知识。显而易见,这些法律权利的背后是权利维护者的斗争意志,及其情感向作为维权基础的一般规则的延伸;但在我看来,那并不等于对义务的所谓先天识别,或者对事先存在的权利的主张。一条狗也会为了自己的骨头而战。

不仅在战争中,而且只要人们认为社会利益(也就是共同体中主导势力的利益)需要,所谓事先存在的权利中最基本的一项权利(即生命权)就会被义无反顾地牺牲掉。没人说得清那种利益是不是人类的长期利益,而且对于那些并不认同康德和黑格尔的人来说,它无论如何只是一种利益罢了,既然如此,神圣性也就消失殆尽。我记得一位心思细腻的法官认为,纵然明知会使底下的人窒息,为灭火和防范货物毁损而关闭舱门也是正当的。这里毋庸赘述,因为对那些赞同我的人来说,我这些话都是老生常谈,而对那些不赞同我的人来说,我忽视了思想的必要根据。先入为主之人(the *a priori* men)通常把反对者称为肤浅之人。但我的确同意他们的如下信念,即一个人在这些事情上的态度,与他对宇宙的总体态度息息相关。如前所言,大致说来,这主要取决于早年联系和性情,以及对于绝对指南的渴望。人们在很大程度上相信他们想要的东西,尽管我在这里找不到一种向我们告知应然需求的哲学的基础。

当我们来讨论我们对宇宙的态度时,我找不出如下事情的理性根据:要求完美无缺的东西，除非确认我们的真理乃是普世真理（倘若真有这么个东西的话），除非确认这小小地球上的小小造物的终极判断乃是浩渺寰宇的盖棺定论，否则就不心悦诚服。假如我们终而认为意义、意识和理想不过是有限者的标志，这也不等于说法国怀疑论者的惯常路数就是正当的，亦即高高在上，对一个破败不堪的世界极尽嘲讽之能事。真正的结论是：部分无法吞没整体，我们的范畴实际上或者可能不适于表达我们无法认知的东西。假如我们相信，我们脱胎于宇宙而不是宇宙脱胎于我们，那么我们就得承认，当我们说起原始物质（brute matter）时，我们其实并不知道我们在谈论什么东西。我们的确知道，某种能量体（complex of energies）可以摇尾巴，另一种能量体可以进行三段论推理。[1] 这些都在未知者的能力范围内，而倘若未知者兴许还拥有我们无法理解的诸般更强大能力，正如法布尔关于本能的研究会令我们信服的那样——他的研究曾为柏格森哲学带去最强劲的思路之一，并曾使梅特林克能让我们一度在冥冥中以为自己听闻现象背后的动静——倘若果真如此，那我们为何不安分点？我们为何竟要用宇宙赐予我们的能力去挑衅宇宙、向着苍天挥舞我们的拳头？这样的举动在我看来愚蠢透顶。

宇宙所包罗的东西超出了我们的理解范围，列兵们（private soldiers）对作战计划不得而知，抑或即便确有一项［切实的］作战计划，而非某种更加庞大、难以设想、无以言表的作战计划——凡此种种并不影响我们的行为。我们仍将乐此不疲地奋斗——对我们所有人来说，理由在于我们想要活着，而至少对某些人来说，理由在于我们想要实现我们的自发冲动并证明我们的力量——而且我们不妨把关于我们必定珍视的东西的所谓最终评价，托付给未知者。明确如下事情对我们而言便足矣：宇宙造就了我们，我们所信所爱的一切事物都蕴含在宇宙之内，跟宇宙相比是小巫见大巫。假如我们不自视为宇宙外面的小小神祇，而自视为宇宙内部的一个神经节，那么我们的背后就矗立着无限者。无限者为我们赋予了我们唯一的意义，但这同时也是我们恰如其分的意义。一粒沙有同样的意义，但有多大能耐的人会以为自己理解一粒沙？那同样超出了我们人类的把握范围。如果我们的想象力足够丰富，能将我们自己视为不可与其余世界相分离的部分，并能让我们的终极旨趣超越我们身体的界限，那么这就为不惜牺牲我们生命以满足外在目的的做法提供了正当理由。的确，其动机就是我们从人心中发现的共同欲求和理想。哲学并不提供动机，但哲学向人们表明，做自己本来想做的事情不算愚蠢。哲学直面我们赖以安身立命的渺茫希冀，直面人类思想最天马行空的展望，直面未知者鼓荡出来的和谐旋律。

---

〔1〕 很可能分别指狗和人。——译者注

图书在版编目(CIP)数据

法制现代化研究. 2016卷 / 公丕祥主编. —北京：法律出版社,2017
ISBN 978-7-5197-1202-0

Ⅰ.①法… Ⅱ.①公… Ⅲ.①法制—研究 Ⅳ.①D902

中国版本图书馆CIP数据核字(2017)第198705号

法制现代化研究(2016年卷)
FAZHI XIANDAIHUA YANJIU(2016 NIAN JUAN)

公丕祥 主编

策划编辑 王 扬
责任编辑 王 扬
装帧设计 乔智炜

出版 法律出版社
总发行 中国法律图书有限公司
经销 新华书店
印刷 北京京华虎彩印刷有限公司
责任校对 杨锦华
责任印制 张建伟

编辑统筹 独立项目策划部
开本 787毫米×1092毫米 1/16
印张 15.5
字数 315千
版本 2017年10月第1版
印次 2017年10月第1次印刷

法律出版社/北京市丰台区莲花池西里7号(100073)
网址/www.lawpress.com.cn
投稿邮箱/info@lawpress.com.cn
举报维权邮箱/jbwq@lawpress.com.cn
销售热线/010-63939792
咨询电话/010-63939796

中国法律图书有限公司/北京市丰台区莲花池西里7号(100073)
全国各地中法图分、子公司销售电话：
统一销售客服/400-660-6393
第一法律书店/010-63939781/9782
西安分公司/029-85330678
重庆分公司/023-67453036
上海分公司/021-62071639/1636
深圳分公司/0755-83072995

书号:ISBN 978-7-5197-1202-0
定价:45.00元
(如有缺页或倒装,中国法律图书有限公司负责退换)